本书为国家社会科学基金项目
（编号：11BJL001）成果

中国城市
增长管理研究

刘荣增 等／著

URBAN GROWTH MANAGEMENT IN
CHINA

科学出版社
北京

图书在版编目（CIP）数据

中国城市增长管理研究 / 刘荣增等著 . —北京：科学出版社，2016.3
ISBN 978‑7‑03‑047709‑5

Ⅰ.①中… Ⅱ.①刘… Ⅲ.①城市经济‑经济增长‑研究‑中国
Ⅳ.①F299.2

中国版本图书馆 CIP 数据核字（2016）第 049382 号

责任编辑：牛　玲　乔艳茹 / 责任校对：赵桂芬
责任印制：赵　博 / 封面设计：无极书装
编辑部电话：010-64035853
E-mail：houjunlin@mail. sciencep. com

科 学 出 版 社 出版
北京东黄城根北街 16 号
邮政编码：100717
http://www.sciencep.com
北京厚诚则铭印刷科技有限公司 印刷
科学出版社发行　各地新华书店经销
*
2016 年 4 月第　一　版　开本：720×1000　B5
2024 年 1 月第四次印刷　印张：19 3/4
字数：400 000
定价：98.00 元
（如有印装质量问题，我社负责调换）

中国城市增长管理研究

作　者：刘荣增　雒海潮　王淑华　杨玉珍

陈　腾　李晓斌　张芳芳

前　　言

　　中国的城镇化是 21 世纪中国乃至全球最重要的事件之一，中国城市未来的发展必然面临前所未有的机遇和巨大的挑战。同时，在经历 2008 年全球金融危机冲击后，世界各国都在探讨转变经济发展方式的问题，谁走在前面谁将引领全球经济发展的趋势。中国正处于 21 世纪全面崛起的关键时期，加快经济发展方式转变是中国在后金融危机背景下实现中国经济升级转型的一场重大的经济变革，也是中国经济社会发展的一次具有划时代意义的战略调整。作为中国今后一个较长时期内的重要战略任务，加快经济发展方式转变涉及国民经济和社会发展的方方面面，城市作为社会经济发展的引领者和组织者，更应该在加快经济发展方式转变中发挥好引领和示范作用。在经济全球化、知识信息化、通信网络化的大背景下，中国城镇化快速推进过程中城市面临的日益复杂多变的情况不仅给城市政府，也给公众带来了许多发达国家都没有遇到的新的管理和调控问题，这需要在借鉴发达国家城市管理理念和经验的基础上，探索符合中国加快经济发展方式转变这一发展主线的城市增长管理的职能、模式和方法。本书基于加快经济发展方式转变与城市增长管理的内在联系，从中国当前城市增长管理过程中涉及的系统增长机理、空间扩张管理、资源环境约束、交通拥堵治理、主导产业选择、城市发展评价、城市信息管理等主要方面进行系统地分析和论证，希望借此探索加快经济发展方式转变与中国城市增长管理协动的规律和目标模式，从而为中国城市增长管理的现代化提供理论支持。本书具体从以下几个方面展开研究。

　　第一章为绪论部分，从中国转变经济发展方式的要求和中国城镇化快速发展的现实出发，探讨实现可持续发展目标的中国城市增长管理问题。基于国内外城市增长管理的研究现状，界定加快经济发展方式转变和城市增长管理的内涵，分析加快经济发展方式转变和城市增长管理的内在联系，列举当前中国城市增长管理的主要问题，提出基于加快经济发展方式转变的城市增长管理的策略。

　　第二章为城市-区域系统时空增长机理，从城市-区域增长的城乡关系理论切入，回顾城乡不平衡发展论（包括城市偏向论与乡村偏向论）、城乡平衡发展理论即城乡协调（统筹）论，并对现阶段我国城乡统筹研究进行述评，进而分析城市-区域增长之系统理论，包括系统理论的基本原理和基于系统理论的城市-区域系统的研究，分析城市-区域增长之空间形态理论，包括大都市带理论和"灰色区域"理论，分析城市-区域增长之时空格局理论，包括聚集与扩散理论和时空格局理论，最后分析城市-区域增长之共生理论。

第三章为国外城市增长管理的经验与启示。以统筹城乡发展的空间规划为主线对美国、英国、法国、日本等先行发达国家城乡空间统筹规划发展情况进行梳理，总结国外先行发达国家的理论和实践经验，指出对中国城乡空间统筹规划的借鉴意义。这些理论和实践经验具体包括美国遏制都市空间无序扩张的精明增长、紧凑增长等理论及开发权和增长边界管理等措施，英法等对乡村耕地、环境、生态、田园景观进行保护的做法，韩国促进农村经济发展的完备法律政策体系和引导村民自主建设乡村的实践经验，指出为中国快速城镇化地区的大城市扩展、生态敏感区的新农村建设和贫困地区的乡村经济发展从城乡空间统筹规划角度提供的有益启示。

第四章为城市增长管理中的资源环境约束及其解约束。基于中国城市化进程，分析城市增长过程中出现的各种问题，梳理相关理论对城市增长中资源环境要素的分析与定位，实证研究土地资源、水资源、能源资源、生态环境容量等对城市增长的约束。分析论证资源环境约束城市增长的内涵、相关理论支撑、约束效应、约束因素，以及资源环境约束下城市增长的路径和模式。提出资源环境约束的原因源于事物在数量上的"不足"和"过剩"两种状态，将资源环境对城市增长的约束分为两种。基于城市增长管理、精明增长理念，尝试构建"低成本、集约型"城市增长评价指标体系，并通过提高资源利用效率、改善城市生态环境质量，以期破解城市增长中的资源环境约束。

第五章为城市增长过程中的产城融合与主导产业选择。从城市新区建设过程中的产城融合切入，探讨城市新区类型与产城融合概念，分析城市新区产城融合存在的主要问题，提出城市新区实现产城融合的对策与建议。分析城市主导产业的遴选问题，介绍城市主导产业遴选的偏离-份额分析法模型，对河南省城市主导产业选择进行实证研究，评价河南省城市主导产业发展的状况，提出发展河南省城市主导产业的对策建议。

第六章为城市增长过程中的交通拥堵与治理。在回顾国内外城市交通管理研究的基础上，梳理城市交通拥堵治理的相关理论，具体包括城市交通可持续发展理论、城市空间发展理论、城市交通拥堵疏导决策理论、综合交通与赛博空间理论。总结国内外治理城市交通拥堵的三种治理模式：增加供给模式、需求管理模式和制度完善模式。分析世界上主要国家典型城市成功应对交通拥堵的对策，具体包括日本东京科学合理的修路建站、新加坡的区域许可制度等。最后对河南省郑州市进行实证研究，分析郑州市区交通现状、问题及成因，提出郑州市交通拥堵治理对策。

第七章为城市增长过程中的空间扩展与调控。首先回顾国外城市增长的空间调控理论与实践，从城市增长的空间调控源起——城市蔓延切入，回顾城市增长的空间调控理论研究，分析国外城市增长的空间调控实践，总结国外城市增长空间调控的经验与启示。梳理国内城市增长的空间扩展与调控研究进展和实践，从城市增长的空间扩展调控的执行理念、制度设计、参与机制、区域规划、城市设计、开发时序等八个方面提出对策建议。

第八章为城市增长管理过程中行为主体间的博弈与协同。城镇化过程中城市增长的管理涉及城市内部复杂、深刻、棘手的社会矛盾，迫切需要寻求化解矛盾、解决冲突，实现多元主体间协同发展的机制。从分析城市增长过程中各种行为主体间的矛盾切入，基于主体博弈理论、利益相关者理论等，分析地方政府与农民的征地博弈、开发商的区位选择博弈、中央（上级政府）与地方政府的博弈、产权区域视角下的区际政府博弈和城市公众需求博弈机理。最后，提出城市增长管理过程中的制度创新与制度协同，进行"人—地—财"挂钩的制度创新，以及社会保障制度、土地确权基础上的法律制度、非正式制度的协同与配套。提出城市增长管理过程中政府、开发商、农户、媒体、非政府组织等角色应然与行为调适措施。

第九章为城市科学发展评价。在介绍中国中小城市科学发展评价研究的基础上，重点对河南省的城市科学发展进行评价研究。介绍城市竞争力弓弦模型、城市竞争力科学发展模型，遵循全面性与重点性相结合、可操作性与科学性相结合、权威性与实践性相结合的原则，结合已有研究构建评价指标体系。采取比较法来评价城市科学发展进程，将不同城市的发展情况进行比较，评估优劣性，计算综合发展指数，来评价城市总体发展情况。依据河南省城市科学发展指数评价结果综合分析，指出河南省城市科学发展不平衡，中原城市群龙头地位提升明显，最后根据经验判断对实证发展指数进行辩证分析。

第十章为城市增长管理信息系统。基于城市经济、社会与环境可持续发展的城市增长管理研究目标，构建城市增长管理信息系统。以提高城市综合管理的服务能力和城市合理增长管理的决策能力为目的，采用地理信息系统（GIS）、遥感、图像处理等数字城市的核心技术，面向土地、交通、规划、环保等核心城市管理部门建立图形图像可视化管理应用系统，以期通过统一的服务平台，为相关管理部门和领导掌控城市发展态势提供及时、准确、全面的信息服务和决策支持。主要包括城市土地管理信息系统、城市交通管理信息系统、城市管网管理信息系统、城市绿地管理信息系统、城市环境管理信息系统、城市房产管理信息系统和城市人口管理信息系统七大部分，每个部分又由若干子系统组成。最后，从城市管理的视角论证智慧城市建设管理的构想。

本书是作者在对主持的国家社会科学基金项目（编号：11BJL001）进行研究的基础上，对我国城市增长管理进行的较为系统的研究。研究过程中借鉴和学习了国内外城市规划、建设和管理方面的许多著述，在此深表谢意！本书的具体分工如下：刘荣增负责第一章、第二章、第十一章的撰写工作；王淑华负责第九章和第五章部分内容的撰写工作；雒海潮负责第三章、第七章的撰写工作；杨玉珍负责第四章、第八章的撰写工作；陈腾负责第十章的撰写工作；李晓斌负责第五章部分内容的撰写工作；张芳芳负责第六章的撰写工作；全书由刘荣增统一负责制定大纲、修改、统稿和定稿工作、雒海潮、杨玉珍协助完成了书稿的统稿、校对工作。

　　中国城市增长管理是一项复杂的系统工程，涉及多个巨系统，有些内容专业性很强。由于作者水平有限，对其中一些问题的研究和理解还不够深入，对许多同行的著述或者没能领会透彻或者没有机会拜读，造成该书还很粗疏，存在问题和缺陷在所难免，敬请读者批评指正。

刘荣增

2015 年 10 月定稿于颐康园 38 号公寓

目　　录

第一章 绪 论

现在的中国，正在演绎着人类有史以来最快速的城市化进程。按照目前的趋势来看，到2025年中国将有大约10亿人居住在城市之中，届时中国将出现两百多个人口超百万的城市。然而与超速的发展相对应的，必然是令某些人难以忍受的阵痛过程，人口激增对城市带来了沉重的压力，其中包括土地矛盾、令人无法承受的高房价、能源及水资源矛盾、垃圾处理及其他环境。虽然人们对于中国完成GDP发展目标没有丝毫的怀疑，但GDP和个人的生活感受毕竟是两回事，如何和谐发展并将阵痛过程减轻到最低是我们必须面对的难题。

——端宏斌

我国"十二五"规划明确提出"以科学发展观为主体，以加快转变经济发展方式为主线"，"坚持把建设资源节约型、环境友好型社会作为加快转变经济发展方式的重要着力点"。这表明我国要实现经济社会的可持续发展，必须加快经济发展方式转变。随着我国城市化进程的加快，我国城市已进入高速发展的新阶段，城市在面临发展机遇的同时更面临着巨大的挑战，我国城市区域扩张迅速，城市蔓延问题严重，许多城市都呈现出了"摊大饼"式的规模扩张形态，导致能源资源、公共交通、住房等基础设施建设滞后于城市居民需求，环境污染、交通拥堵问题凸显，城市地区的生态环境已经相当脆弱，粗放型经济发展方式使原本资源就紧缺的现象更为严重。经济发展方式转变要求作为经济中心的城市必须转变发展方式。在城市发展中具体应怎样贯彻可持续发展观，妥善处理城市化进程中的种种问题，促进经济社会的协调发展，已经成为一个重要课题。

增长管理（growth management）概念源自美国，在1975年出版的《增长管理与控制》这本书中，增长管理概念第一次出现。20世纪六七十年代在经历了快速的工业化、城市化的美国出现了一系列城市问题，城市增长管理概念最初针对城市蔓延，对解决城市蔓延带来的城市密度无序扩张、市政设施效率低下和郊区缺少社区氛围等社会、经济和环境问题均有重要的促进作用。经过不断的实践，增长管理在引导城市合理增长、社会资源环境协调发展过程中形成了较为完善的理论和政策工具。增长管理最初关注土地资源的开发管理，经过发展从单纯限制较快发展的概念到综合考虑城市协调可持续发展，内涵不断丰富，外延不断扩大。

增长管理理念与我国城市加快转变发展方式的要求有许多相似之处，面对我国城市快速发展愈加凸显的城市问题，可以借鉴城市增长管理理念，为我国城市发展提供一些新的思路和方法。加快经济发展方式转变从节约资源、保护环境这个角度就要加快生态文明建设，继续推进资源节约型、环境友好型社会建设，推进节能减排，促进经济社会协调发展。增长管理概念虽然在美国出现较早，理念、思路和政策工具已相对成熟，但由于中西社会政治背景和城市发育程度不同，其理论和实践研究远不能满足我国加快经济发展方式转变时期城市增长管理的需要。国内学者对城市增长管理进行了不同角度的研究，但从国外城市增长管理概念出发，结合我国实际全面构建城市增长管理新体系，尤其是结合加快经济发展方式转变探讨其与城市增长管理二者关系的研究还较欠缺。我国在城市经济发展和建设中存在的问题与美国的有相似之处，因此，借鉴国际经验，从现存问题入手分析和评价我国城市增长管理的变化过程，并就城市增长管理在加快经济发展方式转变时期的新需求进行制度和经济层面上的深刻解析，结合我国实际制定符合可持续发展观的城市增长管理对策，阐述基于科学发展观的我国城市增长管理的新理念和新路径，有利于促进我国城市土地资源的合理利用和保护及资源节约型、环境友好型社会的建设，促进城市朝着更有序的方向发展。该研究不仅可以丰富和发展城市经济学科理论，还可直接应用于当前我国城市社会经济发展和城市建设与管理的实践。

第一节　国内外研究状况述评

一、国外研究现状

在城市增长管理的概念方面，并没有一个统一的标准。在 19 世纪 60 年代这个概念开始用于社区的发展管理，70 年代一些刊物和机构开始对增长管理有了一些讨论，80 年代在福罗里达州这个概念开始出现在立法中。美国城市土地协会（Urban Land Institute，ULI，1975）把增长管理定义为：政府运用各种传统和改进的技术方法、工具等有目的地对土地资源的发展方式、区位、速度等内容进行合理的引导。Chinitz（1990）认为增长管理不是简单的增长控制，是对发展进行积极的、能动的引导，推动保持保护和发展之间、增长所产生的公共服务需求与满足这些需求的财政供给之间，以及进步与公平之间的动态平衡。Porter（1997）认为增长管理是一种动态的过程，是处理因社区特征变化而导致的后果和问题的种种公共努力、政府预测社区的发展需要并设法平衡土地利用中的矛盾和相互冲突的土地利用目标、协调区域和地方的利益。这个概念表达了增长管理的特征：公共的、政府的动态引导私人开发的行为，不仅要限制发展，还要预测、协调、适应发展，明确地方的发展目标，兼顾考虑地方和区域间的利益平衡。Fonder（1999）认为增长管理泛指引导增长和发展的各种政策工具和法规，从鼓励、限制增长到阻止增长。国际城市/县管理者联合会认为增长管理涵盖这几部分内容：生活与发展质量之间的联系、新的增长为社区质量提升带来的杠杆作用、中心城市和旧社区的复兴、保护开敞区和环境的手段之间的体系。

　　在城市增长管理的目标方面，Bollens（1992）认为："城市增长管理逐渐从关注环境和限制性干预发展策略向平衡发展战略转变，增长管理最初开始于保护环境规划，但已转变为更注重均衡的综合性政策目标，主要目标为物质发展，而经济和社会目标则在逐步增加。"Cunningham（1998）认为增长管理是为平衡公共利益和市场利益之间的矛盾，塑造经济上有效、具备建筑美学价值且环境优美的城市开发模式。Parris（1997）提出了精明增长概念，目的有三个：城市发展推动每个人都受益、经济社会环境的公平发展、新旧城市都有投资发展的机会。Downs（1998）认为增长管理最初致力于交通拥堵、空气污染、开敞空间大规模减少、交通的大量耗能、市政基础设施供应滞后、区域性设施选址不当及因缺乏邻近工作岗位的低收入住宅而引起的郊区劳动力短缺等问题的解决。Norris（2002）等提出增长管理的五大具体目标：空气、水资源、重要的土地景观等公共产品的保护；最小化负外部性，最大化土地利用的积极作用；关于开发的财政支出减少；促进居民就业、居住、服务休闲等的最大社会公平；注重生活质量的提高。Doyle（2002）对增长管理的主要目标进行分类，概括为"4C"："对超越地方范畴的开发合作、交通拥挤、环境污染与保护、基础设施建设等问题进行协调，提出解决方案的区域性协调；为了提高区域内能源资源、公共设施的利用效率，主张更高的居住密度等措施来促进城市在一定范围内的高密度发展的限制服务区范围；大城市边缘区、开敞空间、非建设用地及其他资源的保护；涉及经济、形态、再开发、生活质量等内容的城市社区。"

　　在城市增长管理的原则方面，理性增长网（SGN）（1996）提出了理性增长的10个原则：土地资源的混合利用；紧凑的建筑设计；多样的住房选择；建设可走动的邻里；培育有特色和吸引力的社区；保护开敞空间、农田、自然景观及生态脆弱区；强调城市中心的作用，提倡建成区再开发；提供种类多样的交通选择；城市发展决策有预见性及公正有效；鼓励相关部门、公众在城市发展决策中的协作参与（Doyle，2002）。美国规划协会（APA，2002）提出理性增长的11个原则：现有社区复兴、现有基础设施再利用、填充式开发、混合的土地利用、住房供给和多样化住房选择、可供选择的交通模式、营造社区感觉、高密度的紧凑开发、开放空间保护、步行街道、市民参与与合作。

二、国内研究现状

在经济发展方式转变方面，国内学者进行了许多深入的研究。黄泰岩（2007）认为经济发展方式转变的内涵包括以下几个方面的转变：以多个指标来衡量经济发展方式转变的情况，如社会公平程度、经济社会发展中资源环境的承载程度、个人的发展程度等，实行目标多元化；经济发展不仅要注重数量，更要注重经济发展的质量和效益；不仅要建设经济大国，更要建设经济强国，增强自主创新能力；经济发展不能只注重资本集聚，更要注重人力资源的作用，发挥其巨大的价值创造作用；统筹城乡、区域协调发展，产业的协调优化，国内需求和对外贸易的平衡，促进经济结构全面优化；以知识经济为指导，改变传统工业的经济发展方式；生产要素、资源环境对经济发展的约束增强，要建设资源节约型和环境友好型社会。转变经济发展方式还要采取综合的措施：提高自主创新能力，注重技术创新，主要采取跨越式创新、集群式创新及协作整合式创新方式，并通过促进各种力量的整合提升经济发展的质量效益；推进城乡、产业、工业结构优化，区域协调发展，以及经济结构的优化调整；三元经济条件下，坚定走新型工业化道路；以人为本，改革收入分配制度和社会保障制度，创造更加公平的社会环境；改造传统产业、开发新能源、大力发展环保产业，采用节能减排技术形成经济社会发展与资源、环境的良性互动。张蕴萍（2009）认为转变经济发展方式就要以市场为导向，发挥市场配置资源的基础性作用，建立体现资源发展现状的价格体系，建立健全制度措施促进资源的合理利用和环境质量的提高；深化财税体制改革，规范涉及公共利益的生产消费行为，把税收重点转移到高耗能、高污染、高排放的行业中来；改进政府的绩效考核体系，注重经济发展速度、经济发展质量效益、经济社会协调可持续发展等指标的考核；大力发展教育，注重科技和人才；综合应用经济、法律手段推动企业节能减排；加大节约资源、保护环境在全社会的宣传力度，促进整个社会形成节能减排的良好氛围；倡导新的消费方式，反对奢侈浪费。国务院发展研究中心课题组（2010）提出加快转变经济发展方式需要实施的四大战略：以完善社会保障和扩大基本公共服务为重点的改善民生、扩大内需战略；以农民工市民化为重点的城镇化战略；以提升中高端产业竞争力为重点的产业转型升级战略；以促进节能减排增效和生态环境保护、降低单位 GDP 碳排放强度为重点的绿色发展战略。陈为邦（2011）认为，城市传统的经济发展方式必须转变。转变城市发展方式包括以下几个方面：我国在快速城镇化的同时还需切实提高城镇化的水平和质量；促进城市社会经济结构优化；重视制度建设，规范和加强保障性住房建设，大力发展公共交通，努力解决房价和交通拥堵等问题；重视低碳社会建设，保护资源和环境；促进城市文化产业发展，提升城市文化内涵；重视城市财税体制改革，发挥城市规划对市场的调控职能，提高城市发展水平；转变政府职能，建立服务型政府。王有捐和林为斌（2011）认为，绿色增长是经济发展方式转变的必然要求，绿色增长的核心就是节能减排，发展绿色经济就要抑制高耗能产业发展，淘汰落后产能，使经济发展建立在节约资源和保护环境的基础上。

在城市增长管理的研究方面，张京祥和刘荣增（2001）从城市化进程的角度介绍了美国大都市区的生成与发展、界定标准，对美国大都市的发展与管理进行了探讨。张进（2002）从增长管理的概念与特征、增长管理的法律基础、增长管理的工具、增长管理的实践和有关增长管理的争议对美国的增长管理进行探讨、总结、归纳。尹奇和吴次芳（2005）从理性增长入手，介绍了研究理性增长的原因、理性增长的原则、理性增长的技术及理性增长在执行方面的限制，试图通过借鉴发达国家的经验，了解发达国家在城市发展过程中所犯的错误及它们是如何纠正这些错误的，启示我国在城市化进程中需要注意的问题，促进城市建设管理合理有序。庄悦群（2005）在介绍美国城市增长管理理论的基础上，对马里兰州精明增长管理实践进行实例分析，结合广州的实际，对广州的城市发展提出政策建议，包括经济增长与城市发展的协调、强化领导控制能力与发展的系统科学性、控制城市蔓延与增强区域合作和以人为本等方面的内容。蒋芳等（2007a）总结国内外关于城市增长管理的相关文献，探讨增长管理的内涵及政策工具，总结增长管理的效果，提出增长管理在几个方面的变化：越来越重视不同级别的政府之间和同一级别不同政府之间的合作；城市增长管理的内容与目标更为多样综合；城市增长管理从限制增长到引导增长，从注重规划到注重协调机制的建立、增长管理鼓励注重公众参与，从最初消极被动的参与到互动式的参与。他们认为增长管理注重城市发展内部之间的协调平衡、城市与外部区域的互动、城市资源环境的保护、城市土地资源开发利用主体的利益协调，这对现阶段我国快速城市化管理有很大的借鉴作用。皇甫玥等（2009a）介绍了增长管理概念的产生和发展，认为增长管理的内涵从早期的保护土地和生态环境的角度、综合的城市可持续发展角度到概念的泛化，内容不断丰富，外延不断扩大；我国的增长管理定义为，以地方政府为行动主体，以城市可持续发展为综合目标，对城市开发行为进行调控的一系列策略，具体来说，包括对城市新开发区区位及质量数量等的综合考虑、对城市周边无序扩张和农村土地转变为建设用地的合理引导和限制；探讨了增长管理在我国的实践，1992～2000年为增长管理的自发实践期，2000～2004年许多学者开始探索我国的城市增长管理，2004年至今随着经济社会的快速发展，经济发展中的问题凸显，增长管理受到越来越多的关注，分析了我国城市增长管理体系，认为我国的增长管理是以政府为主导，运用一系列政策措施调控城市发展建设，促进城市经济社会的协调发展。张英杰（2011）结合大连城市发展现状，指出大连进行城市增长管理势在必行，主要措施有：注重大连的新城建设、控制城市的无序蔓延，加强科技手段对城市土地资源的监控和管理，注重大连城市发展生态环境的保护，促进城市的健康发展。

综上所述，国内外学者对加快经济发展方式转变与城市增长管理分别进行了较为深入的研究，形成了许多有价值的研究思路和观点。但是依然存在一些不足：国外学者都是根据国外城市社会经济发展过程中出现的问题提出的增长管理的手段和工具；国内学者分别从各自从事的专业领域，从加快经济发展方式转变和城市增长管理两个方面分别进行了研究和探讨。而当前情况下，经济学学者大多把加快经济发展方式转变的重心放在经济结构的优化调整方面，尤其是节能减排、发展循环经济等方面。城市是区域发展的核心和组织者，城市全面协调的规划、科学发展与经济发展方式密切相关，本书立足于当前城市发展过程中的系列问题，以加快经济发展方式转变的要求为背景，深入探讨二者的关系，通过城市增长管理的举措，为最终治愈城市病，实现经济发展方式的转变提供参考与借鉴。

第二节　加快经济发展方式转变和城市增长管理的内涵

一、加快经济发展方式转变的内涵

1. 加快经济发展方式转变的含义

随着我国社会经济的快速发展，各种问题和矛盾相互交织，单纯依靠资源大规模投入来推动经济发展的局面难以为继，近年来经济发展呈现出劳动力成本不断上升、资源环境对经济发展的约束力增强、投资对经济增长的驱动力明显减弱，这些都要求我们必须坚定地走加快经济发展方式转变的道路。只有充分利用国内外环境变化形成的倒逼机制，进行系统性调整和建立新的利益激励机制（王一鸣，2011），适应新变化、新要求，才能促进经济社会的平稳较快发展。"十二五"时期是加快经济发展方式转变的关键时期，随着我国城市化建设的快速推进，新旧问题都逐渐凸显出来，这是挑战，更是机遇，我们要抓住这个战略机遇期，解决矛盾，为经济社会发展创造更为有利的环境，促进社会全面协调发展。

党的十七大报告把转变经济发展方式的内容概括为"两个坚持，三个转变"：要坚持中国特色新型工业化道路，坚持扩大国内需求特别是消费需求的方针，促进经济增长由主要依靠投资、出口拉动向依靠消费、投资、出口协调拉动转变，由主要依靠第二产业带动向依靠第一、第二、第三产业协同带动转变，由主要依靠增加物质资源消耗向主要依靠科技进步、劳动者素质提高、管理创新转变。转变经济发展方式要求注重经济发展的质量效益、资源的循环综合利用、以保护环境为前提的均衡发展等。经济发展方式转变要以劳动力素质提升、科技创新来提高经济增长的效率；以调整产业结构、大力发展服务业来拉动经济结构优化；以发展高新技术产业，低消耗、低污染、低排放来促进生态环境的保护；以有力的政策措施来带动经济的平稳运行；以统筹城乡、区域、经济社会的协调发展来促进社会的整体进步。

发达国家经济发展的历史表明，实现经济现代化的过程往往都伴随着发展方式的转变，包括发展理念和发展路径的创新、经济效益和经济结构的提升、资源消耗和环境影响的降低、社会福利和居民生活的改善等。判断和衡量这一历史性变化的主要标准，就是经济的发展是否真正实现了从粗放型向集约型转变。

加快转变经济发展方式的战略任务就是要促进经济增长由主要依靠投资、出口拉动向依靠消费、投资、出口协调拉动转变，由主要依靠第二产业带动向依靠第一、第二、第三产业协同带动转变，由主要依靠增加物质资源消耗向主要依靠科技进步、劳动者素质提高、管理创新转变。这就是转变经济发展方式的基本思路，也是我国今后一个时期推动经济发展的重要方针。

2. 城市加快经济发展方式转变的主要内容

当前，随着城市化进程加快，城市在建设发展过程中的问题日益凸显，这迫切需要加快经济发展方式转变。

第一，资源环境对城市发展的约束性增强，必须降低资源能源的消耗强度，注重环境的保护。我国经济的快速发展与资源要素的大规模投入密不可分，2012年我国能源消费总量达到36.2亿吨标准煤，比上年增长3.9%。如此快速的能源消费增长，增加了我国经济发展的不确定因素，也违背了科学发展观。今后一个时期中国节能减排的形势十分严峻，转变经济发展方式必须以调整优化能源结构为重要前提（王一鸣，2010）。这就需要以创新来大力提高生产技术水平，提高资源利用效率。我国现阶段的节能减排工作是国内经济发展现状的必然要求，为此要开发新能源，发展清洁能源，降低煤、石油等能源在生产消费中所占比例；充分发挥企业在节能减排中应起的作用，运用多种手段激励企业节能减排工作的推进；对城市新建筑引入节能标准，加快发展城市公共交通等交通形式，通过政策优惠、社会宣传等手段大力发展环保产业。

第二，城市发展的动力由外资推动向内需推动转变，促进投资消费结构调整，加强需求尤其是内需对经济的拉动力。金融危机后，全球经济增长呈现放缓的趋势，我国经济增长主要依靠出口和投资拉动的现状必须改变，2012年我国消费对经济增长的贡献率为51.8%，6年来第一次超过投资的贡献率，缓解了长期存在的投资增速高于消费增速、消费贡献率低的局面。应继续推进消费尤其是国内需求对经济发展的贡献作用：大力发展旅游、文化产业，在国内培育新的消费增长点；继续加快推进收入分配改革和社会保障制度建设，扩大不同层次的消费群体、增强消费意愿；逐步稳妥扩大国内市场规模，促进其在世界经济格局中发挥更大的作用。

第三，加快产业升级和重组步伐。金融危机后，我国产业结构不合理和处于世界产业链低端的问题更为突出。工业所占比重虽高但附加值较低，虽鼓励服务业发展但其发展滞后的局面仍未从根本上改变，高新技术产业则集中在价值链的低端。因此，必须要立足于优化产业结构、加快建立形成现代产业体系、推进产业转型升级；结构调整注重对制约产业升级转型的关键环节的突破；加快培育发展战略性新兴产业；加快生产性服务业的发展。

第四，注重城市空间的社会性。在城镇化的快速推进过程中，随着城市边界不断扩张，城市空间不断扩大，城市内部空间旧城改造，城市基础设施建设加快，城市空间开放度不断变化。这个变化会带来一系列的社会和谐问题。例如，空间布局不合理带来的交通问题、城市盲目扩张带来的社区配套不完善、空间占用的不平等及与此相关的社会分层，这些都不利于城市化的全面发展和城市发展成果的共享。在加快经济发展方式转变中，要注重城市空间的社会性及其产生的一系列问题，从科学发展观角度面对城市空间的扩张，引导城市空间的合理增长。

二、城市增长管理的内涵

1. 城市增长管理的含义

增长管理（growth management）也译为"成长管理"，这个概念最初起源于美国。最初增长管理关注城市快速发展带来的蔓延问题，探讨引导控制城市无序增长的一系列政策，所以也可以说增长管理概念是控制城市蔓延的产物，其概念也随着增长管理实践不断扩大和充实，覆盖面也更为广泛并逐渐得到社会公众的认可。增长管理高度关注城市土地资源，一系列的土地开发管理措施推动土地资源开发保护，通过对其的引导来实现城市空间的合理增长，促进城市经济社会合理有序地增长，是人们对城市增长方式更为深刻的认识。增长管理从最初引导城市地域和经济合理增长到注重城市经济社会增长、资源利用的可持续；从最初的引导城市内部空间增长到城市间、区域间的合理增长；从最初狭隘的增长观到全面的增长观，从单一城市内部的范畴到区域社会的范畴，提倡城市的宜居性建设，更加注重城市协调平衡发展并注重以此为指导的政策工具的有效实施（蒋芳等，2007a）。

2. 城市增长管理的相关理念

理性增长：综合考虑经济、社区、环境等因素的城市增长，从土地资源利用角度来讲，理性增长定义为协调性的土地规划利用措施，推动住房基础设施建设，满足居民需要的一种理念，关注社会福利。从综合协调发展的角度来讲，理性增长定义为通过引导城市的增长来实现巩固经济、优化社区居住环境设施、保护资源环境。还有观点认为理性增长是紧凑的、可走动的、交通可达的增长方式。通过理性增长的这些定义可以认识到理性增长注重城市紧凑发展、土地混合利用、交通多样选择、环境积极保护，缓解城市无序扩张带来的种种问题，理性增长既要促进经济发展，还要推动资本利用效率提高。理性增长在国外经过多年发展，受到很大重视，在美国已有超过 80％的州运用理性增长理念。国内学者金晓云和冯科（2008）认为理性增长的研究还有许多方面的潜力：学界对理性增长有不同侧重点的分析，我们可以把这些侧重点结合起来形成综合、全面的理性增长理念；将理性增长模型的发展与具体的方法形式相结合，促进增长模型的研究；具体问题具体分析，依据不同城市的发展现状探索符合不同城市理性增长的模式。

新城市主义的人本理念：发达国家在经历郊区低密度快速发展而凸显出种种弊端后，人们希望改变这种状况，重视人与自然协调发展，主张充分发挥人的主体作用的新城市主义理念开始出现和发展。新城市主义理念关注城市弱势群体的居住生活环境，倡导为人们提供多种交通方式的选择，鼓励公共交通出行，同时不忽视步行系统和自行车系统的规划建设；注重城市规划设计中公众的参与和意见的表达，这些都体现了以人为本的思想。新城市主义理念中融合了"花园城市"和"紧凑城市"的思想，还借鉴了邻里单元概念等，注重城市规模的控制、合理的设施布局、反对功能分区、提倡土地的混合使用、保护现存景观等。新城市主义中体现的以人为本精神、对人的情感和价值的关注非常值得我们的城市建设发展借鉴和学习。丁文静（2006）认为我国借鉴新城市主义人本理念的城市规划建设主要在以下几个方面：关怀城市弱势群体，公平合理地分配城市空间资源，促进社会和谐发展；倡导多种功能的混合用地；城市建设注重自然、人文环境的和谐，可以建设特征鲜明的城市建筑，增强城市的可识别性；减少对小汽车的依赖，大力发展公共交通系统，重视步行交通建设，关注普通居民的权利；逐步拓宽居民参与城市规划建设的渠道，听取公众所需。

精明增长：精明增长倡导紧凑型的城市空间布局，鼓励利用城市现有基础设施，并以多样化的交通选择来控制城市的无序蔓延。精明增长涉及城市发展的种种问题，注重城市宜居性和生活质量的提高。精明增长从紧凑的空间增长、有益于城市的资源环境保护、城市经济的良好运行等角度来引导城市发展。诸大建和刘冬华（2006）探讨了精明增长理论对我国经济发展的启示，认为我国城市发展现状是：唯 GDP、经济导向的发展模式面临困境，而经济、社会、环境等多元协调的模式逐步为社会所接受和提倡；城市增长管理还没有完整的理论框架，要加强对城市增长的管理；一些城市逐步关注城市精明增长问题，但系统的实践还没有开展，从三个层面上讨论借鉴国外城市精明增长经验，拓宽丰富我国城市发展的思路：在政策层面上加强政府对城市发展的导向作用、健全政府职能，通过经济杠杆引导各地城市的建设管理；在技术层面上借鉴城市增长政策工具，基于不同的城市发展现状，科学地引导城市的发展管理；在制度层面上加强城市增长管理部门的分工、合作机制，引导市场和居民的管理参与机制，以及促进城市增长管理的相关立法工作。精明增长是一种可持续发展观念下的城市管理策略（刘冬华和诸大建，2009）。

3. 城市增长管理的政策工具

起源于美国的增长管理对解决城市蔓延带来的严重社会经济和资源环境问题起到了积极的作用，要实现增长管理的目标就要采取各种技术措施和方法，这些被称为"工具"，这些"工具"种类多样，随着城市增长管理实践的推进，政策工具从不同层面对城市扩张进行了引导和约束，逐步发展形成了比较成熟的增长管理政策工具，既有传统的综合规划工具，也有创新的政策工具，如特殊类型的法规等，不同学者从不同方面对政策工具进行归类，包括技术手段、保护资源环境类手段、引导类手段等。本书从保护土地类、基础设施引导类、保护资源环境类、抑制增长类几个方面介绍城市增长管理的政策工具（表1-1）。

表1-1　部分常见的城市增长管理工具

保护土地类政策工具	基础设施引导类政策工具	保护资源环境类政策工具	抑制增长类政策工具
(1) 城市增长边界 (2) 土地开发权的购买与转让 (3) 农地保护	(1) 城市服务边界 (2) 足量的公共设施条例 (3) 公交导向型开发 (4) 开发影响费	(1) 社区影响报告 (2) 环境影响报告 (3) 保护性规划	(1) 建筑许可证 (2) 暂停开发

资料来源：张进. 美国的城市增长管理. 规划研究，2002，(2)：37-40

第一，保护土地类政策工具。

(1) 城市增长边界（UGB）。城市增长边界是一种执行严格的管理工具，包括城、郊两种边界，城市边界被称为湖坝模型，郊区边界被称为河堤模型。城市区域划定为可进行城市开发建设的增长区和不可用于开发建设而要保护的农地、林地、生态脆弱区。它可以把在不可开发区进行建设的行为定性为非法的，这样的严格执行才能更为有效地限制城市空间的无序开发，引导城市土地资源的合理利用。美国俄勒冈州是第一个正式采取这种方法的区域，首先对城市发展情况和城市土地资源进行评估和规划，在增长边界划定的建设区内要包括约20年城市开发建设需要的土地。需要特别注意的是城市增长边界要根据实际发展情况合理调整[①]。绿带是在城市组团之间、城市内部之间或相邻的城市之间设置的以保护

---

① 地方政府需要定期对城市增长边界进行测定，以确定是否需要扩张及扩张的时机和范围。

城市生态环境、限制城市盲目发展为目的的地带。有代表性的是 1944 年大伦敦规划中设置的多层绿带。绿带的设立促进了伦敦城市的紧凑式发展，保护了土地资源的集约利用。

（2）土地开发权的购买与转让。在重要的生态保护区和环境敏感地等，政府出资购买土地开发权，开敞空间如公园、森林的扩张都可以用这种工具。例如，政府为了保护某块农用地，可以出资买该地的开发权，虽然法律上所有权依然是原来的所有者拥有，也可以在农地上进行农业活动，但是不可以在该土地上进行开发建设，这种购买方式的成本有时较高，也允许政府与非盈利组织机构合作，通过发放债券等来筹集购买资金，美国马里兰州政府与信托基金合作，由该机构签订的土地保护合约就非常具有代表性，这个政策工具想要顺利执行，资金到位是重要的条件，政府出资征用或购买部分农林地等开敞空间用地的产权在美国也应用得非常普遍。与开发权的购买不同，开发权转让是指为限定某些区域开发，把如生态保护区等的土地开发权转移到城市允许的增长区，在更适合开发的区域进行。例如，在生态脆弱区进行开发建设，可以为开发商提供一块在城市建设区的用地，那么开发权就转移到了这个地区，既实现了增长又保护了环境。在土地开发权转让政策实施中需要注意两点：一是对于开发权转让引起的不动产价值降低，政府需要向土地所有人提供某种形式的补偿，这是使用转让开发权政策工具的成本；二是政府需要在地图上标出"出售"和"接受"开发权的地区（吴冬青等，2007），以便开发权转让工作顺利进行。

（3）农地保护。设定农业保护区，在该区域内的土地必须用于农业开发。实行农场主自愿进行注册登记原则，签订协议的农场主的农地要持续用于农业开发生产，当然他们会得到资金支持，如税收的减免、专项基金的设立，这样他们在农地的经营成本就会得到补助，城市扩张发展给农地带来的影响就会减少，这种方法与农用地排他使用分区等土地管制方法类似，限定了区域农地开发的唯一性。耕种权法规定，只要不损害公共健康、安全，任何正常的耕种活动都受到法律的保护。

第二，基础设施引导类政策工具。

（1）城市服务边界（USB）。城市服务边界与城市增长边界相关，但城市服务边界不是为增长划定一个范围，而是与基础设施配置直接联系，政府为在服务边界内的区域提供基础设施建设的资金支持，可以不为超出服务边界的区域提供这种支持，这是以基础设施的供给来限制地区的盲目扩张，保护生态敏感地和自然环境，确保城市土地的集约利用。美国马里兰州通过立法，为满足政府规定基础设施标准的服务边界内的区域提供资金支持来进行建设，对没有排污设施等的地区采取允许开发但不会提供资金支持、不改善基础设施现状的态度来限制其发展。设定城市服务边界要做好城市人口、就业的发展趋势预测，基础设施满足需要的标准，居住和非居住地用地量的评估等。在城市增长管理进行得较好的地区，城市增长边界与服务边界是基本一致的。

（2）足量的公共设施条例（APFO）。该政策工具是城市开发建设的设施同步配套。这个标准可以降低城市相当数量的项目建设，缓解城市的过度扩张和增长。新项目开发时要有足量的道路、排水设施，如地方政府的基础设施投入不能满足开发商的建设速度或社区无力承担此项费用时，开发商就要承担这些项目的建设，如果不能达到基础设施需求标准就不能开工。美国华盛顿州就要求地方在开发前，项目必须有足够的公共配套设施，政府和开发商都可负责该部分建设，公共设施只有满足了该地区的增长需要，才能获得开发许可证。

（3）公交导向型开发（TOD）。TOD开发模式是在国际上广泛应用的增长管理工具。该模式基于"交通—土地利用"相互关系，强调整合公共交通和土地使用。TOD主张提供可供选择的多样化交通工具，重视自行车道和人行道的修建和维护，倡导选择公共交通出行方式，这可以缓解交通压力、减少环境污染；TOD模式还主张紧凑的城市建设、混合的土地利用，这有利于减少土地资源的利用和基础设施建设费用。该模式将公共交通发展与紧凑的城市建设相结合，既提高运行效率，又促进土地资源的合理利用和均衡发展。

（4）开发影响费。开发影响费是政府对增长所需的各类基础设施筹资的一种手段，地方政府实行谁受益谁付费的原则，这样开发商和购房者要因为他们给地区带来的资源环境影响而承担更多的基础设施建设费。收取影响费抑制了暂时没有公共设施的地区的开发，鼓励开发商在具备足量公共设施的地区进行集约化开发。如果不收取这笔费用，这笔开支大部分就需要现有居民去承担。关于开发影响费用的征收标准，要分析新的开发项目与需要建设的公共设施的投入联系，以相关法律法规为依据来制定开发影响费的收取标准。与开发影响费相类似的手段还有保护减税和双轨税率。保护减税是以政策优惠为手段，以保护生态环境为目的，鼓励土地开发权向非营利机构转移；双轨税率是执行两种收税标准，促进土地资源的集约利用。

第三，保护资源环境类政策工具。

（1）社区影响报告。社区影响报告是保证居民知情权、了解开发建设项目影响的一种政策工具。在项目审批建设前需要提供一系列的影响数据报告。报告包括的内容有：项目建成后人口的容量，不同年龄层次增加人口的估量；项目建成投入使用公共设施的需求量变化，同时提高现有基础设施的利用效率和程度，作为基础设施建设的数据参考；现有学校各项设施的情况及项目建成增加的学生量，评估教学设施新要求；项目建成对社区经济财务的影响情况；现有道路建设情况及新要求。

（2）环境影响报告。环境影响报告与社区影响报告相似，是通过提供影响报告来获得开发权的一种政策工具。报告需要符合几点要求才能进行项目建设，包括：不会对资源生态环境造成明显影响；项目开发及建成投入使用对环境资源保护的构想和计划；维护资源的可持续利用，不形成过度需求消费。

（3）保护性规划。这是一个利用科技手段来保护重要生态区域的政策工具。利用 GIS 标志出具有重要生态特征不能进行开发建设的区域，包括农地、斜坡在内的生态保护区域。这个方法用于判断地区可不可进行可持续的开发，这就为政府制定土地管理规划等政策提供了科学依据，有助于生态脆弱区和基本农田的保护，促进可持续发展。

第四，抑制过快增长类政策工具。

（1）建筑许可证。在一些快速发展的地方为促进城市合理地扩张、引导合理的增长速度，缓解资源环境的压力，政府会控制每年建筑许可证的数量，把它限定在一定的范围内。这就放缓了建筑物的大量增加，也降低了对基础设施的过快需求，提高了公共资源的利用效率。

（2）暂停开发。暂停开发是一种更为严格的限制城市增长的政策工具。这种方法常被增长过快的地区采用。美国有些地方通过暂缓开发条例等临时性政策试图解决快速增长所带来的各种严重问题，问题严重的开发项目暂停开发，直到找到合适的解决方案。暂停开发只是面对无序增长的临时性政策，只是为制订长期的解决方案争取时间。

第三节　加快经济发展方式转变与城市增长管理的内在联系

一、加快经济发展方式转变与城市增长管理的共同点

加快经济发展方式转变对我国经济社会发展十分关键。后金融危机时代，全球经济格局发生着广泛而深刻的变化，我国经济社会中的不平衡、不可持续的矛盾更为凸显，为适应国内外环境的变化，解决我国发展中的新旧矛盾，在"十二五"时期加快经济发展方式转变尤为重要。

我国处在城镇化加速推进时期，各种城市病日益凸显，国外在应对城市无序扩张的增长管理中的经验值得我们学习。但是中西方在制度上存在很大的差异，从增长管理的含义到增长管理工具的应用，在实际操作上都存在较大差异。研究我国的城市增长管理，就是借鉴国外城市增长管理思路，探索适宜于中国国情的城市增长管理路径来解决因快速城市化而出现的各种问题。

加快经济发展方式转变，城市是经济的中心，城市经济发展方式也必须要转

变，城市增长管理与我国现阶段加快经济发展方式转变的要求有许多相同之处，城市增长管理就是为了解决城市发展中的问题，如城市空间增长方面的管理与引导，从加快经济发展方式转变视角研究我国城市增长管理，符合现阶段我国经济社会发展的实际，对引导我国城市的精明增长具有现实的指导意义。城市增长管理与经济发展方式转变的共同点如表 1-2 所示。

表 1-2 城市增长管理与经济发展方式转变的共同点

项目	城市增长管理	经济发展方式转变
目的	实现城市精明增长	实现经济社会可持续发展
内容	控制城市蔓延，倡导紧凑型城市用地 倡导公交导向型模式 抑制过快增长，保护资源环境	倡导土地集约利用 主张大力发展公共交通 节能减排，倡导低碳生活

二、加快经济发展方式转变与城市增长管理的相互促求

城市增长管理的理念和政策工具对我国城市增长管理有很大的借鉴意义，但中西方政治、经济的巨大差异表明我国在城市发展中对增长管理理念的运用必须结合我国发展的实际才有意义。加快经济发展方式转变是推进我国现代化的战略选择、科学发展观的内在要求、发展中国特色社会主义的规律性认识。我国持续推行经济发展方式转变取得了一些成绩，如科技创新能力增强、经济结构战略性调整稳步推进、发展能力不断提升，但我国经济发展方式粗放明显，资源环境约束力强，发展中的不平衡、不协调矛盾突出，尤其是国际金融危机以来，国际环境变化深刻而复杂，国际竞争更为激烈，这对于发展中的中国是挑战更是机遇，国内、国际环境都对我国加快经济发展方式转变提出了更为迫切的要求，要在更激烈的国际竞争中掌握主动权、解决我国经济社会发展中的种种问题，就必须要加快经济发展方式转变。因此，现阶段我国进行城市增长管理，实行经济社会可持续发展，以加快经济发展方式转变为依托，以此为视角更具现实意义。

城市既是社会经济发展的中心，也是产业运行和社会秩序的组织者和引领者，与此同时，也是资源、环境约束严重的地区，我国城市快速发展的同时，城市盲目扩张、资源浪费、环境污染等问题日益凸显，加快经济发展方式转变要求城市率先从理念到行动转变发展方式。因此，借鉴国外城市增长管理的理念和政策工具，形成符合我国城市发展要求的增长管理模式对推动我国资源节约型、环境友好型社会建设及生态文明建设有巨大作用。从某种程度上讲，城市发展方式转变是我国加快经济发展方式转变的重要内容，是实现加快经济发展方式转变目标的首要和必要条件。

加快经济发展方式转变对城市增长管理的要求体现在两个方面。一是城市战略性新兴产业的确立、创新与品牌打造。未来城市产业要由主要依靠增加物质资源消耗向主要依靠科技进步、劳动者素质提高、管理创新转变。2005 年，我国国内生产总值按当年平均汇率计算为 2.26 万亿美元，约占世界生产总值的 5%，但为此投入的各类国内资源和进口资源，却比产出所占比例高得多。2005 年，我国消费石油 3 亿吨、原煤 21.4 亿吨、粗钢 3.5 亿吨、水泥 10.5 亿吨和氧化铝 1561 万吨，分别约为世界消费量的 7.8%、39.6%、31.8%、47.7% 和 24.4%。与此同时，由于自主创新能力不强、缺乏核心技术、缺少自主知识产权、缺少世界知名品牌，我们不得不更多地依靠廉价劳动力的比较优势换来微薄的利益，成为低端产品的"世界工厂"。我国的出口商品中 90% 是贴牌产品。我国纺织服装出口占全球纺织服装贸易总额的 24%，但自主品牌不足 1%，且几乎没有世界名牌。美国《商业周刊》和国际品牌公司 2006 年公布的全球 100 个著名品牌中，美国拥有 50 个，欧洲占有 38 个，亚洲也有 11 个（其中，日本 8 个，韩国 3 个），而我国却一个也没有。二是城市自身空间拓展及由此带来的用地紧张、能源紧张、交通等诸多增长问题。

加快经济发展方式转变是我国今后一个较长时期内的重要战略任务，涉及国民经济和社会发展的方方面面，城市作为区域系统的核心，更应该在加快发展方式转变中发挥好引领和示范作用（刘荣增，2012）。与此同时，城市增长管理应该自觉以加快经济发展方式转变为依据，引导城市合理扩张，减少资源环境对城市发展的约束力。

第四节 当前我国城市增长管理的主要问题

一、城市发展观问题

城市发展观是关系城市建设、发展的本质、目的、内涵、要求的总的看法和根本观点，它不仅包括要发展城市，还包括怎样发展的问题。有什么样的城市发展观，就有什么样的发展模式和发展战略，就会对城市的发展实践产生全局性、根本性的重大影响。片面追求政绩观的城市增长观必然导致城市淡化管理、追求表面的粗放型增长；而科学的城市发展观是以人为本的发展观，是全面、协调的发展观，是可持续的发展观。当前城市发展过程中产业选取与引进的甄选、旧城改造与新区建设、城市交通实施与地下管网建设等处理方式均反映了城市政府秉承的城市发展观问题。

二、土地过度侵占与浪费问题

随着中国城市化进程的加快，城市规模和面积不断扩张，除了城市发展必需的拓展用地外，也造成部分城市盲目圈地造城、房地产商受利益驱动开发无序、基础设施重复建设等。据《中国城市统计年鉴》（1991—2005）的数据，1990～2003 年中国 31 个特大城市的建成区面积平均增长了近 1 倍，尤其是经济发展较快的大城市扩张更为迅速，如北京、广州、南京、杭州等城市建成区面积扩张了 2 倍以上，成都、重庆等少数城市在短短的几年时间内甚至扩张了 4 倍。另据国土资源部统计，2005 年我国城乡建设用地约 24 万平方千米，城市人均建设用地已达 130 多平方米，远远高于发达国家人均 82.4 平方米和发展中国家人均 83.3 平方米的水平；即便是美国纽约，包括郊区在内，人均占地也只有 112.5 平方米。与此同时，全国城镇规划范围内共有闲置土地、空闲地和批而未供土地 2666 平方千米，相当于现有城镇用地总量的 7.8%。这种土地过度使用所导致的最直接后果是：深圳 20 年后将无地可用，宁波 15 年后无地可用，国内多数城市二三十年后无地可用（尹国均，2010）。

三、城市节能、减排与拆迁改造浪费问题

中国城市近年来的快速扩张基本上是一种外延型、粗放型和投资、资源拉动型的发展模式。譬如，2007 年中国 GDP 占世界总量的 6% 左右，而钢材消费量占世界钢材消耗的 30% 以上，水泥消耗大约占世界水泥消耗量的 55%。2003～2008 年，各年能源消费总量以近两位数的速度增长，究其原因是高耗能产业的快速增长。除此之外，还有城市建筑自身节能意识问题，譬如，在城市广为使用的玻璃幕墙，从 1984 年建造的北京长城饭店首次采用玻璃幕墙起到现在，中国已有玻璃幕墙 2 亿平方米，占全世界的 85%，成为世界第一玻璃幕墙出产和使用大国。玻璃幕墙在改变城市景观的同时，其建筑能耗是普通建筑的 4 倍。[①] 一般建筑的窗与墙的单位能耗比例为 6：1，而玻璃建筑由于大面积采用玻璃幕墙，从而出了"冬寒夏热"的现象。多数摩天大厦不得不加大功率，开放空调，以调节室温。冬天要先于其他建筑供暖，夏天要先于其他建筑制冷，能源高消耗触目惊心。处于直射或当阳的玻璃楼，其耗能是普通建筑的 4 倍以上。研究人员曾做

---

① 中国城市病系列：玻璃幕墙城市，高空的杀手.《发现者》第 140 期 . http：//discover.news.163.com/special/glasscurtainwall/ ［2011-8-20］.

过一个测算，夏天采用玻璃幕墙的建筑每 5 平方米的采光面积就需要用一匹 (HP) 的空调来抵消，而普通建筑 20 平方米的面积才需要用一匹的空调来降温。2000～2010 年的 10 年，是中国"两高一资"（高能耗、高污染、资源性）行业产能扩张最快的 10 年。这 10 年也正是中国城市改造、城市扩张及房地产市场发展最快的 10 年。然而，这 10 年也让中国的扩张型、粗放式经济增长模式走到了尽头，付出了资源枯竭、环境污染、廉价劳动力用尽的代价。据预测，再过 20 年，中国城市对电力的需求将是今天的 2 倍多，将占到全球能源消耗的 20％。

快速的城市化使我国城市成了世界上最大的建筑工地，城市面貌不断更新的同时，部分无序而频繁的拆迁造成了极大的浪费。按国家《民用建筑设计通则》规定，重要建筑和高层建筑主体结构的耐久年限为 100 年，一般性建筑为 50～100 年。中国是世界上每年新建建筑量最大的国家，每年新建面积达 20 亿平方米，建筑的平均寿命仅 25～30 年（图 1-1）[①]。《中国青年报》的一项调查显示，85.8％的人表示自己所在城市有过"短命"建筑。对于自己所在城市的城市规划，50.1％的人表示不满意；在谈及城市建筑短命的原因时，83.5％的人选择"地方领导片面追求形象、政绩"，71.8％的人认为是城市规划缺乏科学性。其余的原因还有：豆腐渣工程（39.6％）、商家急功近利（36.3％）、审批拆除程序有问题（36.2％）、建筑设计有问题（28.8％）等。据统计，2002 年中国城镇共拆迁房屋 1.2 亿平方米，相当于当年商品房竣工面积 3.2 亿平方米的 37.5％；2003 年中国城镇共拆迁房屋 1.61 亿平方米，同比增长 34.2％，相当于当年商品房竣工面积 3.9 亿平方米的 41.3％。中国是世界上每年新建建筑量最大的国家，每年 20 亿平方米新建面积，相当于消耗了全世界 40％的水泥和钢材，而这一切却只持续 25～30 年的时间。许多建筑并非因质量问题而拆除，在商业利益和 GDP 崇拜的背后，反映出中国城市缺乏成熟、谨慎的城建规划和保护意识。

中国多数城市路面"井盖遍地"和"开膛破肚"已成家常便饭，人们形象地称这些马路为"拉链路"，这反映了城市地下管道设计的严重不合理。有专家曾测算，如果主干道标准路段全部封闭开挖，带有雨水井和单位排水管网的道路施工，每米需要的成本大约是 2.8 万元；一般情况下，在半封闭开挖的路段，开挖 1 米城市道路需要的公用设施成本接近 1.4 万元。根据《中国城市建设统计年报 2005》，2005 年年末，全国拥有城市道路 24.7 万千米、道路面积 39.2 亿平方米。在这 24.7 万千米的城市道路中，即便有 1％曾经"开膛剖腹"一遍，市政修补费

---

① 网易新闻．中国建筑为何短命？《发现者》第 103 期．http：//discover．news．163．com/special/chinesearchitecture［2011-7-18］．

用开支就会增加 3458 万元。据统计，2000 年北京地下光缆被挖断 32 条，花去 1000 多万元的抢修费；2001 年又有 33 条被挖断，平均 10 天挖断一条，共花去了 1220 万元抢修费。全国每年由施工引发的管线事故所造成的直接经济损失达 50 亿元，间接经济损失达 400 亿元。[①]

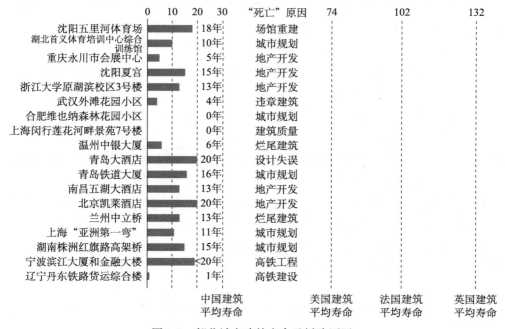

图 1-1　部分城市建筑寿命及拆除原因

四、城市"堵"和"涝"问题

过去 20 年间，中国汽车数量增长速度是公路里程增长量的 3 倍。北京的交通速度已经低至不及伦敦的一半。超速进入汽车社会的中国，正经历城市化进程中的必经之痛。学界通常认为，城市交通拥堵非人为意志所能阻挡，其本质在于"城市化滞后于工业化，或者说是滞后于机动化"。多位城市规划专家几乎同时认为，在"机动化快过城市化"的大背景下，中国大城市的交通拥堵"最困难的时候还没到来"。交通拥挤所造成的时间浪费和行车成本损失巨大，有人测算，其直接经济损失占国民生产总值的 1% 以上，有的大城市甚至可能达到所在城市国民生产总值的 10% 左右。而交通事故率居高不下所致的损失更是惊人，北京近

---

① 城市病系列城市道路为何多井盖? http://discover.news.163.com/special/utilitytunnel/ [2010-8-20].

年来的交通事故死亡人数每年一直在 500 人左右，万车交通事故死亡率为 6 人，而日本东京为 1.9 人，美国和澳大利亚为 2.6 人（仇保兴，2007a）。

　　2011 年初夏，南北方数省（自治区、直辖市）遭遇强降雨，广州、长沙、武汉、杭州、南昌、北京、成都等城市因暴雨接连发生严重内涝，以往鲜亮的城市瞬间变成"水城"。频频发生的城市内涝，不仅严重影响人们的正常工作和生活，也造成了巨额的经济损失。譬如，广州的一场暴雨就使数以千计的家庭轿车熄火，某小区地下车库有上百辆豪华轿车被淹，损失数亿元。与此同时，数以千计的企业被迫停产停工。城市内涝暴露了一些看似"现代化"的城市在城市排水系统的规划设计、建设管理等方面的严重落后，城市像摊大饼一样越扩越大，而城市"内核"却越来越空。在看起来坚硬强大、富丽堂皇的城市外表下，几场大雨暴露出了城市地下排水系统的脆弱不堪。只追求短期效益和政绩，让城市发展方式走向"畸形"。反观国外，其城市基础设施建设的经验值得我们借鉴，法国巴黎地下排水系统长达 2347 千米，规模超过巴黎地铁。下水道拥有通畅的排气系统和充足的空气，两旁有宽约 1 米供检修人员通行的便道，被地方市政当局作为旅游景点供游客参观，可防百年一遇的暴雨；德国汉堡有容量很大的地下调蓄库，洪水期既保证了排水通畅，又实现了雨水的合理利用。

第五节　基于加快经济发展方式转变的城市增长管理的策略

一、积极转变城市发展观念和发展方式

　　充分认识到我国城市在追求繁荣的同时在宜居方面的差距（图 1-2）[①]。伴随经济发展方式的转变，推进城市相应行政管理体制和发展方式的改革和转变。政府在城市规划和建设过程中应转换角色，真正地把树立"以人为本"和可持续发展的思想和理念贯穿始终。"以人为本"的城市发展思想，是指城市发展要充分考虑和满足人的物质和精神需求，促进人们健康发展。在公平原则下，城市每位居民都应能享受到平等、自由的权利和轻松、安全、舒适的生活、工作环境。这就要求城市政府从追求短期 GDP 最大化的粗放扩张，转变为致力于使城市经济繁荣和人民生活舒适，致力于建设资源节约型、环境友好型社会，为公众提供更多更好的公共产品和服务的集约型、精细型增长，最终达到持续不断地提升我国城市的舒适度、宜居度和竞争力。

---

　　① 中国城市离"宜居"多远？ http：//discover. news. 163. com/special/liveability/ ［2011-7-19］.

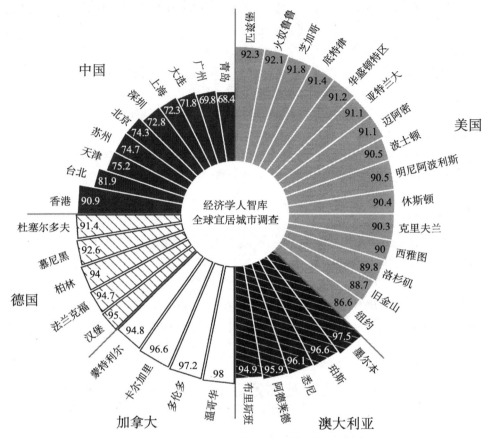

图 1-2   全球部分城市宜居得分情况

二、大力倡导紧凑型城市和精明增长发展模式

　　建设紧凑型城市是加快经济发展方式转变和实现城市科学发展的有效途径，其内涵不仅限于提高城市密度，单纯强调发展紧凑型的城市形态，而是如何在紧凑之中实现城市功能的完善。要实现这一目标，不仅要从城市土地利用、城市空间布局、城市交通、城市住房、城市绿化、城市公共安全等方面对原有城市发展模式进行调整，还需要观念转变、制度建设、机制构建等一系列保障措施相互配合。

　　首先，应该着眼于坚持紧凑的城镇用地密度和倡导不同性质用地的混合布局。只有注重土地的混合使用，才能保持城市多样性，保持城市公共交通的活力，促进城市基础设施的节约。

　　其次，应着眼于创建方便市民交通出行的城市，而不是汽车型城市。20世纪 60 年代，英国规划师布切男（Maloolm Bughana）为发达国家规划师敲响的"不能让城市只见汽车不见人"的警钟，值得借鉴。交通是一种城市稀缺的公共资源，可通过编制和实施综合交通体系规划来更公平地进行分配，保持和延伸城市的自行车道、步行道及实施"公共交通优先"应成为中国城市的首选追求（仇保兴，2007a）。

最后，从城市设计到建筑设计，始终遵循低碳、节能和绿色的原则，最终实现建筑和城市建设的节能、节水、节材、节地和生态环保的综合效应。在城市中尽可能多地栽种树木，保留永久性农地，推行建筑的立体绿化和公共场所的绿化，并尽可能将所有的零星的绿心、绿带连接成生态网络；无论是新城建设还是旧城改造，都要贯彻最大限度地使用可再生能源的原则，将可再生能源应用与建筑一体化，使用能的基本单元成为能源生产源泉。

三、全力确保科技创新、规划、管理等多措并举

伴随着发展方式转变的城市增长管理是一项系统工程，不仅要求城市政府管理者、市民、企业等思想认识到位，还要求科技创新作支撑，规划与管理等手段作保障。

一是要用科技的力量推动经济发展方式转变。战略性新兴产业是新兴科技和新兴产业的深度融合，代表着科技创新的方向，也代表着产业发展的方向，要科学制定发展规划，选择若干重点领域作为突破口，力争在较短的时间内见到成效，使战略性新兴产业尽早成为国民经济的先导产业和支柱产业。要用高新技术加快改造传统产业，大幅度提高传统产业的科技含量，提高传统产业的质量效益和竞争力。要提高原始创新能力和关键核心技术创新能力，加快实施国家和区域重大科技专项，着力解决制约城市经济社会发展的关键技术问题。

二是要真正在规划和建设上下工夫。城市发展和建设与拆迁、拥堵、内涝并不是截然对立的两个方面。一个科学的城市建设规划是可以将这些问题控制在大体均衡的范围内的。城市发展和建设与这些问题的均衡调适，是以一个前瞻性、科学性、系统性有机统一的城市规划为前提的。在新一轮城市发展与建设过程中，必须重视以循环经济和低碳城市理念为指导，以政府为主导的规划调控和引导为核心，大力推进全民参与规划的制度设计，努力走出大建设—大拆迁、大改造—再建设—再拆迁、再改造的恶性循环怪圈。这也就要求城市规划师真正"用心灵规划每一处，以最好地表达、协调城市的功能，让城市成为可使人安全、愉悦地行于斯聚于斯的空间"。

三是要在城市管理上下工夫。"三分规划，七分管理"，一些城市问题的出现，除了规划建设不到位外，管理也是一个重要环节，一些城市的内涝就与残渣

堵塞管道、疏于疏理有关。在治堵问题上，城市停车设施除了要加强分区供应、分类供应、分时供应、分价供应等多种管理手段外（张泉等，2010），还可借鉴国外公交系统管理的经验，譬如，可以借鉴美国西雅图的经验，依托发达的公交系统，由城市核心区向外围一定区间输送人流，避免过多小汽车进入核心拥堵区。公交车票可以在一定时间段内免费换乘其他公交或地铁等公共交通系统，真正体现公交为大众和普通百姓服务的理念。

四、努力做好"空中"和"地下"空间经济学文章

随着土地资源的日趋紧张和紧凑型城市发展模式的确立，要解决城市发展过程中的空间紧张、交通拥挤、排水不畅等问题，都需要对城市地上、地下空间的合理规划、开发问题进行重新审视。建立立体城市是我们的目标，只有将地上地下空间一体化规划才能真正实现城市的立体化。

地上地下空间一体化的重点是交通。从国内外城市建设情况看，城市地上空间开发主要是高层建筑和立体立交桥建设（图1-3）；而一些城市地下交通占城市地下空间开发总量的60%～70%，其中地下停车设施所占比重更大。轨道交通建设是地下空间大规模开发利用的基础，轨道交通网络是地下空间布局的骨架，轨道交通沿线又是地下空间开发利用的重点。地上地下空间一体化市政设施是亮点，利用地下空间起源于市政设施，如早期巴黎的地下排水沟、地下暗河及日本东京用于排洪的地下宫殿（图1-4）等，说明市政设施地下化是最为必要的；从国外地下空间的发展现实看，从地下商业步行街到地下建筑综合体再到地下城，从浅层开发到深层开发，从地下停车到城市交通干线地下化，从地下商业到地下医院、地下学校，地下空间的开发潜力巨大，功能多样。而对于我国这样一个地少人多、土地资源缺乏的大国来说，目前仅利用浅层地下空间是远远不够的，深层地下空间利用只是时间问题。因此，陈志龙（2010）认为地下空间规划必须是一个开放的系统，从水平方向上具有周边区域延伸的可能性，从垂直方向上有向地下深层发展的可行性，如此才能保障地下空间的永续发展。与地上空间不同，地下空间是永久性工程，其开发具有"不可逆"的特点，一旦建成就无法推倒重来。因此，在进行地下空间开发时要尽可能一次到位，如地铁埋深问题，当前我国许多城市为了节约资金，尽可能在浅层，但从国外地铁建设的经验看，它们也有一个认识过程，如伦敦地铁开始建设时埋深也比较浅，随着城市建设的不断拓展和城市地下空间开发利用的深入，地铁的埋深越来越大，将浅层空间留给更需要的功能使用。我国诸多地铁建设飞速发展，若不能未雨绸缪，将来势必会严重影响城市地上地下空间一体化利用。

图 1-3　城市多层立交桥缓解交通堵塞

图 1-4　日本东京地下防洪设施

第二章　城市-区域系统时空增长机理

人类用了 5000 多年的时间，才对城市的本质和演变过程有了一个局部的认识，也许要更长的时间才能完全弄清那些尚未被认识的潜在特性。人类历史刚刚破晓时，城市便已经发展到了成熟形式，要想更深刻地理解城市的现状，我们必须掠过历史的天际线去考察那些依稀可辨的踪迹，去探求城市远古的结构和原始的功能，这是我们城市研究的首要责任。

——〔美〕刘易斯·芒福德

《城市发展史——起源、演变和前景》

城市-区域系统随着人类的社会、经济活动处在不断变化之中。经济的发展模式、个体的空间行为和生活方式都在很大程度上影响着区域时空格局的变化，从而不断改变区域人流、物流、信息流的空间态势，进而形成空间场效应，反作用于经济发展模式和人的生活方式。如何把握城市-区域时空格局演变的动力机制和空间相互作用机理，对于城市-区域的持续发展及其调控有着十分重要的意义。

第一节　城市-区域增长之城乡关系理论

城市和乡村作为区域发展的两大主体，二者的关系一直是国内外学者和政府决策者研究关注的重点和热点问题之一。不同学科的学者从各自的角度对这些问题进行了研究，产生了一系列城乡发展理论。透视这些理论，可以得到一个总的看法，所有理论基本上可以归结为两大类：城乡平衡发展论（城乡统筹或协调）与城乡不平衡发展论（城市偏向论或乡村偏向论）。城乡作为区域系统中的两个共生单元，一直受着社会经济发展的两大基本目标（公平和效率）的影响和支配：当公平占主导地位时，缩小城乡差距、城乡统筹、城乡一体化等理念就会占据主导地位，乡村就会得到补偿性的优先发展；但当追求效率时，受增长极（点）理论的影响，城市就得到了优先发展。二者不断在平衡与不平衡的发展过程中交替上升，推动着区域整体的发展和提升。

一、城乡不平衡发展论——城市偏向论与乡村偏向论

1. 城市偏向论

从 20 世纪 50 年代开始，对二元经济结构理论片面强调"城市—工业"的重要性而导致"农村—农业"的萎缩等不平衡发展问题的认识，促使了两类城乡发展理论流派的产生：一类是对刘易斯模型的反思而发展的乔根森模型和托达罗模型；另一类是以增长极和核心—边缘关系为代表的城乡空间极化发展理论模型。

基于对大多数发展中国家中经济增长首先集中于一个或数个中心城市的现实的洞察，区域规划领域出现了一种城乡空间对立的观点，这种观点建立在空间极化和核心—边缘模型的基础上，由法国经济学家弗朗索瓦·佩鲁 1950 年最早提出，后经法国地理学家布德维尔、瑞典经济学家冈纳·缪尔达尔、美国经济学家阿尔伯特·赫希曼和米尔顿·弗里德曼等发展完善，形成了一种颇具影响力的区域发展理论——增长极理论。该理论认为增长并非同时出现在所有地方，它以不同的强度出现于一些增长点或增长极上，然后通过不同的渠道向外扩散，并对整个经济产生不同的最终影响；城市作为一个增长极，城乡之间的联系主要是由城市资源要素通过不同渠道向农村扩散来实现的，强调以城市为中心，资源要素从城市到乡村的流动来带动乡村地区的发展（Unwin，1989）。由于增长极理论强调追求效率的目标，多数发展中国家在区域发展的早期阶段引入了这一理论。但许多发展中国家的实践证明这一理论并不易取得成功，由于增长极的极化周期较长，往往人们所期望的"涓滴效应"被强化集中的"极化效应"所取代，从而保持甚至扩大了城乡差距（Adell，1999）。

20 世纪 60 年代中期，弗里德曼（Friedmann，1966）提出的核心—边缘理论认为：工业化和城乡经济发展在空间上并非均衡分布，而是集中在一个或少数几个地区，它的空间组织表现为二元结构。这种二元结构在不同尺度的空间范围内具有客观存在性，最低层次的二元结构关系可理解为城乡关系。在发展的初期阶段城乡空间二元化日趋明显，政府的干预作用及区际人口迁移等将影响创新的扩散与资源配置的格局，最终使得核心与外围的界限逐渐消失。作为一种工具，这种理论的规范价值对城乡发展规划者和决策者特别具有吸引力。然而，该理论并不回避核心地区的受益是以牺牲外围作为代价的事实，城乡联系作为全球权利链条的一环将使农村停留在贫困和欠发达的状态。

由此可见，这些理论都带有明显的城市偏向性。但是，由于发展中国家对高效率和经济增长的迫切追求及对未来均衡发展的乐观期望，"尽管增长极概念还存争议，而且面对这种政策未能达到预期目的诸多经验依据，增长极概念仍不断出现在整个非洲大陆（包括亚洲）的规划文本中"（Doan，1995），从而促成了

作为现代化中心的城市与落后乡村的二元结构的延续和强化。但也有学者对此提出了批评，20世纪70年代，利普顿（Michael Lipton）认为"对城市的偏向（包括政治、社会、经济各方面）导致了乡村的贫穷"，"农村地区的不平等也大部分归因于发展政策的城市偏向"，认为城乡关系的不平等是乡村贫困的根源（Lipton，1977）。

我国城乡关系在1949年新中国成立以前，主要表现形态都是城市与乡村的差异和非均衡，城市在政治上统治乡村、在经济上剥夺乡村，城市与乡村的基本关系是统治与被统治的不平等关系，中国社会突出表现为城市与乡村的二元分离和对立（徐勇，1992）。新中国成立后，由于以工农联盟为基础的社会主义制度的建立，城乡在形式上确立了一种平等互助的新型关系，然而由于恶劣的国际环境和百废待兴的国内经济状况，国家采取了"工业先导、城市偏向"的发展战略和"挖乡补城、以农哺工"的资金积累模式。这一发展战略以追求经济快速增长为目标，将重点放在发展工业尤其是重工业和建设城市上，优先发展资金密集型而非劳动密集型产业。这样城市和工业不仅难以吸纳日渐增长的剩余劳动力，还需要国家强制性地建立一套将农民严格阻挡在城市之外的人口管理制度，即至今仍为人诟病甚深的城乡隔离户籍制度。而与这一发展战略相配套的资金积累模式也是以农业支持工业、城市剥夺农村为特征的，其实现形式主要是工农业产品的"剪刀差"。1952~1978年，国家通过"剪刀差"从农业中隐蔽地抽走了5823.74亿元的巨额资金，加上农业为国家缴纳的税收1044.38亿元，两项合计6868.12亿元，约占农业所创造产值的18.5%（朱庆芳，1989）。而这时所建立的一系列经济体制（计划经济体制）、政治体制（人民公社体制）和社会体制（城乡隔离户籍制度等）都是为现代工业体系最大限度地、便利地从农村汲取资源服务的。改革开放后，由于一系列主客观因素的制约，农业作为弱势产业、农民作为弱势群体所享受到的改革开放成果也一直很有限，传统的城乡关系基本上没有根本性的变动（李海金，2006）。

从20世纪50年代开始，中国的城乡发展就是行驶在两条不同轨道上的列车：在城市发展问题上，有十多种制度长期将农民拒之门外，造成城市化进程缓慢，城市发展活力不够，劳动力短缺，即使在20世纪80年代体制改革以后，虽然赋予了农民自主择业的权利，但事实上许多城乡壁垒依然存在，与之相对应，农村发展强调"就地消化"和"就地转移"，"离土不离乡"的农村工业化模式，这些并没能解决中国农村的发展问题。

2. 乡村偏向论

城市偏向论的提出引发了对自下而上发展战略的探索。弗里德曼和麦克·道格拉斯首次提出了乡村城市发展战略（Friedmann and Douglass，1975）。这一战略主张：通过在地方层面上与城市发展相关联，乡村的发展才可能取得最好的效果；城镇应作为非农业和发挥行政管理功能的主要场所，而不是作为一个增长极；本地文化应该纳入地区规划的范畴，而行政区是适当的发展单位。乡村城市发展战略代表了一种空间发展的基本需求战略，适合于那些人口稠密、人口增长率高、处于早期城市工业化、高度对外依赖、不平衡指数在上升的发展水平较低的农业社会国家，以亚洲和部分非洲国家最为典型。乡村城市发展战略的问题在于：乡村城市与现存城市的关系不是很明确；乡村城市不依赖集聚经济，可能导致发展的低效益；只要求基本需求，所以人均收入是低水平的（周一星，1997）。

20 世纪 80 年代，受依附论理论和新马克思主义发展思潮（阎小培等，1994）的影响，沃尔特·施特尔（Stohr）和弗雷泽·泰勒（Taylor）提出了自下而上的"选择性空间封闭"发展理论。他们反对"自上而下"的发展模式，而提倡"自下而上"的发展模式，这种发展一般以农村为中心，以各地的自然、人文和制度、资源最大利用为基础，以满足当地居民的基本需要为首要目标。为使这种自下而上的发展成功，需要在四个领域内保持平衡关系：①政治上应给予农村地区更高程度的自主权，使政治权力自城市向农村单向流动得到改变；②调整全国的价格体系，使之有利于农村的发展和农业产品的生产；③鼓励农村的经济活动超过当地需求以便形成更多的出口；④不仅在城乡之间，在农村的村之间也应建设交通、通信网络。这种自下而上的"选择性空间封闭"发展模式虽认识到了自上而下发展导致"城市掠夺农村，农村不断贫困"的一面，但忽略了城市对农村的辐射带动作用，走向了城乡发展的另一极端（王华和陈烈，2006）。

二、城乡平衡发展论——城乡协调（统筹）论

1. 城乡协调发展论的萌芽

自工业革命以来，随着西欧资本主义的发展，出现了经济生活矛盾重重、政治秩序极度混乱、社会贫富严重分化的局面，人类面临着人与自然、人与社会、人与人之间的各种冲突，并由此引起了生态危机、社会危机、道德危机、精神危机和价值危机（徐觉哉，2005）。基于对当时社会经济发展中各种问题的深刻认识，西方早期的许多流派都是主张城乡平衡发展的。以圣西门、傅里叶和欧文为代表的空想社会主义学说中已经包含城乡一体发展的原始构想。例如，圣西门的城乡社会平等观①、傅里叶的"法郎吉"②与"和谐社会"③、欧文的"理性的社

---

① 圣西门. 圣西门选集（1—3 卷）. 北京：商务印书馆，2004.
② 法郎吉是傅里叶设想的一种生产消费协作团体，在"法郎吉"中没有工农差别，没有城乡差别，劳动将成为一种享受，每个人将根据劳动得到公正的分配。
③ 傅里叶. 傅里叶选集（1 卷）. 北京：商务印书馆，1997.

会制度"与共产主义"新村"① 都从不同侧面体现了城乡协调的构想。西方早期城市理论学者也相当重视城乡一体化发展,城市规划理论的重要奠基人埃比尼泽·霍华德（Ebenezer Howard）明确提出要建设兼有城市和乡村优点的理想城市,即"田园城市",田园城市实质上是城和乡的结合体（霍华德,2000）。美国著名城市学家芒福德从保护人居系统中的自然环境出发提出城乡关联发展的重要性,明确指出"城与乡,不能截然分开;城与乡,同等重要;城与乡,应当有机结合在一起"（刘易斯·芒福德,1989）。赖特的"区域统一体"和"广亩城",都主张城乡整体的、有机的、协调的发展模式。马克思主义经典作家从历史和社会制度角度揭示了城市和农村的相互关系,认为城乡关系是社会经济生活中影响全局的关键环节,随着社会经济的发展,从城乡对立走向城乡融合是城乡关系发展的必然,并指出城乡对立的消灭并不是一蹴而就的,达到城乡融合需要一个漫长的社会历史过程,只有公有制才能真正消除城乡之间的差异而达到城乡一体化（罗吉和王代敬,2005）。列宁和斯大林也曾总结和阐述了社会主义条件下的新型城乡关系——城市与乡村有同等的生活条件,而非城乡差别的消灭（王景新等,2005）。

2. 城乡协调发展论的发展

城乡发展不可能在各自封闭的系统中进行,因为它不单纯是城市系统或者农村系统孤立运行的结果,城市和农村是一个相互依赖的有机整体,二者互为市场,乡村的食品、蔬菜等农产品要源源不断地输送到城市,同时给城市提供大量的劳动力和潜在的土地资源,而城市则把大量工业产品输送到乡村,同时还有伴随着资金、技术和信息的产业转移。

城市偏向论和乡村偏向论的发展实践证明,城市与乡村作为区域经济系统的一个整体是不可分割的,短期的偏向可能在某些方面"效率"明显,但从长远和整体看,二者的协调发展才是最终目标。因此,一些学者开始重新审视城乡联系的观点。例如,丹尼斯·朗迪勒里（1983）提出了"次级城市发展战略",他认为城市的规模等级是决定发展政策成功与否的关键,因此,需要建立一个次级城市体系,以支持经济活动和行政功能在城乡间进行必不可少的传播,同时强调将城乡联系作为平衡发展的推动力量。因此,他认为发展中国家政府要获得社会和区域两方面的全面发展,必须分散投资,建立一个完整、分散的次级城市体系,加强城乡联系,特别是"农村和小城市间的联系,较小城市和较大城市间的联系"（Rondinelli,1983）。这种观点与我国费孝通的"小城镇大战略"观点相似（费孝通,1983）。日本学者岸根卓郎根据日本的"第四全综国土规划",从系统

---

① 欧文. 欧文选集（1卷）. 北京：商务印书馆,1997.

论角度出发，强调城乡融合发展，他认为"要充分利用城市和农村这一强大的引力，形成融合，破除二者之间的界限，建设一个能够不断向前发展、总体环境优美的美好定居之地——作为自然-空间-人类系统的'城乡融合社会'"（岸根卓郎，1985）。道格拉斯分析过去的各种发展理论与规划中普遍存在的将城市和乡村分割的问题，从城乡相互依赖角度提出了区域网络发展模型（Douglass，1998）。这一时期欧洲、日本、韩国等在城乡统筹方面进行了大量的实践工作。日本通过制定和实施扶持农业与振兴农村的法规政策、财政转移支付制度、增加农业基础设施建设和农村社区公共事业建设的财政投入等措施大力发展农村的工商业、加强农村基础建设、大力发展农村的基础教育和职业教育、建立农村与城市一体化的社会保障体系等取得了明显的成效。

国内学者在研究城乡发展时也先后提出了城乡协调、城乡一体化、城乡融合、乡村城市化、自下而上的城市化等概念，这些概念之间虽有本质的区别，又有内在的联系，但核心思想就是把城市和乡村纳入统一的社会经济发展大系统中，改变城乡分割局面，建立新型城乡关系，改善城乡功能和结构，实现城乡生产要素合理配置，逐步消除城乡二元结构，缩小城乡差别（吴楚材等，1997）。围绕着城乡协调发展问题，他们对我国城乡协调发展的目标、协调发展的动力机制、协调发展的模式、协调发展的限制因素、协调发展的措施对策进行了系统的探讨（夏安桃等，2003）。

我国长期的实践也证明，乡村兴衰与城市兴衰具有十分重要的相关关系，1959~1962年和1966~1976年两个时期，城市的发展随农村经济的两度衰落而处于停滞状态，20世纪50年代前半期和80年代以后，农村经济两度好转，城市的发展也处于兴盛阶段。因此，一个完整的中国城乡发展战略应该是将农村和城市共同纳入工业化和城市化框架之中，形成城乡互补、联动发展和共同繁荣的协调格局。

三、现阶段我国城乡统筹研究展望

随着我国社会经济的快速发展，整体经济实力逐渐增强，城乡协调发展问题再次提上议事日程。党的十六届三中全会通过《中共中央关于完善社会主义市场经济体制若干问题的决定》，明确提出要落实科学发展观，实施五个统筹，首要的就是城乡统筹，即实行以城带乡、以工促农、城乡互动、协调发展；党的十七大报告再次明确提出要落实城乡统筹问题。但是，由于客观条件的变化，现阶段城乡统筹发展的诸多问题尚需学术界进行深入探讨。概括起来，有以下几点。

1. 城乡统筹的实质和内涵

目前，国内关于城乡关系的著述很多，也提出了城乡协调、城乡一体化等许多不同的概念,这些概念之间既存在着交叉和重叠,又有不同的侧重点。城乡统筹是在新时期我国社会经济发展取得重大成就的情况下审时度势提出的,其内涵和外延与过去的城乡一体化、城乡融合有质的区别,但新时期城乡统筹内容的具体界定、城乡统筹的目标与标准等问题仍不十分明确,这在某种程度上制约着我国城乡统筹政策的制定与实施。

2. 城乡统筹的经济实力临界值

众所周知,聚集与扩散是城市发展的一般规律。对一个区域而言,在城市发展的早期阶段,一般是大聚集小扩散,而城市发展到一定阶段,才呈现出大扩散小聚集的过程。那么,要想实现城乡统筹发展,要以区域经济发展的整体实力作支撑。从发展经济学的角度讲,这里应该有一个拐点问题,即到底经济实力多高才能开始工业反哺农业、城市反哺农村。对此学术界目前还处于争议状态。有的学者通过对国外的实践总结,认为实现城市反哺农村、城市支持农村、工业支持农业、统筹城乡协调发展这一转折的定量标志是:年人均 GDP 稳定超过 3000 美元,单位土地面积上承载的财富总量(亦称经济密度)达到 100 万美元/千米^2(中国科学院可持续发展战略研究组,2005)。根据国家统计局提供的数据,2005年,我国 GDP 已经超过 2.2 万亿美元,人均 GDP 为 1703 美元。据此判定,离全面达到工业反哺农业、城市反哺农村的经济指标定量标志还有一定距离,但是,从局部省份和局部区域来看,已经完全具备了转折的条件。2005 年,上海、北京、天津、浙江、江苏、广东人均 GDP 分别达到 6389 美元、5504 美元、4351 美元、3517 美元、3054 美元、2934 美元;整个长三角城市-区域系统实现地区生产总值 33 858.6 亿元,占全国的 18.6%,人均 GDP 达到 4.1 万元;珠三角人均 GDP 为 41 990 元,均超过 5000 美元。这意味着长三角和珠三角的发展水平已进入中高收入发达国家的门槛(杨京英等,2006)。2006 年北京市人均 GDP达到 49 505 元(折合 6210 美元)。这些区域已远远超出经济实力的拐点。因此,在实施城乡统筹的过程中,如何考虑经济实力临界值指标,并根据区域经济发展差异制定不同的城乡统筹发展战略将是我国学术界未来探讨的重要课题之一。

3. 城乡统筹战略的目标

1) 城乡统筹的终极目标

城乡一体化、乡村城市化等相关概念的出现,在国内使人们对城乡统筹发展的目标产生了混淆,到底城乡统筹发展的最终结果是什么? 不同学者提出了不同的看法。从城乡差别是否消失的角度看,大多数学者认为城乡协调发展的目标就是在生产力高度发达的基础上,城乡差别完全消失,城乡关系达到完全融洽(张立生,1995;戴式祖,1988);也有学者认为城乡协调的目标不是城乡差别消灭,而是实现城乡资源的优化配置及城乡社会、经济、文化的持续协调发展(石忆邵和何书金，1997）。从城乡生产要素的合理配置来看，还有学者认为城乡统筹的目的在于改善城乡结构和功能，协调城乡利益和利益再分配，实现城乡生产要素合理配置，城乡经济、社会、文化持续协调发展（城乡一体化课题组，1991）。也有学者认为城乡协调发展是在保存城市和乡村鲜明特色的前提下，城乡经济高度发展和给人极大满足（杨培峰，1999）；还有人认为城乡协调发展的目标是平等发展，且平等发展的核心是城乡经济利益平等（夏安桃等，2003）。郭翔宇等认为城乡统筹发展的长远目标为城乡地位平等、城乡开放互通、城乡共同繁荣进步（郭翔宇和颜华，2007）。笔者认为许多表述只是基于城乡统筹不同的研究视角，从发展的过程看，主要是生产要素的合理配置和城乡的协调发展；而从发展的结果看，城乡居民应均能享受到物质极大丰富所带来的基础设施便利、医疗、养老覆盖、环境优良的高品质生活；从外在景观上看，城乡将呈现各具特色的景观特征。

2）城乡统筹的具体目标

城乡统筹发展是一项全方位的系统工程，内容涉及经济、社会、资源、环境、人口等多个方面，因而对城乡统筹状况进行评价，不能以单一的、经济方面的指标为标准，而应该采用涉及以上诸多方面的指标体系，全方位地将城乡统筹的现状及动态进程体现出来。多数学者对城乡统筹目标的研究还停留在宏观层面。例如，徐静珍和王富强（2004）提出城乡统筹的三大目标，即城乡经济统筹、城乡社会统筹、城乡生态统筹。这些指标过于笼统、容易理解，但不易操作评估。针对我国区域发展的实际，要想真正落实城乡统筹发展战略，就要针对城乡发展的客观情况，有重点地选择那些影响乡村发展的因素进行考虑。譬如，在城乡基础设施方面，应包括乡村道路、供排水、电力、网络、电信、能源供应等设施的完善程度；在生活保障方面，应关注城乡基本医疗保险、基本养老保险的统筹等指标的覆盖情况。只有具体目标明确，城乡统筹工作才能有效开展并取得良好效果。

4. 城乡统筹的发展阶段和模式

由于我国存在广大的经济发展水平较低的乡村区域，而国家的整体实力还有限，所以城乡统筹在我国将是一个长期的、艰巨的任务。而各地经济发展又千差万别，既有社会经济发展水平较高的沿海地区，也有经济发展水平相对较低的中西部地区，而在同一类大区域中也存在着次级区域差异，譬如，在中西部地区也存在着经济发展水平相对较高的城市-区域系统（城市群地区），城乡统筹的模式和道路也必定是不同的。城乡系统在其不同发展阶段有着不同的发展目标和要求，同时各个地域城乡系统存在的差异，又决定了必须要采取不同的发展模式和道路（刘荣增，2007）。因此，研究制定不同地区城乡协调发展的模式，将是实施城乡统筹战略迫切需要解决的问题之一。

按照国家的整体发展战略和解决"三农"问题的决心,城乡统筹将在全国逐渐展开。那么,对于人均 GDP 较低的中西部区域如何实施,有的学者根据沿海经济发达地区江苏、上海的城乡统筹历程,认为其城乡关系经历了以下三个阶段(张红宇,2005)。早期阶段,当苏南地区和上海市人均 GDP 超过 800 美元时,"以工补农"的实践主要表现在通过兴办农村工业,就地转移农村富余劳动力,并利用国家免征为社员生活生产服务企业所得税的条件,以工业生产利润补贴农业经营,建设农业基础设施,改善农业生产条件,开始发展农村社会事业等。第二阶段是 20 世纪 90 年代初期。随着社会主义市场经济体制的确立,经济发展环境比较宽松,苏南地区和上海等地抓住机遇,大力调整生产力布局,推进农村城镇化和农业社会化,经济建设和农村社会各项事业迅速发展,城市化速度也明显加快。到 20 世纪 90 年代中后期,这些地方人均 GDP 已达到或超过 2000 美元,为城乡统筹创造了更加有利的条件。党的十六大以后,苏南地区和上海人均 GDP 达到 5000 美元以上,城乡统筹进入全面推进的第三个时期。这时政府开始将城乡统筹的重点放在改变城乡二元经济社会结构方面,政策由早期做大做强经济基础,扶持产业成长,开始向关注社会公平、平抑城乡居民收入差距、提供农村公共品、全面发展农村社会事业转变。但事过境迁,沿海不同阶段的发展模式是否适合目前的中西部地区,中西部地区的城乡统筹如何实施仍将是学术界长期关注的一个问题。

从区域空间相互作用模式来看,城乡统筹发展的路径主要有三种类型:①都市区辐射带动型。都市区是由一定规模以上的中心城市及与其保持密切社会经济联系、非农业活动发达的外围地区共同组成的具有城乡一体化倾向的城市功能地域。中心城市依据自身的实力与周围腹地发生着人流、物流、资金流和信息流的相互作用。②经济廊道带动型。城市与城市之间往往容易形成带状工业走廊或者经济走廊。沿经济走廊两侧一定范围形成辐射带动区,带动乡村地区的发展。辐射带动区的范围宽度视中心城市的实力与整个走廊的整体经济实力而定。③小城镇带动或乡村自发型。这两种发展的动力均属于"自下而上"型,小城镇或乡村依托自身资源或某种优势,带动一定地域范围的经济发展而使居民享受到城市的生活水准。每一种类型的运行机制和适用范畴等尚需进一步研究。

5. 城乡统筹的政策和制度

发达国家的经验表明,消除影响城乡统筹发展的制度缺陷是解决问题的关键。从制度层面解决中国农村发展滞后和农民贫困问题需要从以下几个方面着手:①将建立农业支持和保护体系作为城乡协调发展的基础性工作常抓不懈。要认识到农业并不是简单地提供食物的部门，而是一个多功能的产业。除了提供食物以外，农业还对保护环境、维持生态平衡、保护自然风景、保护文化遗产、保证农村发展有重要意义，农业并不是简单的私人产品，它有很强的外部性，带有部分公共产品的性质。因此，不能简单地将农业推向市场，纯粹由市场决定其生存发展。政府应当建立农业支持和保护体系，采取一系列手段，确保农业健康发展。②要解决农民的土地财产权问题。对于大多数农民来说，土地是他们最重要甚至是唯一可以资本化的财产，如果农民的土地财产权得不到实现和保护，他们在参与社会竞争的起点上就处于十分不利的位置。③改革公共产品供给方式和推进财政体制改革。在现代化进程中，市场经济容易导致"城市中心主义"倾向，公共产品和财政支出经常向城市倾斜。只有对不合理的财政体制实施改革，对城市和乡村实行统一的公共产品供给标准，才能从根本上统筹城乡发展。

城乡统筹是对区域经济系统中城市与乡村两个共生单元的综合考虑、相互兼顾，以保持二者协调、持续发展。由于受区域自身发展实际和外界环境的影响，城乡统筹本身就是一个动态的发展过程，在经济发展的不同阶段，城乡统筹的内容和目标也在变化，城乡统筹也绝不是完全对等或均分，不同发展阶段的适度偏向也是正常的。区域经济发展的不平衡—平衡—不平衡—高一级平衡的循环规律在城乡统筹过程中将依然发挥作用。

第二节 城市-区域增长之系统理论

一、系统理论的基本原理

系统是由相互制约的各部分组成的具有一定功能的整体（钱学森等，1988）。系统思想的突出特点是强调整体性。系统理论对系统的分析重点可分为四大原理（苗东升，1998）。

1. 整体实现原理

若干事物按某种方式相互联系而形成一个系统，就会产生出它的组分和组分的总和所没有的新性质，叫系统质或整体质。这种性质只能在系统整体中表现出来，一旦把系统分解成它的组成部分，便不复存在。这就是系统的整体实现性原理，又称非加和性原理或非还原性原理，也就是通常所讲的整体大于部分之和。这是系统科学的理论基石。国内外的实践证明，城市-区域系统在带动区域经济发展中的作用已远远超过单个城市发挥的作用。

2. 等级层次原理

系统结构是由诸多子系统按照一定的关联方式组合而成的。不同子系统（按同一标准划分出来的）可按各自的系统质区分开来，但它们是同一等级的系统质，从一个子系统向另一个子系统过渡不存在质的提升。但复杂系统中常可看到较低级的系统质与较高级的系统质的差别，对系统结构有重要影响。研究这类系统现象需要层次概念。子系统和层次是刻画系统结构的两个主要工具。

整体实现性原理提供了正确把握层次概念的理论依据。系统的整体质是由元素相互作用而产生的质的飞跃。但在复杂系统中，从元素质到系统质的根本飞跃不是一次完成的，而是经过一系列部分质变实现的，每发生一次部分质变，就形成一个中间层次，或者说，每出现一个新的层次，就有一次新质的提升，一直到完成根本质变，形成系统的整体层次。因此，层次是从元素质到系统质的根本转变过程中呈现出来的部分质变序列中的各个阶梯，是一定的部分质变所对应的组织形态。城市-区域系统的形成、演化也是由不同层次的质变形态构成的（由单核聚集与扩散、多核聚集与扩散形成网状密集区）。

系统层次之间有高低、上下、内外和里表之分。高层次包含低层次并支配低层次，低层次隶属于高层次并服务、支撑高层次。譬如，苏锡常城市-区域系统和长三角都市连绵带就是低层次和高层次关系，或者说苏锡常城市-区域系统是长三角都市连绵带的一个子系统，构成了长江三角洲都市连绵带的一个重要支撑层次。

3. 系统与环境互塑共生原理

系统与环境相互作用、相互联系是通过交换物质、能量、信息实现的。系统能够与外界进行交换的特性叫系统的开放性；系统自身抵制与环境进行交换的特性称为封闭性。一般来说，一个系统只有对环境开放，与环境相互作用，才能生存和发展，开放得愈充分、有效，自身的发展也愈有效。改革开放以来，沿海地区所取得的巨大成就即是很好的实践证明。

环境对系统有两种相反的作用或输入。为系统提供生存发展所需的空间、资源、激励或其他条件，这种积极的作用和有利的输入统称为资源；给系统施加约束、扰动、压力，甚至危害系统的生存发展，这种消极的作用和不利的行为统称为系统的压力。系统对环境也有两种相反的作用和输出。为环境提供功能服务，是积极的作用和有利的输出，统称为功能；系统自身的行为、与其他系统为争夺资源而展开的竞争，对环境造成了破坏，称为对环境的污染。图2-1说明了系统与环境的相互关系。

环境向系统提供资源的能力为源能力；环境吸纳、同化系统排泄物的能力为

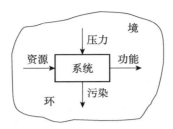

图 2-1　系统与环境的相互关系

汇能力。源能力和汇能力共同构成环境对系统的支撑能力。系统的行为不当，会导致对这些能力的破坏；行为合理，能起到保护甚至发展环境支撑能力的作用。

环境塑造着系统，同时环境又是由组成它的所有系统共同塑造的。为了生存与发展，系统必须有效地开发利用环境、适应环境、改造环境，同时又要限制对环境的开发、利用和改造，把保护和优化环境作为系统自身的重要功能目标。

4. 系统的演化原理

整体观点、结构观点、环境观点和功能观点都是系统理论的组成部分，但若无演化的观点，仍然不是完整的系统观点。无论何种系统，存续能力都是有限的，不可能永远保持其基本结构、特性、行为不变。演化性是系统的另一基本属性：①系统演化的动因。系统演化的终极动因在于相互作用。首先是系统内部元素之间、子系统之间、层次之间的相互作用，包括吸引与排斥、合作与竞争等，这是系统演化的内部动因。系统与环境之间的相互作用是演化的外部动因。系统与环境的适应是相对的，系统自身时时在变化，环境也在不断变化，导致系统与环境不可能完全适应，有时甚至是强烈的不适应，由此产生环境对系统的压力，并转化为内部的相互作用，推动系统改变组分特性和结构关系，获得新的整体特性和行为，达成与环境新的适应。②系统演化的方向。从总体上讲，系统既有上向的前进的演化，也有下向的后退的演化。系统理论视前者为演化的主导方向。一般认为，系统从无序无组织到有序有组织、从低序低组织水平到高序高组织水平，为上向的演化。③系统演化的机制。揭示系统演化的机制、机理和规律，是系统演化理论的核心内容。各种系统理论对此都有所贡献，但至今尚未形成完整的理论体系。系统一般是沿着由单层次到多层次、由较少层次到较多层次的方向演化的。

二、基于系统理论的城市-区域系统的研究

每一个城市-区域系统都是一个开放的、复杂的巨系统，均遵循着系统发展、演化的一般规律。城市-区域系统与外部环境（国际、国内和大区域等）之间及

各组成要素（同等级城市、不同等级的城镇、城乡）之间无时无刻不在发生着复杂的相互作用和变化。一般而言，这种作用和联系都是通过各种流（物流、人流、能量流和信息流等）的集聚与扩散形式联结起来，通过城市结构和城市体系的变化达到系统自组织和自适应的目的。由图2-2可以看出城乡之间的城市-区域系统相互作用的复杂情况。

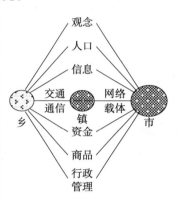

图2-2　城乡联系条件与相互作用网络示意图

资料来源：吴玉麟等. 组群式城市地域农业人口转化机制研究. 济南市：山东人民出版社，1996：46（有改动）

城市-区域系统从自身系统层次角度可以划分为城镇密集区整体系统、单个城乡单元系统、城乡内部单元系统三个层次。从城市-区域系统运行的构成来看，它又由经济系统、社会文化空间系统、生态系统及管理系统等构成（图2-3），这些系统的相互作用、分工与协调保证了城市-区域系统有序、持续地运行。另外，不同的城市-区域系统处于不同的发展等级和发展阶段，引导、调控的手段和模式也存在巨大差异。

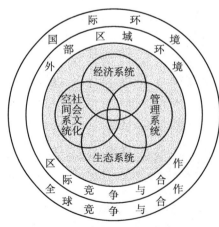

图2-3　城市-区域系统构成示意图

城市-区域系统的发展必然经历由低级到高级的逐步演进过程；其内部城市之间的关系由松散的关联发展到紧密的联系；内部城镇之间的分工合作由不成熟逐渐走向成熟，最终形成合理的劳动地域分工体系；城市-区域系统的结构和功能将不断趋于完善。具有强大经济实力的城市-区域系统，必然会通过经济的推动来加速区域内部和外部的城市化进程。从系统理论角度出发对城市-区域系统进行研究，就是要采用"庖丁解牛"的方法（图2-4），首先对城市-区域系统的构成部分、发展阶段及外部环境进行充分剖析，然后对系统进行整合与重组，使系统处于最优化状态。在整合和重组时要从五个方面着手（吴良镛，1994）：①加强经济发展的整体性，即向城乡融合型的经济发展，加强经济合作，完善整体化的经济网络；②强调区域空间上的整体性，即在一定地域内的特大城市、大城市和中小城镇在保持密集的条件下，加强相互间的资源分配和规划布局上的协调，使土地得到合理利用并保持最大节约；③强调城乡发展的整体性，即城市与村镇的有机结合，使建设地区和农业、林业、畜牧业等地区以自然生态环境保护为前提达成有机结合；④力求阶段发展上的整体性，也就是时空系统的整体性，强调分片发展及建立在开敞空间系统基础上的远近期结合；⑤在社会主义市场经济体制下，为了达到区域的整体性，既要发挥市场经济的活力，又要努力实现宏观调控，以达到整体协调。

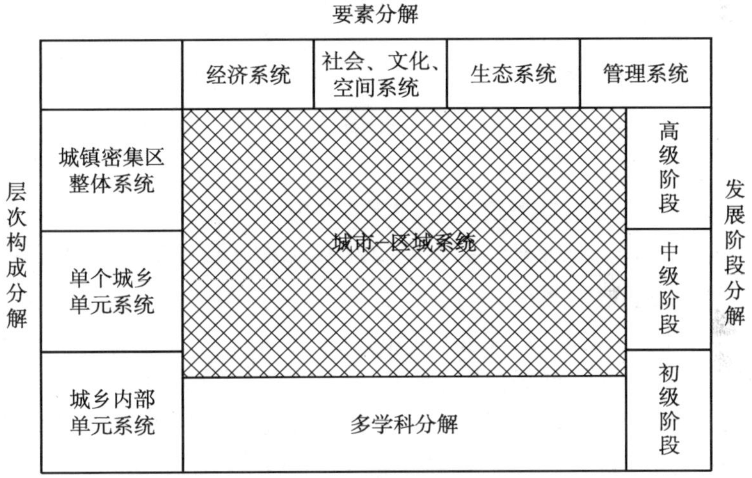

图 2-4　城市-区域系统研究分解示意图

资料来源：吴良庸，1994，有改动

第三节　城市-区域增长之空间形态理论

一、大都市带理论

1. 对大都市带现象的认识

许多都市区连成一体，在经济、社会、文化等方面存在密切交往作用的城市地域叫大都市带。这一概念是法国地理学家琼·戈特曼（Jean Gottmann）在研究了美国东北部大西洋沿岸的城市群以后，于1957年首先提出的。他认为该地区的发展历史及其城市空间结构，包括发生在这里的种种城市问题，对世界上其他密集区都具有示范意义。在这一巨大的城市化地域内，支配空间经济形式的已不再仅仅是单一的大城市或都市区，而是聚集了若干都市区，并在人口和经济活动等方面密切联系形成的一个巨大整体。这种城市地域空间组织形式的出现标志着美国空间经济的发展进入了"成熟"阶段。因此，它不仅仅是单个都市区的过分膨胀或多个都市区的简单组合，而是有着质变的全新的有机整体。中国学者周一星归纳总结后提出大都市带必须具备的条件有：①区域内有比较密集的城市；②有相当多的大城市形成各自的都市区，核心城市与都市区外围县存在密切的社会经济联系；③有联系方便的交通走廊把这些核心城市联结起来，使各个都市区首尾相连没有间隔，都市区之间有着密切的社会经济联系；④必须达到相当大的总规模，戈特曼坚持以2500万人为标准；⑤是国家的核心区域，具有国际交往的枢纽作用。

2. 大都市带的特征与功能

大都市带具有两大特征：①从空间形态上看，它是核心地区构成要素高度密集而整个地区多核心的星云状结构。高度密集性是大都市带的本质特征，也是其他特征形成的基础。②从空间组织上看，它是基本单元内部组成的多样性与宏观上的"马赛克"结构。这种多元的马赛克结构和构成要素高度密集交织的特征是大都市带各种功能形成的基础。

大都市带具有枢纽和"孵化器"功能。大都市带是区域内各种轴线的枢纽和整个国家对内、对外联系网络的枢纽。正是这种枢纽功能决定了大都市带对国家经济、文化、金融、通信、贸易等活动和发展政策的主导作用，由此决定了其在经济全球化中的重要地位。由于多种要素在空间上的聚集，必然产生高强度的相互作用。在对物质环境产生巨大压力的同时，必然导致各种新思想、新技术的涌现，从而形成对其他地区具有试验和导向意义的孵化器功能。

3. 大都市带的形成机制及其阶段性

戈特曼认为大都市带是城市化进程在工业社会和后工业社会的必然表现形式。人口、资金、技术、智力及交易等各种生产要素的高度集聚、相互交织产生巨"化合"作用，由此引发的孵化器功能反过来对区域人口、产业、空间及城市生活方式的发展趋势产生重大影响，从而成为除了区位和历史条件之外，影响大都市带形成的重要基础条件（胡序威等，2000）。

在这种循环往复的相互作用下，大都市带逐渐走向完善、成熟。戈特曼以美国东北海岸大都市带为例将这一过程划分为四个阶段：①孤立分散阶段（1870年以前）。城市增长以蒸汽机的发明和应用及轻工业的发展为动力。城市以商业、贸易和行政职能为主,主导产业以食品、纺织为主。农业经济占主导地位,三次产业结构呈现出Ⅰ>Ⅱ>Ⅲ的格局。各个城市独立发展,整个地区的地域空间结构十分松散,但港口城市的迅速发展逐渐显示出对外交流及相应的外向型经济职能的重要性。②城市间弱联系阶段(1870~1920年)。此时,美国的经济结构正进入产业结构以钢铁为主的重工业发展时期,重工业的聚集使城市规模迅速扩大,交通和公用事业等第三产业呈上升势头。第一、第二、第三产业的结构为Ⅱ>Ⅲ>Ⅰ,同时铁路交通网络的形成加强了城市之间的联系,以纽约、费城两个特大城市为中心的区域发展轴线形成,区域城市化水平提高,劳动力结构中非农劳动力已占到60%左右,各个城市的建成区基本成型。③大都市带的雏形阶段(1920~1950年)。此时出现了汽车业和石油业,社会经济发展进入工业化后期,第三产业日益增长,三次产业结构中二、三产业的产值占95%左右,非农劳动力占87%左右,中心城市的规模进一步扩大,单个城市的向心集聚达到顶点。城市之间的职能联系更为密切,地域分布更加广泛,人口规模增长明显,纽约、费城、波士顿、华盛顿四个主要城市的人口达到最高点1156.6万人。区域城市体系的枢纽作用得到充分体现。④大都市带的成熟阶段(1950年以后)。科学技术迅猛发展带来交通、通信的革命和劳动力结构的"白领革命",服务业得到发展,第三产业产值和从事第三产业的劳动力所占比重在50%以上,并一直处于快速上升的态势。城市郊区化的出现导致都市区的空间范围扩大,并沿着发展轴紧密相连,大都市自身的形态演化和枢纽功能逐渐走向成熟。

从上述过程可知,集聚是大都市带形成的前提,也是产生具有导向意义的革新和发展的根源,而技术的发展则为大都市带的进一步完善提供了可能性。

4. 对城市-区域系统研究的启示

大都市带的发展特征、功能和阶段性理论对于今天城市-区域系统的研究具有重要的示范和指导意义。由此可以看出,每个城市-区域系统在各个阶段都有其不同的特性和产生这些特性的因素。随着密集区的不断发展,其特性也在不断演变,包括产业在内的许多方面都有一个逐步升级的过程。不能用片面、静止的眼光去看待城市-区域系统的发展。在一定外在影响因素的诱导下,通过内部的努力,经济发展的创新将导致部门增量的变化,再导致空间增量的变化、规模的进一步扩大、城市内部结构进一步完善并产生适应性变化,从而使城市-区域系统不断向前发展。

二、"灰色区域"理论

自工业革命以来,伴随着工业化的不断发展,城市作为一种新的人类聚落系统日益加速与农村聚落分离开来。长期以来，联合国及几乎世界上的所有国家都据此用"二分法"将人类的生存空间区分为农村与城市两个社会地理空间系统，并据此演绎出"农村发展理论"和"城市发展理论"（或"城市化理论"）及"二元结构理论"（胡必亮，1998）。

但 20 世纪 60 年代以来，世界上很多国家特别是发展中国家的经济、技术与社会发展模式使它们的社会空间结构发生了一些变化：①伴随着人口的不断增长，城市的规模及范围不断扩张，不少城市特别是中心城市的地理范围已经扩大到离城区几十千米甚至 100 千米以外的地区①；②交通技术的发展，使过去相互分离或联系密度不高的两个或多个大城市彼此紧密地联结起来。城市间的联结过去主要靠水运，但水运速度低、耗时多，所以城市间的辐射影响范围小、效益低。随着铁路、高速公路的建成，城市之间的相对空间距离缩短，不仅城市间的联系加强了，而且沿铁路或高速公路形成一种新的像走廊一样的经济开发狭长地带，通常称之为"发展走廊"②；③交通的发展也直接促进了城乡之间经济要素的流动与重新配置。一方面，大量的农村劳动力通勤到城市从事季节性帮工；另一方面，农村大量的乡镇企业围绕城市展开经营，从而在城乡交接的广大地域内形成一种人口密度很高、经济活动范围很广、既非城市又非农村的城乡混杂的地域空间（灰色区域）（图 2-5、图 2-6）。它们位于传统意义上的"农村"区域，却具有很强的城市区域活动特点，有些甚至构成了城市活动延伸的重要部分。因此，一些学者将日本这类特殊的城市化形态称为"分散的大都市"，即仍将它当作大都市区的一部分来看待（Ginsburg，1991）。特伦斯·加里·麦吉（T. G. McGee）从城乡联系角度进行了专门化研究，对这种世界各国（特别是亚洲发展中国家）已经存在，并且仍处在发展中的新的空间结构进行了理论概括。他把这种区域称为 desakota（desa 指村庄，kota 指（城）镇），以此来表示这种特殊区域。用 kotadesai 表示这类特殊区域的产生及不断发展的过程（McGee，1987）。在他的很多文章（McGee，1989；1992）中，均对这一概念作了解释，主要观点有：①该区域是一种农村及城市行为的空间高密度的混合区。②农村行为与城市行为主要是指经济行为，集中表现为农业行为与非农业行为，二者的混合是该区域形成的基础。③该区域人口密度高，劳动密集型工业、服务业及其他非农经济活动在此区域快速增长。④区域城乡联系密切。

---

① 麦吉曾用"城市外圈"的概念表示这一地区。引起"城市外圈"发展的原因有多种，如：城市企业为减少土地成本而外迁形成的新的工业区；科研基地或试验区；合法或非法的住宅开发区；资产阶级或中产阶级的住宅区及娱乐区，如人工雨池、赛马场、高尔夫球场等；农村—城市移民滞留区等。

② 发展走廊是指位于两个或多个城市之间、拥有密集的人口分布、经济增长速度较快、沿交通要道延伸的带状地区。

desakota 包括四部分。第一，大都市外围地区（一般在与城市的日通勤范围内）；第二，位于大城市之间、靠近主干道或铁路周围的发展走廊区；第三，在一些国家的次级中心城市周围也会出现这类区域；第四，与城市紧密联系、人口稠密的农业与非农业混合的农村地区。⑤该区域与戈特曼描述的大都市带区域的空隙地区不同。第一，美国的空隙区是一个由"中心城市系统"（central urban system）的各种行为所支撑的区域，它的非城市力量很薄弱，但"灰色区域"具有混合性很强的独立性；第二，美国空隙区的人口密度很低，而"灰色区域"则很高；第三，美国空隙区的发展是由城市居民向城外扩张带动的，而灰色区域的发展则主要是由工业扩散刺激促进的，这种新的空间系统可以看成传统空间结构的一种转换形式。

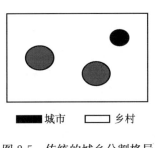

图 2-5　传统的城乡分割格局

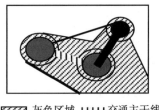

图 2-6　城乡聚落转换格局下的灰色区域形态

第四节　城市-区域增长之时空格局理论

一、聚集与扩散理论

城市空间结构是在一定地域空间内地理要素的相对区位关系和分布形式，它是在长期过程中人类空间活动和区位选择的累积结果。在城市形态与空间结构的演化中，有两种显著的机制贯穿于城市发展的始终，即聚集与扩散这样一种既矛盾又统一的空间过程。作为一对主导性的作用方式，集中与分离既反映了一种运动的过程，又显示了一种空间形态的存在，是城市作为整体运动方式在时空系统中的连续展开（顾朝林等，2000）。聚集与扩散一直是这个过程中两类基本的运动形式，其在不同时段、不同空间区位（场所）的组合特征（溢出效应），决定了城市空间结构的具体表象。

聚集是城市空间存在的基本特征与形式，表现为向心聚合的倾向与人口增加的趋势。促使城市聚集的因素主要有：交往活动的需要、经济收入的限制、较高的可达性、产生经济规模效益的需求、城市中心区的地位的象征性和吸引力等。扩散表现为一种离心的运动趋势，是城市空间向外扩张、蔓延和创新的行为在地域空间的传播过程。

聚集与扩散是经济和人口在其动态分布过程中所呈现出的非常复杂的对立统一过程。聚集与扩散往往交叉同步进行，聚集过程中有扩散，扩散过程中有聚集，其主要倾向因地因时而异，并随条件变化而相互变化，而且聚集或扩散过程中的要素组成及其所引起的相应效果也呈现出多样化。在城市-区域系统空间作用格局中，任何一点所接受的空间扩散都不是单一的距离衰减效应，而是多个方向、多种扩散的复合，因此，整个区域就表现为整体的相对一致性、密切性。在聚集与扩散机制的双重作用下，城乡空间格局发生着演化和交替。随着相近的城镇不断聚集和扩散，区域经济发展和城市化水平不断提高，逐渐形成城市-区域系统的轮廓（图 2-7）。

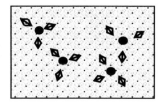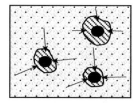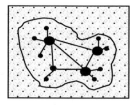

图 2-7　城市-区域系统形成、演变示意图

与此相对应，城市-区域系统在不同的发展阶段，其聚集与扩散的状态也存在巨大的差异。在城市-区域系统形成的早期阶段，社会经济要素总体表现为大区域的聚集和小区域（城镇）的扩散；在城市-区域系统发展到中期阶段后，整个区域则表现为大区域的扩散和小区域的聚集（图 2-8）（张京祥，2000）。城市-区域系统通过这种不停的双向作用进行着物质、能量、技术、文化和信息的空间传递，推动着区域的不断演化。

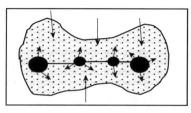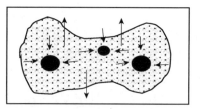

城市化早期阶段：大区域聚集、　　　　城市化后期阶段：大区域扩散、
小区域（点）扩散　　　　　　　　　　小区域（点）聚集

图 2-8　不同层面及时段的聚集—扩散模式示意图

资料来源：张京祥，2000，有改动

城市-区域系统的形成和发展主要的原动力是区域生产力的高度发展和聚集，开始形成若干个有相当规模的孤立城镇，然后逐步扩大辐射和影响范围，交叉重叠形成网络状的城市-区域系统。弗里德曼关于"经济增长引起空间演化"及"支配空间经济的首位城市"的增长极理论，对于城市-区域系统形成和发展的研究有着重要的指导作用。他结合沃尔特·怀特曼·罗斯托（Rostow）的发展阶段理论，建立了自己的与国家发展相联系的空间演化模型（Friedmann，1964；1973）（图2-9）。这对于解释城市-区域系统通过聚集与扩散机制逐渐达到成熟阶段具有重要意义。20世纪50年代瑞典学者 T. Hagerstrand 阐述了空间要素的扩散一般有三种方式：接触扩散（contagious diffusion）、等级扩散（hierarchical diffusion）与非等级扩散（non-hierarchical diffusion）。因此，在"扩散"的对立面"聚集"也就对应着相耦的三种形式。总体而言，前两种聚集扩散过程遵循空间距离递减规律，可归入均衡化范畴，而第三种聚集扩散过程则属非均衡化范畴。

再从人口聚集与城市发育到城市-区域系统成型角度也可以说明这个问题。为了研究一个地区城市系统的发展演化过程，可以建立系统模型。首先把地区分为 n 块，每块用一个点表示（图2-10a）。i 点的人口记为 X，城市的大小由该点人口 X 表示，城市占地面积由城市包含点的多少表示。起初所有点的人口都很少（设定均为66个单位），没有任何经济功能，表示都处于农村状态。建立人口演化方程（唐恢一，2001），如下

$$\frac{dX_i}{dt} = KX_i(E_i - X_i) - mX_i - \sum_j (X_i^2 - X_j^2)e^{-bd_{ij}}$$

它由罗杰斯特方程与吸引力方程组合而成，后者表示人口迁移。距离 d 为图中点之间的距离；b 为对迁移距离敏感性的常数；K 为出生率；m 为死亡率；E 是 X 增长的容许值或由该点经济所能提供的就业机会，它为各行业所能提供的就业机会之和。

$E_i = \sum_k S_i^{(k)}$ 给出方程所需参数值，用计算机可演绎出系统演化的结果（图2-10）。由此可以看出城市由孤立分散阶段逐步向密集区过渡的过程。在城市化开始阶段，一些地点由于特殊的条件和原因，人口增长速度加快，成为城市的雏形（图2-10b、图2-10c）。由于非线性的相互作用，人口不断聚集，已经形成都市中心的"功能"数有所增加，城市范围扩大（图2-10d），城市病开始出现。这时城市出现扩散化倾向，人口向郊区迁移（图2-10e）。人口增长加快的区域集中在几个城市及其之间的地带（图2-10f），可以看成几个相近或在功能上有联系的城市开始形成高一级的经济、政治、产业、文化实体，城市-区域系统的雏形开始形成。

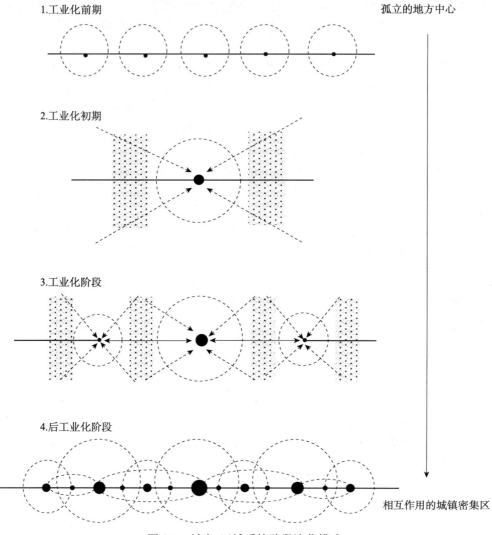

1.工业化前期   孤立的地方中心

2.工业化初期

3.工业化阶段

4.后工业化阶段   相互作用的城镇密集区

图 2-9　城市-区域系统阶段演化模式

资料来源：Friedmann，1966，有改动

二、时空格局理论

空间格局、空间过程和空间行为一直是经济学、社会学、区域科学和地理学研究的重要内容之一。对地球表层空间格局的理解，不在于对其本身位置及其几何排列的认识，更重要的是理解塑造这一空间格局的各种人文和自然过程（陈述彭，1999）。而空间行为—空间过程—空间格局的相互作用正是城市-区域系统演化的链式循环系统。

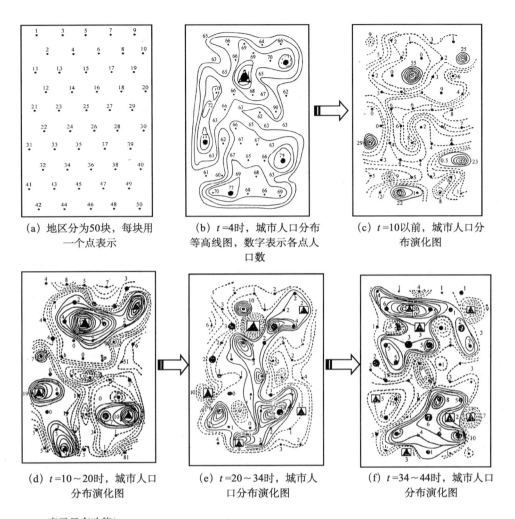

(a) 地区分为50块，每块用一个点表示

(b) t=4时，城市人口分布等高线图，数字表示各点人口数

(c) t=10以前，城市人口分布演化图

(d) t=10～20时，城市人口分布演化图

(e) t=20～34时，城市人口分布演化图

(f) t=34～44时，城市人口分布演化图

- 表示只有功能1
● 表示有功能1和功能2
▲ 表示有功能1、功能2和功能3
◣ 表示有功能1、功能2、功能3和功能4

图 2-10 城市-区域系统增长过程示意图

资料来源：唐恢一，2001

1. 时空过程塑造空间格局

城市-区域系统不仅有其自身的位置和边界及系统的一般特征，还具有以下几个特征：①系统元素具有位置特征；②元素之间的相互作用至少部分地有空间相互作用；③系统的状态是基于各元素特征变量的地理结构。

一般认为，过程是沿着一定路径或行动路线的时间变化。但对于空间系统，在所有的位置上并非同时或以同样方式发生变化，所以很容易把空间过程误解为事件的空间传播。广义的空间过程应是一个时空复合过程，是指城市-区域系统空间联系、空间格局和空间形式的演变过程。实际上，空间迁移、空间聚集和空间扩散都可以看作空间格局的演变过程，它可以理解为空间单元组分的增减过程。从区域系统的宏观水平看，区域系统的空间聚散和迁移等都是聚集的宏观过程，然而在这一聚集过程的背后是城市-区域系统不同参与者个体行为的表现。正是个体空间行为聚集而成的过程才创造了空间格局。例如，城市的同心圆格局正是由个体空间竞争、选择、排斥等行为聚合而成的过程。线状城市-区域系统是沿路城市不断进行空间扩张所形成的。

2. 个体空间行为创造空间过程

Walpert 曾指出，要想充分理解迁移流，必须考虑个体认知的一系列地点（作用空间），各地点对于个体的需要性和有用性（地点效用），决策者的动机与目的，以及决策者所处的生命周期。空间行为是指系统各组成部分所采取的具体决策和行动，而这往往又由决策者本身的社会经济生理特征（如需求、价值、感情、预期）与特定行为环境可感知的外部因子相互作用而产生的活动流来反映。决策者通过自己的价值系统对环境形成映像，然后作为对环境的作用决策，表现为外在的行为，空间过程（人文过程）最终都是由众多个体空间相互作用的结果，区域内的个体的聚集行为构成空间过程。空间过程其实是个体聚集而成群体行为的外在表现。每一个个体都是系统的一个粒子，我们关心的不是每个粒子的运行轨迹，而是由此带来的空间格局的演变。但要深入理解这一空间格局的演变，必须从分析每类个体的空间行为过程入手。要了解城市-区域系统的形成与演化过程，必须分析构成城市-区域系统的每一个城镇的空间行为。

3. 空间格局影响空间行为

个体空间行为的外在表现是由空间格局和个体的社会、经济、结构等特征共同决定的。正是空间格局的异质性和差异性才产生了个体空间选择行为的差异性。因此，空间格局影响着个体的空间行为。对于一个对外开放的系统，由于不断与外界进行着人流、物流和能量流的交换，系统熵不会无限增大，所以系统的空间差异是永恒的。原有的空间格局是个体空间选择的外在环境。空间格局的改变一定是个体空间选择行为发生了变化。

城市-区域系统是一个社会-经济-生态复合系统，存在着复杂的社会、经济和生态结构，这些结构要素的相互作用、相互反馈构成了城市-区域系统的有机整体。正是城市-区域系统各子系统内部或各子系统之间存在着复杂的空间和非空间的相互作用，才促使城市-区域空间结构状态的演变。因此，研究城市-区域系统的增长机理，就要弄清各子系统内部、各子系统之间空间和非空间的相互作用机制，力求明确城市-区域系统的主要作用机制，从而健全城市-区域系统的反馈—调控机制，为制定城市发展战略和调控对策提供依据。图 2-11 为城市与区域中房地产、劳动力、服务、土地、交通与环境六大子系统的相互作用和相互反馈示意图，图中包含着 8 个空间作用过程，这些过程都由个体空间行为所决定，在各个空间作用过程间存在着相互反馈关系。

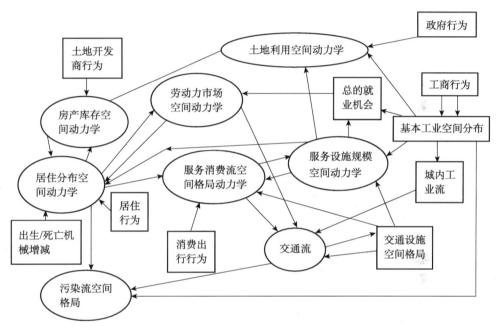

图 2-11　城市-区域系统各子系统的相互作用示意图

资料来源：王宏传等，2007

　　城市-区域系统的各种空间格局演变过程，可以按时间尺度分为四个层次：长时间尺度过程，中时间尺度过程，短时间尺度过程和极短时间尺度过程。

　　（1）长时间尺度过程。其包括：①动力学过程，即土地利用空间格局演变动力学过程；②非动力学过程，即污染物迁移过程。

　　（2）中时间尺度过程。其包括：①房地产库存空间格局演变动力学过程；②居住空间格局演变动力学过程；③房地产价格空间分布演变动力学过程。

　　（3）短时间尺度过程。其包括：①服务消费流空间格局演变动力学过程；②服务设施规模空间分布演变动力学过程。

　　（4）极短时间尺度过程。其包括：①交通流用户自平衡过程；②大气污染物扩散过程。这四类过程与过程达到稳定的周期相对应，周期越大，时间尺度越大。

不同频率的活动对应着不同时间尺度的空间动力学过程，不同时间尺度的空间动力学过程又对应着不同稳定性的空间结构，这样就组成了空间行为—空间活动—空间过程—空间结构的网状结构（图 2-12）。这一结构对于我们了解城市-区域空间作用机制有着十分重要的意义。在分析城市-区域系统时空演变机理时，必须把握时空尺度层次，并注意各时空尺度空间作用的相互关联性。

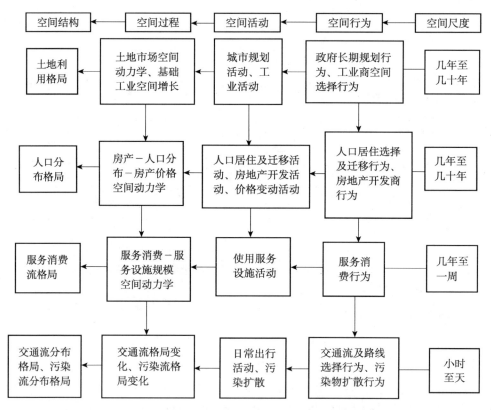

图 2-12　空间行为—空间活动—空间过程—空间结构的网状结构
资料来源：王宏伟等，2007

从个体空间选择行为上看，迁移其实是个体状态的迁移，即处在 z' 状态的个体向 z 状态的迁移。若从概率理论理解，即个体在某一时刻 t 处在状态 z'，下一时刻转移到状态 z 的转移概率，个体从空间单元 z' 迁移到空间单元 z 的概率将取决于两空间单元对该个体的功效值之差。设 z'、z 对个体 i 的空间选择功效分别为 $\Delta U^i (z', t)$ 和 $\Delta U^i (z, t)$，根据 Logit 模型，有

$$w^i (z'z, t) = \varepsilon(t) \exp \left[\Delta U^i (z, t) - \Delta U^i (z', t) \right]$$

$w^i(z'z, t)$ 为个体 i 由 z' 单元到 z 单元转移的概率,也可以看作 z' 单元个体 i 的平均转移率。该模型框架有效地将个体空间选择行为与区域全局空间作用过程联系在一起,也是构造区域或城市空间动力学演变过程模拟模型的基础。这里提出了区域或城市系统演变的空间行为—空间过程—空间格局的链式动力学机制。基于离散随机功效理论,建立了空间选择行为模型。

以上分析表明,空间行为创造了空间过程,空间过程塑造了空间格局,而空间格局反过来又影响个体的空间行为。城市-区域系统空间结构的演化正是这一链式循环过程作用的结果。城市-区域系统的持续、有序发展正是要在这种循环往复的链式过程中寻找恰当的切入点,通过自然调控、经济调控和政策调控,使其演化朝良性方向发展。

第五节　城市-区域增长之共生理论

"共生"一词源于希腊语,其首先是由德国真菌学家安东·德贝里(Anton de Bary)在 1879 年提出的。他将"共生"定义为"不同种属生活在一起",并明确指出寄生是一种共生,但认为短期的联系不是共生关系(Douglas,1994)。随着共生研究的逐渐深化及社会科学的发展,20 世纪五六十年代后,"共生"的思想和概念已不为生物学家所独享,逐步引起人类学家、生态学家、社会学家、经济学家、管理学家甚至政治学家的关注,一些源于生物界的共生概念和方法理论在诸多领域正在得到运用和实施。日本建筑和城市规划学者 Kurokawa(1997)曾从后工业社会生产和信息的共生出发,探讨了发达国家与发展中国家、经济和文化,以及农业、工业和信息技术等的共生问题,认为全球已进入一个共生时代。他认为:①尽管共生包含了竞争和冲突,但它强调了从竞争中产生的新的、创造性的合作关系;②共生强调了存在竞争的双方的相互理解和积极态度;③共生强调了共生系统中的任何单独一方都不可能达到的一种高水平关系;④共生是在较大的社会、经济和生态收支背景下,共生单元寻求自己定位的一种途径;⑤共生强调在尊重其他参与方"圣地"(包括文化习俗、宗教信仰等)的基础上,扩大各自的共享领域。共生与共存、和谐、妥协均不同:共存描述的是像美国和苏联这样的一种敌对关系,每一方都想把另一方消灭掉,为了避免相互毁灭而共存;和谐描述的是存有争论的双方寻求一个平衡点;妥协是为了寻求未来的关系,利益不同的双方建立了一种新的关系;而共生关系的建立虽然也有未来打算和缓冲作用,但共生各方通过对抗、竞争和努力积极维持这种关系。城市-区域系统作为规模不等、职能不同的各种城镇的共生体,无论是其正常运行、管理,还是未来的可持续发展,均离不开"共生"理论的指导。

一、共生三要素

生物学中的共生是指不同种属按某种物质联系生活在一起。而从一般意义上讲，共生是指共生单元之间在一定的共生环境中按某种共生模式形成的关系。共生由共生单元（U）、共生模式（M）、共生环境（E）三要素构成（图2-13）。

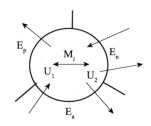

图 2-13　共生三要素关系示意图

注：U_1、U_2表示两个共生单元；E_a代表正向环境；E_n代表
中性环境；E_p代表反向环境；M_i代表可能的共生模式

1. 共生单元

共生单元是指构成共生体或共生关系的基本能量生产和交换单位，它是形成共生体的基本物质条件。在不同的共生体中，共生单元的性质和特征是不同的，在不同层次的共生分析中共生单元的性质和特征也是不同的。在城市-区域系统中，每一个城镇和对应的乡村均是独立的共生单元。

2. 共生模式

共生模式，又称共生关系，是指共生单元相互作用的方式或相互结合的形式。它既反映共生单元之间作用的方式，也反映作用的强度；它既反映共生单元之间的物质信息交流关系，也反映共生单元之间的能量互换关系。共生关系多种多样，共生程度千差万别。从行为方式上说，存在寄生关系、偏利共生关系和互惠共生关系；从组织程度上讲，存在点共生、间歇共生、连续共生和一体化共生等多种情形。任何完整的共生关系都是行为方式和共生程度的具体结合。共生关系不是固定不变的，它随共生单元的性质及共生环境的变化而变化。城市-区域系统不同等级和职能的城镇之间也存在着各种各样的相互联系和作用，它既受全球经济环境、国家政策、体制的影响，也受城市自身发展条件、竞争力的制约。譬如，传统计划经济体制下，受国家指令性计划的干预，一些城市的资源无偿地提供给其他城市，造成某种程度上的偏利共生关系；在经济全球化和市场经济日益完善的今天，城市-区域系统诸城镇之间更多的是互惠共生关系，且在组织程度上更多趋向于连续共生和一体化共生。

3. 共生环境

共生单元之间的关系即共生模式不是在真空中发生的，而是在一定的环境中产生和发展的。共生单元以外的所有因素的总和构成共生环境。共生关系存在的环境往往是多重的，不同种类和层次的环境对共生关系的影响也是不同的。按影响的方式不同，可分为直接环境和间接环境；按影响程度不同，可分为主要环境和次要环境。主要环境、次要环境随时间变化会互相替换。对一个城市-区域系统而言，共生环境可以是全球性的，可以是全国性的，当然也可能是城市-区域系统之外高一级区域的。譬如，如果把苏南城市-区域系统看成一个共生体，那么包括大都市上海在内的长三角就是其共生环境，而其又处在经济全球化和信息时代这样一个大共生环境下。如果把长三角整体看成一个共生体，苏锡常和上海就是共生体内部不同的共生单元。

共生体和环境之间的相互作用是通过物质、信息和能量交流实现的。共生体对环境的影响也表现为三种类型，即正向作用、中性作用和反向作用；与之相对应的有正向共生体、中性共生体和反向共生体。共生体与环境之间的组合关系见表 2-1。

表 2-1　共生体与环境的组合情况

项目	正向环境（E_a）	中性环境（E_n）	反向环境（E_p）
正向共生体	双向激励	共生激励	环境反抗正向激励
中性共生体	环境激励	激励中性	环境反抗
反向共生体	共生反抗正向激励	共生反抗	双向反抗

资料来源：袁纯清，1998

二、共生关系形成的条件

1. 存在共生界面

潜在或候选共生单元之间要形成共生关系，首先必须具有某种时间和空间上的联系。在给定的时空条件下，它们之间应存在某种确定的共生界面。这种共生界面，一方面为共生单元提供接触机会，提供表达共生愿望和信息的窗口；另一方面，一旦共生关系形成，这种共生界面就会演化成共生单元之间物质、信息和能量的转移传递通道即共生通道，这种通道的存在是共生机制建立的基础。城市-区域系统中的共生界面可以多种多样，可以是企业之间的联合（提供原料、燃料或生产工序联系等），也可以是文化或政治上的联系等。珠三角中深圳与香港、长三角中苏州与上海的关系就是典型的"前店后厂"关系；地处内陆的中原城市-区域系统，城镇间的联系更多是一种行政关系，城市间经济上的联系明显欠缺。

2. 共生单元间存在物质、信息或能量联系

这种联系，往往表现为共生单元之间按某种方式进行物质、信息或能量交流。这种联系具有三方面作用：一是促进共生单元某种形式的分工，弥补每一种共生单元在功能上的缺陷；二是促进共生单元的共同进化，物质、信息和能量的交流过程，同时也是共生单元相互适应、相互激励的过程；三是通过这种联系使共生单元按照质量所规定的形式形成某种新的结构。在城市-区域系统中，这种联系表现为新的类型的联合体的形成。

3. 共生关系的形成过程具有规律性

共生对象的选择是共生形成和发展的重要组成部分。一方面，任何共生单元都是选择与之具有某种关系的其他共生单元作为共生对象，其选择的首要原则体现在有利于自己功能的提高，能力强的将被优先选择，匹配性能好的（匹配成本低）将被优先选择；另一方面，共生对象的选择往往不是一步完成的，共生对象之间的关系是逐渐相互识别和认识的过程，表现为共生程度逐渐提高的过程。同时，随着共生环境的变化和共生单元自身的变化，共生关系不仅存在由松到紧的过程，还存在由紧到松的过程。在城市-区域系统的形成与发展过程中，城镇之间共生关系的选择和共生环境的培育，对于每一个城镇的发展和共生关系的持续稳定发展都具有重要意义。

4. 共生单元之间存在共生机制

共生机制是指共生单元之间相互作用的动态方式。在任何一种共生关系中，共生机制都包括三个方面：由环境作用形成的环境诱导机制；由共生单元的相互作用形成的共生动力机制；由共生单元之间的性质差异、空间距离和共生界面的介质性质所形成的共生阻尼机制。三种机制的相互结合共同形成共生的总体机制，反映共生关系演化的基本规律。

三、共生组织模式的比较分析

共生的种类很多，但每一种类别的共生都可能采用点共生、间歇共生、连续共生和一体化共生（稳定的共生体）四种具体组织模式（表2-2）。

表 2-2 四种共生组织模式比较分析

项目	点共生模式	间歇共生模式	连续共生模式	一体化共生模式
概念	1. 在某一特定时刻共生单元具有一次相互作用 2. 共生单元只在某一方面发生作用 3. 具有不稳定性和随机性	1. 按某种时间间隔 T 共生单元间具有多次相互作用 2. 共生单元只在某一方面或少数方面发生作用 3. 共生关系具有某种不稳定性和随机性	1. 在一封闭时间区间内共生单元具有连续的相互作用 2. 共生单元在多方面发生作用 3. 共生关系比较稳定且具有必然性	1. 共生单元在一封闭时间区间内形成了具有独立性质和功能的共生体 2. 共生单元存在全方位的相互作用 3. 共生关系稳定且具有必然性
共生界面的特征	1. 界面生成具有随机性 2. 共生介质单一 3. 界面极不稳定 4. 共生专一性水平低	1. 界面生成既有随机性，也有必然性 2. 共生介质较少，但包括多种介质 3. 界面较不稳定 4. 共生专一性水平较低	1. 界面生成具有内在必然性和选择性 2. 共生介质多样化且具有互补性 3. 界面比较稳定 4. 均衡时共生专一性水平较高	1. 界面生成具有方向性和必然性 2. 共生介质多元化且存在特征介质 3. 界面稳定 4. 均衡时共生专一性水平高
开放特征	1. 一般对比开放度远远大于 1，即共生单元更依赖于环境 2. 共生关系与环境不存在明显边界	1. 对比开放度在 1 附近波动，共生单元有时依赖环境，有时依赖共生关系 2. 共生关系与环境存在某种不稳定边界	1. 对比开放度大于 0 但小于 1，共生单元更多地依赖共生关系而不是环境 2. 共生关系与环境存在某种较稳定但较不清晰的边界	1. 对比开放度远远小于 1 而大于 0，共生单元主要依赖共生关系 2. 对环境的开放表现为共生体整体对外开放 3. 共生关系与环境存在稳定、清晰的边界
阻尼特征	1. 与环境交流的阻力和内部交流阻力较接近 2. 界面阻尼作用最明显	1. 与环境交流的阻力大，内部交流阻力较小 2. 界面阻尼作用较明显	1. 与环境交流的阻力大，内部交流阻力小 2. 界面阻尼作用较低	1. 与环境交流的阻力大，内部交流阻力很小 2. 界面阻尼作用最低
共进化特征	1. 事后分工 2. 单方面交流 3. 无主导共生界面 4. 共进化作用不明显	1. 事后事中分工 2. 少数方面交流 3. 可能形成主导共生界面和支配介质 4. 有明显的共进化作用	1. 事中事后分工 2. 多方面交流 3. 可能形成主导共生界面和支配介质 4. 有较强的共进化作用	1. 事前分工为主，全线分工 2. 全方位交流 3. 具有稳定的主导共生界面和支配介质 4. 有很强的共进化作用

注：开放度表示共生体系与环境共生介质的同质程度，$U = m_e/m_s$，U 表示开放度，m_s 代表共生体内介质的种类，m_e 代表与环境相同的介质

资料来源：袁纯清，1998

对于城市-区域系统诸城镇之间的联系和相互作用，识别共生单元的模式，不仅可以识别共生关系的合理性，促使共生单元之间达到最佳共生状态，还可以在符合共生规律的基础上，科学地引导一些共生关系向预定的方向发展，同时可以利用人类的智慧规划和选择符合人类发展最本质要求的共生模式，推动城市-区域系统有序、合理地发展。

四、共生行为模式比较分析

共生组织模式偏重于系统揭示共生单元之间、共生单元与共生界面之间、共生关系与共生环境之间的动态关系；共生行为模式主要反映共生单元之间或共生关系内部的相互作用，并依据这种相互作用的不同而分为若干类型，这种分析对揭示共生单元之间的本质联系具有重要作用。在共生关系识别中，首先要识别其共生组织模式，其次来识别其共生行为模式，共生行为模式识别可以明确共生的内部作用机制。共生行为模式一般划分为寄生、偏利共生、非对称性互惠共生和对称性互惠共生四种类型，具体特征见表 2-3。

表 2-3　四种共生行为模式特征对比

项目	寄生	偏利共生	非对称性互惠共生	对称性互惠共生
共生单元特征	1. 共生单元在形态上存在明显差异 2. 同类共生单元亲近度要求高 3. 异类共生单元只存在单向关联	1. 共生单元形态方差较大 2. 同类共生单元亲近度要求高 3. 异类共生单元存在双向关联	1. 共生单元形态方差较小 2. 同类共生单元亲近度存在明显差异 3. 异类共生单元存在双向关联	1. 共生单元形态方差趋近于0 2. 同类共生单元亲近度相同或接近 3. 异类共生单元存在双向关系
共生能量特征	1. 不产生新能量 2. 存在由寄主向寄生者能量的转移	1. 产生新能量 2. 一方获取全部新能量，不存在新能量的广普分配	1. 产生新能量 2. 存在新能量的广普分配 3. 广普分配按非对称机制进行	1. 产生新能量 2. 存在新能量的广普分配 3. 广普分配按对称机制进行
共生作用特征	1. 寄生关系并不一定对寄主有害 2. 存在寄主与寄生者的双边单向交流机制 3. 有利于寄生者进化，而一般不利于寄主进化	1. 对一方有利，而对另一方无害 2. 存在双边双向交流 3. 有利于获利方进化创新，在无补偿机制时对非获利方进化不利	1. 存在广普进化作用 2. 不仅存在双边双向交流，还存在多边多向交流 3. 机制的非对称性导致进化的非同步性	1. 存在广普进化作用 2. 不仅存在双边双向交流，还存在多边多向交流 3. 共生单元进化具有同步性

注：亲近度是指对一组共同的始祖特征占有的程度
资料来源：袁纯清，1998

五、共生理论与城市-区域系统

1. 共生理论的几点结论

第一，合作是共生现象的本质特征之一。共生并不排除竞争，与一般意义上的竞争不同的是：共生不是单元之间的相互排斥和单元厮杀，而是单元之间的相互吸引和相互合作；不是共生单元自身性质和状态的丧失，而是继承和保留；不是共生单元的相互替代，而是相互补充、相互促进。竞争型共生系统中共生单元之间是一种通过竞争获得共同发展的相互作用关系，这种竞争是通过共生单元内部结构和功能的创新促进其竞争能力的提高。

第二，共生过程是共生单元的共同进化过程，也是特定时空条件下的必然进化。共同激活、共同适应、共同发展是共生的深刻本质。共生为共生单元提供理想的进化路径，这种进化路径使单元之间在相互激励中共同进化。

第三，共生进化过程中，共生单元具有充分的独立性和自主性，同时，共生进化过程可能产生新的共生形态，形成新的物质结构。共生导致的共生体的进化是城市-区域系统经济创新、技术创新、制度创新的基本动力之一。

第四，共生关系存在的实质是共生单元之间物质、信息和能量的交换。其产生与发展是物质、信息和能量有效产生、交换与配置的直接结果，一旦这种关系消退或丧失，共生关系就随之消退或丧失。

第五，进化是共生系统发展的总趋势和总方向。尽管共生系统存在多种状态（模式），但对称性互惠共生是系统进化的一致方向，是生物界和人类社会进化的根本法则。所有共生系统中对称性互惠共生系统是最有效率也是最稳定的系统，任何具有对称性互惠共生特征的系统在同种共生模式中具有最大的共生能量。

城市-区域系统中每一个城镇都是一个共生单元，经济全球化和区域一体化的态势要求每个城镇在保持相对独立的同时，城镇之间加强联系，共同发展。因此，城市-区域系统的诸城镇之间如何建立对称性互惠共生系统，是城市-区域系统规划、引导与调控的主要方向。

2. 共生理论应用于城市-区域系统

由于交通和通信的发展，整个世界正在变得越来越没有边界，任何国家或地区都不可能再封闭，不仅仅是教育，还包括科技和文化。尽管不同国家或地区之间仍存在对抗和竞争，但共生是大势所趋（Kurokawa，1997）。

关于城市-区域系统协调的问题可以追溯到 20 世纪初期西方为治疗"城市病"而进行的大量探索，整个过程也是对城市发展过程中集中与分散规律、城乡职能互补规律及建立新型城乡关系进行的辩证思考。西方国家的空间发展战略规划就是从整体上研究区域城乡的协调发展，以整体协调发展的观念解决地区发展问题。最早关于协调发展的思想源于 19 世纪末霍华德的"花园城市理论"，他创造性地提出一种城乡结合模式，融城乡功能为一体（霍华德，2000）。同期，英国学者帕特里克·格迪斯（P. Geddes）明确提出，城市规划的对象应当是整个城市地区，将乡村也纳入城市研究的范畴，预见性地提出了城市扩散到更大范围而聚集、连绵形成新的群体形态。1918 年，伊利尔·沙里宁（E. Searinen）以有机疏散理论模式拟订了著名的大赫尔辛基规划方案。之后逐渐演化成三种有代表性的有计划疏散大城市的理论：①以解决城市蔓延问题为目标，规划楔形绿带来分割建成区，有计划地疏散城市人口，改善城市环境；②通过规划卫星城缓解大城市中心区的人口、经济和环境压力；③规划相近的城镇单元组成城镇集团，以取代大城市，各城镇组团之间通过快速交通联结起来，形成相互联系的有机整体（吴良镛等，1999）。克拉伦斯斯坦因（Clarence Stein）提出以"区域城市"来取代大都市，强调区域城市体系是一个开放的系统，打破行政边界，从城市与区域的角度来研究和规划城市。芒福德对城市-区域系统倡导"区域整体论"，主张大中小城市相结合，城市与乡村相结合，人工环境与自然环境相结合，通过整体化的、清晰的、高速的区域交通体系的联系，最终形成网络似的空间结构体系（吴良镛等，1999）。城市-区域系统的诸城镇之间、城乡之间的协调与共生，是区域获得新发展机遇的内在要求，也是外部环境决定的必然结果。从国际大环境来看，为共同的整体利益进行协调、磋商和合作已经深入到生产、贸易、金融等社会经济生活的更多领域和更深的层次。更多的协作也伴随着更激烈的竞争，经济全球化促使城市与区域主动走向竞争的前沿，同时也将加剧全球与地区的城市功能重组（张尚武，1999）。作为某个国家或地区的城市，社会经济因素越来越处于不确定性中或难以对自身的发展拥有绝对的自主性。因此，通过不同层次的区域整体协调来提高城市和区域的竞争力，逐渐在城市发展战略中占据越来越重要的地位。再者，城市和区域的环境问题、区域基础设施的整体协调及区域大环境的整体优化也是城市-区域系统共生共荣的直接诱导因素。城市-区域系统的整体协调不仅可以提供新的管理机构和物资基础设施的整体框架，还可以使系统最优。

事实上，每个城市的发展都与外界及经济全球化的发展趋势紧密联系，不可能是封闭的孤立发展的城市，不能关起门来自成体系、自求平衡。城市不能孤立存在，它能够存在的本质就在于它与乡村及其他城市有一种内在关系，这种关系我们可以称为"共生关系"。然而，由城乡间简单的互通有无的交往形成的"共生关系"只是城乡之间点状或间歇式的共生，它的进一步发展应该是区域城乡一体化共生关系。随着区域空间结构的变革，一个城市地域的生产大循环已不再是单单在城市或乡村展开，因为城乡及城市之间新的协同状态只有在城市和乡村都被纳入更广阔的经济空间，都成为大的开放系统后，才有可能实现。这样一种协同作用在城乡及城市间所产生的聚合效应，是单独依靠城市或乡村所无法达到的。高密集的城市-区域系统是一个庞大的社会经济体系，能产生更大的聚集效应。它既不同于相距较远的松散的城市-区域系统，又不同于完全集中的单一大城市，它比之绝对化的聚集，既有集中的优势或超大城市的优势，又避免了过分集中或城市过大产生的一些弊病，使经济效益、社会效益和环境效益得以较好地统一，而且使三种效益相互促进，由"强相互作用"而"连锁反应"式地产生可持续发展的力量（陈柳钦，2008）。

城市-区域系统的发展演化涉及自然、社会、经济、生态、空间等很多方面，相关的理论也很多，本章仅从城乡统筹理论的发展与演化、城市-区域系统发展演化的总理论（系统理论）、城市-区域系统发展演化阶段划分与城市-区域系统发展机制理论（空间形态理论、时空格局理论），以及城市-区域系统协调与整合理论（共生理论）等方面进行了阐述，旨在为本书对城市-区域系统的研究提供理论依据和支撑。

第三章 | 国外城市增长管理的经验与启示

经验并非发生在人们身上的事情，而是人们利用所发生的事而做的事情。

——赫胥黎

20 世纪后半叶，城市增长管理的理念和方法在国外出现和应用。关于"增长管理"的概念迄今并无统一定义，有人认为它是"泛指用于引导增长与发展的各种政策和法规，包括从积极鼓励增长到限制甚至阻止增长的所有政策和法规"（Fonder，1999）；美国城市土地协会 1975 年出版的具有里程碑意义的刊物《对增长的管理与控制》中，对增长管理的定义为："政府运用各种传统与演进的技术、工具、计划及活动，对地方的土地使用模式，包括发展的方式、区位、速度和性质等进行有目的的引导。"而 B. Chinitz 认为增长管理不同于单纯的增长控制，"增长管理是积极的、能动的……旨在保持发展与保护之间、各种形式的开发与基础设施同步配套之间、增长所产生的公共服务需求与满足这些需求的财政供给之间，以及进步与供给之间的动态平衡"（Chinitz，1990）。D. R. Porter 则将增长管理概括为"一种动态过程，在此过程中，政府预测社区的发展并设法平衡土地利用中的矛盾、协调地方与区域的利益，以适应社区的发展"（Porter，1997）。

城市增长是城市化过程的重要标志，将增长管理应用到城市增长就需要分析城市化过程。城市化作为一个世界历史进程中的重大历史现象，自进入 20 世纪后，世界各国都在加速推进。有学者根据城市化发展的阶段性特征将其划分为"传统城市化"和"新城市化"两个阶段，提出两个阶段的分水岭是城市人口超过农村人口。进入新城市化阶段后，城乡关系开始有了实质性的良性互动，城市化从单纯的人口转移型向结构转换型过渡，进入城乡一体化统筹发展的高级发展阶段（王旭和罗思东，2010）。城市化两个阶段的过渡期也是城市发展的困难期，"城市病"凸显，城市经济、社会等方面出现结构性变化。与之相适应，城市增长管理面临的问题也更为复杂。中国改革开放以来城市化发展迅猛，2011 年年底人口城市化水平达到 51.27%，实现了历史性跨越，已全面跨入新城市化阶段的门槛，加上裹挟的很多传统城市化时期积压的社会问题，城市增长管理的传统思路已不能适应进入快速发展和矛盾凸显期的城市的发展形势。在这个关键时期，迫切需要从其他先行一步的国家寻求借鉴，深入、准确地认识新城市化时期城市的发展规律，争取进行城市增长管理理论研究方面的前瞻性准备，应对中国城市转型发展时期出现的一系列重大而快速的变化。本章拟对美国、欧洲国家、韩国等城市化发展先行国家城市增长管理的经验进行总结，以期对中国加快转变经济发展方式战略背景下城市转型过程中的城市增长管理提供借鉴。

第一节 美国城市增长管理的经验与启示

世界各国城市化起点不一，发展速度各异，一些经济较发达国家于 20 世纪中期相继进入快速发展阶段，其中美国最具典型意义，地位也最重要。1920 年，美国城市人口超过农村，初步实现人口城市化，之后，人口和经济活动开始大规模向郊区扩展；1940 年，大都市区人口占全国总人口的比例近一半；1990 年，百万人口以上的大型大都市区人口超过全国人口的一半，美国成为一个以大型大都市区为主的国家。城市向外无序蔓延而引发的城市增长管理也经历了区域统筹与地方自治的博弈过程，大都市区的蔓延及地方政府零碎化引起市政体制的改革和完善，地方行政管理走向专业化。行政管理体制改革中经历了以构建具有集权化色彩的大都市区政府为目标的传统区域主义、以多中心和分散化为特征的公共选择理论和以没有政府的大都市区治理为特征的新区域主义等几个阶段。针对城市蔓延也提出了新城市主义、精明增长等具体增长管理策略。

一、美国城市增长管理的经验

1. 大都市区政府管理体制改革

20 世纪前半叶，美国学术界普遍认为地方政府的零碎化是美国大都市的主要政治问题，提出的解决办法是对地方政府体制进行结构性改革，目标是兼并为区域性大都市区政府，由此形成区域主义运动。大都市区政府的改革者认为唯有建立大都市区政府，管理才会更有效力，才能实施更全面的规划、提供更好更协调的服务。20 世纪 50~70 年代，建立大都市区政府的改革实践在美国各地以不同方式展开。第一种形式是兼并，中心城市对周围没有政府建制的土地与人口进行兼并。中心城市通过这种扩张性政策将大量郊区土地置于中心城市控制之下，遏制郊区的蔓延。通过兼并，中心城市可以在区域经济和区域规划中处于主导地位，中心城市政府成为实质上的大都市区政府。第二种形式是市县合并。这种形式多发生在同一个县的范围内，跨县的合并往往难见成效。合并后建立一个新的全县范围的议会，规模均大于原来的政府。合并的典型案例包括：1962 年田纳西州纳什维尔市与戴维逊县的合并，1967 年佛罗里达州杰克逊维尔市与杜瓦尔县的合并，1969 年印第安纳州印第安纳波利斯市与马里恩县的合并，2000 年肯塔基州路易斯维尔市与杰斐逊县的合并。市县合并涉及地方政府的结构性改变，难度很大。许多大都市区出于满足未建制社区居民的服务需求和更合理的区域发展，在实践中形成了一种功能性制度，就是第三种形式的大都市区政府。这种管理体制不改变现有地方政府建制，只是强化现有地方政府特别是县政府的城市服务功能，或者通过创设现有市、县政府间联席机制改善大都市区的服务。以上形式统称为"联邦式"大都市区政府，包括城市县、"双层制"大都市区政府、"多层制"大都市理事会、多功能大都市服务区等。

其中，比较成功的是波特兰大都市政府，在遏制蔓延、减少环境问题及恢复中心城市活力等方面都取得了很多实效。波特兰大都市政府的形成与公民的积极参与分不开，在形成过程中州一级立法机关通过不断强化其法律地位和功能，赋予其政府管理的权力。最为著名的是"城市增长边界"政策的执行，有效遏制了人口的低密度蔓延。波特兰成为美国 20 世纪 70 年代少数几个人口城市化快于土地城市化的城市之一，20 世纪 80 年代新郊区人口密度是全美国平均水平的 3 倍。1979～1997 年，波特兰的城市范围仅增加了 4 平方英里[①]。波特兰的房价也翻倍了，但整个美国西部城市的房价都在飙升，波特兰房价的上涨多大程度上是城市增长边界导致的还无法确定。城市增长边界政策也改善了中心城市的公共服务，增加了对投资的吸引力，有效保持了中心城市的活力。20 世纪 90 年代后波特兰大都市政府获得征税及发行一般债券的权力，通过发行债券用于获取和保护公共空间、公园和河流，并通过制定区域发展纲要协调大都市区内城市的发展，制定综合规划严格控制土地用途转换，保障供水、排污及交通等大型基础设施规划项目的经济和高效。调控人口和物业的增长，使其尽量向高密度方向发展。对于执行保护农田和自然生态环境政策对住房市场的影响也有相应措施，通过制定住房条例，增长管理包括了经济适用型住房的提供，要求新建住房项目至少应包括 50% 的公寓和多户住宅。如此，通过在城市增长边界内增加土地供给和再开发，并将土地规划出来建造获得开发商支持的多户型房屋，进而增加住房的供给、平抑房价，而且保证在人口涌入波特兰后，也能实现增长而不越界的目标。

然而，现实中像波特兰大都市区政府如此成功的案例在美国屈指可数，随着构建大都市区政府步履维艰，20 世纪中叶，公共选择学派顺应市民的政治取向和服务需求提出地方政府零碎化有利于竞争，进而有助于提高政府管理效率。这些观点受到美国深厚的地方自治、公民参与及民主管理地方事务传统的助力迅速掀起广泛的影响力。许多州的法律让整合地方政府的努力失败，维持了地方政府的竞争状态；联邦政府也鼓励市民的政治参与，客观上促成了地方政治权力的分散化和大量邻里社区组织的产生，提高了市民的自治程度和水平。以地方自治和

---

① 1英里=1609.344米。

民主管理为基础的分散化，包括居住的分散化、工作机会的分散化及权力的分散化，成为战后美国社会发展的一个总体趋势。公共选择理论在实践中有所体现，但并不意味着其理论假设没有问题，也不能证明其为大都市区问题提供了全面、合理的解决方案。1974年《探究美国大都市区》较为全面地指出了地方政府零碎化的不足，认为其不能满足一个日益显现的大都市区社会的需求，恶化了资源与社会需求间的不平衡；使大都市区社会问题的解决更加困难；阻止了对服务的有效管理（Stephens and Nelson，2000）。公共选择理论与区域主义的基本分歧在于，前者将地方政府仅仅视为公共服务的提供者，因此注重效率标准；后者认为政府应该代表公民共同体承担更多的政治与社会职能，因此注重平等与公正。

20世纪90年代初，面对长期困扰美国大都市区的经济社会问题，加上全球经济竞争的挑战，区域主义开始复兴。此时，美国的城市增长不再是工业化时期中心城市集聚发展模式，而进入了人口低密度扩散的郊区化时代，城市增长面临日益严峻的发展问题：一是为大量分散的人口提供有效的公共服务，需要承担昂贵的发展成本；二是人口和产业的低密度郊区式扩张，造成交通拥堵和空气污染，而且侵占大量未开发的土地；三是人口和经济资源外流导致中心城市陷入衰败；四是中心城市衰败，没有经济能力保障居民的发展机会和社会福利，产生严重的社会不公。区域主义认定以上问题的根源是美国零碎化的地方政府管理体制。为此提出多种主张，第一种是上文讲到的从结构上重组大都市区政府，在整个区域范围内实施发展规划，提供公共服务，统一使用财政资源，解决经济社会问题。这种主张因为要改变地方政府间的结构关系，不符合美国的自治传统，成功案例很少。第二种是在区域问题上，以联邦政府资助的州与地方经济社会发展的项目为平台，促成地方政府间的协作。第三种形成于1990年后，称为新区域主义运动，主张政府与社会合作，鼓励公民个人、私营部门和非营利组织积极参与区域性事务，弥补政府体制的不足。同时，强调州政府的作用，以州议会的立法替代联邦政府的援助项目，实施区域规划。其中，新区域主义不以政府的结构性改革作为大都市区治理的路径，主张实施有效的没有政府的大都市区治理，为大都市区问题的解决带来了新的希望，成为20世纪90年代城市政策和大都市区治理的主流。

2. 城市增长管理从"边缘城市主义"到"新城市主义"

边缘城市是继第二次世界大战后美国城市的郊区阶段及郊区购物中心大规模化阶段之后，于20世纪80年代伴随着小汽车快速普及而出现的一种郊外城市开发阶段。"边缘城市"由美国《华盛顿邮报》的记者嘎罗（Joel Garreaul）于1991年提出。边缘城市是在老城区周边扩散形成的新城市，具备作为城市应具备的就业场所、购物、娱乐等所有功能。其特点有：①没有密集的高层塔状建筑群，而是低层宽立面的建筑分散布置在广阔的地域内；②停车场完备的现代化大楼被绿色环绕，为了创造宽敞的空间，多数拥有一个大的中庭；③配置机场或高速公路，飞机和汽车是对外交通的主要手段。为了方便小汽车，建筑物之间通常有多车道的道路网和停车场分割；④在中心地区设有企业总部、大型商场、健身中心等核心设施；⑤大多数人居住在被绿色草坪环绕的别墅型住宅中；⑥几乎没有形成一般城市的行政区划（Garreau，1991）。

嘎罗提出了五条功能性标准界定边缘城市：具有 500 万平方英尺①以上可租用的办公楼面；具有 60 万平方英尺以上的可租用零售商业楼面；就业岗位数量超过卧室数量；是一个被人们所意识到的特定领域；与 30 年前的景观大不一样。"边缘城市"曾一度被认为代表了 20 世纪美国城市发展的"第三次浪潮"。第一次浪潮是 20 世纪 50～60 年代的人口居住郊区化；第二次浪潮是 70 年代后以超级市场为代表的商业郊区化；第三次浪潮就是就业岗位的全面郊区化。"边缘城市"绿色丰富，环境优美，基础设施完备，具有适应信息社会的高效工作环境，城市功能健全，确实为解决交通阻塞、住房拥挤、用地用水紧张等传统的城市问题带来了光明。嘎罗本人认为，"边缘城市"代表了美国城市的未来取向，是在新的社会经济形势下，一代美国人对未来工作、居住及生活方式做出的价值抉择。他甚至认为"边缘城市"将把美国人从奠基于 19 世纪的中心城市桎梏中解放出来。但"边缘城市"也存在着以下弊端：①由于其规划理念过度强调以小汽车为中心，未能很好地解决交通混杂与大气污染问题；②由于步行空间少，住房间隔距离较大，加之过分依赖现代通信设施，缺乏人与人当面交流的机会，被认为是缺乏生活情趣意义上的生活质量低下；③由于边缘城市以低密度向城市郊外扩散蔓延，这造成土地、能源等资源的大量浪费，增大了基础设施的投资成本。因此，社会学者认为"边缘城市"缺乏整体概念，过分依赖现代技术，忽视了人类生存的最基本需要，导致社区关系淡漠、缺乏凝聚力和归属感、没有人情味、社区恶性犯罪率上升等一系列社会问题（Daniels，1999）。

"新城市主义"是 20 世纪 90 年代以来西方城市增长管理的一种思潮，建立在对第二次世界大战后占主流的郊区城市化模式（包括边缘城市在内）反思的基础上。美国近几十年的郊区化蔓延产生了一系列致命的弊端：①过长的通勤距离耗费了人们大量的时间和精力，严重影响了人们预期要达到的生活质量。②对小汽车的过度依赖使许多不能开车的人（如老人和小孩）寸步难行，同时加重了家庭的经济负担。③郊区化的无序蔓延已造成郊区的空气污染、环境恶化、土地大量浪费及富有地方特色的乡村景观的消失。④更为严重的是，由于过分强调严格功能分区，破坏了传统社区内部的有机联系，加剧了社会阶层的分化与隔离；对

---

① 1 平方英尺＝0.0929 平方米。

公共空间的忽视减少了人们相互交流的机会，加深了人们的孤独感。⑤缺乏有识别特征的空间的明确界定，使人们难以获得起初所向往的郊区生活的安定感和归属感，反而陷入一种无法认定自我存在的茫然之中。无所不达的电信网络虽为人们的联系提供了方便，却无法慰藉人们孤独的心灵（Katz，1994）。

　　"新城市主义"思潮在某种意义上是对近半个世纪的美国社区传统的复兴，又被称为"新传统主义"。它并没有彻底否定边缘城市模式，而是提倡从传统的城市规划和设计思想中发掘灵感，与现代生活特征相结合，以具有地方特色、重视历史文化传统、居民具有强烈归属感和凝聚力的社区取代缺乏吸引力的郊区。其基本理念是以人为本和可持续发展。"新城市主义"始终坚持城市发展或建设必须将公共领域的重要性置于私人利益之上。"新城市主义"在强调以人为本思想的同时，认可科技发展的重要性。例如，在处理社区的街道、街区时，"新城市主义"认为街道的组成和等级应该同时为小汽车和行人提供方便，才能保持其生机和活力。街道建筑高度与道路宽度的比例，人行道、车道的宽度，景观分隔带的设计，以及停车场的安排，都要既能提供居民步行、休息和会面的良好公共环境，也能满足小汽车的通行和停放的需要。这与可持续发展社区中提倡减少对小汽车的依赖，多考虑步行易达空间相比，可能更务实一些。"新城市主义"还强调城市和它的邻区及其自然环境应该被视作一个经济、社会和生态相协调的整体。整个区域的任何地方，无论是在郊区、新建设的地区，还是城市中心，都应该以邻里设计的相似原则进行设计；城市增长应该有明确的边界；公共交通系统应该支持整个区域范围内人们的出行；城市公共空间和商用的私人空间应该形成一个互补的系统；区域内的人口和功能应该具有多样性，而且要建立有机联系，而不是互相隔离；"新城市主义"注重城市发展规划中的公众参与，通过与各种社会力量密切合作来实现自己城市建设的理想。但"新城市主义"并没有涵盖大都市开发的所有基本问题，它仅仅在城市和区域层面上反映出对生态因素的有限关注，对解决美国尖锐的经济与社会阶层分离问题仍感力不从心（刘荣增和朱传耿，2001）。

　　3. 城市增长管理的综合策略——精明增长

　　美国城市增长管理最具代表性的政策当属精明增长，它是对20世纪90年代之前实施的增长管理政策的继承与改进。美国的增长管理是对战后郊区蔓延所带来的一系列消极的环境、经济和社会后果的控制，起初源于环境保护者的压力。增长管理是一个综合性概念，不仅涉及对增长的空间影响，还包括对增长的经济和社会影响（Stein，1993）。增长管理政策的目标主要体现在四个方面：一是对一些超越地方范畴的问题进行区域性协调，并提出解决措施；二是通过限制服务区范围提高能源、公用和市政设备的效率；三是保护大城市边缘地区及其附近的开敞空间和其他资源；四是城市社区的经济、再开发、城市形态及生活质量等。虽然低密度蔓延增长是美国大都市增长的主要模式，但各地情况差异显著，因此并没有适用于所有地方的单一增长管理政策或者一整套政策。美国部分区域实施的增长管理政策见表 3-1。

表 3-1　美国部分区域实施的增长管理政策

城市	政策
纽约州罗克兰县的拉马波镇	制定分区条例，以限制独户家庭的新建
科罗拉多州博尔德市	采用限制建筑许可证发放的方式控制人口增长
俄勒冈州波特兰市	设立城市增长边界，遏制郊区蔓延，提高土地资源的使用效率
佛罗里达州	颁布《增长管理法》（1985 年）、《环境、土地与水资源管理法》（1993 年），要求新建项目在配套基础设施和环境保护方面，达到相应的标准
明尼苏达州的明尼阿波利斯-圣保罗双城地区	组建大都市理事会作为综合性增长管理组织，负责区域规划、协调和监督各个地方政府在交通和其他基础设施规划方面的合作，以及作为联邦和州政府各类项目的管理机构

以上增长管理政策应对城市蔓延的效果并不好，到 20 世纪 90 年代初，将土地利用规划与中心城市兴衰联系在一起的"精明增长"思路被提出来，认识到问题的关键不是要不要增长而是如何增长，鼓励内涵式发展，将资金引向中心城市的再投资与再开发。在这一思路的基础上，精明增长实施了十大原则：混合性土地利用方式；采用紧凑型的建筑设计；提供住房机会和选择；创建便于步行的社区；以强烈的共同意识打造有特色和有吸引力的社区；保留未开发空间、农田、自然景观和重要的环境地域；推动和引导现有社区的发展；提供可供选择的多种交通方式；使有关发展的决策变得可以预测、公平，成本收益相对合理；鼓励社区和投资人在发展决策方面相互合作（Hasse，2004）。

精明增长政策将政府的公共财政资源投入到中心城市和近郊区的再开发项目中，促成增长方式向由低密度地向郊区分散、蔓延，向城市高密度地聚集性增长转变，使城市向功能多样、公共交通发达、步行便利的方向发展。20 世纪 90 年代后美国的精明增长形成了一些共同特征，包括：加强社区意识；保护现存社区的投资；在发展进程中提供更大的确定性；保护环境；以有利可图的产品、金融和灵活性政策鼓励开发商；通过提供替代性交通方式来缓解拥堵；有效利用公共资金。精明增长具体以法律和财政手段，规制土地利用方式和住房建设标准，约束导致蔓延的基础设施，引导资源投向城市的再发展。充分利用已建成地区的基础设施效益，恢复城市对经济和人口的聚集效应，减少对边缘地区的开发活动，从根本上减轻对农田的侵占和对环境的破坏。

精明增长政策的起源地是马里兰州，其政策目标包括四个方面：一是支持社区把资源投向已经具备基础设施条件的地区；二是抢救最为宝贵的自然资源；三是不再把财政资金用于建设昂贵的基础设施，支持远离传统人口中心的地区的发展；四是给马里兰人提供高质量的生活，不管这些人选择居住在农村、郊区、小镇还是城市（Urban Land Institute，1999）。精明增长政策思路的核心是，将发展方向引向中心城市和旧郊区。用于引导的杠杆是州政府和相关城市政府的财政资金。但如果没有企业和市民组织的共同努力，精明增长的城市中心地带复兴计划很难实现。最新的思路是，精明增长应该在支持内涵式增长的同时，把重点集中在鼓励郊区和边缘地区有质量的、较高密度的增长上。

二、美国城市增长管理的启示

1. 从哲学层面讲应该回归价值理性

所谓价值理性，又称客观理性，是一种本质的、综合的理性，在康德哲学中被直接称为"理性"。对于这种理性概念，霍克海默这样定义：客观理性指的是"一个包括人和他的目的在内的所有存在综合系统或等级观念，人类生活的理性程度由其与这一整体的和谐所决定"。随着科学技术的飞速发展、实证主义思潮的泛滥，正义、平等、幸福、忍耐等所有先前几个世纪以来被认为是理性所固有的概念都失去了它们的知识根源。客观理性关心的是事物之"自在"，而不是事物之"为我"，它要说明的是那些无条件的、绝对的规则，而不是那些假设性的规则。因此，客观理性是一种涉及终极关怀的理性。从20世纪80年代到90年代，美国城市的发展经历了由"边缘城市主义"向"新城市主义"的转变，从哲学理念上实现了向价值理性的新一轮回归，充分展现了在经济高度发达、技术日益先进的今天，人们对可持续发展和以人为本思想的追求。从过分依赖小汽车和现代通信技术的"边缘城市主义"到"新城市主义"思想的提出，这种价值理性的回归告诉我们在重视科技发展的今天，应该重新审视什么是幸福、什么是人的情感、什么是人的需要等人生价值问题（刘荣增和崔功豪，2000）。

在进行城市增长管理和控制的过程中，美国地方政府始终贯彻可持续发展的理念，以精明增长原则进行城市增长管理，即多种土地利用、密集型建筑设计、多种住房选择、城市中心再开发、公共交通优先选择、环境保护与环境设施、鼓励步行尺度的住宅区、有地域归属感和吸引人的社区、开发决策中的多方合作、清晰公正高效的规划过程等原则。这些原则体现了人性化、生态化、可持续发展的精神，其与中国提出的可持续发展的科学发展观一致，体现了中国发展循环经济、建立节约型社会和以人为本的要求。其中，对开放空间、敏感生态环境的永久性保护和可持续发展的态度是增长管理向价值理性回归的具体表现。

目前，信息革命在世界范围内推动城市形态、结构的演变。电子商务、网上购物、虚拟社区、远程工作、电子社区和政府及因特网基础设施建设，无形的、虚拟的电子化空间的发展大大拓展了人们与外界联系的范围，带来的城市结构的分散蕴涵着前所未有的危机。网络也会加剧人们生活的流动性和不稳定性，使人们寻求可以认同的稳定场所、肯定自身存在价值的愿望也日趋激烈。当然，科技是要向前发展的，城市在现代技术的推动下会继续发展。但是，反映人本思想的价值理性将在"后现代城市"理论中反映得更加透彻。人本思想强调历史文脉，强调人居中心，强调公众参与，强调多元性、复杂性和非理性。城市增长的管理应该以工具理性为轮，以价值理性为翅，使信念伦理与责任伦理相互交融、彼此互补，这样才能创造出可持续的城市发展模式（吴林海和刘荣增，2002）。

2. 从构建区域政府到区域治理

20世纪中期以来，随着美国演变为大都市区化国家，改革城市行政管理体制经历了几次起伏。地方行政管理体制改革的中心是如何应对大都市区日益分散化的服务和管理需求。传统改革思路是以政府为中心，手段是进行结构性改革，经历了从单纯的中心城市扩疆增权，到结构重组的市县政府的融合与合并，再到不涉及原有地方政府改变的区域性政府机制的形成，形式和种类多样。理想的大都市区政府，具有独立的法律地位，其管辖范围内所有的地方政府建制单位都要取消。大都市区政府通过公民选举产生，拥有统一的税收基础和统一的政府结构，全面履行政治、司法、社会福利和公共服务职能。实践中的大都市区政府一般具备四个主要特征：一是政治合法性，来源于政治代表的直接选举；二是拥有上级政府和基础地方政府不能干扰的自治权，主要是足够的财政和人力资源；三是广泛的管辖权限；四是相关的管辖区域，特别是城市功能地区（Lefevre，1998）。现实中的大都市区政府距离理想中的大都市区政府还有很大差距，因为结构性改革非常困难，原因是多方面的。一是最初的大都市区政府改革理想成分比较浓，并不一定代表多数美国人的思想传统和行为习惯。二是美国地方政府的职能配置有分散传统，集政治、司法、社会和公共服务于一身的全能政府在现实中很难找到。因此，建立统一的、拥有广泛管辖权限的大都市区政府脱离了美国现实，而且大都市区政府反应迟缓，缺乏灵活性，并不一定能实现规模经济。实际上，很多服务是通过服务合同、城市间协议或私立机构等非正式渠道获得的，实践证明也是有效的。三是美国人根深蒂固的自治传统和对小规模政府的偏好，导致对大都市区政府存在深刻的偏见和敌意，充满不信任。同时，合并的大都市区政府可能提高大型官僚机构的成本。四是联邦政府兴建的高速公路系统及其住房政策一定程度上鼓励了郊区化，同时对每个公民均等的社会福利，导致自治小政府的低成本。特别是制造业和部分服务业的郊区化在人口郊区化之后也基本完成，大都市区的税基也分散化了，大都市区政府再行统一非常困难。20世纪90年代后，新区域主义避开结构性改革，积极探究美国的公民社会传统，发展政府与私人企业、政府与公民社会之间的合作关系，注重调整和发挥原有的政府间协作关系功能，在大都市区形成了富有生机的、没有政府的治理网络和机制。

3. 制定综合性区域规划及相关政策

随着城市增长空间不断扩张，形成的美国大都市地区在地理、生态、经济、社会等方面是一个相互联系的整体，区域内任何一地的城市发展、土地开发均会对其他地区产生影响。区域规划必须打破行政界线的限制，从区域整体利益出发，综合考虑各地人口、经济的发展和资源的利用。为了综合解决大都市区的一系列问题，许多大都市区围绕着规划的新理念制定了符合自己实际的区域规划。譬如，纽约区域规划委员会 1996 年针对全球城市的激烈竞争和人们对生活质量的追求，制定了纽约都市区的第三个区域规划。该规划明确提出要用植被、中心、机动性、劳动力、管理等来整合经济、环境与公平，以此来提高都市区的生活质量。第三个区域规划触及了城市与区域规划的历史核心，其目标实际上就是城市与区域的可持续发展。

为了减少城市的蔓延、吸引再投资资金、控制收入的空间分化、改善环境质量，许多都市区政府还制定了相应的政策：①再投资政策。通过在二次抵押市场上的重新抵押来留住或增加中等收入的居民，以增强对现有住房或填充开发的再投资能力。以低于市场价的价格对房屋进行维修、刷新、复原、改善和扩展，政府或其他机构支付更新成本和销售价格之间的差额；对房屋升级改造实行减税或免税等；提高规划、建筑设计和基础设施重建的能力；鼓励当地选举出的政府工作人员去处理由于填充开发或房屋扩展而出现的反对意见。②交通政策。强化发展适宜不同年龄和收入人群的交通模式，而不是单一的小汽车模式；提倡紧凑的街道和土地利用网络，鼓励混合使用一定密度的轨道交通。③小区吸引力。设计和加强小区对居民的吸引力，包括具有多种用途的社区设计、切实可行的机构、高质量的公共服务、历史文物的保护、适宜步行的环境、公共空间、小游园、畅通的街道、整齐的临街房、街道停车区、低速行驶限定、成排的行道树等。④紧凑型区域开发，控制边缘区增长。虽然多种手段可以使用，但很少有获得累积成功的，增长边界设置应该是最有效的一个手段。除此之外，绿带建设投资、农田和林地保护、一些有价值的地面附属物的保护、基于使用而非开发潜力的财产税、最大密度开发取代最小密度开发、可以负担的多组合房产开发、基础设施的精明增长等都有益于拟制边缘区的开发建设。⑤教育设施。在中低收入和老的社区建设和维持一定数量的教育设施和教育资源。通过新开发和再投资战略降低各区之间学校和学区差异过大的情况。⑥收入分享政策。在当地管辖区之间建立一个收入分享系统，那些从商业和工业发展中获得的税收可以分享。这样既可以有效利用区位优势和基础设施，又不鼓励过度蔓延和当地管辖区之间的相互竞争，而中低收入的辖区可以得到适当补偿，减少了两极分化，与其他政策也形成互补

（刘荣增，2008b）。

4. 城市土地增长管理中重视非建设用地保护

首先，要充分认识到农用地保护在城镇密集区发展中的重要性。我国的城镇密集区目前正在以点状扩展、线状蔓延、网络交织等形式进行土地侵占，因此，需要加强对土地资源的保护，城镇之间一定要有绿地（绿带、绿心、绿色组团）等开敞空间进行隔离。不仅要明确保护农业用地是涉及我国粮食安全的战略问题，还要明确城镇密集区的农田是保证整个区域生活质量，包括城市生活质量的必要条件。其次，要突出"非建设用地"在规划中的地位。目前国内对非建设用地的内容、类型和比例等尚未达成共识。而目前总体规划中的土地调查、分析和评价都是以选择建设用地为目标进行的，是按照土地使用成本的高低对土地进行分类的，从区域景观生态格局角度研究不够，未包括重要生境、基本农地和乡土文化景观区域的位置和规模，因此，无法有效指导非建设用地的划定。对于城市非建设用地，有研究认为其包括农田保护地、水源保护地、组团隔离带、旅游休闲地、郊野游览地、自然生态用地和远期发展备用地七类。非建设用地的内容是现行规划用地的范围和内容难以涵盖的，因此需要从整个区域层面对各种生态资源作深入调查，在摸清情况的基础上进行全面的分类和评价，制定不同层次的保护对策，建立不同安全等级的生态基础设施。最后，重视编制城乡统筹的空间规划。长期以来，我国城乡社会经济的二元对立格局，导致城乡在规划和建设上严重分割，城乡的空间形态、发展规模与发展方式存在很大差异，制约着城乡的统筹发展。借鉴美国城乡统筹的经验，树立城乡空间规划和建设的整体生长观，建构城乡空间整体发展的规划机制，以城乡整体最优、机会均等为原则，在其生长空间内坚持城乡空间整合。建立增长管理的发展策略和日常操作机制，城乡的生长在规划的引导和控制下，为未来的城市人口增长做好空间上、时间上的安排。同时，应规定防灾地段与生态敏感区，明确鼓励人口与产业聚集的可开发地区，以增强对城乡发展的调控和引导能力，掌握城乡有效运转的主动权。通过科学合理地设置增长边界和制定各种措施和政策，保证在城乡不该"生长"的地方坚决制止，在允许城乡"生长"的地方给予支持，并控制开发的量和度，这两个方面相辅相成、缺一不可。同时，在发展时序上，强调建立滚动机制，将近期发展与长远目标相结合，变传统的静态城市规划为现代的动态城乡规划。同时，城市增长边界应该具有法定地位，具有刚性。但生硬地划定边界也有可能难以实施，应适当为其留有一定的弹性，但这个弹性不应该完全留给市场和开发商来左右。应该学习国外的公共管理经验，为利益各方提供一个务实、高效的博弈平台，探索合适的制衡机制，并需要严格的法规保障和相应的经济杠杆的调节作用来保证其效力的发挥。探索政府在市场经济背景下该管什么事情、该管到什么程度、哪里是保护公共利益的底线、可以讨价还价的范围有多大。在实施增长管理过程中应该给生态保护以更多的发言权，更多地体现对生态环境的重视（刘荣增，2008b）。

第二节　欧洲国家城市增长管理的经验与启示

欧洲国家的城市化进程因两次世界大战出现较大起伏，第二次世界大战之后形成了一个快速发展阶段，之后进入城市区域化阶段，区域性改革的目标同样是城市与周边地区的协调发展，也经历了与美国相似的从结构性改革到区域性治理的过程。20世纪60年代后，很多国家出现了结构性改革的高潮，寻求行政地域与功能地域相一致，建立在财政和人力资源方面有自主权的强有力的大都市区政府。20世纪80年代后，运动进入低潮，很多大都市区政府遭到废除。原因一方面在于大都市区问题的解决依赖地方政府、社会团体和公众的一致努力，短期内大都市区政府难以形成如此权威；另一方面在于大都市区政府难以插足地方事务，整体管理环境没有大的改变，无法全面发挥其职能。20世纪90年代，区域主义复兴，许多欧洲国家相继开展区域治理运动。运动强调公私伙伴关系，重视私营企业和市民社会作用的发挥。但同时也有国家继续构建大都市区政府。

一、构建大都市区管理机构

1972年，英国在区域范围内设立大都市郡作为大都市区的管理机构，大都市郡议员通过直接选举产生，拥有征税权力，但因地方政府的反对与不合作，1986年被废除。1998年，英国政府重新设立大都市总署，总署拥有包括交通、规划、治安、经济开发、文化、环境、医疗保障等多个方面的权力。在社会各界广泛参与下，总署通过了全民公决和议会批准。

法国的城市区域管理机构是1966年议会批准的都市区政府，范围由一个城市和周边独立的郊区构成。都市区政府拥有多种权限，包括区域规划和开发、社区间税收分享，属于一体化程度较高的行政单位。后又出台法律对都市区的管理进行了修订。到2009年，共有16个都市区设立，逐渐成为城市政府间自愿协作的机构，为小城市社区提供基本的服务。从实践层面看，这种管理体制有利于战略性合作。

20世纪70年代意大利曾出现介于区域性政府和地方政府之间的政府管理机构，主要负责区域规划，但只有中央政府支持，地方政府和传统党派不支持，到20世纪80年代中期被废除。20世纪90年代后，建立区域管理机构又受到认可，博洛尼亚省和博洛尼亚的48个自治市在自愿基础上建立了一个政府间协作协议，形成了新的大都市区政府，称为大都市会议。这也是一个讨论城市增长管理的政治论坛，可以讨论涉及城市和大都市区的冲突问题并寻求解决方案，也可以随时退出，有权决定参与全部或部分项目，以保证每一方的利益都得到维护。

德国更多是自愿性质的合作，以柏林和勃兰登堡的合作最为典型。20世纪90年代建立地区政府，人口和经济活动逐渐突破正式的区域界线，机场建设、分销中心和购物中心实现了一体化，达到很高的相互依存度。两市政府都支持决策的集中化，但在关于两市合并的全民公决中勃兰登堡没有通过，退而在经济开发、医疗、高校规划及治安等迫切需要的方面进行合作。后来进行过联合区域规划，但遇到阻力，只有在双方受益的方面才进行合作，寻求短期经济效益，只接受双赢的结果。这种狭隘的思路错失了很多发展机会，进一步发展可能需要更高层次的当局介入。

在理论上完全竞争市场是一种理想状态，实践中没有完全竞争市场，反倒可能是垄断竞争的市场。即使是完全竞争市场，也会存在市场失灵的情况，解决之需要政府的宏观调控：通过建设使现实尽量接近完全竞争市场，以便抑制垄断竞争，发挥市场通过"无形的手"进行调控的作用；同时，市场失灵，无法自行调控时，进行政府干预调节，保持市场的有序状态。在中国建设社会主义市场经济条件下，政府要通过依法行政，促进市场健康发育，以便解决市场失灵所产生的各种问题，保证市场有效运行。这就要建立符合市场规律的法律体系，以促进市场有效运行；同时，通过政府强制性干预弥补市场失灵的不足，通过市场与强制调控相结合的手段促进土地资源合理、有效地利用。在干预手段的选择上，能够通过市场解决的，尽量通过市场解决；能够通过社会中介组织或行业自律解决的，尽量通过社会中介组织或行业自律解决；在市场机制、中介组织、行业自律不能解决时，首先要考虑通过除审批之外的其他监督措施来解决，如成本收益的方法、市场激励的方法等，当这些手段都解决不了时，政府的干预和管理才考虑选择强制性的行政审批去解决。

二、建设绿带限制城市扩张

欧洲国家较早提出了用绿带建设来组织城市与郊区发展的理念，进入20世纪后，为了限制城市规模扩大和郊区化，欧洲各国通过划分城市功能区，设立绿带的方法来控制城市增长。

英国的城市限制政策主要是绿带规划，由于英国工业化、城市化导致的城市扩张时间较早，这种限制政策已有一个世纪的历史。霍华德在1898年出版的《明日：一条通向真正改革的和平道路》中就提出要控制城市规划，建设"田园城市"，强调在城市周围保留一定的绿带（张振龙和于淼，2010）。进入20世纪，城市规模迅速扩张导致严重的城市问题，将控制和疏散大城市人口的问题不断强化。1935 年大伦敦区域规划委员会建议政府修建绿带限制城市扩张，1938 年英国通过"绿带法案"限制伦敦扩张，同时尝试购买城市边缘地区的农业用地以保护农村和城市环境免受城市扩张侵占。但限于资金问题和绿带法案执行的具体细则依据缺失，控制结果不甚理想（Barry，2006）。1944 年著名的阿伯克隆比大伦敦规划将伦敦地区分为四个环，即内城环、近郊环、绿带环和农业环。作为伦敦农业和游憩地的绿带环的宽度为 11～16 千米，对绿带内的开发进行严格控制，保持绿带的完整性和开敞性，以阻止伦敦过度蔓延。1947 年的城乡规划法奠定了绿带政策的法律基础，要求土地开发活动进行的前提是获得规划许可证，这赋予规划部门控制绿带中各类建设的权力，有效避免了绿带受到破坏。1955 年住房和地方政府部发布第 42 号通告，要求地方政府必须编制绿带规划，至 1980 年英国的绿带规划逐步完善。1988 年英国出台绿带规划政策指南，将绿带的作用、土地用途、边界划分和开发控制要求等进行明确和细化，在注重保护绿带的同时，强化绿带对城市可持续发展的促进作用。作为国家的基本政策，绿带政策成为地方各级政府进行规划管理的依据，得到了很好的执行（Marco，2007）。绿带政策在英国具有法律权威性、稳定性和控制体系的完整性，绿带边界具有永久性，能严格控制城市开发建设。实际执行中绿带政策在英国也取得了比较好的效果，绿带面积到 20 世纪末增加到 1.6 万平方千米，占全部土地面积的 13%。虽然绿带政策取得了一定效果，但也造成了一些负面影响：增加了交通距离和交通成本，加重了农业地区的开发压力，造成城市土地供应紧张，不利于农民增收，不利于绿带环境质量提高，有时与城市的合理空间扩展相冲突（Marco and Yokohari，2006）。绿带政策也因住房需求增大面临释放土地的压力，修改绿带政策和制定更灵活的绿带政策的要求日益高涨。

1960 年巴黎制定巴黎地区的布局与总体结构规划，提出限制中心集聚区人口膨胀的建议。巴黎长期"摊大饼"式地从中心区向外蔓延，已经导致外围农业地区遭到侵占，城市边缘地带逐渐被蚕食，原来的规划对这种蔓延已无能为力。后经过不断探索，到 1987 年，巴黎的地区治理规划中，开始提出建设环形绿带的规划政策，主要目标定位是在巴黎集聚区距离市中心 10～30 千米处建设环形绿带。赋予环形绿带三个功能：一是控制城市的边界，抑制城市的蔓延；二是保护农业，特别是城市周围地区的农业；三是开辟大片绿地，保证城市与乡村的合理过渡。这个战略思想之后长期在巴黎城市建设中贯彻执行，实践证明这是一项控制城市中心区过度膨胀的有效措施。

莫斯科早在 1935 年的城市规划中就提出在市区外围建设 10 千米宽的森林公园，设计 8 条绿楔深入市区，并与市区中的各公园一起建成不间断的绿化系统，以便为市区营造良好的生态环境，为居民提供休闲娱乐的场所。但是，随着城市的不断扩张，20 世纪 60 年代初期市区规模已经达到 875 平方千米，出现了与森林公园连为一体的危机。于是，20 世纪 70 年代初期的总体规划中规定，要保留并逐渐扩大绿地面积，组成西南—东北绿化轴与西北—东南沿莫斯科湾的水面绿化轴，同时延续市区与郊区之间的森林公园带，进一步发展楔形绿地，建立放射环状公园，形成环状加楔形的绿化控制系统。

绿地建设在欧洲许多国家作为控制大城市增长的措施有成功的经验，但也不是万能的。在这种空间发展理念指导下，尽管城市空间总体的形态依然是传统的同心圆状，但这种同心圆是由功能有序的不同圈层组成的，与工业化时期"摊大饼"式无序蔓延的城市空间形态有本质区别。在借鉴使用时，不同国家或地区必须根据实际情况，结合各个城市的自然、经济、社会情况，在准确把握和科学预测人口增长的基础上科学合理地制定策略，才有可能获得管理的成功。

三、荷兰控制城市蔓延的"整合"规划策略

荷兰是一个人口密度高和土地资源非常稀缺的国家，国情迫使荷兰人精打细算地规划每一寸土地的使用，其管理城市增长的绿色可持续发展理念与思路已经贯穿于荷兰城乡规划的各个方面，包括混合的土地利用、空间的紧凑规划、交通出行的绿色方式和多元融合的社会等，在许多方面都堪称欧洲国家乃至世界规划的典范（张京祥等，2013）。

荷兰的历次空间规划都包含防止城市建设扩张对开敞空间的侵蚀、努力避免城市低密度且无序蔓延的目标（Bontje，2003；Rietveld and Wagtendonk，2004），其中影响较大的是 20 世纪 70~80 年代的新城开发政策和 20 世纪 80 年代中期至 20 世纪 90 年代的紧凑城市策略。这些城市扩张管理政策的严格执行在一定程度上遏制了城市蔓延，有力地保护了环境，但在实施中也出现了一些问题（de Roo，2000）。例如，居民的居住偏好是低密度的社区生活，然而政府政策的目标是对城市进行高密度开发，为了逐利、迎合市场需求，开发商在新开发的住宅类型构成中，仍不免将低层住宅作为开发主体。同时，因为增长政策的限制建设用地的增长十分有限，相应新建设的住宅量也不大，结果导致房价持续升高。对于住宅社区选址、社区开发模式、住宅房屋质量及房价，居民也往往有多重不满。政府调控城市空间增长的绿色规划策略受到市场和市民社会的挑战。政府逐渐意识到自己一厢情愿地制定的绿色规划难以在现实中实施和推广，控制增长的绿色规划要想成功，必须考虑市场和市民的接受程度。为保证绿色规划的实施效果，必须面对利益主体的不同立场和不同诉求，将不同利益主体的诉求整合进规划中，通过协商而达成共同的目标。因此，在管理城市增长的整合规划中，不同利益主体的需求也成为整合的内容。

　　规划整合在实践中常遇到各种阻碍，如空间规划为达到空间发展的最大化常常倾向于取环境指标的下限。因此，规划师为提高规划整合的质量，需要有效的政策工具激励空间规划。根据在规划中的支撑对象和整合策略不同，荷兰的规划整合工具可分为目标导向型工具和过程导向型工具（Runhaar et al.，2009；Weber and Driessen，2010）。目标导向型工具确定规划目标以指导规划发展，通常用多项具体指标评估规划的空间和环境效果，常用的有环境影响评价和规划决策支持系统。过程导向型工具不制定目标，着眼于规划过程，促进空间规划过程考虑更多的环境标准，并促成多利益主体在规划中达成一致。在具体实践中经常配合使用这两类工具。依据地域自身情况，存在多种规划整合政策工具。规划整合涉及协调不同的政府职能部门，荷兰的规划机构设置为整合提供了行政支撑。

　　中国规划界目前对于绿色规划还没有统一、清晰的概念。而绿色规划的贯彻执行方法也在探索中。虽然政府已将绿色规划纳入国家发展政策，但实践中环保部门与城市规划部门的合作程度非常低。环境规划没有有效地与城市规划相结合，而城市发展也持续不断地挑战环保底线。在管理城市增长的绿色规划编制过程中，缺少相关利益主体的参与，规划师往往唱独角戏，结果绿色规划编制难以全面，实施起来也困难重重。当面对发展城市与保护环境的矛盾时，荷兰政府通过规划整合的办法较好地缓解了矛盾，达到了一定程度的双赢，不失为中国控制城市增长进行绿色规划参考的方向。

　　荷兰的经验表明城市增长管理的绿色规划策略不能一概而论，也不能一蹴而就。国家着力推动的绿色战略，有可能与城市政府的发展利益相冲突。要解决这种矛盾，需要考虑从制度建设和政策工具的整合进行。绿色规划需要自上而下的行政权力的支撑和自下而上地参与贯彻实施。作为绿色规划实施的操作层，地方政府要在法律上约束，也要结合当地的实际情况，在具体过程中动态引导。有效执行绿色规划离不开各级政府及各部门之间的协调合作。中国的城市增长管理状况可能比荷兰还要复杂，更需要将整合作为实施增长管理的政策手段。绿色规划作为保护生态环境的城市增长管理策略，不仅要注重生态，也要考虑经济性和人文关怀，绿色规划过于限制经济增长将无法有效实施（胡宏等，2013）。

第三节　韩国城市增长管理的经验与启示

　　首尔的绿带是韩国最大的绿带，首尔也被称为迄今为止绿带控制最为严格的城市。20 世纪 60 年代后韩国经历了迅猛的城市化推进，城市空间快速扩张，韩国"城市规划法"写入了绿带规划，并用于全国总体空间规划。20 世纪 70 年代初首尔与韩国其他 13 个大中城市共同划定了城市绿带，又称为限制发展区。绿带的设定在参照伦敦绿带的基础上，根据韩国的情况做了调整。1976 年首尔的绿带达到 1566 平方千米，占都市区面积的 13.3%。绿带内的居民数仅为都市区人口的 1.66%。首尔设立绿带的目标中，首要目的是保障军事和国家安全，其他的目标还包括：拆除首尔郊外的棚户区、控制城市蔓延、抑制首都圈快速的人口增长和工业的过度集中、限制首都圈的土地投机、保护农业用地和保障粮食安全，以及保护环境和自然资源。因此，绿带内大部分开发被限制，绿带保护极为严格，甚至法令禁止绿带内任何土地用途的改变。除了重建或改变现有建筑的结构，没有相关政府部门的批准，任何人不能在绿带内进行任何工程建设。但是，绿带内土地所有者的利益损失没有得到补偿；绿带内 80% 以上的土地为私人所有，这些被剥夺了开发权的绿带内的居民面临经济困境，造成了居民与政府的严重对立。首尔的绿带政策的制定和实施缺乏广泛的公众参与，没有周密分析绿带划分标准，这在现实中产生了很多问题和纠纷，导致对绿带政策的广泛讨论，结果存在较大争议。认为绿带政策有益的方面主要是绿带在限制城市空间扩张的同时，较好地保护了环境和自然资源，并为广大市民提供了良好的游憩场所。同时，反对者提出绿带虽然阻止了城市蔓延在绿带内发生，却使蔓延扩展到绿带之外的广大地区，因此，并没有有效地控制城市蔓延；此外，绿带还加剧了土地价格上涨和可支付住房短缺，并造成了严重的社会不公（Bae and Jun，2003；Bengston and Youn，2009）。因为一些学者从收益成本角度对首尔绿带进行分析，特别是对地价、房价和通勤成本的研究表明，首尔的绿带政策限制土地供给导致了房价升高，同时通过改善城市和区域环境又刺激了住房需求的增长，从而提高了房价。韩国的绿带政策又保持近 30 年没有大的变化，绿带内土地所有者的反对声音日渐高涨。韩国被迫于 1997 年成立改革委员会进行调查，提出了一些改革方案，主要包括：①肯定绿带作为管理工具要继续实施，但扩张压力小的中小城市的绿带政策可以放松，可以用传统分区规划；②大城市保留的绿带的边界将基于环境评估及其他因素重新划定；③至于绿带政策放松带来的土地额外收益，政府将支配一部分防止土地投机；④绿带保留的地区，其土地将根据业主的意愿由政府进行购买，或者由政府支付对土地开发权限制的补偿；⑤绿带内达到一定规模的乡村获得特别的开发许可，用来改善环境，建构健康社区（韩昊英等，2009）。

韩国快速的工业化、高度集中的城市化及政府主导性的增长战略造成城市增长主要集中于首都首尔和首尔都市圈，韩国政府的增长管理控制经历了从单一政策到系统政策的管理过程，即从限制工业、大专院校等可能引发人口集中的单位的新建、扩建和大规模开发及设置城市增长边界，到促进城市分散、增加其他的增长级和增长中心，从首都圈内的分散到圈外的分散的过程。现在，首尔市的人口和就业机会的比例已开始下降，分散的效果已开始显现。韩国政府管理城市增长的经验给正在快速增长中的国家和城市提供了许多启示。首先，城市增长管理政策可以在不同区域尺度上实施，但是层次越高，调控效果就越好。韩国的绿带政策在国家层面实施，不仅可以调控区域的城市增长和人口分布，还可有效协调区域经济的发展。其次，首尔的绿带规划在控制开发不使其越过绿带侵入首都地区这个目的上是失败的。快速城市化产生的开发需求使得首尔大都市区的空间扩张难以控制。但是，首尔的绿带在保护农业用地、为城市提供休闲环境、保护韩国首都的自然遗产，以及保持生态系统多样性等方面还是富有成效的。足够灵活的绿带政策将满足城市增长需要，逐步减小其社会成本。此外，城市增长限制的边界应该定期修订，以满足城市的合理增长。最后，韩国的城市增长管理实践经验表明，虽然公众参与并非一个强制性的要求，但是引入公众参与城市增长管理可以避免损害绿带内土地所有者的利益而没有补偿的情况发生，这也是后来绿带政策改革的原因。同时，改革后照顾多方利益，政策也取得了更好的实施效果。这是因为把多方利益主体引入政策的制定和讨论中，既加强了政策制定的科学性、民主性，也增强了参与者的责任感，而有了这种责任感，政策和规划管理手段在实施时的阻碍就小了很多。

第四章 | 城市增长管理中的资源环境约束及其解约束

　　城市本身被看作一种可悲的经济需要，不加控制地扩展到乡村。树木和农场遭到破坏，已给房屋和工厂或大范围的农业综合经营让出地方，水、空气和土壤遭到污染。这种退化也许是不可逆的，并导致某些灾难性的结局：人为的沙漠，海洋被废弃物污染，气候的突变，大批的物种灭绝或不适于呼吸的空气。因此，城市被看作是对我们栖息地的一种根本性的威胁。

——（美）凯文·林奇
《城市意象》

第一节　资源环境约束与城市增长管理的提出

　　诺贝尔经济学奖获得者约瑟夫·斯蒂格利茨把中国的城市化和美国的高科技并称为影响 21 世纪人类发展过程的两大关键因素，中国的城市化是 21 世纪中国乃至全球最重要的事件之一。

一、我国的城市化进程及其资源环境约束

　　城市化是社会生产力发展到一定阶段，人类生产和生活方式由乡村型向城市型转化的历史过程，也是生产力集约、产业聚集、人口集中的复合过程，是生产方式、生活方式、思维模式的转换过程，包括经济、产业结构、社会架构、文化、人的心理的城市化。经过 60 多年的发展，尤其是改革开放 30 多年来，我国城市化快速增长，进入了马鞍区的快速爬升区（城市化程度在30％～70％时是加速时期），见表 4-1。同时，城市化发展理念日趋完善，由传统的粗放型增长理念向可持续增长理念转变；城市化道路日趋合理，在借鉴国际经验的同时形成了中国特色的城市化道路；城市规划与布局日趋协调，形成了大、中城市与小城镇的多元发展格局；城市管理水平日益科学，实现了法制化、人本化、信息化等管理方式的结合，部分地区已引入物联网、智慧城市的管理理念。

表 4-1　1949～2012 年我国城市化发展状况

年份	全国人口/万人	城镇人口/万人	城镇化率/%	建制市数/个
1949	54 167	5 765	10.64	136
1950	55 196	6 169	11.18	150
1951	56 300	6 632	11.78	151
1955	61 465	8 285	13.48	165
1960	66 207	13 073	19.75	199
1965	72 538	13 045	17.98	169
1970	82 992	14 424	17.38	176
1971	85 229	14 711	17.26	180
1972	87 177	14 935	17.13	181
1973	89 211	15 345	17.20	181
1974	90 859	15 595	17.16	181
1975	92 420	16 030	17.34	185
1976	93 717	16 341	17.44	188
1977	94 974	16 669	17.55	190
1978	96 259	17 245	17.92	193
1979	97 542	18 495	18.96	216
1980	98 705	19 140	19.39	217
1981	100 072	20 171	20.16	229
1982	101 654	21 480	21.13	239
1983	103 008	22 274	21.62	289
1984	104 357	24 017	23.01	300
1985	105 851	25 094	23.71	324
1986	107 507	26 366	24.52	347
1987	109 300	27 674	25.32	381
1988	111 026	28 661	25.81	434
1989	112 704	29 540	26.21	446
1990	114 333	30 195	26.41	461
1991	115 823	31 203	26.94	475
1992	117 171	32 175	27.46	517
1993	118 517	33 173	27.99	570
1994	119 850	34 169	28.51	622
1995	121 121	35 174	29.04	640
1996	122 389	37 304	30.48	666
1997	123 626	39 449	31.91	668
1998	124 761	41 608	33.35	668
1999	125 786	43 748	34.78	667
2000	126 743	45 906	36.22	663
2001	127 627	48 064	37.66	662
2002	128 453	50 212	39.09	660
2003	129 227	52 376	40.53	660
2004	129 988	54 283	41.76	661
2005	130 756	56 212	42.99	661
2006	131 448	58 288	44.34	656

年份	全国人口/万人	城镇人口/万人	城镇化率/%	建制市数/个
2007	132 129	60 633	45.89	655
2008	132 802	62 403	46.99	655
2009	133 450	64 512	48.34	650
2010	134 091	66 978	49.95	653
2011	134 735	69 079	51.27	653
2012	135 404	71 182	52.57	653

资料来源:《中国统计年鉴》(2012—2013)《中国城市统计年鉴》(2012—2013)

然而,我国城市化加速推进期还面临诸如自然资源日益匮乏、城市生态环境日趋恶化等诸多问题、挑战与约束,必须妥善处理,才能确保城市化的协调、快速推进。

1. 有限的自然资源成为城市增长的硬约束

新中国成立后,我国城市化经历了两个阶段:1978 年前的城市化缓慢推进阶段,29 年间仅从 10.64% 增加到 17.9%,年均增长仅 0.25 个百分点;1978 年后城市化快速推进阶段,2000 年人口城市化率达到 36.22%,年均增加 1.5 个百分点,2010 年城市化率已近 50%。根据研究机构和学者的相关预测,2020 年城镇化率将超过 60%。

自然资源是城市增长的物质基础,随着城市化进程的加速,自然资源稀缺性、有限性的特征日益显现,成为城市化进程的主要约束因子。我国水资源短缺,人均水资源不足世界平均水平的 1/4,大多数城市被缺水问题困扰。663 座城市中有 420 座城市缺水、114 座严重缺水,随着城市的发展,缺水问题更加突出,同时还面临污水处理、水环境治理等多重问题。土地资源有限,我国面临城市用地扩张与可供利用土地严重短缺的矛盾,我国人均耕地面积不足 1.4 亩[①],已接近粮食安全红线。同时,土地资源的严重短缺与粗放利用、低效率开发并存,导致城市建设用地增长快于人口增长,城市土地利用结构和布局不合理,以及基础设施用地、生态环境用地不足。在能源利用上,我国城市普遍面临能源短缺、环境污染、低效利用等问题,突出表现为清洁、优质能源供应严重不足,依托重化工业发展的大部分地区面临电力、石油的供应不足,"电荒""水荒"频频出现。全国综合能源利用效率约为 33.3%,低于发达国家 10 个百分点,主要工业品生产能耗比发达国家平均高出 40%。考虑开采和输送等环节,我国能源系统总效率不到 10%,不足发达国家的一半。

2. 生态环境的恶化成为城市增长的关键约束因子

城市扩张是人口集中、产业集聚、用地扩张、消费模式转变的过程,城市

① 1 亩≈666.7 平方米。

化、工业化的进程会对生态环境产生较大影响，诱发大气污染、水体污染、固体废弃物污染等一系列环境问题；人口增加导致交通拥挤、生存空间狭小；城市用地大规模扩张加剧农业生态系统的萎缩、土地资源紧缺等问题。纵观城市发展史，快速的城市化经常伴随着生态环境的恶化，从而造成灾难事件的频发，震惊世界的马斯河谷烟雾事件、多诺拉烟雾事件、洛杉矶光化学烟雾事件、伦敦烟雾事件等八大公害事件也大都直接或间接与城市有关。

随着我国城市化进入马鞍区的快速爬升区，原有城市规模持续扩大的同时有大量新城市产生，给区域和城市资源环境带来更加严峻的挑战，《2011 年中国环境状况公报》显示，全国地表水水质总体为轻度污染，湖泊（水库）富营养化问题突出。长江、黄河、珠江、松花江、淮河、海河、辽河、浙闽片河流、西南诸河和内陆诸河十大水系 469 个国控断面中，一类、二类和劣类水质的断面比例分别为 61.0%、25.3% 和 13.7%。在监测的 200 个城市 4727 个地下水监测点位中，优良—良好—较好水质的监测点比例为 45.0%，较差—极差水质的监测点比例为 55.0%。全国城市空气质量细颗粒物污染逐步凸显。2011 年，325 个地级及以上城市中，环境空气质量达标城市的比例为 89.0%，超标城市的比例为 11.0%。但执行新的空气质量标准后，我国城市空气中的细颗粒物（PM2.5）污染将逐步凸显。从 2011 年部分试点监测城市的监测结果来看，按新的环境空气质量标准进行评价（PM2.5 年均值的二级标准为 35 微克/米^3），多数城市细颗粒物超标，均值为 58 微克/米^3。

此外，长期以来我国城市发展重量轻质，城市高开发忽视人居环境建设，导致城市环境的趋坏，形成了城市热岛、雾岛、干岛效应。同时，工业化和城市化也导致大型环境污染事故次数增加、频率加快、危害加大。

二、城市病的出现及其症结

伴随着我国城市化率的提高和城市数量的增加，城市扩张过程中出现了诸多问题，被形象地称为"城市病"，指人口向城市集中而引起的一系列用水用电紧张、交通拥堵、城市内涝、环境恶化等社会问题，主要表现在城市规划和建设盲目向周边摊大饼式地扩延，大量耕地被占，使人地矛盾更加尖锐。我国城市统计中对城市规模的分类标准为：市区常住人口 50 万人以下的为小城市，50 万～100 万人的为中等城市，100 万～300 万人的为大城市，300 万～1000 万人的为特大城市，1000 万人以上的为超大城市（表 4-2）。据调查，常住人口超过 300 万人的城市或多或少地都患有城市病，而且还有向中小城市蔓延的趋势。城市增长过程中出现的城市病主要表现在以下几个方面。

表 4-2 1985～2012 年中国城市数量

年份	超大城市/个	特大城市/个	大城市/个	中等城市/个	小城市/个	合计/个
1985	8	13	31	94	178	324
1986	8	15	31	95	204	353
1987	8	17	30	103	223	381
1988	9	19	30	110	266	434
1989	9	21	28	116	276	450
1990	9	22	28	117	291	467
1991	9	22	28	117	291	467
1992	10	22	31	141	313	517
1993	10	22	36	160	342	570
1994	10	22	41	175	374	622
1995	10	22	43	192	373	640
1996	11	23	44	195	293	566
1997	12	28	47	204	337	628
1998	13	24	49	205	377	668
1999	13	24	49	216	365	667
2000	13	27	53	218	352	663
2001	13	28	61	217	343	662
2002	15	30	64	225	326	660
2003	9	25	72	113	441	660
2004	9	25	73	114	440	661
2005	9	25	73	114	440	661
2006						656
2007						655
2008						665
2009						665
2010						657
2011						659
2012						661

资料来源：《中国城市统计年鉴 2012》《中国城市统计年鉴 2013》

1. 土地的过度侵占与浪费

近年来，城市扩张中除发展必需用地外，部分城市的地方政府追求政绩盲目圈地造城，房地产商受利益驱动开发无序、基础设施重复建设和短缺并存。据《中国城市统计年鉴》（1991—2005）的数据，1990～2003 年我国 31 个特大城市的建成区面积平均增长了近 1 倍，尤其是经济发展较快的大城市扩张更为迅速，如北京、广州、南京、杭州等城市建成区面积扩张了 2 倍以上，成都、重庆等少数城市在短短的几年时间内甚至扩张了 4 倍。这种土地过度使用所导致的最直接后果是：深圳 20 年后将无地可用，宁波 15 年后将无地可用，国内多数城市二三十年后将无地可用。

2. 城市的"拥堵"

过去 20 年间，我国汽车数量增长速度是公路历程增长量的 3 倍。北京的交通速度已经不及伦敦的一半。学界通常认为，城市交通拥堵非人为意志所能阻挡，其本质在于"城市化滞后于工业化，或者说是滞后于机动化"。专家预测，在"机动化快过城市化"的大背景下，中国大城市的交通拥堵"最困难的时候还没到来"。交通拥挤所造成的时间浪费和行车成本损失巨大，据测算，其直接经济损失占国民生产总值的 2％，有的大城市甚至可能达到所在城市国民生产总值的 10％左右。而交通事故率居高不下所致的损失更是惊人，交通事故的代价占 GDP 的 1.5％～2％，北京近年来的交通事故死亡人数每年一直在 500 人左右，万车交通事故死亡率为 6 人，而日本东京为 1.9 人，美国和澳大利亚为 2.6 人。交通噪声污染的代价占 GDP 的 0.3％，汽车空气污染的代价约占 GDP 的 0.4％，转移到其他地区的汽车空气污染的代价占 GDP 的 1％～10％。

3. 城市"内涝"

2012 年 7 月 21 日至 22 日 8 时左右，我国大部分地区遭遇暴雨，其中北京及其周边地区遭遇 61 年来最强暴雨及洪涝灾害。截至 8 月 6 日，北京已有 79 人因此次暴雨死亡。暴雨造成房屋倒塌 10 660 间，160.2 万人受灾，经济损失达 116.4 亿元。暴雨导致北京市内城区发生内涝灾害，公路、铁路、民航等交通方式均受到不同程度的影响，京港澳高速公路多处严重积水、车辆被淹，最深积水处深达 6 米，且至少 3 人遇难，在建的北京地铁 6 号线金台路站局部发生坍塌。2011 年初夏，南北方数省（自治区、直辖市）遭遇强降雨，广州、长沙、武汉、杭州、南昌、北京、成都等城市因暴雨接连发生严重内涝，以往鲜亮的城市在瞬间变成"水城"，频频发生的城市内涝，不仅严重影响人们的正常工作和生活，也造成了巨额的经济损失。譬如，广州的一场暴雨就使数以千计的家庭轿车熄火，某小区地下车库有上百辆豪华轿车被淹，损失数亿元。与此同时，数以千计的企业被迫停产停工。暴雨下的城市内涝暴露了一些看似"现代化"的城市在城市排水系统的规划设计、建设管理等方面的严重滞后，城市像摊大饼式地越扩越大，而城市"内核"却越来越空。在看起来坚硬强大、富丽堂皇的城市外表下，几场大雨暴露出了城市地下排水系统的脆弱不堪。

只追求短期效益和政绩，让城市发展方式走向"畸形"。反观国外城市基础设施建设的经验，值得我们借鉴。法国巴黎地下排水系统长达 2347 千米，规模超过巴黎地铁。下水道拥有通畅的排气系统和充足的空气，两旁有宽约 1 米供检修人员通行的便道，被地方市政当局作为旅游景点供游客参观，可防百年一遇的暴雨。德国汉堡有容量很大的地下调蓄库，洪水期既保证排水通畅，又实现了雨水的合理利用。

4. 城市地面塌陷及"拉链马路"

近年来"地陷""天坑"已经不仅仅常现于地质情况复杂的山区或工矿区，还越来越多地在中国的大城市出现，包括北京在内的中国多个城市连发地面塌陷事件。2012 年 8 月 14 日，哈尔滨市南岗区一处路面发生塌陷，塌陷区域为 6～7 平方米，造成 4 人坠坑，其中 2 人死亡。2012 年 8 月 12 日，北京市百万庄大街与车公庄南街交叉路口附近出现一处地面塌陷，路政部门及时采取修复措施，未造成严重影响。然而，从 7 月底至 8 月初，北京的木樨地、扣钟胡同、双井、望京、崇文门、西单、三元桥、亚运村、百万庄、联想桥等地接连发生地面塌陷事件。其中，7 月 28 日一天内，北京城区就出现 3 处地面塌陷，而且不少地区在短时间内反复出现塌陷。近半年来，上海、合肥、南宁、长沙等地也接连出现地面塌陷事件。在多期地面塌陷事件中，有些是极端天气现象造成的，但仍存在人为因素，如地下水的超采、城市建设的前期规划和后期管理问题。据调查，北京及 2012 年 8 月 14 日哈尔滨的事故均是由地下管破裂所致。中国社会科学院城市发展与环境研究所副研究员单菁菁认为由于道路建设缺乏统一的规划管理，相关部门各自为政，经常遭遇"开肠破肚"的"拉链马路"直接导致地面塌陷，道路被挖了填、填了挖，泥土回填不达标，遇到大雨出现空洞，则造成塌陷。

5. 城市短命与高耗能建筑

近年来，我国城市的快速扩张采取的是外延型、粗放型模式，依靠投资驱动和资源拉动，反映在以下几个方面。首先，城市建筑节能意识差，玻璃幕墙从 1984 年在国内首次使用至今，我国已有 2 亿平方米，占全世界的 85%，成为世界第一玻璃幕墙生产和使用大国。玻璃幕墙在改变城市景观的同时，其建筑能耗是普通建筑的 4 倍。一般建筑的窗与墙的单位能耗比例为 6：1，而"玻璃"建筑由于大面积采用玻璃幕墙，从而出现了"冬寒夏热"的现象。多数摩天大楼不得不加大功率，开放空调以调节室温。2000～2010 年的 10 年，是中国高能耗、高污染、资源性行业产能扩张最快的 10 年。这 10 年也正是中国城市改造、城市扩张及房地产市场发展最快的 10 年。其次，频繁无序的拆迁产生了很多短命建筑，造成资源浪费。按国家《民用建筑设计通则》的规定，重要建筑和高层建筑主体结构的耐久年限为 100 年，一般性建筑为 50～100 年。我国是世界上每年新建建筑量最大的国家，每年新建面积达 20 亿平方米，建筑的平均寿命仅 25～30 年。《中国青年报》的一项调查显示，85.8% 的人表示自己所在城市有过"短命"建筑。据统计，2002 年我国城镇共拆迁房屋 1.2 亿平方米，相当于当年商品房竣工面积（3.2 亿平方米）的 37.5%；2003 年我国城镇共拆迁房屋 1.61 亿平方米，同比增长 34.2%，相当于当年商品房竣工面积（3.9 亿平方米）的 41.3%。许多建筑并非因质量问题而拆除，在商业利益和 GDP 至上的背后，反映出我国城市缺乏成熟、谨慎的城建规划和保护意识（刘荣增，2012）。

三、城市增长管理的提出及实践

鉴于对蔓延式城市化道路所引发的种种问题的反思，城市增长管理作为一种政策响应，20世纪后半叶在美国出现和应用。关于"增长管理"的概念迄今并无统一定义，有人认为它是"泛指用于引导增长与发展的各种政策和法规，包括从积极鼓励增长到限制甚至阻止增长的所有政策和法规"。美国城市土地协会1975年对增长管理的定义为："政府运用各种传统与演进的技术、工具、计划及活动，对地方的土地使用模式，包括发展的方式、区位、速度和性质等进行有目的的引导。"而B. Chinitz认为增长管理不同于单纯的增长控制，"增长管理是积极的、能动的……旨在保持发展与保护之间、各种形式的开发与基础设施同步配套之间、增长所产生的公共服务需求与满足这些需求的财政供给之间，以及进步与供给之间的动态平衡"。D. R. Porte则将增长管理概括为"一种动态过程，在此过程中，政府预测社区的发展并设法平衡土地利用中的矛盾、协调地方与区域的利益，以适应社区的发展"。其表达了增长管理的几个特征：①它是一种引导私人开发过程的公共的、政府的行为；②它是一种动态的过程，而不仅仅是编制规划和后续的行动计划；③它预测并适应发展而不仅仅是限制发展；④它能提供某种机会和程序来决定如何在相互冲突的发展目标之间取得适当的平衡；⑤它必须确保地方的发展目标，同时兼顾地方与区域之间的利益平衡。

在实践层面，美国俄勒冈州首先开始增长管理实践的尝试，提出了广泛的公众参与和规划协作、农林地保护、城镇合理增长、自然资源保护、公共设施保护、改善大气和水质量等19个规划目标；加拿大海港城市萨默赛德提出增长管理的目的是平衡市场力和公共利益之间的矛盾，塑造经济上有效、具备建筑美学、环境优美的城市。韩国实施增长管理的目的是重新安排增长和开发，最小化对环境、社会和财政的负面影响。从实践来看，增长管理主要关注三个主题：已有基础设施的城市化地区的复兴和再开发；城市边缘自然环境的保护；充分维护社会公平，改善城市生活质量。其目标包括：保护公共产品，如空气、水和重要的土地景观；最小化负外部性，最大化土地利用的积极作用；减少开发的财政支出；最大化社会公平，包括就业、住房、服务和休闲等；提高生活质量。

四、城市增长中资源环境约束研究梳理

1. 相关理论回顾

城市增长源于农村劳动力的转移，对于农村剩余劳动力早期最为系统、最有

价值的理论为"二元结构理论"。按照是否承认发展中国家存在劳动力无限供给，可划分为古典二元城市理论和新古典二元城市理论，古典二元城市理论的代表人物有阿瑟·刘易斯（Lewis，1954）、古斯塔夫·拉尼斯和约翰·费景汉（1961）、迈克尔·托达罗（Todaro，1969）、戴尔·乔根森（Jorgenson，1961）、迪克西特（Dixit and Stiglitz，1977）等，刘易斯1954年的论文《无限劳动供给下的经济发展》中指出发展中国家资本稀缺、土地有限会成为传统农业的约束因子；相反，人口快速增长会导致农业劳动力剩余，从而为工业提供无限的劳动供给。新古典二元城市理论的代表人物是乔根森和迪克西特，乔根森等抛弃了古典二元城市理论中"农村边际产品为零，剩余劳动力工资不变"的假定。转而从农业发展与人口增长角度研究二元经济结构，也考虑到技术和贸易的作用。但二元结构理论只是把土地作为一种基本生产要素，没有涉及自然资源耗竭的内容，也没有考虑资源环境对城市化的约束作用，更未涉及环境保护范畴。

早期关于城市经济增长研究的城市经济基础模型把需求作为城市经济的动因（周伟林和严冀，2004），之后的城市新古典模型从投入或供给角度研究城市经济增长，考虑了土地、资本、劳动三要素，但受新古典经济学的影响，将稀缺资源作为一个既定前提，持乐观的自然资源可替代观，认为科技、市场机制、对外贸易可以克服资源的稀缺困难，核算城市经济增长时，没有将自然资源考虑进去。

新古典城市理论立足于规模效应和聚集效应研究城市经济，约翰·杜能、阿尔弗雷德·韦伯、沃尔特·克里斯塔勒、奥古斯特·勒施、贝蒂俄林等创立了区位理论，用聚集效应来解释城市空间的扩张。区位理论从不同角度、根据不同经济客体分析相关要素对农业、工业、城市中心的影响。区位理论立足于生产成本，分析了资源的比较优势，将资源视为城市发展的基础。但其仍未将资源消耗和环境保护专门纳入城市发展研究中，更多是注重城市空间扩张的特征及其演变。此后，以克鲁格曼（Krugman，1991）为代表的新经济地理学派将规模报酬递增和不完全竞争引入城市研究中，将土地租金纳入研究，建立了城市空间均衡模型。杨小凯和张永生（2003）和赖斯通过建立城市化一般均衡模型，说明分工的正网络效应与集中交易提高效率之间的交互作用促使城市产生。值得提到的是，新古典城市理论承认城市发展中面临土地存量的约束，但其认为在市场作用下会最终形成合理的城乡布局，故其仍然将土地有限视为外生因素，缺乏对资源环境的深入研究。

20世纪80年代中后期，保罗·罗默（Romer）、罗伯特·卢卡斯（Lucas）、吉恩·格罗斯曼（Grossman）等的内生增长理论用于城市增长研究中，研究了技术扩散、知识外溢、人力资本在城市经济增长中的作用。此后，Black 和 Henderson（1999）建立了城市增长理论模型，研究表明人力资本增长潜能决定城市增长潜能，城市制度能够内生化地方知识溢出而促进城市的有效增长。但传统的内生城市增长理论仍没有包括资源、环境因素，直到 20 世纪 90 年代，资源与环境约束逐渐被纳入内生增长理论分析中，Bovenberg 和 Smulders 修正了 Romer 的模型，把环境作为生产的一个要素。Ligthhard 和 van der Ploeg、Gradus 和 Smulders、Stokey 通过扩展 Barro 的 AK 模型分析了环境污染与经济持续增长问题。

围绕资源环境因素进行的城市增长与扩张研究可以划分为增长阻尼（也称资源尾效、增长尾效）和资源诅咒两个方向。一部分学者基于环境恶化、资源紧缺研究城市可持续增长问题；另一部分学者基于 20 世纪 70 年代以来，自然资源丰裕的国家或地区经济停滞，探索其生成与传导机制。

城市增长理论中的资源环境观见表 4-3。

表 4-3 城市增长理论中的资源环境观

项目	城市增长理论		资源环境观	资源环境要素
古典城市增长理论	古典二元经济结构理论		虚无观	—
	新古典二元经济结构理论		虚无观	—
	传统城市增长理论	经济基础模型	虚无观	—
		新古典城市增长模型	资源替代观	自然资源
新古典城市增长理论	新古典区位理论		基础观	自然资源
	新经济地理理论		受资源约束	土地
内生城市增长理论			受双重约束"资源尾效"与"资源诅咒"	自然资源、环境污染

资料来源：刘耀彬.资源环境约束下的适宜城市化进程测度理论与实证研究.北京：社会科学文献出版社，2011

2. 经验与实证分析

城市增长通过土地的利用、自然资源的开采与耗竭、城市垃圾及废物的处理影响资源环境，资源环境也对城市增长形成反馈、约束作用。资源环境对城市增长约束作用的经验及实证研究集中在土地资源、水资源、能源资源、生态环境容量等的约束方面。

土地资源对城市增长的约束相对明显，刘宁（2005）认为，新中国成立后的 20 多年土地尚未形成对工业化、城市化的约束，改革开放后，土地的约束作用逐步凸现。杨星等（2006）立足于区域城市增长，认为广东省在城市化过程中大量的农业用地、自然植被、水域转化为城市用地，土地资源匮乏与城市发展之间形成尖锐的矛盾。杨杨（2008）采用计量经济学方法和空间关联分析阐释了我国土地资源的增长阻尼。

水资源约束常会成为城市发展的瓶颈，限制城市发展模式。Ruth 和 Appasamy（2001）认为，城市人口的过分集聚使有限的水资源供给不足，分析了水资源的不同利用方式产生的经济效益，进而分析其对城市发展的限制作用。董林等将水资源对城市可持续发展的约束分为功能性约束、生态性约束、经济性约束及制度性约束，水资源的约束作用随着世界快速城市化进程不断增强。李雪铭和张婧丽（2007）以大连市为研究对象，从城市生活用水量需求和城市供水不足方面揭示了水资源供给对城市发展的限制作用越来越强。

能源是经济和社会发展的物质基础，是城市发展的前提。刘耀彬（2007）指出，作为工业主要原料的矿产和能源是城市第二产业发展的物质基础，尽管城市经济所具有的开放性特征使产业的发展不受区域内资源的限制，但产品的成本仍不可避免地受区位资源总量的制约。方创琳等（2008）的研究表明能源在区位、产业结构、城市职能、城市规模等方面制约城市的发展。

城市的发展需要良好的生态环境系统支撑和保障，部分学者以生长曲线和生态系统演替规律作为切入点描述生态环境对城市发展的约束机理，王如松认为在生态环境约束下城市增长呈组合 S 形，经历开拓环境时的缓慢增长、适应环境时的快速增长、受瓶颈限制而接近饱和。黄金川和方创琳（2003）的研究指出，生态环境对城市的约束表现在降低居住环境的舒适度、降低投资环境的竞争力、降低生态环境要素的支撑能力、降低经济增速、通过灾害性事件影响城市化等方面。乔标等（2005）认为城市化与生态环境之间是交互磨合作用，城市化通过环境污染和生态破坏对生态环境形成胁迫作用，生态环境则通过污染负荷和生态威胁对城市发展产生束缚作用。方创琳在城市驱动力与制动力转化效应研究中发现，在城市发展初期、加速期、成熟期三个不同阶段，生态环境对城市的驱动力渐弱，制动力则渐强。也有学者从系统协调度出发，通过建立指标体系评价生态环境约束城市发展的模式，判别两者的协调关系。例如，刘耀彬等（2005a）基于耗散结构理论建立了生态环境与城市发展的五种耦合模式，判断城市化与生态环境之间的协调度；相震（2006）建立了城市环境复合承载力模型，基于协调度公式计算资源环境与人口、经济的协调发展度。

3. 资源尾效与资源诅咒

城市发展直接或间接依赖于自然资源供给能力的维持和提高，受到资源的限制，这种资源限制使城市发展缓慢的现象被学术界称为城市发展中资源消耗的"尾效"。"尾效"即"growth drag"，由 Romer 在 1996 年首次提出，我国学者王根蓓译为"增长阻尼"，薛俊波等（2004）、谢书玲等（2005）将其译为"增长尾效"，薛俊波将其定义为"有资源限制下经济增速比没有资源限制下的增长速度降低的程度"，谢书玲将其定义为"由于资源的有限性使消耗的资源所产生的滞后效果或在当前没有完全发挥作用"。尽管定义不完全一致，但其实质是资源数量不足或质量不高而对发展产生的约束和限制，此后，学者纷纷建立模型分析了资源环境的增长阻尼（杨杨等，2007；雷鸣等，2007；崔云，2007）。

根据经济学供需基本原理，城市增长过程中的资源约束除了供给数量不足、质量不高、开发难度大而引起的"尾效"外，还包括资源禀赋优越，即"资源过剩"引起的"资源诅咒"。当前，自然资源对城市增长积极作用的论证和研究占据主要地位，较少学者研究"资源诅咒"，即二者的负相关关系。李少星和颜培霞（2007）开拓性地研究了城市增长与自然资源间的负相关性，在单体区域和多个区域验证了资源禀赋在区域城市化过程中的"资源诅咒"假说，通过建立省际层面的计量模型进行检验，得出"资源诅咒"效应在一定程度上存在的结论。

第二节　城市增长中资源环境的约束效应、路径及机理

一、资源环境约束城市增长的内涵

约束理论（theory of constraints，TOC）是 20 世纪 80 年代由以色列物理学家、企业管理学家埃利亚胡·高德拉特（Goldratt）所提出的，该理论认为系统中的事物都不是孤立存在的，限制系统或企业实现目标的因素并不是系统的全部资源，而通常只是个别资源，也称之为"瓶颈"，因此，要提高绩效，就需要找出制约系统的关键因素加以解决，从而打破约束。根据约束理论，任何系统都存在一个或多个约束，否则，系统的产出应该是无限增长的。现实中难以找到无限增长的系统，城市增长也不例外，受到资源环境的约束。正如上文所提，国内外大部分学者将资源环境对城市增长的约束归因于资源稀缺，即资源供给难以满足城市扩张的需要。但根据经济学的基本原理，供给不足和过剩都会导致效率的低下，因此，本书认为，产生约束源于事物在数量上的"不足"和"过剩"两种状态。资源环境对城市经济增长、空间扩张的约束也体现为"缺一不可"和"过犹不及"。所以，资源环境约束是指，在城市经济社会发展、空间扩张过程中，由于资源的供给不足、质量不高、开发利用难度大及资源禀赋优越、过剩所引起的资源供不应求和供给过剩，从而制约城市发展的过程。即资源环境对城市增长的约束有两种：由于资源有限而减缓城市增长的"资源尾效"和由于资源过丰而减缓城市增长的"资源诅咒"（图 4-1）。

供给不足和过剩作为城市发展的两种约束形式，其实质和产生原因却有着显

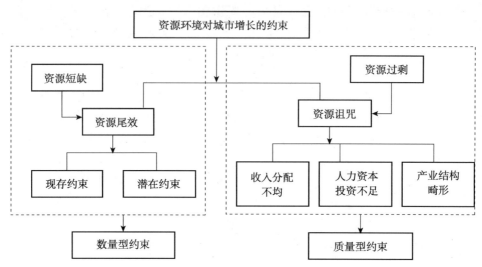

图 4-1　资源环境约束城市增长的框架

著差异。前者源于城市化、工业化进程的加快，以及消费结构的升级、需求增加，资源供应不及时、不持续、不经济等，在短期内影响着城市增长的规模和速度，称之为数量型约束，长期可以通过寻求替代品和增加资源供给量缓解。后者是由于资源丰饶形成对城市发展要素的吸引和控制，从而制约了城市的发展，称之为质量型约束，此类地区通常短期城市增长较快，长期可能停滞甚至后退，主要表现为收入分配不均、人力资本投资不足、产业结构畸形或低端锁定及升级不畅。

二、资源环境约束城市增长的理论基础

1. 木桶理论下的阈值约束

木桶理论通俗的解释是水桶能盛水的量取决于最短的木板，而不是最长的，即"短板效应"。根据研究的需要，除"短板效应"外，还可以分为"高板效应"和"疏板效应"。如果木桶中有一块最长的板，但容的水却达不到这块板的高度，即个体最优达不到整体最优，称之为"高板效应"；如果木桶每块板的高度相同，但是相互粘贴不紧，出现缝隙，木桶就会漏水，最终使体积减小，称之为"疏板效应"。用于资源环境与城市增长的研究中，尽管资源开发迅猛，但经济基础等其他因素使城市增长不能与资源开发同步，则产生了"高板效应"。如果资源环境严重短缺从而影响城市增长的进程，则产生"短板效应"。如果有限的资源在生产中分配不合理影响城市增长，则属于"疏板效应"。当前，资源诅咒的高板效应和资源短缺的短板效应已成为城市增长中关键的约束力量。

2. 爬坡理论下的阻力约束

参考学者金东海和秦文利（2004）对城市内外的重力系统的分析，引用物理学中的概念，建立资源与城市增长间的"爬坡理论"。城市发展受自身人口、经济等重力 G 外，还受资源环境对其的支撑力 N，在城市前进的方向上受到驱动力 F 和阻力 f 的影响。驱动力 F 可以认为是城市需求拉力和外界对城市要素供给推力的合力；阻力 f 指城市系统与资源环境之间的摩擦力。阻力约束即所谓的"资源尾效"，如图 4-2 所示。

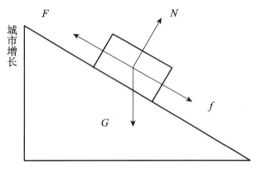

图 4-2　爬坡模型

3. 劳动力流动理论与效率约束

哈里斯·托达罗的人口流动理论认为，发展中国家的二元经济结构及由其决定的城乡收入差距大的状态，导致农村人口向城市大量流动，会提高城市的失业率。随着我国城乡户籍、土地等制度性壁垒的消除，农村人口转移就业会进一步加剧，城市化会加速推进，必然导致城市土地、矿产、水等一系列资源开采和利用的加剧，巨大的人口带来巨大的资源消耗，城市的发展能力受到限制。

4. 生态理论与容量约束

自 20 世纪 70 年代开始，国内学者开始研究城市生态环境、城市经济与环境协调、生态城市和健康城市等内容，形成了城市发展的生态理论（刘耀彬等，2005b）。城市化水平的提高和城市规模的扩大离不开生态环境的支撑，一定限度内，环境对外部影响有一定的缓冲作用，环境的这种消除外部影响的能力被称作环境容量。城市环境能够为市民提供必不可少的自然资源，为市民带来舒适性环境的精神享受，消纳和同化人类活动产生的废物和废能量，但当环境容量超出极限后，其约束作用则开始显现，产生资源环境容量约束力。

5. 系统理论下的"源—渠—汇"约束

系统观将资源环境与城市的相互作用看成城市区域复合系统，该城市复合系统由人口、资源、环境、经济、社会、科技、管理调控七个子系统组成，其结构关系可以划分为以人为核心的四个圈层（图 4-3）。第一圈层是城市系统核心圈，由人的价值观、人的管理调控和人的素质决定的科技、管理水平构成。第二圈层是中心圈，即城市社会经济系统，由城市经济子系统和城市社会子系统组成，经济系统运行包括生产、交换、分配、消费四个环节。社会系统则包括住房、医疗、卫生、法律、教育等非经济因素。第三圈层是内部支撑圈，由城市内部资源环境构成，是城市发展的物质基础圈层。第四圈层是外部支持圈，由城市以外的资源环境所构成，边界模糊，包括源、渠、汇，是城市区域复合系统的外部支持系统。"源"起着孕育、支持城市生态系统的作用，功能是向城市提供物质、能量、信息、人才、资金等；"汇"起着净化城市生态系统的作用，功能是吸收、消化、降解城市系统的副产品及废物；"渠"在源、汇和城市生态系统之间起输导、运输作用，输入物质、能量、信息，输出产品和代谢废物。资源环境对城市的约束主要表现在源—汇—渠的形成。

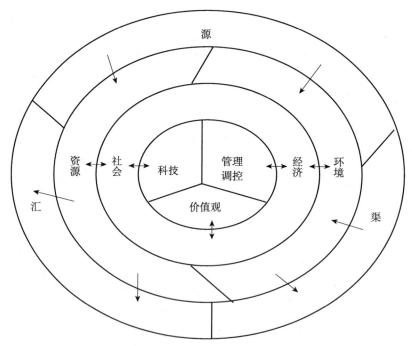

图 4-3　资源环境约束下城市增长的源、汇、渠

　　资源环境约束力的影响因素主要涉及资源系统、生态系统与城市系统间的相互作用与反馈，相同或不同层次的因素间直接或间接的作用影响资源环境的供给与需求，从而影响资源环境系统与城市系统（或称作城市经济系统）间的摩擦系数，形成资源、环境、城市间的作用与反馈（图 4-4）。

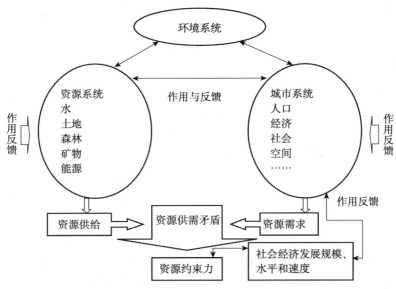

图 4-4　资源、环境、城市系统间的作用与反馈

三、资源环境对城市增长的约束效应

1. 城市增长的物理环境效应

城市增长过程中，工业活动使城市的声音、光、热、辐射引起城市-区域环境结构和功能的变化及生态环境变异，称为物理环境效应，包括城市热岛效应、雾岛效应、噪声污染效应、放射性污染效应、无线电电磁环境效应。

1）热岛效应和混浊岛效应

城市热岛效应是城市建筑物及人们的活动导致的热量在城区空间范围相对聚集的现象与作用。据统计，城市热岛区域内，环境大气温度比外温高 1～5℃，最高达 10℃，地面辐射减少 15%～20%，风速降低 10%～30%。美国城市的热岛效应以每 10 年增加 0.14～0.55℃ 加剧。北京城区气温比郊区高 1～2℃，晴天微风时温差达 4～5℃，且冬季的城郊气温差值比夏季大，分别以每年 0.026℃ 和 0.029℃ 的速率递增，热岛效应造成冬季冷期缩短和夏季炎热期延长。除热岛效应外，还存在混浊岛效应，城市中人口密度大，工厂、汽车排出的烟尘使空气中尘土飞扬、烟雾弥漫，透明度下降。

2）噪声污染效应

随着城市化、交通运输和娱乐事业的快速发展，噪声扰民的现象突出，据全国 44 个国控网络城市监测，全国 2/3 以上的城市居民生活在噪声超标的环境中。区域噪声声效等级分布在 51.5～65.8 分贝，其中洛阳、大同、开封、海口、兰州 5 座城市的噪声平均声效等级超过 60 分贝。刘砚华等（2005）对我国城市噪声的统计研究显示，全国 352 个城市中，城市区域声环境质量属于好、较好、轻度污染、中度污染、重度污染的城市分别为 13 个、178 个、150 个、9 个、2 个，可见城市区域噪声污染严重。

3）大气污染效应

城市增长对大气环境最典型的影响表现在：①温室气体现象，北美洲的二氧化碳总量中有 40%来自 50 个大都市地区；②酸雨现象，20 世纪 50 年代以前，世界上降水的 pH 一般都大于 5，少数工业区曾降酸雨，20 世纪 60 年代后，随着工业的发展和矿物燃料的消耗，世界上一些工业发达地区降水的 pH 降到 5 以下；③悬浮颗粒增多；④火电站、核电站向大气、水域中放热带来的热污染。

4）水污染效应

尽管采取了严格的污染控制措施，但城市工业污水中的多氯联苯、二恶英等有机氯及汞、铅、铬、铜等还是给水体带来重金属超标的环境问题，从全球范围看，发展中国家的工业污水是城市水体的主要威胁。相对于工业污水，含有大量的氮、磷的生活污水未经处理就直接排放，从而导致水体富营养化。城市化速度的加快使我国水污染问题日趋严重，据环境部门统计，全国城镇每天至少有 1 亿吨污水未经处理直接排入水体。全国七大水系中有一半以上河段的水质受到污染，全国 1/3 的水体不适合鱼类生存，1/4 的水体不适合灌溉，90%的城市水域污染严重，50%的城镇水源不符合饮用水标准，40%的水源已不能饮用，南方城市总缺水量的 60%～70%是由水污染造成的。

5）城市固体废弃物污染效应

城市废弃物的不予处理和不当处理都会造成环境污染，在我国很多城市只收集到 30%～50%工业废弃物和生活废弃物，其余的或被焚烧，或直接倾倒在未加管制的垃圾填埋厂，从而导致地表水、地下水污染。许多城市把生活垃圾和工业废弃物一起处理，未经处理的工业有毒固体废弃物导致土壤和水体的重金属污染。垃圾填埋场建设不合格、管理不善同样会使地表水和地下水受到地表径流和沥滤液的污染。

2. 城市增长的生物效应

1）改变局部小生境

城市地区的生境多种多样，包括金融商业区、工业区、文教区、居民区、农业区、文化游览区、公园等不同性质的生态环境，其中也不乏污染物堆积场、材料存放地等卫生恶劣的死角。

2）植被破坏与逆向自然演替

城市建设过程中，植物种类的单一化趋势明显，一方面，城市绿地面积本身不多，保留的原生植被则更少；另一方面，城市中的植物种类大多是经过选择而保留和种植的，大多是按照执行人的喜好和构想来设计和演化的。

3）改变动物种群与导致物种灭绝

城市环境的空间异质性、时间异质性与城市野生动物优势种群的改变关系密切。例如，东京地下铁道兴建前，住宅地区熊鼠占压倒性优势，占鼠类总数的90％，地下铁道兴建后，原来作为劣势种的沟鼠开始大量繁殖，不断排挤熊鼠。此外，城市野生物种的数量与人造物种呈负相关关系。

3. 城市增长的地学效应

地学效应指人类活动对自然环境尤其是地表环境，包括土壤、地质、水文所造成的影响。

1）土壤污染效应

城市对土壤造成污染的主要途径有：城市污水的排放和灌溉；工矿企业废渣、废水的排放和渗漏；大气污染的沉降；固体垃圾和废弃物的任意堆放。土壤污染对植物、人体健康、生态环境和建筑基地都产生影响：影响植物的生长发育，甚至导致遗传变异；通过农作物、地表水、地下水间接危害人体健康；通过向环境输出物质和能量，降低整个资源环境的质量；土壤结构破坏引起建筑物地基变形。

2）地面沉降和塌陷效应

城市地下水开采量大、开采层位缺乏科学规划与管理，导致一些城市出现地下水水位下降、水资源枯竭、地面沉降和塌陷问题，而地面沉降引起城市内涝、地裂、地面建筑物开裂及倾斜、地下管线工程被破坏等地质环境问题。目前，我国有50多个城市发生了地面沉降，形成了以长三角地区和黄淮海平原地区为中心的两大沉降区域。华北地区地面沉降导致地面开裂、房屋倒塌、下水道排水不畅、水质恶化等；长三角地区地面沉降造成"苏锡常"出现地面裂缝、房屋及其他建筑物受损、部分地区桥梁下沉而使内河航运受阻。

4. 城市增长的资源消耗效应

资源消耗效应指城市发展过程中对水资源、土地资源、矿产资源的消耗作用及程度。在水资源消耗上，亚洲地区最近40年人均水资源拥有量减少60％，21世纪以来，取水量增加5倍，增长速度相当于同期人口增长速度的2倍。在土地资源消耗上，城市扩张不可逆转地侵占了良田、林地、水域和湿地，我国城市化占用耕地资源的现象更加突出，使我国成为近20年全球最为突出的地区。在矿产资源消耗上，我国目前处于矿产资源消耗增长最快的时期，许多矿产资源的消费已超过国民经济发展速度，矿产资源的供需矛盾日益尖锐。

四、资源环境约束城市增长的因素

1. 基本自然条件的约束

1）地理位置对城市的约束

城市地理位置的特殊性决定了城市的职能和规模,大同、金川等矿业城市必然临近大的矿体;武汉、上海、青岛、天津等贸易港口城市必定濒临江河湖海,城市的腹地决定了其发展能达到的高度。

2）地形要素对城市的约束

区域地形条件与城市分布密切相关（许学强等,1996）。据研究,截至 1981年,在世界 197 个百万人口以上的大城市中,80% 以上分布在海拔不足 200 米的滨海、滨湖或沿河地带,其中又以海拔 100 米以下居多。北京大学周一星教授将我国的城市按其所在区域地形分为滨海平原、三角洲平原、平原中腹、山前洪积冲积扇平原、平原与低山邻接地带、低山丘陵区的河谷、高平原、高原山间盆地或谷地、中间谷地、高山谷地 10 类。统计结果显示平原地区城市较多,其次是两种地形的过渡地带,临水也是普遍要求。

3）起伏度对城市发展的约束

中国科学院可持续发展研究小组设计的以"高度—成本递增率"为中心的框架,说明了地表起伏度对我国城市发展的硬约束。研究表明,在我国,海拔越高,城市建设成本越高,平均每增加 100 米的海拔高度,区域发展成本的平均递增率为 2.2%～2.4%（表 4-4）。

表 4-4　海拔高度与城市发展成本对照标准

海拔高度/米	发展成本递增率/%
<1000 米	0.0～1.0
1000～2000 米	1.0～1.5
2000～3000 米	1.5～2.2
3000～4000 米	2.2～3.0
4000～5000 米	3.0～4.0

2. 气候要素的约束

气候是资源环境的基础性要素,对人口流动、城市形成也有重要的制约作用。世界城市特别是特大城市主要分布在气候适中的中纬度地带。据统计,世界百万人口城市的平均纬度有在中纬度范围内向低纬度方向缓慢移动的趋势,在20 世纪 20 年代初是 44°30′,在 50 年代初是 36°20′,在 70 年代初是 34°50′。20世纪 80 年代,全球百万人口以上城市中,90% 在北半球,这些城市中 78% 所在纬度为 60°N～25°N。在低纬度的大城市有两种区位类型:海拔较高的气候凉爽的高原和山间盆地，如基多；能够接受海洋调节的地区，如新加坡、雅加达。大多数城市的分布都要求有适宜的气温和降水，此外，风向还会影响城市内部空间结构，规定污染和人居的方位。

3. 资源的约束

1）水资源的约束

水是影响城市规模和布局的最重要因子之一，不仅影响城市的生产方式和产业规模，还直接影响市民的身体健康和生活质量。在城市形成阶段，河流是城市存在的生命线。在古代，河流为城市提供固定的水源和肥沃的土地；在近代，河流除提供水源外，还成为城市物资重要的运输渠道；在现代，河流发挥着更加重要的功能，成为城市的水源、动力源、污染净化源。而干旱半干旱地区城市与水源的关系则更为紧密，学者张小雷研究认为水是塔里木盆地城镇地域演化最直接、最根本的动力；方创琳以河西走廊为例，认为水资源是西北地区城市的先决约束条件。

2）土地资源的约束

城市化、城市扩张必然挤占耕地，1978～2008 年的 30 年间，全国城市化率从 17.9％提高到 45.7％，年均提高 0.9 个百分点，相应的城市数量由 192 座增加到 660 座。与此同时，耕地资源急剧减少，1990～2000 年的 10 年间耕地面积年均减少 46.66 万～53.33 万公顷。此外，工农业污染使土地减少的同时土质下降，据统计，目前受工业污染的耕地有 600 万公顷，全国受镉污染的土地有 1.33 万公顷，受汞污染的土地有 6.67 万公顷，受农药污染的土地有 134 万公顷，土地面积的减少和土质的下降将成为城市发展的严重制约。

3）矿产资源的约束

矿产资源、能源是工业化的基础，是第二产业发展的基础。随着物流业的发展，城市经济所具有的开放性特征使城市产业不受区域内资源的限制，但资源的分布仍然会影响产品的成本和数量。工业革命以来，产业化进程的加快对矿产资源的需求日益增加，同时开采条件恶化，资源开发技术的进步也难以消除矿产资源日益短缺的现状。我国已发现的矿产中，虽然总储量仅次于美国，但人均占有量仅为世界人均占有量的一半。随着我国一大批矿业、工业城市的涌现，资源流量与经济总量及城市建设之间的矛盾越来越突出，近年来，资源约束已经从流量约束逼近存量约束，成为城市发展的又一关键制约。

4. 环境的约束

由于大气、土地、水等环境要素对污染物有一定的吸纳、净化能力，在一定容量范围内不会破坏平衡，造成污染，但超过容量限度就会产生环境问题。环境容量正是描述自然环境对污染物的承受量和负荷量的。资源环境与城市发展的地球化学循环如图 4-5 所示。

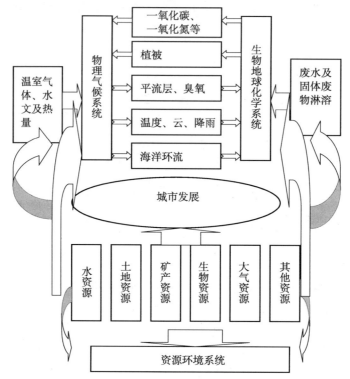

图 4-5　资源环境与城市发展的地球化学循环

五、资源环境约束下城市增长的路径

本书借鉴国内外学者针对资源环境约束城市增长进行的实证研究（岳利萍，2007；陈波翀和郝寿义，2005），提取其共同点，假设城市扩张路径符合 C-D 函数形式。

$$F\left[R\left(t\right),E\left(t\right)\right]=AR\left(t\right)^{\alpha}E\left(t\right)^{\beta} \tag{4-1}$$

式中，A、α、β、t 均为大于 0 的常数，$\alpha+\beta=1$，A 表示技术进步，α 为资源在城市扩张过程中的作用，β 为经济发展在城市扩张中的作用，t 为时间，$R\left(t\right)$ 为人均资源占有量，$E\left(t\right)$ 为人均经济发展水平，$F\left[R\left(t\right),E\left(t\right)\right]$ 为不同的资源、经济发展组合下的城市扩张路径。

城市扩张过程中，经济的发展往往以资源的消耗为代价，故资源环境与经济发展之间存在替代关系，表现为经济学中的"预算约束"，即

$$R\left(t\right)=-aE\left(t\right)+b \tag{4-2}$$

某一时刻城市增长程度受到经济发展与资源环境的预算约束，在图 4-6 中为曲线（城市增长程度）与直线（预算约束）相切处。联立式（4-1）和式（4-2），构建拉格朗日函数，得

$$\frac{\alpha}{\beta} = \frac{aE\ (t)}{R\ (t)} \tag{4-3}$$

则资源环境约束下城市增长方程为

$$R\ (t)\ =\ ^{\alpha+\beta-1}\sqrt{\frac{\lambda a^{\alpha}\beta^{\alpha-1}}{A\alpha}} \tag{4-4}$$

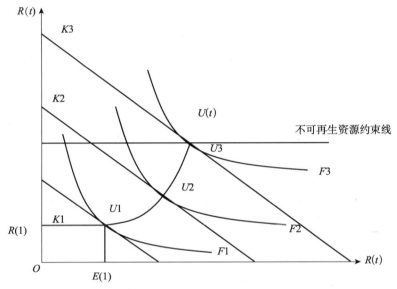

图 4-6　有限资源供给条件下的城市扩张路径

1. 有限资源供给下的城市扩张路径

根据所建立的模型，资源投入和经济发展水平决定城市扩张的水平，一定比例的资源投入和经济投入会有一个对应的城市扩张的规模与水平，连接每个城市扩张的规模与水平就得到城市扩张的路径。如图 4-6 中，人均资源占有量与人均经济收入预算约束线为 K1，城市扩张水平为 F1 时，两者的切点为 U1；随着资源投入的增加、经济增长，资源与经济约束线扩展到 K2，城市规模达到 F2，两者的切点为 U2，以此类推，然而，资源的供给是有限的，最终会出现耗尽，城市扩张遭遇资源瓶颈，单单增加经济投入不能提高城市增长水平，停在 F3 状态。

2. 无限资源供给条件下的城市扩张路径

资源的无限供给是相对于其他要素而言的，例如，相对于资本和劳动力的供给，资源拥有相对丰富的存量。随着资本、劳动力的供给，在资源无限供给条件

下，城市增长呈现出半抛物线形状，即城市持续扩张，且速度越来越快，城市扩张趋于无限。

无限资源供给条件下的城市扩张可用方程表示为

$$\begin{cases} R(t) = \sqrt[\alpha+\beta-1]{\dfrac{\lambda a^{\alpha}\beta^{\alpha-1}}{A\alpha}} \\ R(t) \to +\infty \\ E(t) \to +\infty \end{cases} \qquad (4\text{-}5)$$

3. 资源级差供给下的城市扩张路径

一定的时间、空间内，任何资源存量都是有限的，随着开发深度和成本的增加，资源稀缺性日益增强。资源级差供给条件下，城市扩张呈现出 S 形，总体向前，初期上升速度较快，后达到拐点，速度渐慢，城市扩张趋于缓慢，如图 4-7 所示。

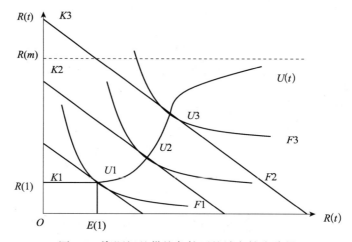

图 4-7　资源级差供给条件下的城市扩张路径

资源级差供给条件下的城市扩张路径可以用方程表示为

$$\begin{cases} R(t) = \sqrt[\alpha+\beta-1]{\dfrac{\lambda a^{\alpha}\beta^{\alpha-1}}{A\alpha}} \\ R(t) < R(m) \\ E(t) \to +\infty \end{cases} \qquad (4\text{-}6)$$

六、资源环境约束下的城市增长模式

如上文所述，城市扩张是两种增长过程的复合：其一是环境容量足够大时，城市内在增长过程，近似于指数增长；其二是资源环境约束下的增长。在资源环境可承载的范围内，城市增长取决于资源可获得的程度 R，随时间呈双曲线递减：

$$P=P_0 e^{r(t-t_0)} \tag{4-7}$$

$$R=-\frac{1}{Jt} \tag{4-8}$$

式中，P 是城市系统发展规模的测度，R 为承载力 K 中可以利用的部分，则其增长速率分别为

$$\alpha=\frac{dP}{dt}=rP \tag{4-9}$$

$$\beta=\frac{dR}{dt}=-JR^2 \tag{4-10}$$

由此，城市增长速率可分解为内禀增长率 α 和资源限制率 β 两部分。假设城市扩张规模 X 与 P、R 成正比，则有

$$\frac{dX}{dt}=\frac{dP}{dt}+\frac{dR}{dt}=rP-JR^2=rX\left(1-\frac{X}{K}\right) \tag{4-11}$$

式（4-11）是经典的 Verhulst Logistic 方程，$J=\dfrac{R}{K}$ 为复合生态参数，与内禀增长率 r 成正比，与资源环境承载力 K 成反比。K 也代表资源环境约束下城市的最高水平，$\max X=K$。资源环境对城市发展速度与过程的影响见 X 和 dX/dt 曲线（图 4-8、表 4-5）。

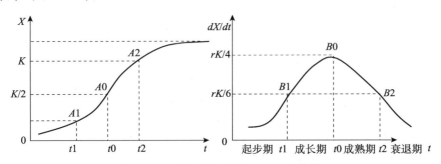

图 4-8 城市扩张过程和发展速度曲线

表 4-5 资源环境约束下的城市增长曲线

t	X	dX/dt	发展时期	进程特征
$[0, t1]$	缓慢上升	上升	起步期	进程缓慢
$t1$	$\dfrac{K}{6}(3-\sqrt{3})$	$rK/6$ 拐点	转折	进程发生变化
$(t1, t0)$	迅速上升	上升	成长期	进程持续
$t0$	$K/2$ 拐点	$rK/4$ 极大	转折	进程持续
$(t0, t2)$	继续上升	下降	成熟期	进程持续
$t2$	$\dfrac{K}{6}(3+\sqrt{3})$	$rK/6$	转折	进程持续
$(t2, +\infty)$	趋于平稳	下降	衰退期	进程稳定

　　利用 Verhulst Logistic 方程二阶导数和三阶导数为零的三个点，可以将城市增长曲线划分为四个阶段，即起步期、成长期、成熟期和衰退期（图 4-8）。起步期，城市扩张速度比较慢，逐渐上升到 $rK/6$；成长期，城市处于迅速发展阶段，速度较快，由 $rK/6$ 上升为 $rK/4$；成熟期发展速度有所下降，但仍然保持着 $dX/dt > rK/6$；完成期，城市规模饱和，发展速度下降趋于零。

　　城市扩张过程中能动的要素是人，可以改变内部及外部条件，克服资源环境的限制，保证 $dX > 0$，使城市增长从较低的水平跃迁至较高的水平，进入下一轮的发展，在图形上表现为一条组合的 Logistic 曲线，呈现出螺旋式上升的发展规律，如图 4-9 所示。对应可以将城市扩张分为 4 种模式（图 4-10），4 种模式又分为城市持续发展模式与非持续发展模式两类（图 4-11，图 4-12）。

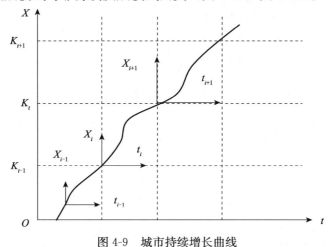

图 4-9　城市持续增长曲线

图 4-10　城市扩张的四种模式

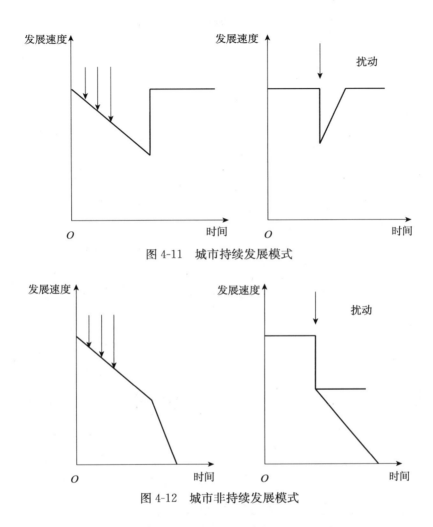

图 4-11　城市持续发展模式

图 4-12　城市非持续发展模式

第三节　城市增长的资源环境解约束

一、建立低成本、集约型的城市增长评价体系

　　破解城市增长的资源环境约束的路径则是采取低成本、集约型的城市增长模式，扬弃传统的以"自然资源大量消耗、生态环境严重破坏"为代价的发展模式，贯彻城市增长管理、精明增长等管理理念，尝试构筑低成本、集约型的城市增长评价体系（表 4-6）。

表 4-6　低成本、集约型的城市增长评价体系

总体层	系统层	状态层	变量层	要素层
低成本、集约型的城市增长模式	城市资源系统	资源集约	水资源指数	人均生活用水量
			能源指数	人均能源消费量
			土地资源指数	人均建设用地面积
	城市经济系统	经济集约	经济规模指数	人均绿色 GDP
			经济结构指数	第三产业增加值比重
			经济效益指数	单位土地面积 GDP
	城市环境系统	生态保护	绿化指数	人均绿地面积
			自然景观指数	人均风景名胜面积
		环境治理	污水治理指数	生活污水处理率
			垃圾治理指数	生活垃圾无害化处理率
			大气治理指数	人均二氧化碳排放量
	城市管理与服务系统	个人发展	住房指数	人均住房面积
			生活指数	城镇恩格尔系数
			医疗指数	社会医疗保险覆盖率
			就业指数	城镇化就业率
		公共服务	公共交通指数	人均道路面积
			公共服务设施指数	人均公共服务设施用地面积
		社会安全	应急指数	人均避难场所用地面积
			犯罪指数	刑事案件发案率

二、提高资源利用效率，促进城市理性增长

积极借鉴先发国家城市发展的经验和教训，实施"高密度、高效率、集约型、理性增长"的城市增长模式。

1. 集约利用土地资源，推动城市空间的"高密度、紧凑型"发展

1）加强与城市土地开发相关的各类规划的调控作用

土地利用规划、城市规划、新农村规划及各类建设规划等所有与土地开发利用有关的规划都应遵循节约、集约用地的原则，做到规划间的相互衔接、有机结合、统筹安排。发挥规划调控两个方面的作用：进行土地用途管制，总量上严格控制占用土地，提高各级政府的土地利用效率；结构上限定具体地块的用途、开发强度和利用方式，改变原有土地的粗放经营利用方式。严把规划的科学制定、依法实施、严格执行关，使城市空间布局紧凑发展，建立土地集约利用的宏观引导机制。

2）引入利益机制，消除建设用地扩张的经济动因

具体举措有：提高土地获得成本，包括征地成本、新增建设用地土地有偿使用费；发挥土地税收的管理功能，在正确评估土地市场价值的基础上灵活调整土地税率；开展征收房产税试点，逐步推广，间接减少出让土地的短期行为；规范

土地使用权交易主体、中介组织的行为和交易方式，改变当前土地市场体系不健全、土地隐形交易突出的问题。

3）开展土地整理，盘活城市存量土地

首先，通过土地整理改善城市土地利用的生态环境，实现可持续发展；其次，提高单位土地的收益和经济承载力。具体措施有：清理闲置土地；对于企业由于资金缺乏占而不用的闲置土地，坚决依法予以收回，通过招标、拍卖、挂牌等重新出让；近期不具备开发条件的进行整理复垦；加大旧城区和城中村的改造力度。据调查，我国城镇需旧城改造的面积占建成面积的10％左右，旧城改造后，容积率提高1～2倍。改造过程中在降低建筑密度的同时适当提高建筑容积率，提高绿化、交通和公共服务等的用地比例。

4）开发利用城市地下空间资源

通过地下空间的开发利用，将部分交通设施、市政公用设施转入地下，扩大城市建设空间，节省城镇用地，缓解土地供求矛盾。具体措施有：制定城市地下空间开发利用规划、发展目标和措施；建立地下空间开发利用的法律体系，明确地下空间所有权、使用权、责任、要求；研究地下空间开发标准体系，制定城市地下空间的技术标准、环境标准、质量标准、建筑规划和施工设计流程。

2. 提高水资源利用效率，节约、保护水资源

科学合理地开发、利用、整治和保护城市范围内的水资源，实现城市水资源的永续利用和资源环境的协调发展。

1）建立完善的城市水资源综合管理体系

完善取水许可、计划用水、水资源有偿使用制度，实行用水总量控制与定额管理相结合的制度；推进建设项目水资源论证制度，把城市水资源综合规划纳入城市总体规划战略中，使城市的发展格局、功能定位、发展规模与水资源、水环境的承载力相适应；推进水务管理体制改革，建立城市水资源统一管理体制，对水源、供水、排水、污水处理与回用等涉水事务，实行全过程管理；运用经济手段建设水资源市场调控机制，通过水价改革，调节水资源供需关系。

2）强化节水意识，提高工业和生活用水效率

节约工业用水，重工业企业结合技术改造和产品更新换代提高节水水平；支持企业进行节水技术改造，改进用水工艺，提高水资源重复利用效率；新建企业必须采用先进的节水设备和工艺，对于技术落后的高耗水设备和工艺实施强制淘汰政策；水资源短缺的城市应优化产业结构，发展低耗水产业；推广应用节水器具和设备，提高城市用水的利用效率，对于机关、学校、医院、宾馆、饭店、商场等要强制其安装节水器具，同时限制不符合节水要求的用水器具的销售；此外，还应通过提高水价、采取阶梯式水价等价格杠杆促使全体居民节约用水。

3) 开发利用非传统水源，提高水资源的综合利用率

通过污水再生利用、雨水利用、海水淡化等途径充分利用非传统水源，扩大再生水利用。首先，加快污水资源化，将污水处理目标由"达标排放"向"循环回用"转变；收集和利用雨水，通过雨水渗透、储备技术蓄积雨水，将其作为生态用水，与天然洼地、公园河湖等湿地保护和恢复结合起来；统筹考虑污水处理与回用、雨水回收，将污水再生利用系统、雨水利用系统纳入城市基础设施建设范围。

3. 提高能源利用率，建设低碳城市

随着城市化率的提高，能源消费量急剧上升，增加了温室气体的排放量，形成城市"高碳"发展模式，即以资源高消耗、环境高污染为特征的城市发展模式。基于此，应建立低碳城市，通过发展低碳城市，推进低碳技术创新和制度创新，建立低碳生活理念和生活方式，最大限度地提高资源、能源利用效率，减少温室气体排放。具体应做好以下工作。

1) 加强低碳城市规划的编制和实施

国外低碳城市规划经验表明，编制和实施"零排放"区域规划可以实现城市的低碳发展。我国必须加强低碳城市规划的编制和实施。首先，需要了解影响城市低碳发展的经济、社会、文化、环境、市民生活方式、市民消费习惯等因素；其次，在编制城市规划的资源分配时，建立明确的、可定量的目标，评价城市低碳发展的效果。

2) 调整和优化城市产业结构

按照技术密集程度高、产品附加值高、能耗少、水耗少、排污少、占地少的原则，调整和优化产业结构。重点发展高新技术产业，控制高能耗、高污染行业，提高钢铁、有色、建材、化工、电力、轻工等行业的准入条件。发展再生资源产业、静脉产业和环保产业，提高第三产业比重。提高能源利用率，将国家能源消费结构的变化与城市燃料供应的改善相结合，扩大石油、天然气消费，提高城市的气化水平和高质量燃料供应。注重清洁煤、核能、太阳能、风能等先进发电技术、先进节能技术、碳捕获和封存技术的研究与开发。

3) 逐步完善城市基础设施

建立高效、快捷的交通运输系统，据统计，公共交通是最为节能的方式，以小汽车百千米能耗为1的参照标准，公共汽车是8.4%，无轨电车是4.4%，有轨电车是3.4%，地铁是5%（王凤武，2007）。应优先发展城市公共交通，构建公交车、轨道交通、小汽车、出租车、自行车、步行等合理的交通结构。加快运量大、单耗低、速度快、安全准点、乘坐舒适式地铁、轻轨等城镇轨道交通的建设。强化交通科技研发力度，开发符合环保要求的新内燃机，不断完善汽油、柴

油发动机的结构，开发利用混合动力汽车技术。

开发节能、舒适、绿色环保的建筑。据统计，目前大型公共建筑仅占城市总建筑面积的 5%～6%，但其用电量为 100～300 千瓦时，为住宅建筑用电量的 10 倍以上。因此，必须加快大型公共建筑的节能改造。推进城市民用供暖的节能改造，北方地区调节不当导致部分建筑过热，使开窗散热造成的热量浪费为供热量的 30% 以上，通过更换供暖方式、加强管网系统的调节提高热源效率。推行绿色新建公共建筑和住宅新模式，严格按照国家《节约能源法》《民用建筑节能条例》编制城市建筑节能规划、节能标准和实施细则，以体现节约、集约的发展理念，将节能与节材融为一体，同时规模化推广和应用高性能、低材耗能耗、可再生循环利用的建筑材料，打造绿色建筑新理念。实施光伏民宅社区工程，将人居建筑的墙面和屋顶整体安装上类似于"太阳能电池"的材料，以玻璃或其他廉价材料为衬底，外涂 3～4 微米的薄膜，可折叠、可切割，达到资源消耗低、二氧化碳零排放的要求。

4）转变城市居民消费方式

不断研发节能环保型轿车和家用电器，制定制造业不同产品的节能环保标准，对节能产品采取政策和税收方面的优惠，鼓励消费者购买。大力提倡选乘公交车、骑自行车和步行等出行方式，节约能源。推进人均住房面积标准的执行，对于超人均标准的面积实施价格干预政策，引导城市居民的住房消费行为。制定房屋内外温差标准，减少能源消费和碳排放量。进行绿色产品的规模生产，提倡居民对初级食品的消费。

三、改善城市生态环境质量，建设环境友好型城市

1. 加强城市规划，强化城市生态环境管理

将城市的自然生态水平作为判断城市能否持续发展的重要依据，制定具有科学性、超前性的城市规划。城市规划除了考虑"环境合作"外，还应注意城市环境治理，使城市环境规划与经济社会发展规划相协调。

2. 逐步建立生态环境保护的监管机制

健全环保法规和标准体系，加快制定保护公众环境权益的法律制度，完善现有环境技术规范和标准体系，修改不合理的污染物排放标准，制定有关生态功能区建设和管理的质量标准。加大城市环境执法监督力度，强化环保部门的行政权威，尤其是提高重点地区基层环保执法监管水平，加大生态环境保护的司法介入力度。建立生态环境保护责任制，把环保目标纳入经济社会发展评价和干部政绩考核范围。强化社会公众参与，完善社会监督机制，实行环境信息公开，维护公

众的环境知情权；推行环境决策民主化，对于影响公共利益的工程项目，举行听证会；完善公众监督和评判制度，为公众参与环境保护提供法律保障；鼓励检举和揭发各种环境违法行为，推动环境公益诉讼。

3. 推进城市环保设施建设，加强城市污染综合防治

1）加强城市环保基础设施建设和管理

建设城市污水集中处理设施、垃圾无害化处理设施，配套和完善城镇污水管网、生活垃圾收运设施，提高污水处理率和生活垃圾无害化处理率。全面实施城市污水、生活垃圾处理收费制度，鼓励社会资本积极参与污水处理、垃圾处理等的环保设施的建设和运营。

2）加强城市水污染防治，提高城市污水处理率

保护城市生活用水水源，坚决取缔生活用水水源地的直接排污口；对排污企业实行污染物排放总量控制和排污收费制度，鼓励企业通过技术改造实现一水多用、污水回收和循环利用。

3）加强城市固体废物污染防治

通过开发利用固体废物综合利用技术、改进垃圾收集和处理方式，以及建立健全垃圾收费政策，提高工业固体废物综合利用率，提高生活垃圾的无害化处理水平，推行生活垃圾分类收集和资源回收利用，安全处理医疗垃圾，统一收集、运输、处置。

4）加强城市大气污染防治，提高城市大气环境质量

加强工业污染防治，控制二氧化硫、烟尘、粉尘排放，强化对工业污染源的监控，加大对燃煤电厂、钢铁、有色、化工、建材等工业企业二氧化硫排放的治理力度，可尝试实行二氧化硫排污权交易。严格控制机动车尾气污染，不断提高机动车尾气排放标准，禁止超标排放的车辆上路行驶，逐步提高车用燃油的质量和标号，淘汰含铅汽油，鼓励使用低能耗、低排放车辆。

4. 强化城市生态绿化，增强自然生态系统的生态功能

1）形成生态城市的一体化格局，提高城市生态绿化设计水平

对于城市生态绿化应在城建项目规划和建设过程中贯彻生态优先准则。生态绿化所用植物应选与当地气候、土壤相适应的物种，利用绿地凋落和绿肥进行再循环和再利用，形成群落自肥的良性循环机制；在实施过程中尽量保留原有的自然和人文景观，降低城市建设对生态环境的干扰度；根据城市的气候特征和居民生存环境系统设计，搞好城市绿化布局，制订城市功能区绿地面积分配、品种配置、种群或群落类型方案；根据生态功能区建设理论建立环境生态调节区。

2）强化城市绿地生物多样性保护，建立合理的植物群落

修建绿色廊道和憩息地，形成绿色生态网络；增加开敞空间和提高各生物板

块的连接度，减少城市空间范畴内生物生存、迁移和分布的阻力，为物种提供更多的栖息地和便利的生境空间。通过生态绿化将更多的动植物引入城镇，以绿化的事后管理和末端管理为源头管理，改善种植结构，提高绿地自身的稳定性和抗逆性。

3）提高植物配置水平，体现城市地域、人文特色

首先，要加强对植物品种的认识，加强地带性植物中的生态型植物和变种的筛选及驯化，构建具有城市个性的绿色景观；利用不同物种在空间、时间和营养生态位上的差异来配置植物，最终形成乔、灌、草结合、层次丰富、配置合理的复合植物生态群落。其次，城市绿地景观的规划设计还应结合和保护我国传统文化，整合运用地方的原材料、艺术风格和文化内涵，保留城市的自然环境、人文资源、民俗风情，创造有地方特色的城市风格和城市个性。

|第五章| 城市增长过程中的产城融合 与主导产业选择

> 如果我们把城市看作一口火锅，那么提高城市竞争力的关键，就在于火锅里的食物，即产业。如果火锅里炖的都是价值不菲的海参、鱿鱼，那么这个城市的聚集能力就越强，辐射半径就越广，经济就越有活力，相反，如果火锅汤中都是些豆芽、白菜，那么城市的经营就越惨淡，城市的含金量也就越低。
>
> ——王志纲访谈录《明天我们怎样经营城市》

城市是人口、产业和其他各种生产要素的聚集地，通过要素的聚集为产业发展提供各种便利，形成规模效应。产业的发展不仅需要各种要素作支撑，还需要巨大的市场作保证。城市是企业的摇篮、依托和重要外部条件。城市通过其人口的聚集赢得了产业的青睐。以服务产业为主[①]，电话业、自来水业、邮政服务业、公共交通部门等都具有明显的规模效应。以公共汽车为例，当乘车的人很少时，公共汽车的班次很稀少，乘一次车要等很长的时间，所以乘车的成本很高，公共交通给大家带来的方便很有限，这就是小城镇中所见到的情况；当乘车的人很多时，公共汽车的班次变密，乘车所需等待的时间缩短，公共交通给大家带来的方便增大，这就是大城市里所见到的情况。这解释了为什么大城市的公共服务比较好，而小城市就很难做到。电话网也是一样，当电话网较小时，安一台电话只能和较少的人通话；而当电话网扩大时安一台电话所能通话的人数就增加了。所以，城市越大，装电话带来的好处越大。此外，自来水网、煤气管网、邮路网等在新建时花的成本很大，一旦建成，再增加一个用户所增加的成本是很有限的。在经济学中这就是边际成本递减，它是造成自然垄断的原因。所以，电话网、自来水网等都是垄断行业。这些垄断行业规模越大，平均成本就越低。所以，在大城市中用这些有网络的公共服务的成本很低，城市有变得越来越大的趋势。

产业对城市的影响，倪鹏飞（2001）用结构力阐述了产业对城市竞争力的五方面影响：①城市产业协调度影响城市产业发展和城市价值体系的构成。如果城市各产业、各部门在生产上相互衔接、紧密配合，并形成合理的比例，则城市资

---

① 茅于轼. 城市规模的经济学. 《中国改革》，2000 年第 12 期，第 32-34 页.

源在各部门之间将得到合理配置，城市产业规模得以扩张，企业生产成本和交易成本有效降低，城市价值提高。②城市产业结构对城市要素供给的适应性，影响城市产业发展和城市价值体系。城市的自然、社会、政治、经济、技术和对外关系形成城市的特定供给结构，城市产业与其适应，则城市要素的比较优势得以发挥，城市价值提升，竞争力提高。③城市产业的技术结构，影响城市的价值体系。产业技术含量高，可以降低传统和新兴产业的相对成本，提高城市产品的市场占有率，获得高额租金。④城市产业的应变能力影响城市的竞争力。城市产业的应变能力反映了产业的活力和适应市场的能力，产业如果能够根据市场变化迅速转型或及时调整战略，则城市的竞争力就高。⑤企业规模的大小影响城市价值。大企业具有人才、资金、技术、管理及规模优势，所以大企业有利于提高城市的竞争力；而中小企业是城市就业、生产和出口增长的来源，能够快速适应市场需求的变化，使城市经济充满活力。除此之外，城市产业的外向度决定了城市的开放程度和与国际接轨的情况，直接影响着经济全球化背景下城市的国际地位和声誉，也是城市竞争力的重要表现。

产业尤其是服务产业的发展，进一步改善了城市的环境和功能，反过来与城市聚集人口、扩大规模形成了正效应关系。

国内外区域发展的实践证明，产业专业化集群发展是城市和区域竞争力提升的重要路径。城市扩容离不开强有力的支柱产业。城市竞争的实质，是包含城市产业在内的全方位的竞争。

第一节 城市新区建设过程中的产城融合

一、城市新区的类型与产城融合概念

1. 产业型新区

许多城市都是在原城市外围一定区域内划定一定范围，以相对聚集有关产业和拓展城市空间为目的，如一些城市的高新技术开发区、经济技术开发区、出口加工区、产业园区或产业聚集区等。改革开放后，早期阶段城市新区的扩展多以此类型为主。这类新区的优点是产业优势明显，不足是社会服务功能薄弱。

2. 综合型新区

随着我国城市化进程的深入，越来越多的城市逐渐意识到产业型新区功能单一，园区与母城的功能割裂，自身功能又难以完善，因此，在开拓新区时，除了突出产业聚集功能外，还综合规划和考虑了产业布局、交通、生活服务设施（学校、商场、医院等）配套、商品房开发等诸多功能，新区就是一个功能相对完善和独立的新城区。目前，城市新区的开发主要以此类型为主。

3. 产城融合

根据国内新区建设的实践，目前国内许多城市在进行新区建设时，政府追求的产城融合一般包括三层含义：一是新区产业发展与城市功能完善同步，成为功能完整的城市新区；二是城市新区产业的甄选与布局与整个城市未来的发展定位相吻合，符合城市发展规划的性质或者代表国内未来一个时期的优势产业；三是城市新区与老城区的有机融合，既希望缓解老城区的拥堵压力，又期盼代表新时期现代都市的特质，最终实现新老城区的共生和新陈代谢。前两个层次的产城融合中的"产"主要是产业的概念，包括第一、二、三产业，尤其是第二产业的竞争力及其辐射带动作用和第三产业的社会服务功能能否达到产业自身与城市新区和整个城市的融合；后一个层次的产城融合中的"产"是指产业聚集区，是一个区域概念，主要是新城区与老城区的融合关系。

二、城市新区产城融合存在的主要问题

1. 人口城市化压力大，社会服务设施与城市的基本功能薄弱

一般情况下，城市新区大型公共设施的建设是推动新区发展的"催化剂"，其目标是实现经济功能和设施功能的双赢。但在实施过程中，一方面，城市政府虽然决定大型公共设施的选址和基础设施建设的投资导向，但各城市政府又受自身实力、建设资金和空间需求的限制，造成其从属功能的规模、性质等标准降低。这就可能导致部分城市在建设大型公共设施项目时，有时只注重项目本身配套功能的建设，而普遍存在商业、商务、办公的从属功能和综合服务设施定位偏低，未达到带动新区发展的"门槛"规模，无法满足城市新区发展的要求。另一方面，在我国现行的开发管理模式上，实行的是"谁开发，谁配套"的运作模式，这样就导致配套设施分散、规模较小的现象，未能带动城市功能的有效集聚和发展。在这种情况下，许多城市新区就有可能首先建成以居住功能为主的大型片区（王青，2008）。

国内新城区的发展历程表明，任何新城区都要经历一个社会功能逐渐完善和提升的过程，学校、医院、商场、游园绿地从无到有，从没有得到认知、认可到成为有名的社会服务机构等，都需要一个过程。有城市专家预言：任何一个新开发的区域，前三年做市政配套，接下来的五年做第一轮房地产开发，第二个五年继续开发、导入人口，再下一个五年，人口才会聚满。建新城要花 18～20 年的时间（王珏磊，2013）。加之一些城市新区圈地范围较大，把周边许多农村区域涵盖在内，大量的乡村人口未经职业和空间的转移，而只是因为所在地的行政建

制发生了变化，一夜之间变成了市镇人口，造成虚假的城镇化或半城镇化（罗理章和张一，2012）。这使得人口城市化的任务非常繁重，基础设施、城市管理和社会保障等差距很大，无法保证产城融合目标的实现。以郑州市东部新区为例，郑州新区范围内农村人口57.8万人，超过城镇人口数量（52.2万人），农村人口转化安置为城市人口的压力很大，按照城市的要求和标准需要增加的社会服务设施量很大。据调研，经过10年左右建设的郑州新区，除了中牟县原有的一些社会服务设施外，郑州新区文化、体育、医疗、教育和商业设施等体现城市功能的社会服务产业的缺口依然很大。整个区域内大型体育设施几乎没有，甲级二等以上综合性医院只有管城中医院一家，另有两家专科性郑州中医骨伤病医院和郑州惠安手外科医院；商业设施多集中在郑东新区CBD，整个经济技术开发区只有郑州丹尼斯生活广场；建成的图书馆只有经济技术开发区图书馆，建筑面积4300平方米，中小学依托原有农村小学的居多。航空港区随着富士康的入驻，大批从农村来的产业工人聚集于此，社会服务设施建设和完善尚需时日，而这些产业工人的素质又直接决定着该区未来发展的水平。总的来看，郑州新区这些代表城市功能设施的社会服务设施与一个现代化的新城区相比，缺口依然很大，需要建设的任务巨大，城市功能完善还需一个漫长的过程。再譬如，作为浦东新区核心的陆家嘴金融贸易区，尤其是金融业人员最密集的小陆家嘴区，建成多年以后，该区域的茶座酒吧、咖啡馆、剧院、健身房、电影院等休闲娱乐体育设施配套依然不足，小商铺、干洗店、便利店、高档会所、药店、邮局、美容美发店也比较缺乏。针对外籍人员的高端国际化配套不足，多语种特色国际学校、为外国人服务的医疗卫生设施和其他特需服务的设施配套、专科医院、针对外籍人员的文化休闲娱乐场所配套也不足；根据金融从业人员的需求特点配套的设施严重缺乏。在华尔街，很多店面配套专门做金融从业者的生意，店面的品位设计及其营业时间、方式都对华尔街专业人员的喜好、特有作息时间、生活方式加以考虑。

2. 新区住房入住率偏低，职住分离情况严重

新房入住率和职住分离比是判定新区产城融合的重要指标。按照国际通行惯例，商品房空置率在5%～10%为合理区，10%～20%为危险区，20%以上为严重积压区。据2011年的调研数据，郑东新区的住宅入住率目前明显偏低，平均在50%多，在一些较为偏远的区域，入住率甚至只有1/3左右。白天车水马龙，晚上灯火寥落。这也成为一些人质疑我国一些城市为"鬼城"的主要原因。

职住比是指在新区上班的人员与在新区居住的人员的比例关系，有时也用住从比（居住和就业人员的比例关系）表示。这一指标是反映新区产城融合或新区有机增长的主要指标。国际产业城市较合理的职住比为50%～60%。但在我国的一些城市，特别是经济欠发达的城市，新区开发的早期阶段，为了让新区出形

象、成规模，房地产开发一般情况下成为新区开发的先头部队或主力，产业和职能部门建设的速度往往滞后于房地产开发的速度，甚至带有某种不确定性，而房地产商受利益驱动又急于把房屋先预售出去，而购房者基于多种动机（投资、投机、移民、孩子入学等）而购置了早期开发的居于核心位置的房屋，到了产业和职能部门入住新区时，核心位置的房屋早就抢购一空，房产价格也抬升几倍，真正在新区从业的人员只能往返于新老城区上下班，新区对老城区疏散的功能不但无法实现，还造成了大批钟摆式或潮汐式的流动人口，进一步加剧了城市的拥堵。以郑州新区为例，2011 年其职住比不足 15%。对一些职能部门进行的抽样调查显示：A 部门职工 200 多人，在新区居住或有房者不足 20 人；B 部门职工 70 多人，在新区居住或有房者不足 10 人。而新区现有商品房中，郑州市以外居民购买了 70%，郑州市（含所辖六县）居民购买的商品房只占 30%。与此同时，新区的住房均价已经突破每平方米 12 000 元，许多普通员工已无力购买。

3. 入驻产业难达预期，产城互动不够

新区产业的布局本应结合城市的发展定位，规划设计产业入驻门槛，保证产业核心竞争力的提升。但新区在政府急于出形象和出规模的意愿驱动下，往往在进行产业选择时急功近利、饥不择食，造成产业入驻门槛偏低，缺乏核心竞争力，不仅达不到新区建设期盼的产业要求，更不用说和母城形成产业有机互动。以郑州新区的多个组团为例，其产业的聚集和分布经过十多年建设，至今还有诸多不尽如人意的地方（表 5-1）。

表 5-1　郑州新区产业状况一览表

功能区/组团	主要产业现状	代表项目	不足/挑战
郑东新区	金融、会展、专业服务	国际会展中心、会展宾馆、物流	起步时间短，现代服务业基础薄弱
经济技术开发区	汽车及零部件企业、食品加工产业、装备制造业、新能源及节能环保	海马汽车、郑州日产、益海嘉里、雅士利、郑煤机等	汽车产业竞争激烈，另外，部分产业高附加值少
出口加工区	半导体、电子信息产业、超硬材料精细加工、轻纺服装业	晶诚科技、硕达、台钻、朝歌精纺等	企业规模小、产业链短
国际物流园区		规划有新加坡物流园	
航空港区	电子、通信、食品加工、农副产品加工、制药、物流	富士康、好想你、统一	产业链短、附加值低、产业带动作用有限
中牟产业园区	农副产品深加工、总部经济、文化创意、电子信息	紫光科技、绿博园	未形成整体优势
中牟县	汽车、农副产品加工等	海马、日产、红宇等	汽车产业竞争激烈、研发能力不强

资料来源：部分参考《郑州新区产业发展战略规划》（2010）

4. 新老城区功能难以互补和融合，新区功能完善任务繁重

国内外城市发展的实践表明，未来的现代化的城市组团，其整体结构布局应是：城市的核心，即母城；以第三产业为主体；主要功能是智能、信息、流通、服务；产业属于轻型的，但质量很高。外围的若干个卫星城，以第二产业为主，产业结构同样是多元的，主要功能是生产，但也并不排斥其他功能，它也有自己的第三产业。分布在在母城与卫星城之间的广袤空间的，是第一产业。以母城为核心的现代化的城市组群的整个结构，有点类似于原子结构。但对我国新开发的城区而言，由于时间短、速度快、距离远等，新老城区的功能衔接有限。以郑州为例，郑州老城区的社会服务设施经过几十年建设，从布局到数量应该说相对比较合理，功能比较完善；但从郑州新区的区位和规模上看，其是一个与母城分离而规模相当的新城，其对母城资源的利用将非常有限，新城实现相对独立和功能完善尚需时日。

三、城市新区实现产城融合的对策与建议

1. 制定符合城市实际的产业引进和升级战略

城市新区作为 21 世纪每个城市伸向外围的战略制高点和与其他城市竞争博弈的拳头，在实现城市产业重构和实现城市转型良性互动中扮演着重要角色。因此，大都市的新区理应率先走向节能、减排、降耗、环保、内涵式、集约化、可持续发展的模式，大力发展现代服务业，包括高科技研发、金融保险、国际物流、信息资讯、计算机服务、软件开发、文化教育、卫生保健、旅游餐饮、休闲娱乐、房地产业、社会公共服务等，并将"两高一资"（即高耗能、高污染、资源性）的"工业制造"（如钢铁、水泥、平板玻璃、造纸、纺织、汽车等）迁出这些特大城市，做大服务业 GDP、压缩工业 GDP，用实际行动促进大都市经济发展方式转型、产业结构升级。例如，辽宁省本溪市是我国重要的钢铁城市，由于长期高强度开采，有色金属、煤炭等资源性产业已逐步枯竭衰退，近年，该市结合自身特点制定了新的结构调整战略，改变原来围绕本钢"以厂建城"的旧有城市发展格局，通过建设产业园区推进钢铁产业升级，大力发展生物医药新兴产业和旅游业，着力推进城市转型。2007 年年末，本溪市两座 1070 立方米的高炉被关闭，仅此每年可减排二氧化碳 6000 吨和粉尘 7200 吨。

2. 加强新区社会化战略的规划与实施

我国大部分城市新区社会服务的功能欠缺较多，今后一个较长时期内还要把社会事业的建设作为提升城市功能的重要切入点。重点要做好以下几项工作：①高标准创新社会建设理念。城市新区的社会事业发展既要强调均衡协调发展的

理念,更要按照新时期不同居民的现实需求创新社会建设理念。②制定和完善城市新区的社会服务功能的行动纲领。国内城市可借鉴上海浦东新区和天津滨海新区的经验,制订城市新区社会发展计划,有步骤、有计划地系统完善新区的社会服务功能。社会服务涉及不同层次的人群,要注重针对性,从细微化服务入手,真正把我国城市新区打造成 21 世纪最适合人们生活、居住的新型城市。③积极培育社会建设多元主体。政府、市场、社会是城市社会事业发展的不同主体,需要各方加强协同合作。一是深入推进政府职能转变。除最基本的公共服务由政府负责提供外,更多的通过政府购买等方式向社会(非政府组织、中介机构和私人部门)转移,而政府更多的是加强对公共服务的监督职责。二是大力鼓励社会力量进入公共服务领域。有针对性地培育社会组织,大力扶持城市新区急需的社会组织,并健全其发展机制。在目前"小政府、大社会"的管理格局下,进一步推广"政社合作、政社互动"经验,通过优惠政策,吸引社会资本举办各类公共服务。④完善社会运作机制。良好的运作机制是社会事业持续、有序发展的关键,城市新区要逐步形成"政府主导、社会参与、市场运作"的运作格局。为此,一是公共服务的提供要引入市场竞争机制和企业管理模式,提倡政府、企业和社会组织共同负责提供公共服务。新区要主动从"政社合作互动"的本土化机制向政府、企业、市场和社会融合发展的国际化运行机制转变。二是结合城市化的不同阶段,完善城乡一体化运作机制。新区发展过程中要加大覆盖农村区域的财政投入力度,以统筹均衡发展为原则,完善在社会事业上的城乡一体化运作机制,从而加强社会事业资源的均衡配置,提高全区居民公共服务的可及性。

浦东新区为了实现产城融合,曾把着力点放在社会事业建设方面,其发展经历了"策划启动阶段"、"功能开发与提升阶段"及"社会体制创新与内涵建设阶段"三个阶段①(表 5-2),大大缓解了居民对公共服务的需求压力。

表 5-2 浦东新区社会事业发展的三个阶段及推进重点

阶段划分	推进重点
策划启动阶段 (1990~1994 年)	1. 成立专门的社会建设与管理机构——社会发展局 2. 编制社会事业发展及形态布局的相关规划 3. 加大社会事业投资力度,拓宽社会投资来源 4. 建立社会事业资源配置市场,促进社会发展产业化、市场化 5. 成立社区服务协会,编制社会规划
功能开发与提升阶段 (1995~2004 年)	1. 制订浦东新区社会发展"九五"计划和 2010 年远景目标纲要 2. 注重并强化社会事业和社会保障体系建设 3. 加强城乡社区管理、社区建设和社区服务 4. 全面启动社会组织和社工队伍建设

---

① 浦东新区产业和城市功能融合发展路径研究. http://www.docin.com/p-220664816.html〔2013-1-23〕.

续表

阶段划分	推进重点
社会体制创新与内涵建设 阶段（2005 年以后）	1. 构建均衡、高效、优质的城乡基本公共服务体系 2. 继续优化政策环境，大力培育社会组织 3. 深化社区管理体制机制的改革与创新 4. 深化社会工作职业化、专业化建设等

资料来源：http://www.docin.com/p-220664816.html

3. 强化新区有机生长和功能用地的适度混合使用

根据城市有机生长的概念（图 5-1），就新城内部地域来讲，就是要保持多种多样的城市功能之间的平衡，使城市新区具有健康的城市肌理和空间成长秩序，亦即实现城市功能的自立化和城市空间环境的生态化。美国社会学建筑师克里斯托弗·亚历山大说：城市是包容生活的容器，能为其内在复合交错的生活服务。城市不是徒有其形的物质实体，而是人类生活的载体，并为人的不同活动提供各类适宜的场所。这些场所不是别的，就是城市的空间。传统城市规划受《雅典宪章》的影响过于强调用地功能分区，《雅典宪章》提出的居住、工作、游憩、交通四种功能被误解为每一种功能都需要有特定严格划分的空间领域，以致造成城市各项用地空间的割裂。当然，为了保证新区城市功能的优化，可以按照上述功能分类进行组织，但对于每一块建设用地应从多种用途来考虑，在保证各种功能用地主导地位的同时，可以兼顾其他功能的有机融合，并使其具有适应多种可能变化的弹性，即规划用地要具有一定的兼容性。对郑州新区而言，每个组团内都分布有产业街区、住宅小区、城市公共服务设施（包括医院、学校、图书馆、体

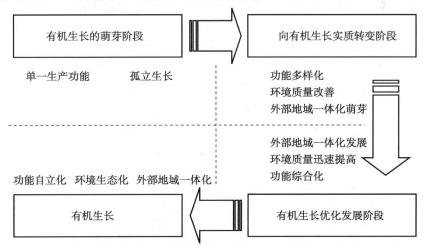

图 5-1　城市新区有机生长演进阶段示意图

资料来源：邢海峰，2004，有改动

育场馆、市民广场、演艺中心、公园等）、市政基础设施（包括污水处理厂、城市垃圾收集系统、各类道路、城市绿化体系等）和城市商业服务设施（包括城市综合体、商业街、超市、菜市场、餐饮店、银行、电信营业厅、维修服务门店等），在组团内能满足居民的各种日常生活所需。在各组团或功能区之间，则通过细密的路网连接在一起，并留足城市发展空间，这样既能保证让城市功能自然生长，又能方便居民的生活需求，避免了功能区的过大人流。

4. 构建体系化的新区城市公共服务等级网络

长期以来，我国新区主要是工业园区，从我国工业开发先导型新城的规划与实践来看，大多数新城均规划建设有一定规模的生活服务设施，在一定程度上满足了新城居民和企业的需求。但是，不少新城的公共服务等级网络不成体系，有的规划范围内仅有一级服务中心，中间等级的生活服务设施缺失，很难为整个城市新区的生产、生活提供便利、完善的服务，特别是在工业区范围内，公共服务设施的量少且布局分散不成体系的问题很普遍，阻碍了城市用地功能的多样化与集约化开发。由此提示我们，在当前许多城市新区的建设过程中，应当有意识地强化公共服务等级网络体系的建设，将配套齐全的公共设施按不同等级和服务范围进行布局，如商业设施不仅要有服务于整个城市的中心，各个功能小区（如居住区）中也应配置次一级的中心或更低一级的商业网点；公园绿地也应按不同等级进行布局，以满足不同层次的需求，最终建立起开放式的多中心服务等级网络体系。

第二节　城市主导产业的遴选

主导产业是区域城市经济增长的主要贡献者，是城市产业竞争力的支柱所在。合理选择、培育和发展区域城市的主导产业，有助于资源要素的集聚和优化配置，发挥区域城市的经济优势，增强城市的辐射带动作用，促进城市成为区域经济的"发展极"。

主导产业的选择方法众多，比较典型的有主成分分析法、因子分析法、层次分析法、投入产出法、灰色聚类分析法等。相比较而言，偏离–份额分析法（shift-share analysis method，SSM）在技术上简单且计算方便，只需要相对较少和容易得到的数据，简化了数据的搜集整理工作，另外一个更突出的优点是能很好地反映区域产业的动态变化特征。

一、城市主导产业的遴选方法：偏离–份额分析法模型

偏离–份额分析法最初由美国经济学家 Creamer D. B. 提出，后由 Dunn

E. S. 等学者发展完善后被广泛采用。它假定区域经济发展可以被分解为国家因素（份额）、产业结构（结构因素）和区域偏差（竞争因素）三个因素，确定每一种因素对区域经济增长的贡献，据此评价区域产业结构的优劣和自身竞争力的强弱，选择出区域具有相对竞争优势的产业部门（童江华等，2007；张军以和苏维词，2010）。

设某区域城市 i 在初始时期和末期的经济总量规模分别为 $b_{i,0}$ 和 $b_{i,t}$，把区域城市经济划分成 n 个产业部门，$b_{ij,0}$、$b_{ij,t}$（$j=1，2，\cdots，n$）分别表示该城市第 j 个产业部门在初期与末期的经济总量规模。以 B_0 和 B_t 分别表示所属大区域行政省份在初期与末期的 GDP 总量，$B_{j,0}$ 和 $B_{j,t}$ 分别表示该大区域在初期与末期第 j 个产业部门的经济总量规模。

某区域城市 i 第 j 个产业部门的变化率为

$$R_{ij}=\frac{b_{ij,t}-b_{ij,0}}{b_{ij,0}} \quad (j=1，2，\cdots，n)$$

所属大区域第 j 个产业部门的变化率为

$$S_j=\frac{B_{j,t}-B_{j,0}}{B_{j,0}} \quad (j=1，2，\cdots，n)$$

以大区域各产业部门所占份额将区域城市 i 各产业部门标准化，具体公式为

$$b'_{ij}=\frac{b_{ij,0}\times B_{j,0}}{B_0} \quad (j=1，2，\cdots，n)$$

在 $[0，t]$ 时间段内该区域城市 i 第 j 个产业部门的增长量 D_{ij} 可以分解为 M_{ij}，N_{ij} 和 P_{ij} 分量，其表达式为

$$D_{ij}=M_{ij}+N_{ij}+P_{ij}$$
$$M_{ij}=b'_{ij}\times S_j$$
$$N_{ij}=(b_{ij,0}-b'_{ij})\times S_j$$
$$P_{ij}=b_{ij,0}\times(R_{ij}-S_j)$$
$$D_{ij}=b_{ij,t}-b_{ij,0}=b_{ij,0}\times R_{ij}$$

M_{ij} 为份额偏离分量，指区域城市 i 标准化的产业部门 j 按所属大区域省份的平均增长率所产生的变化量；N_{ij} 为结构偏离分量，指假定区域城市 i 与所属大区域的增长速度相同，两者由于在产业部门比重上的差异所引起的区域 i 第 j 产业部门的增长与大区域标准相比较产生的偏差。P_{ij} 为竞争力偏离分量，指区域城市 i 第 j 产业部门的增长速度与大区域相应产业部门增长速度的差别引起的偏差。

区域城市 i 总的经济增量 D_i 的表达式为

$$D_i=M_i+N_i+P_i=\sum_{j=1}^{n}M_{ij}+\sum_{j=1}^{n}N_{ij}+\sum_{j=1}^{n}P_{ij}$$

二、河南省城市主导产业选择实证

1. 数据选择与处理

国家和地方统计年鉴对行业增加值的核算按大类分涉及 23 个部门，其中，第一产业分为农、林、牧、渔和农林牧渔服务业 5 个部门；第二产业分为工业和建筑业，工业又可分为采矿业、制造业，以及电力、燃气及水的生产供应业等，共有 4 个部门；第三产业分为交通运输、仓储和邮政业及金融业等 14 个部门。统计年鉴将工业部门按类别又细分为 38 个部门，但是对行业增加值的核算往往只涉及规模以上工业企业的增加值，由于统计口径的不一致，需要对工业部门单独进行计算。

因此，选取河南省横跨"十一五"时期的 2005 年年底和 2010 年年底两个时间点为研究对象，收集整理 18 个省辖市（包含一个县级市济源市）的数据[①]，以同时间河南全省的相对应数据为参照[②]，分别对按大类分的产业部门和工业部门查找数据并输入 Excel 表。

2. 偏离-份额分析模型的计算结果

应用偏离-份额分析法的整个计算过程均在 Excel 表上完成，对河南 18 个省辖市分别进行计算，找出份额偏离分量、结构偏离分量和竞争力偏离分量均较大的部门，其为主导产业部门，如表 5-3 所示，同时得到 23 个产业部门和 38 个工业部门总的效果指数，结果如表 5-4 所示。

表 5-3 河南省 18 个省辖市主导产业部门选择

行业 / 省辖市	23 个产业部门主导产业	38 个工业部门主导产业
郑州市	H7	I 24；I 29
开封市	H7	I 10；I 24
洛阳市	—	I 1；I 24；I 25；I 26
平顶山市	H7	I 1；I 24
安阳市	H7	I 1；I 24；I 25；I 30
鹤壁市	H7	I 6；I 19；I 28
新乡市	H7	I 10；I 19；I 20；I 28
焦作市	H7	I 19

---

① 河南省 18 个省辖市统计局. 河南省 18 个省辖市 2006—2011 统计年鉴. 北京：中国统计出版社，2006～2011.

② 河南省统计局. 2006—2011 河南省统计年鉴. 北京：中国统计出版社，2006～2011.

续表

行业 省辖市	23个产业部门主导产业	38个工业部门主导产业
濮阳市	H7	I6；I10
许昌市	H7	I1；I9；I24
漯河市	H7	I7
三门峡市	H7	I4；I19；I26
南阳市	H1	I10
商丘市	H7	I1；I6；I24
信阳市	H1；H7	I6；I10；I24
周口市	H1	I6；I10；I20
驻马店市	—	I6；I24
济源市	H7	I24；I25；I36

表5-4　河南省18个省辖市产业部门和工业部门总的效果指数

编号	地区	产业部门				工业部门			
		D_i	M_i	N_i	P_i	D_i	M_i	N_i	P_i
1	郑州市	2380.3	382.18	1727.25	270.87	1060.12	77.27	1180.34	−197.49
2	开封市	519.15	123.93	266.76	32.18	198.91	9.45	189.91	−0.46
3	洛阳市	1207.85	257.37	1039.40	−88.92	648.32	31.90	685.56	−69.14
4	平顶山市	749.82	221.40	468.77	59.66	468.25	26.27	346.18	95.80
5	安阳市	758.13	203.39	476.79	77.95	426.19	20.55	399.50	6.14
6	鹤壁市	239.89	76.85	147.83	15.22	173.22	12.96	165.50	−5.24
7	新乡市	646.8	136.44	500.26	10.10	356.80	16.49	365.47	−25.16
8	焦作市	661.95	175.91	533.91	−47.87	373.86	37.71	765.19	−429.05
9	濮阳市	391.42	93.91	379.73	−82.23	252.01	15.57	225.25	11.20
10	许昌市	37.19	5.86	18.35	12.98	487.52	23.55	415.44	48.54
11	漯河市	269.66	96.41	181.96	−8.70	186.27	11.60	208.07	−33.40
12	三门峡市	539.03	132.03	276.95	130.05	366.88	15.81	327.75	23.32
13	南阳市	1180.73	342.71	860.11	−22.09	410.97	18.59	453.94	−61.55
14	商丘市	585.74	144.71	454.91	−13.87	258.69	14.10	200.39	44.21
15	信阳市	583.27	119.89	436.57	26.81	201.11	8.32	159.37	33.43
16	周口市	632.80	159.31	492.42	−18.93	259.92	9.25	217.06	33.62
17	驻马店市	553.36	131.85	409.31	12.20	195.70	10.27	166.70	18.73
18	济源市	199.05	62.12	114.98	21.94	619.80	36.55	507.79	75.45

按大类分产业编号的对应关系：H1——农业；H2——林业；H3——畜牧业；H4——渔业；H5——农林牧渔服务业；H6——采矿业；H7——制造业；H8——电力、燃气及水的生产供应业；H9——建筑业；H10——交通运输、仓

储和邮政业；H11——信息传输、计算机服务和软件业；H12——批发和零售业；H13——住宿和餐饮业；H14——金融业；H15——房地产业；H16——租赁和商务服务业；H17——科学研究、技术服务和地质勘查业；H18——水利、环境和公共设施管理业；H19——居民服务和其他服务业；H20——教育；H21——卫生、社会保障和社会福利业；H22——文化、体育和娱乐业；H23——公共管理和社会组织。

工业部门产业编号的对应关系：I1煤炭开采和洗选业；I2石油和天然气开采业；I3黑色金属矿采选业；I4有色金属矿采选业；I5非金属矿采选业；I6农副食品加工业；I7食品制造业；I8饮料制造业；I9烟草制品业；I10纺织业；I11纺织服装、鞋、帽制品业；I12皮革、毛皮、羽毛及其制品；I13木材加工及木、竹、藤、棕、草制品业；I14家具制造业；I15造纸及纸制品业；I16印刷业和记录媒介复制业；I17文教体育用品制造业；I18石油加工、炼焦业及核燃料加工业；I19化学原料及化学制品制造业；I20医药制造业；I21化学纤维制造业；I22橡胶制品业；I23塑料制品业；I24非金属矿物制品业；I25黑色金属冶炼及压延加工业；I26有色金属冶炼及压延加工业；I27金属制品业；I28通用设备制造业；I29专用设备制造业；I30交通运输设备制造业；I31电气机械及器材制造业；I32通信设备、计算机及其他电子设备制造业；I33仪器仪表及文化、办公用机械制造业；I34工艺品及其他制造业；I35废弃资源和废旧材料回收加工业；I36电力、热力的生产和供应业；I37燃气生产和供应业；I38水的生产和供应业。

由表5-3可以看出，河南省区域城市主导产业按大类分基本都为制造业门类（H7），也存在个别城市仍以农业为主导产业，如南阳、信阳和周口等市，还有个别城市主导产业不突出，如洛阳和驻马店市。工业部门的主导产业大多集中于：煤炭开采和洗选业（I1）；农副食品加工业（I6）、纺织业（I10）；化学原料及化学制品制造业（I19）；非金属矿物制品业（I24）；黑色金属冶炼及压延加工业（I25）等门类，表现为以能源、原材料基础产业和以农产品为原料的初级加工业比重高，品牌制造和高端制造业的比重低，如对于食品制造业只有在漯河市成为主导产业，对于专用设备制造业只有在郑州市成为主导产业，全省产业结构趋同性强。

3. 聚类分析结果

河南18个省辖市依据其产业特征可归于不同的类型，对表5-4中的数据按照份额偏离分量、结构偏离分量和竞争力偏离分量进行聚类分析。在做聚类分析

前，对数据按照标准化方法进行处理，结果如表 5-5 所示，具体方法如下

$$ZX_{i,t}=\frac{X_{i,t}-\overline{X}_i}{S_i}\ (i,\ t=1,\ 2,\ \cdots,\ n)$$

$$\overline{X}_i=\frac{1}{n}\sum_{i=1}^{n}X_{i,t}$$

$$S_i^2=\frac{1}{n-1}\sum_{i=1}^{n}(X_{i,t}-\overline{X}_i)^2$$

$$S_i=\sqrt{\frac{1}{n-1}\sum_{i=1}^{n}(X_{i,t}-\overline{X}_i)^2}$$

$ZX_{i,t}$ 为第 i 个指标的第 t 个观测值的标准化数据，$X_{i,t}$ 为 X_i 的第 t 个观测值，$\overline{X}_i$ 为 X_i 的样本均值，S_i^2 为样本方差，S_i 为样本标准差。

表 5-5　数据标准化处理结果

编号	地区	产业部门			工业部门		
		M_i	N_i	P_i	M_i	N_i	P_i
1	郑州市	2.3573	3.1295	3.0646	3.3400	2.9865	−1.4439
2	开封市	−0.3733	−0.5591	0.1310	−0.7592	−0.7454	0.1954
3	洛阳市	1.0376	1.3922	−1.3574	0.5979	1.1222	−0.3760
4	平顶山市	0.6573	−0.0489	0.4688	0.2576	−0.1566	0.9963
5	安阳市	0.4668	−0.0286	0.6936	−0.0881	0.0443	0.2503
6	鹤壁市	−0.8711	−0.8594	−0.0774	−0.5468	−0.8374	0.1557
7	新乡市	−0.2411	0.0307	−0.1404	−0.3340	−0.0840	−0.0101
8	焦作市	0.1763	0.1156	−0.8528	0.9488	1.4222	−3.3704
9	濮阳市	−0.6907	−0.2738	−1.2751	−0.3895	−0.6123	0.2924
10	许昌市	−1.6217	−1.1864	−0.1050	0.0927	0.1043	0.6031
11	漯河市	−0.6643	−0.7732	−0.3714	−0.6296	−0.6770	−0.0786
12	三门峡市	−0.2876	−0.5333	1.3339	−0.3746	−0.2261	0.3932
13	南阳市	1.9399	0.9395	−0.5360	−0.2070	0.2495	−0.3129
14	商丘市	−0.1536	−0.0839	−0.4349	−0.4782	−0.7060	0.5670
15	信阳市	−0.4160	−0.1302	0.0650	−0.8277	−0.8605	0.4773
16	周口市	0.0008	0.0109	−0.4972	−0.7716	−0.6431	0.4789
17	驻马店市	−0.2896	−0.1991	−0.1146	−0.7099	−0.8329	0.3551
18	济源市	−1.0268	−0.9424	0.0052	0.8790	0.4523	0.8270

对表 5-5 中标准化后的数据按照 M、N、P 三个变量进行 18 个省辖市的聚类分析，整个过程在 SPSS 软件中进行，采用加权聚类法测量 Manhattam 距离（阮桂海等，2003），得到如下聚类分析的树形图（图 5-2、图 5-3），图中垂线表示连

接的聚类，横线的长短表示被连接的两类之间距离的大小，如果聚类合并时两类之间的距离明显加大，线条很长，则应属于不同聚类。

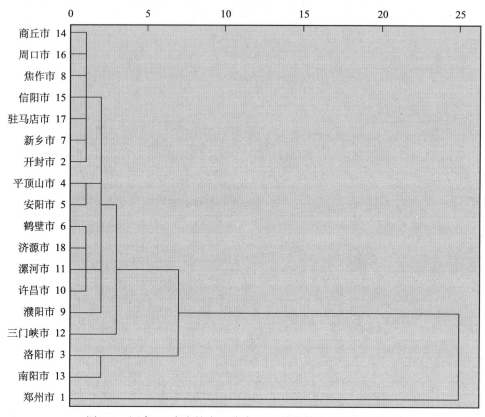

图 5-2　河南 18 个省辖市三次产业贡献指数聚类分析树形图

按三次产业总的竞争力来看，河南 18 个省辖市可归为 7 类，第一类为郑州市（编号为 1），份额偏离分量 M、结构偏离分量 N 和竞争力偏离分量 P 三者均有大的贡献；第二类为洛阳市和南阳市（编号为 3、13），M 和 N 贡献作用较大而 P 作用较差；第三类为三门峡市（编号为 12），P 贡献较大而 M 和 N 作用较差；而对于其余四类所包含的 14 个城市，三个偏离分量 M、N 和 P 的贡献作用或者一般，或者较差。

按照工业部门的竞争力来看，18 个省辖市可归为 5 类，第一类为郑州市（编号为 1），份额因素 M 和结构因素 N 有非常大的贡献作用，而竞争力因素 P 贡献作用较差；第二类为焦作市（编号为 8），M 和 N 的贡献作用较好，而 P 的作用特别差；第三类为洛阳市（编号为 3），M 的贡献作用一般，N 作用较好而 P 作用较差，第四类平顶山市、许昌市和济源市（编号为 4、10、18），M 和 N

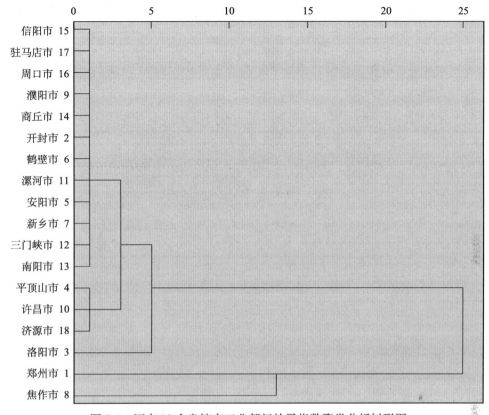

图 5-3　河南 18 个省辖市工业部门效果指数聚类分析树形图

的贡献作用一般，P 的贡献作用相对较好；其余 12 个市为第五类，M 和 N 的作用较差且 P 的作用一般。

三、河南省城市主导产业发展状况的评价

1. 城市主导产业中重型工业比重较高，对资源和能源消耗的依赖性较强

河南省现有省辖市的主导产业中，除去食品制造、纺织业和医药制造外，大多属于与原材料、能源和行业装备相关的重型制造业，如表 5-3 所示，有 10 个市以非金属矿物制品业作为主导产业，有 4 个市以煤炭开采和洗选业作为主导产业，有 4 个市以化学原料及化学制品制造业作为主导产业，有 3 个市以黑色金属冶炼及压延加工业作为主导产业。这些行业的资源和能源消耗量较高，随着当前资源、环境约束的日益增强，产业转型升级的压力也将越来越大。

在快速工业化和经济重型化的进程中，河南能源需求快速增长，由于各城市

低能源效益产业比重大，产业结构的能源效益差。随着资源储采量的逐渐下降及开采成本的上升，资源优势将会进一步减弱。在资源与环境约束日益强化的情况下，主要依靠物质资源投入的低端制造将难以支撑城市经济的可持续发展。

2. 产城之间缺乏互动融合，大多数城市要素集聚和产业带动能力不足

产业与城市之间的互动融合能提高城市对产业、人口和环境的承载能力，提升城市经济发展质量和水平。根据图 5-2 和图 5-3 聚类分析的结果，从产业大类和工业部门来看，除了郑州和洛阳等少数城市外，在份额优势、结构优势和竞争力优势上，河南省大多数省辖市都相对缺乏。由于河南省城镇化发展水平滞后，虽然城市数量较多，但从城市规模看，中等城市较多，缺乏在全国具有较强竞争力和影响力的特大城市，降低了对周围地区要素的聚集力、带动力和辐射力。以制造业从业人员为例，2005~2010 年，河南省制造业增加值占 GDP 的比重上升6.56 个百分点，而同期吸纳就业人数占全部从业人员的比重却仅增加 4.5 个百分点，资本深化削弱了产业发展的就业效应。

第三产业是衡量一个城市现代化水平的重要标志，产业的带动能力最为明显。但是，河南第三产业占 GDP 的比重一直低于全国平均水平，2010 年，根据国家统计资料，河南的第三产业占 GDP 的比重为 28.1％，比全国低 14.9 个百分点。从第三产业的内部结构来看，传统服务业如商贸、住宿、餐饮和交通等的比重较高，而金融保险、信息传输、科研、计算机服务和软件业等现代生产性服务业发展滞后。制造业生产性服务投入不足，没有形成生产性服务业和制造业协同发展的良性机制，是当前河南省制造业大而不强的一个重要原因。

3. 城市自主创新能力不足，主导产业高度依赖价值链低端环节

一个国家或地区自主创新能力的不足，会导致其在国际价值链和产业链分工中长期处于不利地位。如表 5-3 所示，河南省的主导产业优势主要集中在资本密集和劳动密集型行业，大多属于技术层次不高的传统产业或资源型产业，而在高新技术和新兴产业方面，技术密集型的制造业发展相对不足。例如，规模以上工业企业中，体现先进制造业的通信设备、电子设备、制药、仪器仪表、专用设备等所占比重，2010 年约为 9.15％，低于全国平均水平约 6.38 个百分点。许多企业自主研发能力薄弱，产品档次低，缺乏技术含量和高附加值。许多城市的高科技企业只具有高科技产品的加工能力，缺少核心技术，高新技术产业发展滞后，难以在经济增长中充分发挥其先导作用。

4. 主导产业的产业集中度不高，产业集群经济实力弱

作为河南主导产业的制造业产业集中度不高，主要支柱产业的企业规模相对较小。2010 年，河南工业 38 个行业大类中有 32 个行业集中度低于 50％（刘永奇等，2011），其中非金属矿物制品业产业集中度仅为 8.0％，化工行业为

12.6％，纺织业为 7.9％（张锐等，2011）。由于制造业中大型骨干企业少，未能真正形成围绕大型企业的中小企业群体，影响到专业化分工、社会化配套的制造体系构建，制约了企业迅速做强做大和对区域经济发展产生显著的带动作用。

从整体来看，河南主导产业中的企业规模仍然偏小，至今尚未形成一批大型行业代表型企业，产业集群经济实力弱。由于多数行业内企业规模不经济、聚集效果不明显，这必然导致生产要素的聚集度低和分散使用，加剧生产能力的过剩和过度竞争，削弱区域产业的整体竞争力。

四、发展河南城市主导产业的对策建议

1. 加快新型工业化进程，以信息化和企业自主创新提升主导产业的整体素质

加快河南新型工业化进程，应优先发展以信息技术为先导的高新技术产业，引入高新技术来改造传统产业，推进传统产业发展和全面升级。在制造业产品的设计更新、生产加工、经营管理、市场营销等多个环节，进一步加大信息技术的推广力度，做好一些重点传统产业的"两化融合"和提升工作，促进信息化与工业化融合，实现技术创新和管理创新，集聚产业链条的附加值。

为了增强产业的核心竞争力，需要制定和完善提高自主创新能力的相关规划和产业政策，建立有利于高新技术产业、创新型企业的投融资机制和环境条件（李峰等，2010），为制造业产业结构升级提供强有力的支撑。首先，充分发挥企业作为创新主体的作用，加强企业技术研发中心建设，鼓励、支持企业建立各种形式的技术研发机构，加大对研究开发活动的投入力度；其次，应加快产学研创新平台建设，支持高等院校、科研院所围绕产业优化升级的关键技术与企业联合攻关；最后，增加政府的科技投入及发挥社会中介服务机构的服务功能，进一步扩大面向企业的资金、技术、信息、人才、法律等多方位的服务。

2. 加快推进产业集聚区建设，扶持壮大一批制造业龙头企业

产业集群是支撑区域经济发展的有效载体和重要依托，是现代经济布局的一种重要形式，培育特色产业集群、加快产业集聚发展是河南制造业优化资源配置、壮大产业规模、提升产业竞争力的重要途径和现实选择。应充分发挥河南的区域产业优势，以开发区、工业园区和工业功能区为载体，培育一批产业特色突出、专业分工合理、协作配套完善、创新能力较强的创新型装备制造业产业群。鼓励大企业、大项目及其他配套产业向开发区和工业园区集聚发展，同时建立和完善区域服务体系，促进资金、技术和人才等要素向优势区域集中。

产业龙头企业是带动产业聚集、发挥辐射和示范作用、提高产业集中度的主体和重要支柱。应加快各类装备制造企业兼并、联合、重组的步伐，实施大企业

大集团战略，整合社会资源，促进生产要素向优势企业集中，通过多种途径培育一批优势制造业企业集团，产业龙头企业的发展将能带动和促进整个制造业产业结构的优化升级。

3. 加快现代服务业发展，提升服务业为制造业服务的能力

发达的现代服务业是城市功能的重要组成部分，其发展能为企业集聚资源进行自主创新能力建设创造条件，是决定城市主导产业竞争力的关键因素。河南需要加大对新兴服务业的引导、支持力度，充分利用河南的资源、区位和人力资源优势，推动现代物流、信息服务、金融保险、研发设计、中介及会展业等现代和新兴服务业的发展，促进资源集聚、产业集群、服务集成，提升服务业为制造业服务的能力，促进服务业与制造业融合互动。

为适应当前新兴科技与新兴产业深度融合的趋势，河南应加快培育壮大一批战略性新兴产业，做大做强生物医药、新材料、新能源、电子信息等一些高成长性或特色产业。创新产、学、研结合机制和模式，促进高新技术成果产品化、产业化。积极发挥高新技术开发区的集聚作用和承载功能，使之成为具有高水准的创新孵化基地，加快高新技术产业集聚化、规模化发展。

4. 以产业为纽带推进城镇化建设

长期城乡分割的二元经济格局导致河南省城镇化大大滞后于工业化的现状，未来城镇化具有很大的发展空间。以产业为纽带统筹推进大、中、小城市和小城镇建设，一方面，增强中心城市的辐射带动作用，形成具有较强竞争力的开放型城市群。重点发展高端制造业、新兴产业和现代服务业，提高城市质量和现代化水平；另一方面，增强县域城镇的承载承接作用，注重内涵式发展，提高承接中心城市的辐射能力和带动农村发展的能力。同时，扩大小城镇产业发展的空间，把小城镇经济逐步纳入城市现代产业发展的轨道，与城市经济的发展保持同步，促进城乡一体化发展。

5. 加快中小企业发展，提高专业化分工和企业间协作水平

河南省凭借区域位置优越、资源供给充裕、要素综合成本相对较低及产业配套能力强等诸多有利条件，仍然是发达地区产业和资本转移的首选地区和重要基地。因为制造业的发展可以创造出更多的就业机会，作为人口大省的河南，应该利用自身的有利条件积极主动地去承接劳动密集型制造业，形成良好的劳动密集型产业发展环境与配套能力。进一步建立和完善区域社会化服务体系，促进中小型企业规范运作，鼓励企业向产业链上下游延伸，加强配套产业建设，提高专业化分工和与大型企业协作的水平。

|第六章| 城市增长过程中的交通拥堵与治理

出行是刚性需求，而出行方式则是弹性的，是可以调节的。缓堵从根本上来说是改善出行结构，塑造一个合理的出行方式结构。

——全永燊

随着城市经济的快速发展，20世纪50年代出现、20世纪80年代后日益严重的交通拥堵，已成为一个世界性难题。交通拥堵不仅增加出行成本、危害居民健康，造成社会经济、政治文化诸多功能衰退，以及资源浪费、道路事故发生率提高、恶化生态环境等无谓的损失，进而还会使城市生存环境持续恶化，使其成为阻碍城市发展的"顽疾"（陆锡明，2004）。

第一节　国内外相关研究综述

一、国外研究现状

20世纪50～60年代，随着小汽车普及、城市的机动化水平不断快速提高和相应的大规模城市快速道路建设，西方发达国家的城市交通学科研究领域逐渐形成（陈学武，2002），各国规划师及交通工程师开始探索如何破解交通拥堵这道难题。起初是通过增加城市主干道交通容量、加强道路设施建设来提高路网的交通容量，但这又诱发小汽车的再次大量发展，从而陷入恶性循环。此时，人们发现通过不断增加"供给"而实现改善交通状况的想法是天真的、行不通的，仅仅依靠增加道路面积想要缓解交通拥堵状况是无法实现的，甚至有人这样形容："想通过增加道路来解决交通问题就好比松开皮带来治疗肥胖症。"这也由后来所谓的党斯法则进行了证明：新出现的交通量需求可以由新建的道路设施引发，而结果是交通供给总量总是低于总的交通需求量（王有为和赵波平，2002）。

同时，也出现了这种局面：大规模的道路设施扩建因为资金短缺而难以进行下去，而人们发现花费大量钱财修建的道路设施会因为运行管理不到位难以发挥功效。为缓解这一局面，交通管理的技术开发和应用应运而生，即交通系统管理（TSM）计划。TSM较为注重道路设施与运输系统二者在需求方面的合理配置及二者之间的协调关系，而在由此延伸出来的如何协调二者关系及交通方式的选择方面涉及较少（林飞，2006）。尽管如此，这相对于过去靠扩充道路改善交通的思路具有一定的前瞻性、创新性。

之后出现了更为全面的交通管理措施，也就是现在许多国家普遍采用的交通需求管理（TDM）策略。TDM 的目的是使交通需求和交通设施供给在一定程度上达到平衡，从而使社会经济利益最大化（李晓江，1997）。不只限于对已经加载于各种运输系统和道路系统上的需求实行管理，连同这些需求产生的源头一起纳入管理范围。TDM 与 TSM 并不是相互排斥与对立的，而是相辅相成、互为补充的两种管理策略（全永燊等，2002）。其核心是要通过倡导公共交通、控制和引导小汽车的使用、诱导人们的出行方式来缓解城市交通拥堵。已经部分实施的欧洲国家的实践证明，TDM 对解决城市交通问题能取得相当好的效果：德国是目前最广泛使用 TDM 的国家，于 1991 年设立第一个需求管理中心为居民提供各种交通方式信息，便于他们选择交通方式；英国于 1996 年在诺丁汉制订绿色通勤计划，旨在于 3 年内使该区域内员工驾车通勤率降低 30%；挪威在个别城市通过收费来减少私家车对交通的影响；意大利与希腊通过一些举措限制市中心交通量，通常能减少 10%～20%。

20 世纪 70 年代城市交通与城市土地利用的关系开始受到研究者的重视。近代土地利用和交通综合研究的帷幕于 1971 年年初由美国"交通发展和土地发展"研究课题拉开。J. S. 亚当斯对北美城市交通系统与城市发展模式进行研究归纳：在交通系统影响下城市空间形态经历了步行城市—轨道城市—汽车城市三个逐级发展的过程，这也显示了城市道路交通运行系统在城市空间形态发展演变过程中发挥的作用；斯多夫·弗古尔 G. 和弗兰克·J. 科普克研究发现土地利用与城市交通存在双向反馈作用：交通系统影响土地利用，土地利用反过来又影响交通系统（徐永健和阎小培，1999）。

20 世纪末智能交通系统（ITS）开始走入人们的日常生活：起源于 20 世纪 60 年代计算机在交通管理中的应用，21 世纪 ITS 逐步成为国际上统一的名称。目前越来越多的国家认识到 ITS 的重要性，并开始引入，期望能有效解决交通问题。

二、国内研究现状

关于城市增长过程中的交通管理，国内研究未形成比较成熟、系统的研究成果，多为介绍国外理论和借鉴国外相关理论成果，研究主要集中在供需管理及智能化两个方面。

全永燊等（2002）在其著作《路在何方——纵谈城市交通》中对我国大城市的交通拥堵进行分析研究，分别从交通的供需、出行方式、道路设施、智能化管理等方面提出相关对策。清华大学的陆化普（1998）提出了"三个层次、两个方面"的思想。三个层次分别为：建议通过城市和土地的规划使城市合理布局，协调好交通与土地利用二者的关系；从交通结构角度通过一些措施来落实优先发展公共交通，形成以公共交通为主题的交通体系；合理架构路网结构，进一步调整完善道路结构来提高通行能力。两个方面为：从交通供给与需求两个方面同时入手最大限度地使二者保持平衡。

20 世纪 80 年代末 90 年代初，开始了城市交通系统与城市土地利用关系的研究。阎小培、陆化普、石成球等学者分别从不同的城市交通系统空间布局、城市土地开发的交通影响、城市分区土地开发的交通影响进行研究，认为两者之间存在一种相互联系、相互制约的反馈关系（毛蒋兴和阎小培，2002）。最近运用城市经济学研究方法分别从博弈理论、发展经济学、效益与成本分析等视角对城市的拥堵问题进行分析讨论寻找问题的根源成为热点。张岚、石琼、郑长江等对交通拥堵收费进行可行性研究，确定交通拥堵收费定价模型（张岚等，2006；石琼和吴群琪，2004；郑长江和王婷，2008；陈肖飞和艾少伟，2012）。

此外，还有一些专家从其他角度（主要为伦理学、城市生态学、城市社会学）对城市交通拥堵进行分析研究，希望通过可持续发展、合理分配路权、道路公平使用来解决城市交通问题。其中，樊纲、郑也夫、王蒲生等探讨了是否应该通过限制小汽车的使用来缓解交通拥堵状况；陆礼等研究者从社会伦理学、社会心理学及城市生态学等领域综合分析研究城市的交通拥堵问题（赵艳芳，2010）。

第二节　城市交通拥堵治理理论

一、城市交通拥堵的主要理论

1. 城市交通可持续发展理论

可持续发展已经被认为是继农业革命、工业革命后人类文明发展的第三个革命（生态革命）（诸大建，1999），在 1987 年世界环境与发展委员会发表的《我们共同的未来》中正式使用了"可持续发展"概念。

对城市交通可持续发展的研究以班尼斯特（David Banister）和巴顿（Kenneth Button）的《运输、环境与可持续发展》、哈皮（Gary Hap）的《可持续运输：政治变革的关键》及怀特伯格（John Whitelegg）所著的《可持续发展的运输：欧洲实例》3 部著作作为代表。其对可持续交通概念、内容政策做了详细的介绍，但在将理念转化并应用于指导实践的交通基础设施规划、建设、管理等各个方面，依然处在摸索阶段。20 世纪 80 年代开始提出的所谓生态城市思潮也在一定程度上影响了城市交通的永续发展问题的解决方案。我国王炜、徐吉谦、陆化普等学者在发展框架、发展战略等方面做出了重要研究。

世界银行在评价交通政策和行动时用了"三个可持续"：经济可持续、社会可持续、环境可持续（陆建，2012）。《北京宣言》中提出交通发展规划应符合四项标准：经济的可行性、财政的可承受性、社会的可接受性、环境的可持续性。由此可见，城市交通可持续发展的内涵是交通效率、环境保护和经济效益三者统一，其中，转变传统交通观念是前提，核心内容是提高交通系统的效率，环境保护和资源合理利用是基础。实现城市内部环境与交通的协调发展应考虑三点：一是城市交通网络与交通需求管理相结合；二是城市的主要干道布局应该与城市环保生态及土地的节约集约利用一起考虑；三是城市的道路交通整体布局要考虑适应目前各种交通发展需求，同时又要考虑未来城市的永续发展需要预留的发展空间。

城市交通可持续发展实现的标志主要体现在城市交通需求得到满足、环境不断得到改善及城市交通资源的合理利用。要实现城市交通的可持续发展，首先要转变传统交通发展理念，从片面追求数量扩张转向注重综合效益，从注重个人交通需求转向注重公众利益，核心在于提高交通设施使用效率，减少无效交通，实现以扩大规模为主的粗放型交通系统向注重效率的集约型交通系统转变。

2. 城市空间发展理论

学界在分析研究城市的交通拥堵问题过程中得出城市的交通道路布局与城市的空间扩张彼此是相互影响、相互作用的：城市道路交通的不断发展提升了城市交通可达性指标，改变了城市空间的便捷程度；城市空间内移动的便利性和可达性会反映到城市的交通道路建设上来。城市空间发展理论的提出可以为城市道路交通拥堵问题的研究解决提供新的视角。

1）多中心城市空间理论

经济、交通通信工具及技术的快速发展，特别是新的劳动分工加速各种经济活动迅速分散布局，导致城市的空间布局模式由单一中心结构向多中心分散型结构演化，单中心城市空间结构已不再适应日益多中心化的城市地域。

早在1933年麦肯齐（R. D. Mckenzie）就提出了多中心理论，他指出在城市的发展过程中会出现多个商业中心，其中的主要商业区为城市核心，其余为次核心。这些核心会充当成长中心的角色，直到中间地带被填充，而随着城市规模的扩大新的极核又出现。1945年哈里斯（C. D. Harris）和乌尔曼（E. L. Ullmn）对多中心理论进行了完善，提出了影响城市中心空间结构的因素。20世纪90年代克鲁格曼通过多中心城市空间自组织模型——边缘城市模型证明：在满足该模型假设的城市中不管商业活动的初始状态如何，都会自发地组织成为一个具有多个截然分开的商业中心的形态格局。

多中心城市空间理论的代表学者是美国的穆勒（Muller）。他认为在大都市地区的外部郊区形成若干小城市，交通布局网络、建设环境、相关经济活动的区域内部化导致小城市具备自身特别的地域空间，这些小城镇地域空间进而整合为所谓的大都市区域。

多中心空间结构支持者认为，多中心的空间格局比单中心的更吸引就业者远离拥挤的城市中心；而家庭和企业也会周期性地调整空间位置来实现居住、就业之间的平衡，通过将交通总量分散在较广的区域来达到缩短通勤距离和通勤时间的目的。

在这一思想指导下，我国北京和上海等特大城市在最新的城市总体规划中都提出了多中心城市空间格局的设想，希望通过卫星城的建设、CBD 等手段在市域范围内构建多中心来缓解单一城中心带来的交通拥堵等"城市病"。

2）精明增长策略与美国的新城市主义理论

20 世纪末，美国提出的以精明增长发展策略协调城镇土地使用规划与城镇道路交通发展布局相互关系的手段受到广泛关注。主要做法包括：减少盲目无序扩张，高效率使用城市的已有空间；一定程度上加大城市建设密度，密集各个组团，最大限度地缩短职住彼此的空间和时间距离，降低住房、各种公用设施的建设和利用成本；重视恢复建设现存社区，对污染、废弃工业用地进行再次开发，达到减少公共服务和基础设施成本之目的。

新城市主义也叫"新传统主义"，核心内容包括：①重视规划建设与文化、历史、自然环境之间彼此的协调性，敬畏历史、自然；②重视已建设的环境的可人性质和支撑居民社会生活的功能，坚持人本主义，实现从传统的市场第一重要到社会第一重要的转变；③在郊区土地利用上拒绝北美郊区粗放式、隔离式、蔓延式的土地利用模式，追求集约、复合用地。

3. 城市交通拥堵疏导决策理论

经历较长时间的摸索，西方发达国家探寻交通问题解决的方向从过去的增加路网、扩建道路以适应不断增加的交通需求转向采用高新技术来改善当下的道路运输系统和管理体系，达到提高路网通行能力与服务质量的目的。

发生拥堵时应及时疏导，尽快恢复道路的正常通行能力，国内外学术界的知名学者总结为两种基本解决方法：①即时性地调整控制、调度交通量，控制流量需求；②快速处置突发事件引起的交通拥堵，尽快恢复道路和交叉口的通行能力。因此，疏导拥堵的政策措施可归为三种方法：行为方面的控制/诱导引导性的控制、针对事件的控制、网络性质的控制/强制性质的控制。

在城市道路交通拥堵疏导理论指导下的城市道路交通拥堵解决疏导决策支持

体系，可以说就是一套集成的计算机人工智能辅助决策支持系统，集中包括城镇交通道路拥堵的观察、城镇道路交通事件的处置、城镇道路交通拥堵的提前预警、城镇特别交通组织服务和城镇道路交通日程管理。首先，实现以下方面的有效集成，建立一个智能库：城镇交通拥堵疏导中累积的经验办法、从整体上系统思考的根本逻辑理念、城镇道路交通管理的根本原则。之后建立集成的智能的评判组织：疏导城市拥堵的方法与人工智能技术有效结合，将城镇道路交通现状进行数据空间化，通过评判组织的运行，最后得出相关的解决拥堵问题的方案。

近年来，随着交通高峰期延长、出现交通拥堵的路段不断增加，常发性交通拥堵现象越来越严重。以上旨在自动检测城镇道路上的突发事件的研究，已经转变升级为对城镇道路上一切交通情况的智能自动检测判别研究。比如，日本书出了交通流量测度设备，它是依靠光来感应的，类似一种"会思考的"信号灯，自动在系统认为最适当的时刻进行红灯、绿灯变换：道路上行人稀少时就延长红灯时间，道路上行驶车辆多时就实时增加绿灯时间，有效避免等红灯等得让人焦虑烦躁的事情。又如，加拿大的多伦多市在20世纪中期就已建成全球第一个交通信号中心式控制系统：将交通信号控制系统与交通检测器的应用相结合，根据动态的道路交通信息控制交通信号的时间的设计方案，较好地达到了控制交通的目的（徐东云，2007）。

4. 综合交通与赛博空间理论

所谓的综合交通理论，强调运输与通信的有机结合。19～20世纪运输与通信是分别独立发展的，现在将通信与运输结合则成为一种新事物，与国家行政管理所界定的"交通"的内容不同。2005年上海交通大学出版社出版的《交通大辞典》承认交通包含运输和通信两个方面；我国交通学学者管楚度强调交通是运输与通信的合称。

基于当代信息技术传统重新将时空概念进行限定，过去以空间问题为核心的地理学遭遇变化，而对交通问题产生极为重要影响的也正是变化的地理因素。20世纪90年代初期国际知名地理学者贝蒂提出所谓的赛博空间地理学。

赛博空间（Couclelis，1996）依托于因特网塑造新的商业模式和秩序来构成一种社会交往交流的新型空间。它的实现需要多学科的支持：信息高速公路和计算机网络、遥感技术、虚拟现实技术及GIS技术等。赛博空间具有独特的空间特性：物理距离毫无意义，它用功能距离或心理距离等来表达空间特性。

关于赛博空间对地理空间的影响仍存在着诸多争论：Mulgan、尼葛洛庞蒂等支持者认为赛博空间将对地理空间产生影响，甚至认为在其所在地的社会经济中发挥出比"地方空间社会"更大的作用；但也有不少学者持反对意见。未来的情况虽不可预见，但可以肯定赛博空间将深入并改变我们的工作、生活。

随着电子化信息传递技术的快速发展，不断降低的技术成本会降低人们对有形运输方式的依赖，异地的信息交流也将逐渐等同于面对面的交流。例如，电子票务的广泛应用减少了人们购票或票务送票的出行量；多方视频通信有利于异地开会研讨减少实际位移的需求；此外，基于现代通信技术的虚拟性组织结构和家庭办公方式等的采用，不断减少人们出行的必要。随着信息技术不断进步，未来运输需求不断地融合即时通信，全新的交通形态将会出现，这将彻底将出行需求与出行方式改变（徐东云，2007）。

二、城市交通拥堵治理的主要模式

1. 增加交通供给模式

欧洲和美洲的国家在最初进入汽车社会的时期，将工作重点放在增加交通设施的建设，提高路网的通行能力上，通过提高交通供给能力来改善交通拥堵状况，但道路的供给总不能满足需求。而当斯定律有力证明了"在政府对城市道路交通没有进行有效的管制和控制的状态下，新建的各种道路等等基础设施自然引发多于原来的新的交通需求量，结果总的交通需求量自然趋于一直超过交通供给量"（王有为和赵波平，2002）。增加交通供给模式的核心思想是充分利用、合理配置稀缺的道路、土地资源。该模式认为城市道路网本身的缺陷，加之规划管理的不科学，导致城市交通结构低效，致使交通管理滞后、低效，甚至错误使用道路而引发道路交通拥堵问题。该模式其实并不主张仅仅靠增加道路交通供给量的单一手段去解决问题，眼光主要落在合理规划城市道路交通和管理交通及智能交通的高效供给和有效使用上。

模式优点：科学合理地积极规划和管理城市的道路和交通，善于采纳、应用高级、最新技术，使有限的道路最大化其效应，相应地最大化土地资源的效应，实现满足人们出行需求的目标。

不足之处：变化极为缓慢的供给与变化极为迅速的需求之间通常难以达成一致，结果供需之间一直会存在缺口；种种规划和技术投入不仅需要资金投入，而且供给的准确性、前瞻性的要求也很高，无法准确地预测将导致严重的后果，造成相对长期的重要影响；各级政府的管理与各个相关部门必须形成高度和谐的配合才能提升效率，否则就会很难发挥所期望的作用；对先进的科学理念、有效率的技术创新、知识技能创新极为依赖。

2. TDM 模式

20 世纪 60 年代，新加坡这个城市国家（也是国际规划优等生）就开始采取

TDM 策略，也是全球第一个进行交通需求管理的国家。20 世纪 70～80 年代，交通管理的两大重要组成部分为交通需求管理与交通系统管理，但交通需求管理研究却是在 20 世纪 80 年代后才真正开始的。

交通工具增长速度过快，而道路供给增长在短期内是非常有限的，这直接导致需要对不经济使用道路面积的交通工具进行限制，并鼓励使用节省利用道路交通面积的出行工具。TMD 模式指通过调整、控制与引导交通发生源及调整出行分布而缓解交通拥堵状况，保障城市道路交通系统可以有效运行。通过引导居民的出行方式来缓解城市道路交通拥堵状况是该模式的本质、核心，本质上就是控制和引导小汽车，倡导公共交通的使用。

模式优点：通过倡导节省使用道路面积的出行方式，同时限制总体低效的出行方式，从而实现缓解城市交通拥堵的状况。

不足之处：规划不合理的城市，将很难高效地以这种形式引导居民的出行需求；需要引进高科技手段支持收费调节方式，落后的手段会造成新的拥堵；所需的完善公交系统需要巨额投资实现。

3. 制度完善模式

根据新制度经济学的观点，制度指人际交往中的规则及社会组织的结构和机制，一方面，它规范人们的行为，减少冲突和摩擦带来的效率损失；另一方面，它使居民形成合理预期，从而降低不确定性。所谓的制度完善模式就是基于这种经济学理念：各级政府应该保障道路交通设施发挥最高效的作用，具体操作是要制定政策措施来增强居民的交通守法意识，得到使用外部力量强迫降低违规行为转变为行人个人自觉减少违规行为的目的，从而逐步实现减少由人为因素导致的交通拥堵和交通事故。

在经济发达的欧美国家交通法规往往非常严厉，通过对违法违章者严惩来达到提高人们遵纪守法的意识的目的。比如，在德国，如果有违法违规行为被查出，将重罚驾车者，而且影响个人信用，经常违法者不但难找工作，而且会使其在汽车保险方面的费用比一般人高，这也会使驾车者自觉遵守交通规则。

制度完善模式的主要贡献：通过制度确保道路设施和资源有效利用，通过强制性规范使人们自觉遵守交通规则，从而形成良好的公德意识，以达到保障交通可持续发展的目的。

不足之处：这仅仅是解决交通拥堵问题的必要但非充分条件，因为它是无法单独发生作用的。

第三节　世界部分城市应对交通拥堵的对策

一、日本东京：科学合理地修路建站

东京市政府通过大力发展城市快速轨道交通系统来解决城市交通拥堵问题，如今的日本东京已经成为世界轨道交通最发达的城市之一。一张由城市轻轨和地铁所铺成的大型轨道交通网覆盖着整个东京市，总里程达 2355 千米，其轨道交通系统每天运送旅客 2000 多万人次，承担了东京全部客运量的 86%（牛瑞，2011）。

规划设计合理、配套设施齐全是日本大都市轨道交通的特点。此外，日本东京解决交通拥堵问题的主要方式还有修建环形路、修建迂回路、修建立交桥、增加车道拓宽道路、建设综合公共交通枢纽站等。东京市中心区的交通枢纽站有市内地铁电车换乘、市内与郊区地铁、新干线等综合换乘体系；还有的车站出站口直通大型商场、娱乐场及公司大楼，可以避免人流二次拥堵，还可有效缓解路面交通压力。另外，许多城市在远离市中心的地方建大型停车场，鼓励城郊的人进市上班、办事时换乘电车或地铁等公共交通设施来缓解市内交通压力。

此外，交通管理部门通过扩大道路容量满足交通需求量；严格执法，对违规违章车辆进行处罚，不断加大打击力度，也是日本缓解交通拥堵、保持交通畅通的一个重要因素。因此，尽管东京人口和车辆密度高而道路窄，在早晚高峰期也很难见到道路堵死的现象，堵车也仅仅是因为行驶速度缓慢。

二、新加坡的区域许可制度

新加坡约 250 万人，从 1975 年起对 2 平方英里[①]的商务聚集地区推行征收道路使用费的制度。私家轿车若要进入该地区必须拥有许可证，违者处以罚金；最初管制的对象车辆是小轿车，现在扩大到货车、出租车及多乘员车；除了休息日，管制时间是 7：00 ～10：00 和 16：30 ～19：00。这一政策的执行使许可区域内的行车速度提高 1/5，区域外的绕行路的行车速度降低 1/10。市中心高峰期的平均行车速度为 30～35 千米/小时，周围环状道路为 24～27 千米/小时。

---

① 　1 平方英里≈2 589 988平方米。

第四节　实证研究：郑州市交通拥堵的成因与治理

截至 2014 年年末，郑州市总人口为 800 多万人，而机动车保有量已突破 210 万辆，即每 4 个人就拥有 1 辆汽车，高于武汉、南京等城市。同时，郑州市常住人口增长迅速，交通拥堵现象日趋严重。对城市增长带来的交通拥堵问题已不能视而不见，必须进行研究，提出治理对策。

一、郑州市区交通现状及拥堵成因分析

1. 概况

郑州市总面积为 7446.2 平方千米，其中市区面积约 1010.3 平方千米，人口为 862.65 万人。辖 6 个市辖区，代管 5 个县级市、1 个县，另设省级新区郑州新区（含郑东新区）、1 个国家级高新技术产业开发区、1 个国家级经济技术开发区。

数据显示，近几年来，郑州市社会经济不断快速发展，人民不断提高收入水平，私人小轿车在郑州市的拥有量表现出加速增长的势头（图 6-1、图 6-2）。

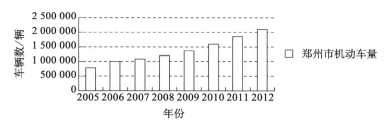

图 6-1　2005～2012 年郑州市机动车量趋势图

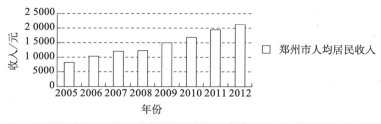

图 6-2　2005～2012 年郑州市人均居民收入趋势图

2. 郑州市交通拥堵成因分析

1) 宏观成因

从宏观上分析，郑州市交通拥堵原因包括：城市空间布局不合理；城市道路基础设施建设滞后于社会经济发展；城市道路交通空间布局结构不太合理；日常道路交通的管理相对于交通运行状况显得滞后；交通系统内部条块严重缺乏有效整合；交通管理各方缺乏有效协调；市民出行的交通意识不强。

（1）城市空间布局不合理，城市空间发展与城市的交通建设发展不协调。从空间上看，二七商贸圈、紫荆山商贸圈、大学路、花园路-紫荆山路、文化路、经三路、金水路、360国贸商务圈、农业路、火车站周边道路等主干路的交通拥堵状况比较严重。从时间上看，上下班时段、阴雨天气、重大节假日及大型活动期间，交通拥堵尤为突出。上班高峰期主要流向为自北向南、自西向东，同向的公交车上人满为患，而反方向的公交车上的人则寥寥无几；下班高峰期主要为自东向西、由南而北的人流、车流。

一是城市总体布局。郑汴一体化战略引导城市向东发展，郑州市区建设受此影响整体发展趋势是向东发展。这会吸引商业金融、公司企业及房地产开发商在东区投资，会使得自西向东的交通需求更为明显，因此而产生的交通流引发的交通拥堵会更加严重。而目前郑州市区的空间格局为"摊大饼"式的向外扩展模式，路网结构为二环—三环—四环的环状结构加放射状道路，交通网络与城市格局不尽协调。

二是郑州市居住分布特点。郑州市中心城区现状常住人口达到331.1万人，现状人口主要集中在老城区范围内：老城区占地面积为214.7公顷，占整个城区面积的2.07%，人口规模为225.0万人，占整个现状人口的68.0%；北部组团占地918.9公顷，人口规模为27.5万人，占城区面积的8.89%（图6-3）。

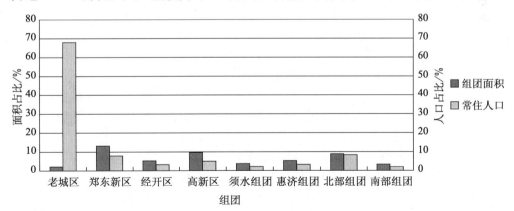

图6-3　郑州各组团人口及占地面积示意图

城市人口向北部聚集的趋势明显，在老城区之外，连霍高速公路以南、北三环以北的北部组团是现状人口最为密集的区域，这里居住着众多的外来务工人员及新毕业的大学生。以陈寨为例，据2010年的不完全统计数据，仅陈寨一个城中村就蜗居了 10 万人以上的外来人口。居住的高度集中会引发上班高峰期的大批人流涌出及下班高峰期的回巢。

在居住人口的空间分布上，龙湖地区外环线、花园路（北三环、金水路之间）两侧、金水路两侧、中州大道（金水路、陇海铁路之间）两侧、陇海路（伏牛路、京广路之间）两侧城中村改造区域，是人口高密度地区；东大学城毗邻的北侧区域、连霍高速与中州大道交叉口西南侧区域、西流湖两侧沿线区域是人口低密度区域。其中，高密度的人口位于城市主干路，如花园路、金水路、中州大道、陇海路某些段位两侧，均为交通要道。

三是郑州市工业空间布局特点。郑州市的工业用地多位于中心组团外侧，主要集中在西北方向的郑州市高新技术产业开发区，东南方向的经济技术开发区，以及中心组团的西部、西三环东侧陇海铁路以南的棉纺厂及电缆厂。工业的分布总体较为零乱、分散，而居住相对集中，这样就会形成居住地点与工作地点之间的位置移动。工作日上班高峰期交通需求主要表现为自北向南、自西向东，从老城区向外围出行；下班高峰期交通需求则相反。

四是郑州市商业圈布局特点。郑州市 3 个次一级的实际商业中心中有两个布局在金水区，还有一个布局在中原区，多数商业中心集中布局在金水区，结果就造成各个行政区商业圈分布过于不均的状况（张昊锋，2010）。借鉴张昊锋在郑州市商业中心空间布局及优化研究中的成果及实际调查，绘制出目前郑州市城区主要商业中心图（图 6-4）。

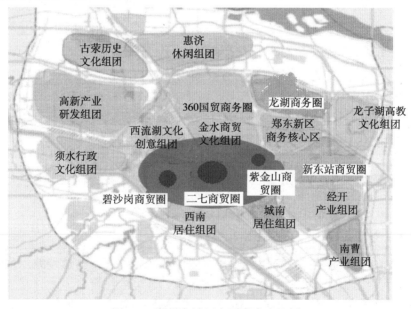

图 6-4　郑州市城区主要商业中心图

商业中心的分布大致是与城市交通的发展息息相关的，交通便利促使商业中心产生，市级、区级商业中心多数位于城市主要交通干道的周边。二七商贸圈的四周有多到5条主要干道交汇，紫荆山-金水路商业中心有3条主要干道交汇（二七商贸圈、紫荆山商贸圈、火车站商贸圈混为一体）。除了交通路的碧波园及伏牛路、陇海路的商业中心在布局上处于非主干路直接交汇处而是主干路和次一级城市道路交汇处之外，其余的15个商业中心都是空间上处于两条城市主干路交汇处的周围地区。此外，文化路-北环路、农业路-中州大道商业中心还布局于三环路附近（图6-5）。大商场既是交通的目的地，也是交通产生的源地，多位于道路交汇处，尤其是主干路，地理位置好、交通便利，能吸引商家投资。而城市主干路承载着城市的主要交通运输，本身就有很大的交通量，主干道附近商场出行方式的复杂性会使本身就拥挤不堪的城市道路更加拥堵。

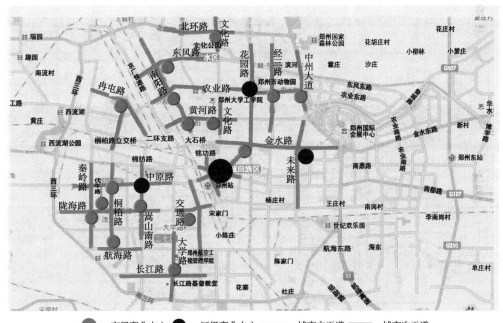

图6-5　郑州市老城区主要商业中心与城市道路的关系示意图

（2）道路基础设施建设滞后，布局不尽合理。

一是道路建设水平不高，滞后于交通需求的发展。"改作省会时，郑州市的道路是按照60万人口规划的。"河南省社会科学院副院长刘道兴道出了郑州市交通痼疾的根源，而目前郑州市常住人口为800多万人，从某种程度上可以解释郑州中心城区的道路拥堵是因为进行路网设计时道路宽度有缺陷。尽管目前郑州市建成区内初步形成了"环形＋放射"的道路网络结构（建成区的道路长度为

1386 千米,路网密度为 4.7 千米/千米²),但快速路系统尚未完成及路网密度偏低的现状道路系统尚不能满足快速增长的交通需求。

二是城市交通枢纽的布局不合理。通过实地调研绘制郑州市交通枢纽现状分布图,如图 6-6 所示。共有两个火车站,即郑州站及郑州东站;三环内汽车站有汽车北站、二马路汽车站、郑州汽车客运中心站、郑汴汽车站、汽车新东站、陇海汽车站、客运总站等 11 个车站;此外,还有三环外的位于花园北路与连霍高速交叉口的郑州长途汽车新北站。南阳路汽车站位于南阳路与农业路交汇处;汽车北站位于东风路与花园路交汇处;陇海汽车站位于紫荆山与陇海路交汇处……每个车站都位于城市主干路交汇处,尤其是在城中心位置火车站、二马路汽车站与郑州汽车客运中心站毗邻。这些主要干路在担负"交通性道路"与"生活性道路"的功能之外还承担汽车站的对外交通量。

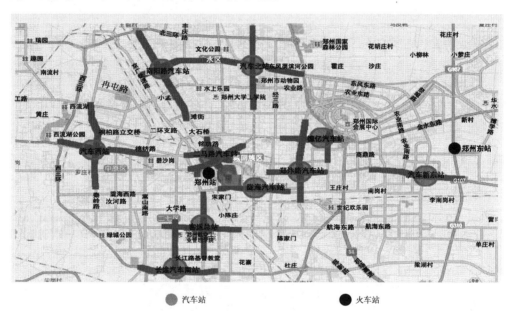

● 汽车站   ● 火车站

图 6-6　郑州市城区交通枢纽分布图

三是道路布局不合理。城市道路网络结构级配不尽合理,次干路与支路建设严重滞后,并且在东、西片区还存在着不少等级低于支路的道路。

根据国家标准,大城市中各级路网密度合理的比例大致应为:快速路网:主干路网:次干路网:支路网≈1:2:3:5,呈倒金字塔形。郑州市各级路网密度比约为1:3.12:1.2:2.5。对分析可知,郑州市路网密度偏低,且路网级配不合理,次干路及支路的微循环作用发挥不够。次干路和支路的严重不足必然会导致城市的穿越性交通和区域的集散性交通集中在主干路上。次干路和支路未发挥其作用,而主干路却因负荷过重导致拥堵。

京广、陇海铁路贯穿郑州市区，很多马路在铁路处被中断；铁路线对城市的分割，使得路网极不完善，贯穿城区的主干路少，断头路多，次干路、支路及小巷不畅，主干路交通压力过大。三环内贯穿郑州市南北的道路仅有花园路及2013 年通车的京沙快速；东西方向的主要为东风路、农业路、金水路、陇海路、航海路等；而城区北部真正贯通东西向的，只有农业路与北环路；金水路是郑州的东大门，会有大量外地车进城，而郑东新区早晚上下班及参加展销会的车辆形成超大的车流量。根据交警队检测的数据，金水路与未来路交叉口平峰期每小时通过机动车 8000 余辆，早晚高峰期为 12 000 辆/小时。

（3）城市道路交通空间布局结构不太合理，效率较为低下。

近年来，由于对公共交通的投资偏少，公交优先政策的实施力度不够大，郑州市现在平均 1 万人拥有公交车辆 15 标台，与杭州、大连等城市 22 标台的水平还有差距。公交现有的运行能力难以满足市民出行的需求。同时，车辆整体档次不高，尤其是大运量车辆偏少，车厢拥挤，乘车难问题严重。

公共交通在出行方式中所占比重在 20％以下，在城市各种交通出行方式中的主导地位并没有形成。作为当前公共交通出行主要方式的常规公交车发展十分缓慢，并没有起到应该起到的主导作用。目前，常规公交线网密度低，公交车站等基础设施缺少，轨道交通不足。

数据显示，郑州市非机动化出行习惯突出，并且非机动车的出行在早、晚高峰期非常明显，与中午形成了"双驼峰"形状的两个高峰。早高峰出现在 7：30～8：30，高峰流量为 8.8 万辆，高峰小时比例为 16.6％；晚高峰出现在 17：30～18：30，高峰流量为 5.4 万辆，高峰小时比例为 10.2％。

此外，路权分配不利于公交车也是造成交通拥堵的一个重要原因：小汽车是出行效率最低的方式，但多数路权还是归了小汽车，公交车与非机动车在路权的享有上处于弱势。

（4）停车位严重不足。

近年来随着郑州市社会经济的快速发展，郑州市机动车数量逐年递增，从2006 年的 985 445 量到 2012 年保守估计的 210 万辆，机动车年增长率已超过10％，郑州已经进入机动车快速增长时期，对城市的停车发展带来巨大挑战。

对郑州市的现状停车场进行调研，截止到 2009 年 6 月，郑州市区共有机动车停车场 2489 个，停车位 130 508 个，非机动车停车场 220 个，可停放 27 665 辆非机动车。目前郑州市停车位缺口较大，机动车乱停乱放现象严重，占据本来就稀少的道路资源。

目前郑州市的停车系统主要存在以下问题：按照国家标准，百辆汽车需要达到 35～45 个停车泊位；截止到 2008 年年底郑州市中心城区私家车保有量约为 25万辆，加上单位车和外地车辆共计约 27 万辆，所需泊位约 32 万个，而现状泊位供给数约 13 万个，泊位缺口 19 万个。主要行政区停车场及泊位分布见表 6-1。

表 6-1　郑州市现状停车场（位）一览表（单位：个）

辖区	道路临时停车场		自管自建停车场		单位（社区）内部停车场		非机动车停车场	
	停车场	停车位	停车场	停车位	停车场	停车位	停车场	停车位
金水区	271	4 678	244	21 430	316	16 952	41	4 460
中原区	176	2 537	52	2 122	230	13 528	28	3 020
二七区	233	3 560	185	14 969	123	6 914	73	10 315
管城区	146	2 711	74	5 588	176	21 271	40	4 890
惠济区	125	2 933	77	5 012	61	6 303	38	4 980
合计	951	16 419	632	49 121	906	64 968	220	27 665

由于缺乏停车泊位，大多数车辆选择在道路上乱停乱放，违章停车现象较严重。路边停车会占用非机动车道、人行道及盲道；路内停车会占用道路资源影响交通。

郑州市停车系统存在的问题主要为：停车配建指标偏低，配建不能满足需求。1999 年，郑州市在停车规划专项研究中对建筑配建停车标准提出了设置建议，但在实际执行中没能得到较好的落实。目前执行的为 2001 年出台的配建停车试行标准，尽管一定程度上缓解了停车设施供需紧张局面，但是随着城市经济发展与机动化的快速发展，目前实行的停车配建指标还存在一定的缺陷：指标的空白；有些地区因为原先小汽车未普及导致"停车难"；分类的粗糙，各种不同类型的公共场所的分类系统并没有完善；未对郑州市中心城区的规划范围进行分区规划，在某些方面显得不合理，如住宅与商业停车位配建指标与理想数字之间的差距（表 6-2）。

表 6-2　现行住宅及商业配建停车位指标与理想指标

项目	类别	现行指标/（停车位数/户数）	理想指标/（停车位数/户数）
居住	高档住宅	1.0～1.5	2.2
	普通住宅	0.5～1.0	1.0
	经济适用房	0.4～0.6	0.6
商业	商业建筑	0.5～0.8	>3.0

公共停车设施建设缓慢，停车产业尚未形成。车位的不开放迫使来访者将车辆就近随意停放，使停车矛盾社会化；虽然路外公共停车场及公共建筑所配建的停车场开放程度较高，但车辆路外路内停车方便程度不同及价格差异导致路外停车设施利用率较低，资源浪费较为严重。

因此，考虑到省会郑州机关大院多，应该在机关大院停车这方面采取有关政策措施，倡导、鼓励机关大院内现有停车设施必须对外开放，这一政策符合群众路线要求，可以有效缓解部分停车压力；对于路外停车设施建议调整收费价格，引导车辆从路内停车转向路外停车；同时严格执法，查处违章停车，提高道路及路外停车设施的利用率。

此外，违章处罚力度不够、停车管理较为混乱、停车诱导的缺乏都是停车资源利用不够的原因之一。

管理执法力度不够：对各类建筑物应配建的停车设施缺乏竣工验收制度，难以及时发现问题并查处；对于违反管理法规、私自占用停车场、改变停车场性质的单位处罚力度不够；在违章处罚方面对惯犯、偶犯一视同仁，没有达到处罚教育的效果。

管理手段相对落后。管理手段的落后造成部分停车者逃费欠费，或者应该收取的停车费落入少数不法者手中，甚至产生收费过程中争执斗殴等治安问题。

2）微观成因

（1）车站和商业布局集中。郑州市火车站附近聚集了 2 个长途汽车站、4 个公交港湾、78 条公交路线。通往火车站的一马路、二马路、福寿街及大同路的交通量基本呈饱和状态，其运行状况处于阻塞状态。

一是由于历史原因火车站周边区域开发强度高，商业聚集，产生的交通需求大。道路无拓宽余地，进口车道数不足，行车道在同一流向上与导向车道的通行能力根本不匹配，结果自然造成机动车道的通行严重不畅。

二是非机动车和行人影响严重。火车站周围人群聚集，公交车路线多，行车速度慢，行人穿街道的交通设施严重不足，结果非机动车及步行人群肆意穿行公路的现象十分常见，机动车和非机动车混行自然会影响机动车的正常行驶，结果就会直接降低行驶速度，本来运行就处于阻塞状态的道路延误加大。

（2）交通组织方面的原因。一是一些地方的道路机动车的运行非常混乱，尤其是在道路的交叉口处各种车辆任意穿行，直接影响其他机动车的正常行驶，引发安全问题及造成路段延误。

二是许多地方道路上的停车非常无序，在道路上违规停车占用道路的情况司空见惯，出租车司机为了多拉乘客任意停车，这也是导致道路拥堵的一个重要原因。

（3）公交站台的原因。在郑州市区公交到站向右停靠，就会立即阻断行人或自行车道，后面的行人或机动车会紧急减速造成一段交通拥堵；有的非机动车向机动车道绕行前进，这也是导致很多道路拥堵的原因。

3）其他原因

此外，还有其他原因，如传统的道路管理方法效率低、效果差，人们的交通法制观念淡薄，大规模修建交通设施，天气原因，国家法定节假日等。

课题组针对郑州市交通拥堵成因分别从历史遗留原因、规划不合理、郑州市目前大规模修路、公交出行不占优势、"中国式"过马路、新手上路等方面，做了一份调查问卷，见附录 B（您认为这些原因在郑州市的交通拥堵成因中分别占多少分值，请按您心目中的比重给出相应的分值。共发放问卷 100 份，回收 100 份，其中有效问卷 100 份）。其中，第 2、3、4、6、8 项所占分值较高，见表 6-3，认为郑州市交通拥堵问题很大一部分原因是规划层不合理。

表 6-3　郑州市交通拥堵成因调查问卷排名靠前项

总分	1950	1330	1200	1165	1010
选项	规划不合理	大规模修路	公交出行率低	中国式过马路	机动车乱停乱放

二、郑州市交通拥堵治理对策

1. 规划层面上空间合理布置

1）通过规划手段对空间合理配置

本章已对郑州市现状交通分别从宏观（城市总体布局、道路基础设施建设层面、交通结构等）、微观（车站和商业布局集中、公交站台等）及其他方面（管理、天气原因等）进行了分析，造成郑州市中心拥堵的原因主要是：一方面，尽管郑东新区改变了郑州市的单核心空间布局，高新技术产业开发区及经济技术开发区的开发在一定程度上缓解了中心城区的交通压力，但对中心城区的依赖性仍然很大；另一方面，没有做好土地集约节约使用与交通设施建设之间的协调，造成土地利用不合理或土地开发强度高，导致交通容量无法满足交通需求而引发交通拥堵。因此，要在规划层面上通过对空间的合理配置来达到缓解交通拥堵的目的。

（1）在城市总体布局方面。郑州市的总体规划及郑汴一体化总体上是引导郑州向东发展，会吸引更多的商业、工业及居住的投资，东西向的交通流会更为明显且由此引发的交通拥堵会更为严重；而郑州的空间格局为"摊大饼"式的环状发展，即二环—三环—四环，交通路网为"环状＋放射状"，二者不尽协调。规划过程中郑州市中心城区的路网规划应该与上级规划及城市的发展方向相顺应。因此，在城市规划过程中应改变目前郑州市对中心组团依赖的状况：将东西向的城市主干路向东延伸，并且在东部配置相应的居住用地及配套设施，缓解目前上下班高峰期城区主干路压力过大的情况。

（2）要实现职住有机平衡。通过分析研究各个区域的就业现状、住宅分布现状和就业核心地区附近周围通勤时间大约在 20～30 分钟时间的地段内居住情况，居住与就业地点之间保持在 30 分钟以内的通勤距离范围内是最可以接受的情况。

目前郑州市的交通流有两大特征：一是居住与工作岗位的分离导致同一时间内同向交通流比较集中，高峰时段大量的交通流使城市中心区的主要道路不堪重负；二是高峰时段的"潮汐式"交通流加上铁路线的阻隔形成道路瓶颈。

其中，郑州的居住现状与工业分布是形成其交通流特征的主要原因，同时在郑州市的交通拥堵成因上也占有相当大的比重：省政府及省属机关单位都搬至东区，但工作人员多居住在老城区，为在东区上班在中心城区居住的"潮汐式"回巢一族；北部组团的城中村蜗居着大量的外来务工人员，工作、居住之间的出行形成早晚高峰期固定方向的大量的交通流。

因此，要解决郑州市的交通拥堵问题就要在职住有机平衡方面下工夫，从就业、居住不平衡的地方入手摸清主要机能障碍，避免不必要的交通。目前，郑州市的居住主要集中在中心组团及北部组团，尤其是北三环以北、连霍高速以南的城中村蜗居着大量的外来务工人员，对整个城市的交通状况有着较大的影响。同时，郑州市的工业用地主要位于西北侧的郑州市高新技术产业开发区、东南方向的经济技术开发区，以及中心组团西部和西三环东侧、陇海铁路以南，职住分离情况比较严重。

因此，在规划中应首先解决城中村的拆迁安置、外来务工人员的居住、中心组团的高密度人群居住及职住分离问题。将北部及中心组团的高密度居住分散至高新技术产业开发区、郑东新区及经济技术开发区。在总体规划中应完善配套的居住区，如西北的高新技术产业开发区及东南的经济技术开发区按照工作人员情况配置一定的住宅，合理安排住宿与就业的布局，实现就业岗位与住宅数量的相对均衡，阻止出现大规模、远距离的工作、通勤导致城区交通拥堵现象，有效降低每日早上高峰时段的自北向南、自西向东及晚上高峰时段相反方向的大量的"潮汐式"交通流，从源头上缓解南北向花园路、文化路、经三路的交通压力。

其次，通过土地的混合使用来减少不必要的交通流：以往的城市规划中习惯将大尺度地块划分为单一的功能区，住宅、商业及办公被人为地隔开，各区之间就会形成大量的交通流，从而增加交通压力，应该混合使用道路两边的土地。

最后，倡导弹性使用土地和建筑物。在编制规划的过程中以调控建筑的限高和外形为主而对土地的使用性质及功能不作详细规定，允许其功能多用。这样就可以将居住与工作地点更好地结合在一起：前店后坊、前办公楼后宿舍。同时，要注意将不同价位与不同面积的住房合建，这样不仅可以降低汽车的出行密度，防止导致交通拥堵，降低有的固定的地段对交通投资的压力，还可使不同收入的人群住在一起，有利于社会平等。

（3）大型公共设施的科学合理选址。首先，就郑州市的大型商务圈进行分析研究。交通可达性吸引着商业的投资，交通越便利，商业越发达，郑州市的商圈现状是多设置在繁华地带，尤其是城市主干路的交叉位置。比如，火车站商圈、紫荆山商圈与二七商圈几乎连为一体，加上周边的小商品城、火车站及其周边的郑州汽车客运中心站、二马路汽车站本身就吸引着大量的人流，所以经常出现火车站、二七附近堵得水泄不通、步行都寸步难行的局面。

已经建成的火车站商贸圈、紫荆山商贸圈及二七商贸圈，改动的难度比较大，且其周围出行方式较为复杂，可以实行对私家车及非机动车进行限行，只允许公共交通进入的方法。对于以后的新建用地，在规划阶段要在社区配置一定规模的商业设施来满足其日常消费；避免商业设施设置在主干路旁，在规划审批过程中严格执行，从源头上消灭主干路高开发强度对城市道路的影响。

其次是郑州市交通枢纽布局。其中，以火车站、二马路汽车站、郑州汽车客运中心站最具代表性，火车站附近云集着二马路汽车站、郑州汽车客运中心站、小商品城，以及火车站商贸圈、二七商贸圈……车站、商务本身就吸引着大量的人流，抛开商务仅火车站及汽车站的出行量都是一个不小的数目，车站、商圈消费吸引的人群交织在一起，火车站附近的交通常年处于瘫痪状态也就不足为奇了。因此，应在规划中逐渐将郑州汽车客运中心站、二马路汽车站、汽车北站等迁至郊区位置（图 6-7），有效缓解中心城区的交通压力。

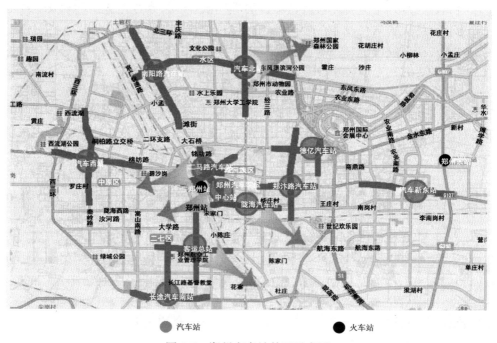

图 6-7　郑州市车站外迁示意图

（4）郑州市道路布局。郑州市各级路网的密度比约为 1：3.12：1.2：2.5，根据国家标准大城市路网密度快速路网：主干路网：次干路网：支路网≈1：2：3：5，郑州市各级路网密度低于国家标准。郑州市现状路网密度整体偏低，而次干路与支路网系统密度偏低就会导致其微循环作用发挥不够，市域范围内的交通压力及集散性交通放在城市主干路上，次干路的作用难以发挥，主干路必然因负荷超重而出现拥堵问题。因此，在新建地块的规划中应加大城市道路的比重，合理布置城市道路密度及城市主次干路的比例；而在已建成的城区范围内加宽道路设施，开拓新路的可能性不大，应主要采取打通断头路、完善次干路、支路加宽等方法，使次干路及支路发挥其微循环功能，为主干路的交通压力分流。

2. 构建快速路网，完善路网结构

1）构建快速路网

建议通过构建"轨道交通快速公交为主，普通公交为辅"的道路系统，建设快速路网系统发挥快速公交的特性，来缓解郑州交通拥堵的现状，如图 6-8 所示。

图 6-8　构建中心城区快速路网示意图

2）完善路网结构

在整个城市的建设过程中，完善路网结构，让城市道路各尽其职、各尽其能，缓解主干路超负荷运转的局面。以文化路、金水路、中州大道及东风路围合空间为例（图 6-9），对其道路现状、存在的问题进行分析，提出相应的对策。

主要存在以下问题。

一是片区现状道路：快速路为中州大道，主干路为东风路、农业路、花园路、黄河路、未来路、金水路，次干路为经三路、东明路、红专路、经七路。其

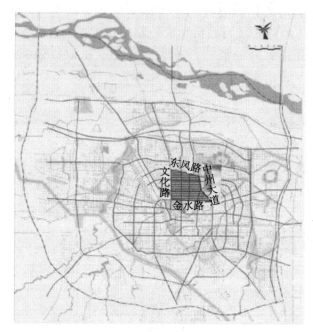

图 6-9 片区范围示意图

中，主干路网密度为 1.9 千米/千米²，国家标准为 0.8～1.2 千米/千米²；次干路网密度为 0.86 千米/千米²，低于国家标准 1.2～1.4 千米/千米²；支路网密度为 3.2 千米/千米²，国家标准为 3～4 千米/千米²。

二是对片区的现状道路进行现场调研绘制其双向行驶车道及单向行驶车道（图 6-10）：整体单向行驶车道较多，其中包括次干路、经七路与红专路，农业路与黄河路围合的空间中单向行驶车道的数量较多。

三是停车设施问题（图 6-11）：片区临街停车现象较多，地下停车、立体停车不多。片区停车现状多为地面停车、沿街停车，这种情况比较严重，影响道路通行。

根据对片区的调研分析可知，其道路框架较完整，但交通空间缺乏系统性，主要表现如下。路网：干路网密度低，支路网待梳理；交通组织：单行道数量多，地块可达性降低；停车设施：地面、地下停车设施不足，沿街停车过多，影响通行。

片区路网中干路密度较低及单行道数量较多，交通过程中该片区机动车流量出现流量分布不均衡，局部饱和度过高现象，从而引发道路拥堵。

道路交通优化的基本思路：针对该片区道路交通现状及发展需求，采取综合措施对路网进行调整（图 6-12）：通过增加干路、支路升级为次干路、拓宽道路红线、设置新建建筑控制线等措施对片区道路进行优化、完善。

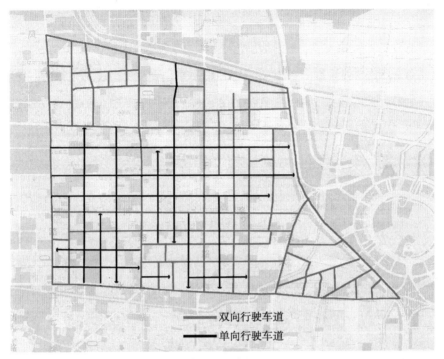

双向行驶车道
单向行驶车道

图 6-10 片区现状道路单向、双向车道示意图

（1）路网的完善。

主干路网：规划形成"四横三纵"的主干路网。其中，"四横"为东风路、农业路、黄河路和金水路；"三纵"为文化路、花园路和未来路。主干路总里程为 28 千米，路网密度为 1.9 千米/千米²。

次干路网：规划形成"三横三纵"的次干路网。"三横"为金基路、红专路和纬三路-纬四路；"三纵"为经七路、经三路和东明路。次干路总里程为 19 千米，路网密度为 1.29 千米/千米²。

支路网：规划将现状支路进行梳理，重新建构更为完善的支路网系统，规划支路总里程为 57.6 千米，路网密度为 3.91 千米/千米²。

牵涉到道路等级的调整，其中，金基路、纬三路、纬四路升级为次干路，路名不变；金基路红线不变，纬三路、纬四路由 25 米拓宽为 30 米。

（2）红线拓宽及设置新建建筑控制线（图 6-13）。

道路的红线拓宽：在既有规划对本地区道路规划的红线宽度的基础上，结合城市发展的需要，对道路红线进行必要的拓宽；在实施上将超过红线的建筑予以拆除，实现道路红线的控制。

设置新建建筑控制线：在既有规划对本地区道路规划的红线宽度的基础上，

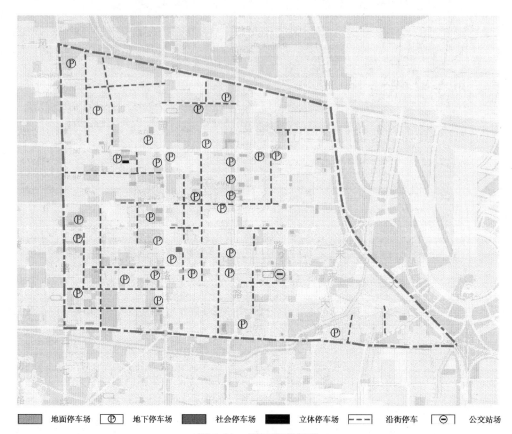

| 地面停车场 | Ⓟ 地下停车场 | 社会停车场 | ▇ 立体停车场 | --- 沿街停车 | ⊖ 公交站场 |

图 6-11　片区停车设施

结合实际情况，考虑到立即拆除现状建筑产生的拆迁量过大，采取设置新建建筑控制线的方式；在实施上，维持上位规划设计的红线宽度，新建建筑按照规划的红线建设，暂时保留超过红线的现状建筑，分期拆除。

图 6-11 所示地铁涉及红线拓宽及设置控制线的道路如下。

选择郑州市中心区的一个片区作为例子对其道路交通进行优化。在该片区通过完善路网、道路红线拓宽、设置新建建筑控制线等手段来优化道路系统，希望能改善道路交通现状。其他片区根据现状结合该案例，可在路网完善、打通断头路、升级道路等方面通过提高道路自身的通行能力来缓解郑州市的交通拥堵状况。①

---

① 王建国．郑州市省级行政文化中心特定意图区城市设计 PPT．东南大学城市规划设计研究院，郑州市规划勘测设计研究院，2012．

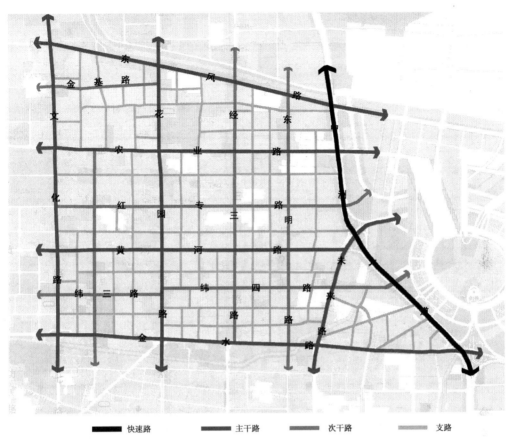

图 6-12　片区路网修改示意图

3. 大力发展公共交通

1) 公交优先的必要性

"公交优先"起源于 20 世纪 60 年代的巴黎，后被欧美等城市效仿，在实施中证实了它在解决城市交通问题上的有效性。而我国目前的交通状况与发达国家60 年代的情况相似，因此我们要借鉴国外的先进经验。

公共交通具有运输量大、低污染、高效等优势，同时另一项研究也证明：城市公共交通在车行道宽度、容量、运行速度、单位动态占地面积等指标上，比其他交通工具有较大优势；优先发展公共交通为城市低收入人群提供交通出行便利，代表了多数人的利益。因此，城市发展中应优先发展公共交通。

2) 实现公交优先的策略

真正意义上的公交优先应该是在其运行过程中"时间"与"空间"同时得到优先。公交先行不仅涉及公交专用车道、政策、资金管理这些措施，它的实现应

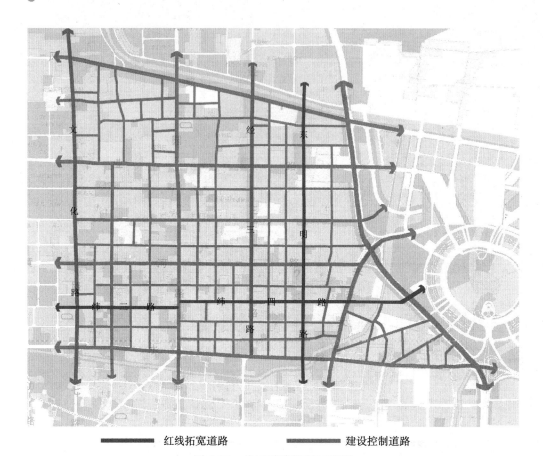

━━━━ 红线拓宽道路　　　━━━━ 建设控制道路

图 6-13　片区道路控制示意图

该说是一种现代化的思想、意识，要从规划、政策、工程等多方面去实现公交先行。

（1）规划优先。

目前郑州市区有快速公交专用车道，对于普通公交并未设定其专用车道。应在城市总体规划中制定专门的公交规划。

目前郑州市形成的快速公交系统（BRT）设置有专用车道，换乘站台的主要为 B1 沿线（图 6-14），市内二环为农业路—桐柏路—航海路—未来路，其他路线均为公交港湾，上车刷卡。虽然有专用车道来保障快速公交的优先出行，但市中心区巨大的交通流压力、复杂的路网导致难以发挥快速公交的特性。

因此，在规划中应保证 BRT 在时间、空间上的优先性，利用其快速、便捷的特性来诱导公众转换交通出行方式。

在空间上在规划中可以在三环线上设置快速公交专用车道，外环快速运送换乘及中心区一号主线换乘、其他支线向主线接送乘客，实现公交提速；在时间上

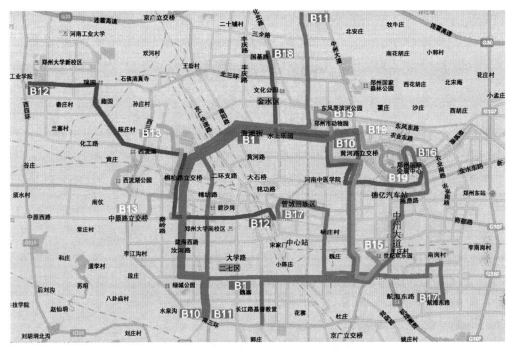

图 6-14　郑州市 BRT 现状路线图

可以通过信号优先来实现公交优先，如上下班高峰期可以限制私家车左转而给予公交左转的特权。

　　郑州市所实施的 BRT 为单向换乘：同一条道路上不同去向的快速公交要在不同的站台实现乘车换乘，这样专项车道及站台一起占用 4 个车道，会降低整个道路的通行能力。此外，快速公交专用车道除了允许校车驶入之外不允许其他车辆占用，闲置期间有些浪费道路资源。可将单向换乘的快速公交站台合一，既能实现同台双向换乘，又能减少占用车道、减少换乘次数，在给市民更多优惠的同时也会吸引更多的人选择公交出行。还可以充分利用立交桥下的涵洞布置快速公交的换乘设施，这样能合理、有效地利用空间且不占用道路资源。

　　设置临时公交专用车道，与公交专用车道相结合，以此来保障公交优先的硬件设施。临时公交专用车道是在城市道路中通过一些交通标志、符号等方式将一条或多条道路分离出来供公共交通使用，闲置期间允许社会车辆使用。临时公交专用车道具有对道路通行能力影响较小的优势，但道路数量较少的区域不适宜设置，可以在城市主干路沿线临非机动车道的车行道设置临时公交专用车道。

　　此外，临时公交系统还需一个完整的控制系统。可采用射频识别（RFID）技术，在公交车上安装 RFID 标签，在交叉口处安装 RFID 阅读器来识别公交车辆，配合使用可变信息标志：此段道路有公交车辆，将提醒社会车辆该车道关闭。由于临时车道的特殊性，路段还可以设置纵向感应黄闪灯：路段对社会车辆关闭时黄闪灯亮；限制解除时黄闪灯关闭。

（2）诱导出行方式。

影响交通方式转化的因素很多：人口规模、城市用地布局、出行时耗、居民收入等；此外，交通工具的舒适度、服务水平、政府的引导政策等都是比较重要的因素（郭亮，2010）。其中，出行时耗是多数人选择交通出行方式考虑的重要因素，吸引个体交通使用者转向公交，可以采取以下方法：加大城市支路网及公交网密度，缩短步行时间；高峰期缩短发车时间，提高发车频率；用 GPS 及信息显示屏手段公布城市公交系统运行信息，为居民选择路线提供方便；公交线路要更好地优化衔接，使换乘便捷。

（3）价格体制完善。

要科学定价，兼顾公交公司与居民的利益。依据国家《价格法》，同时征集社会各界的意见，建立评估体系，在相关部门的监督下对运营成本进行预算。2010 年 8 月 1 日郑州市公交车除郊区及景区的运营路线外公交票价均调整为 1元，受到了市民的一致好评，原先因为空调车或快线的价格为 2 元而不愿坐公交车的人也开始乘坐公交车。

要建立合理的价格补贴机制。目前郑州市较多的公交路线处于亏损状态，这时就需要政府运用财政手段通过对公交系统进行补贴来保持其运营积极性，在运营成本增加的情况下在保证服务质量的前提下向政府申请政府补贴或提高票价；可通过各单位可以为在职员工按比例报销、学生票半价、退休员工免费乘坐等方式激励更多人的出行方式由私人交通转换为公共交通。

（4）综合换乘枢纽。

要尽可能地实现公交与轨道交通的无缝换乘，可以通过便捷的换乘方式、快速舒适的公共交通来吸引更多的个体交通者乘坐公共交通。一是结合综合换乘枢纽打造轨道交通换乘枢纽：通过建设大型公共停车场实现与小汽车的便捷换乘，大型公共停车场与综合换乘枢纽相结合，更加便捷地实现交通换乘。二是打造轨道交通与 BRT 走廊换乘的综合换乘节点：结合轨道交通站点及 BRT 专用站点综合开发，实现轨道交通和 BRT 走廊的无缝衔接。三是打造便捷的轨道交通换乘站点：结合片区内多个轨道交通换乘站点，进行相应的换乘设施建设，并结合一定的商务商业及社区中心综合开发。

（5）政策保障。

公交优先除了规划优先之外还要有政策的保障。城市的公交系统属于公共基础设施，应得到政府的补贴扶持，在财政支出方面加大对公交设施的投资力度，尽快完善公交专用设施建设；要实现公交优先，在道路资源及公共资源方面也要靠政府支持，向公交倾斜，应在郑州市主要城市干路中均设置公交专用车道及相应的临时公交车通道来强调公共交通系统应有的路权。

根据对于道路公共交通应该无条件地具备优先使用权这一原则，在日常管理过程中必须要对那些使用效率相对低下，但使用的道路面积却又相对多的交通出行工具采取一定的严格限制措施，为公交使用道路资源提供便利。例如，逐步提高私家车在城市核心区的停车费、一些区域限制小汽车数量，甚至可以在一些主要道路禁止小汽车出行，引导居民换乘公共交通。

3）实现公交优先的相关保证措施

在中国公共交通优先的口号提出的时间已经很长，但是目前在实践中多数城市并没有真正实现理想的公共交通优先。探究这种现象出现的深层次原因，我们认为就是缺少能强有力地支持公共交通优先发展的法律法规条文和适合的社会发展环境。基于此，应该着手尽快制定完善城市公共交通法，配合郑州市已有的法律法规，在法律上明确确定公共交通的地位；另外，应加强宣传教育，使各群体深刻认识到公交优先的意义，使全民树立公交优先意识，形成利于公交优先发展的社会环境（郭亮，2010）。

此外，对于郑州市停靠站的设置，目前郑州市的公交停靠站除 BRT 设置在机动车之间外，其他都设置在非机动车上，停靠点向外拓宽。这种方式有一个弊端：公交车从驶入停靠点到离开停靠点返回机动车道的过程中始终占用非机动车道，期间非机动车怎么办？原地停留或掉头转向机动车道都有可能。原地停留，就郑州目前的交通状况而言会出现后面排 100 米甚至几百米的长龙都不为过；驶向机动车道，一方面人身安全会没有保障，另一方面会扰乱机动车行驶秩序，加剧交通拥堵。建议公交停靠点可以设置天桥、地下通道，来避免公交车与非机动车之间相互干扰。

4. 加强交通管理

交通管理在城市的交通战略中起着不可轻视的作用，是交通战略与政策实施的重要保证。目前的交通管理主要分为三类：TDM、停车管理与智能化管理。

1）TDM

（1）进行交通需求管理的必要性。

随着城市的发展与经济水平的提高，私家车数量急剧增加，城市道路交通压力增大；受城市化快速发展的影响，郑州市传统的单核心空间格局将由多中心组团分散式的格局代替，这样中心城区就成了地区的交通聚集和扩散枢纽，城市交通流将呈现明显的聚集性。

根据以上分析可知，郑州市市区现在需要运用 TDM 手段来降低城市的道路交通量，缓解城市内部交通压力。本部分主要对停车换乘在郑州市交通拥堵缓解中的作用进行分析。

（2）停车换乘。

停车换乘是城市交通需求管理的一种方式，是为实现由小汽车方式向公共交通方式转换所提供的停车换乘设施。它可以将分散的、低载客率的或单体的交通方式转换为高载客率的交通方式；它通过免费或者低收费为私人汽车提供停放空间来吸引乘客使用公交系统，从而达到缓解市中心交通压力，减少私家车使用的目的。

根据停车换乘设置的原则，换乘设施应尽量设置在边缘集团和郊区新城的主干路附近，保证出发地与停车换乘地之间有主要交通要道，以实现便捷换乘。在郑州市选取一定的片区，根据用地现状分为三级分区：一类区为严格控制区，为市区功能密集区；二类区为三环路围合的区域，对车位可以实时调控；三类区控制较为宽松，停车设施标准较高，可以在该地结合对外交通枢纽设置停车换乘停车场，缓解外地车辆进入市中心带来的压力（图6-15）。

根据《郑州市城市总体规划》和《郑州市轨道交通线网规划》的调整方案，郑州市将形成比较完善的"环形＋放射状"的快速路网和轨道交通线网，并且轨道交通首末站附近均有2条及2条以上快速路通过，这为停车换乘设施的设置提供了重要的前提条件和区位优势。

停车换乘设施的设置不仅要满足其布置原则，还要选择符合城市发展的模式。郑州市采取"中心城区＋外围组团"的发展模式，因此停车换乘设施的设置不仅要考虑其服务区域的覆盖范围，还要进行交通网络的多层次叠加考虑，使停车换乘出行链达到最优并有效发挥作用。

考虑到停车换乘设施的服务范围，其布置要与郑州市交通充分结合停车换乘（图6-16）。科学大道站位于规划轨道一号线、三号线处；西三环站位于收费边界处，交通便利；农业东路站也位于收费分区边界处，交通条件优越；天河西路站位于二号线起点站，交通条件便利。

针对郑州市区早晚高峰期通勤压力大，除了停车换乘方式外，可采用其他交通需求管理手段：实行弹性上下班制，通过单位上班、下班时间适当错开来避免同一时间产生大量交通流；对进入市中心拥堵路段实行收费政策（陈肖飞和艾少伟，2012）。充分考虑不同区域交通需求管理的效果，重点调节以火车站、二七广场等城市中心区为出行目的地的交通需求结构，同时为停车产业化的发展创造条件。

2）停车管理

需要针对郑州市停车现状的具体问题，采取不同的管理手段。

（1）路边停车场管理。

对于目前郑州市路边违章停车现象较为普遍的情况，应加大巡查管理及处罚力度。一味地处罚并不能从根本上解决违章停车问题，根本原因是郑州市现有的公共停车设施及公建、配建的停车场不能与现有的迅速增长的机动车数量相匹

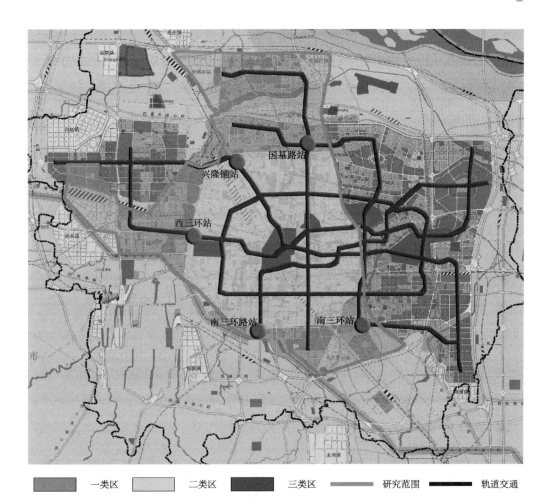

一类区　　二类区　　三类区　　研究范围　　轨道交通

图 6-15　城市停车策略分类区及轨道线网图
资料来源：郑州市中心城区停车场专项规划

配。因此，一方面要加快公共停车场及配建停车场建设，另一方面要引导加强路边停车管理。

（2）公共停车场管理。

公共停车场建设是目前郑州市停车领域的重中之重，不仅要尽快落实选址方面的工作，还要制订并尽快完善新形势下的公共停车场管理方案。

在规划建设方面，要进行停车场市场化运作，寻求多元化投资及建设主体；在经营管理方面，要加强自身管理队伍的建设，培养具有良好业务素质及服务能力的管理队伍。

（3）配建停车场管理。

配建停车场是补充满足郑州市新建项目停车需求的最有力方法。完善和充足

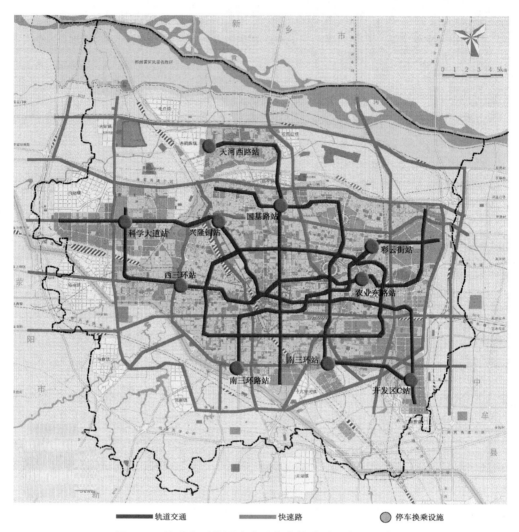

图 6-16　轨道交通线网建成后停车换乘设施布局示意图

的配建停车场，一方面可以满足新建项目自身的停车需求，另一方面富裕的部分可以对外开放，满足社会车辆的停车需要。

5. 交通规划与城市规划相结合

城市交通问题一部分原因来自城市交通规划，如路网不完善、道路治理与交通需求错位、公共交通节点网络不够联通等，可以通过交通规划修编调整来完善；还有一部分原因来自城市总体布局方面，这会产生很多无效的通勤量；此外，大都市的单中心圈层格局全程扩展模式也是重要原因，这会带来交通流大的单向通勤，造成高峰拥堵。因此，解决城市交通拥堵问题需从城市整体布局出发，通过城市规划与交通规划相结合改善城市交通状况。

1）交通问题规划层面缺失

城市交通是一项复杂的系统工程。城市规划中大到城市功能定位、空间布局小到交叉口的规划设计，任何与交通道路相关的建设项目如果不能合理建设将都会为城市交通带来无法预测的影响。如果一个城市经常交通拥堵并逐渐严重成为一种常态，那么这个城市的规划建设管理部门应该对此有着不可推卸的责任。

（1）交通规划与城市规划的关系。

现在中国实行的城市规划与交通规划的关系如图 6-17 所示。城市交通规划属于城市规划的一个专项规划，仅在城市总体规划阶段有城市综合交通规划。在当前我国城市规划编制中，主要包含三个重要阶段，分别为城市总体规划、城市分区规划与控制性详细规划，但在规划的各个阶段中都没有城市交通规划方面的内容。

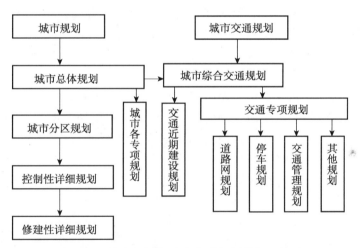

图 6-17　城市规划与城市交通规划的相互关系

（2）规划过程中的交通拥堵成因分析。

传统的规划编制过程中，已经定性地确定了涉及交通规划的部分：断面形式、道路红线、形式、道路宽度、交叉口用地等。因为交通规划为城市总体规划的一个专项规划，所以在做交通规划时只能在城市总体规划的基础上进行改善，根本上是很难达到理想的科学布局道路交通设施之目的的。可以这样说，城市规划与交通规划的脱节是城市规划层面产生交通拥堵的根本原因。

具体原因可以分为以下几部分：一是总体规划编制中会对城市交通缺乏前瞻性把握，土地利用结构中城市交通用地较少（目前我国的人均交通用地与发达国家的 25～31 平方米有较大差距）；二是城市总体规划无法像交通规划那样科学、准确地布局交通设施，同时交通规划难以及时随着总规划的变化而变化，导致二者脱节，最终的路网格局不能指导城市交通设施的科学预留、控制及实施；三是交通规划中交通需求的性质、数量和分布等取决于土地的使用功能、布局和规模，在现行的编制分区规划及详细规划的过程中并没有引入交通分析，这样就会出现城市用地开发强度较大，交通供给能力无法满足交通需求的情况（徐慰慈，1998）；四是分区规划和详细规划中较注重土地功能，地块划分太大会使城市次干路与支路缺乏，路网密度不足，交通流涌向城市快速路和主干路，城市道路功能混淆，短距离交通与中长距离交通相互干扰；五是很多城市规划者在作规划设计时，会犯一个道路交通设施布局的大忌，即在城市快速路和主干路的两边布局会吸引大量人口的各种商业和公共设施，结果通常会导致非常严重的交通拥堵问题（杨杰，2006）。

2）交通规划与城市规划协调的路径

在非机动车为主的历史时期，在城市规划过程中不会感觉到交通对城市规划的作用；进入小汽车时代，交通对城市的发展及在城市规划中的作用不容小觑，要想理性地实现从前汽车时代向汽车时代规划工作的转变，需要扭转人们的思维：在规划工作中应将城市规划与交通规划更好地结合，又或者说不只是结合那么简单，城市规划工作将会发生划时代的转变——体现交通的决定性作用。

美国的规划专家利维提出了城市规划与城市交通规划同步进行的思想，还指出城市的土地利用与城市交通规划的关系就好比鸡和蛋的关系，是鸡生蛋还是蛋孵鸡？在可能的情况下甚至可以强调规划先行，在规划的过程中先进行城市交通规划，在完成城市交通规划和城市空间布局的前提下进行城市的总体规划设计，再根据总体规划与城市用地布局及交通规划相对接，调整城市交通规划的布局和城市空间的布局。

因此，在小汽车发达的社会交通规划必须与城市规划有效结合，避免二者脱节所引发的交通拥堵，这具有重要意义。从源头上控制交通需求，合理布局各种交通源，减少不必要的交通流，科学规划、编制、实施各项交通设施，提高交通需求管理技术水平。

（1）在城市规划的编制中要有一定的前瞻性，在总规划中加大交通用地的控制比。在以后的规划设计中一定要预留交通用地，使其面积达到城市建成区总用地面积的 20 个百分点，平均每人要达到 15～20 平方米的水平，使城市交通用地预留比例能够基本缓解交通拥堵状况（宋启林，2000）。郑州市的道路规划在改作省会时是按照 60 万人口设计的，存在着先天不足。假如当时有一定的预见性，设计时考虑城市未来的高速增长，或许中心城区的道路严重拥堵现象可以避免。

（2）在规划编制过程中引入交通需求预测采用的"四阶段"方法体系，以免出现交通供需不平衡的情况。规划过程中除了总规划中对交通设施的定性研究外，在分区规划、控制性详细规划及修建性详细规划阶段都要引入定量的交通分析手段，来具体指导道路系统格局的布局，不能仅仅依据城市规划中的定性分析来确定。

就目前郑州市的交通枢纽布局、商务圈及职住分离现象来看，当时的城市交通规划并没有与城市规划很好地结合，若引入交通需求预测，根据交通需求预测结果调整用地布局，道路设施的很多情况可以避免。比如，火车站附近布置了大量的商业公共设施、写字楼；360 国贸商务圈商业聚集、汽车北站、郑州市动物园聚集在两条城市主干路交叉口；东西方向的主干路金水路的交通压力过大⋯⋯可以说，这些情况都与规划过程中交通规划与城市规划没能很好地结合，以及没能引入交通需求预测有直接关系。

（3）从规划布局切入，科学有效地布置城市道路交通系统和开发城市内部空间，最大限度地减少因大块开发土地而减小道路网密度的情况。处理好城市空间布局结构与城市交通道路网的复杂关系。合理布局城市道路网，发挥次干路与支路的微循环功能，舒缓城市主干路的交通压力（邹德慈，2011）。

此外，还要大力加强新增城市化地区与成熟城市化地区的交通基础设施衔接规划，尽量改善目前东西向城市交通压力主要集中在金水路、农业路的状况。

第七章 城市增长过程中的空间扩展与调控

城市像驾着坦克、装甲车的冲锋军团——一路炮声隆隆，烟尘滚滚；一路占山霸水，毁田掠地；一路捣毁村庄，沦陷乡土；一路铲除绿色，铺张水泥。古老的村庄没有任何防御体系。要说有什么防御，也就是家家门前菜园周围用竹子、柴薪、葛藤、牵牛花、丝瓜藤、葫芦蔓搭起的篱笆。这些篱笆，这些防御体系，就是个柔软的装饰，鸟儿们常常在上面歇息、跳跃，梳理羽毛，叽叽喳喳说着原野见闻。从古到今，村庄都有这样的篱笆。"肯与邻翁相对饮，隔篱呼取尽余杯"，唐朝的杜甫也是在这样的篱笆前招待客人，招待诗。

——李汉荣《一个古老村庄消失的前夜》

城市空间扩展是一个动态过程，与城市化发展及城市体系的有机发育是不可分割的（徐东云等，2009）。近年，伴随着迅猛推进的中国城镇化进程，土地城镇化快于人口城镇化而表现出来的城市增长过程中空间的过度扩张，已成为对保护有限耕地资源及提高土地利用效率关切的有识之士关注的新现象（郭湘闽，2009）。中国作为一个土地紧缺的国家，关乎国家粮食安全的农业耕地的数量不能大幅度减少，特别是城市周围极易被城市空间扩展占用的又多是优质的农田，更不应该完全转化为城市化地区。但中国正处在城镇化发展的高潮时期，至2011年年底，中国的城镇化率已经达到51.27%，进入城镇化加速发展阶段。在今后10年里，麦肯锡公司预测中国将有10亿人口涌入城市，这必然引发城市快速增长，导致城市空间快速大幅度扩张，表现为更多的非城市用地将转化为城市用地。城市增长过程中空间扩展是"城市在内外力作用下"的空间推进，包括城市平面区域扩张及在立体上向空中和地下的伸展（胡浩和温长生，2004）。在中国快速工业化、城镇化背景下，各个城市普遍具有"做大做强"的主观诉求，都面临产业资本和快速城市化对土地的巨大需求，城市空间增长引起以城市用地规模快速增长和空间结构迅速变化为表现形式的城市空间形态的剧烈变化。在"摊大饼"式的空间扩展趋势不断增强的同时，城市空间扩张更多依赖于城市增长速度而非城市发达程度。由此引发城市空间扩张中的诸多矛盾，具体表现为：过大过快的城市建设用地需求与日益短缺的耕地资源；过度蔓延的城市空间与利用率低下的土地和基础设施；过分的外延式拓展与失衡的内部空间结构。同时，伴随着城市增长的还有资源浪费、环境污染与生态破坏、交通拥堵、社会隔离等一系列问题（吴箐和钟式玉，2011）。但考虑中国国情和所处发展阶段，发展是第一要义，因此必须同时认识到城市增长空间扩张是必然的（张忠国，2006），正如美国犹他州的规划师所言，"增长是必然的，我们的任务是保证它的质量。这样，当增长速度减缓时，我们依然拥有高品质的生活"（Matthew McKinney 和 Will Harmon，2003）。如此，在城市增长的同时如何对城市空间扩张进行科学合理的调控，成为政府和学界共同关注的大问题。发达国家的传统城镇化过程已经结束，城镇化率平均高达 70％～80％，总结其快速城镇化进程中应对城市空间增长的经验和教训对调控中国城市增长的空间扩张有借鉴意义和价值。因此，本书首先回顾国外城市增长的空间调控理论与实践，然后分析国内城市增长的空间扩张现状、问题及原因，最后提出相应的对策措施。

第一节　国外城市增长的空间调控理论与实践

一、城市增长的空间调控源起——城市蔓延

从西方国家城市空间增长历程来看，其突出地表现为依赖小汽车的城市的形成和演变过程。在前工业化时期，城市空间增长过程极其缓慢。工业化时期，由于城市人口和工业技术的飞速发展，城市空间迅速突破中古时期建成区的界线，向外高密度增长。19世纪末至20世纪初，小汽车的普及和高速公路大规模建设，使美国率先出现当代意义上的城市郊区化的趋势（Calthorpe，1993）。第二次世界大战后，郊区化发展趋势逐渐成为西方发达国家的一种普遍现象，尤其在20世纪70年代后，以小汽车为主导的交通方式加剧了就业、居住低密度扩散，出现了所谓的"城市蔓延"。至此，城市空间增长形态发生转变，由工业化时期市区边缘的高密度蔓延转变为20世纪城市郊区低密度扩展（马强和徐循初，2004）。广泛存在的城市蔓延作为一种城市空间扩展模式，主要表现为：土地的低密度开发；土地利用上空间分离、功能单一；扩展形态呈现"蛙跳式"或零散状态；商业开发多呈带状；土地开发依赖小汽车交通；牺牲城市中心的发展进行城市边缘地区的开发；就业岗位的分散；农业用地和开敞空间被逐渐侵占（马强和徐循初，2004）。结果导致消耗了大量的土地资源，破坏了农业生态环境，造成机动车依赖，也危害了人体健康与安全，给城市的合理发展造成了多方面的影响（Robinson et al.，2005）。城市蔓延带来的不利影响，涉及经济、社会、环境等多个方面，学者们提出具体至少包括以下内容：一是无节制的土地消耗，同时增加市政基础设施的投入；二是非良性的土地利用形态，及居高不下的车公里

数；三是就业岗位和人口空间分布的不匹配，导致通勤距离过长，耗费大量时间和精力，严重影响生活质量；四是过度依赖汽车交通导致不能开车的人（如老人和小孩）寸步难行，同时加重经济负担；五是过于严格的功能分区，破坏了传统社区机理，固化社会阶层分化与隔离；六是过度蔓延强调私人空间，忽视公共空间，导致人们的交流机会减少，加深了生活的孤独感；七是标志性空间缺失，难以形成对郊区生活的安定感和归属感，陷入无法认定自我存在的茫然；八是无序蔓延污染了郊区的空气、破坏了郊区的环境、浪费了郊区的土地，导致富有地方特色的乡村景观的消失（邹兵，2000；USA Today，2001）。关于上述情况形成的原因，可以从三组相互影响、相互作用的因果关系进行分析：一是城市增长过程中空间无限、无序、低密度水平扩张，导致公共基础设施服务效率下降、土地资源浪费、生态环境被破坏；二是空间扩张形成职住分离，并依赖汽车单一交通方式及不断增加往返交通，造成资源浪费及空气污染；三是单一功能的土地使用强化了对汽车的依赖，伴随着内城衰退和社区生活质量的下降（于文波等，2004；Carlson and Dierwechter，2007）。国外针对城市增长的空间蔓延现象提出一系列空间规划理念，包括区域主义、新城市主义、城市增长管理、精明增长等，其理论可以溯源到田园城市、邻里单元的思想，主要政策工具包括传统的邻里开发、公交导向开发、城市增长边界管理等（段龙龙等，2012）。

二、城市增长的空间调控理论研究回顾

1. 新区域主义

区域主义最初是由学者帕特里克·格迪斯1915年在其著作《进化中的城市——城市规划与城市研究导论》中提出的城市区域观，主要思想是城市的形成和发展有赖于整个区域的发展。其追随者城市规划理论先驱霍华德和芒福德进一步完善和发展了区域主义，并创立美国区域规划协会，但20世纪30年代晚期被迫解散。后来第二次世界大战后的郊区化建设过程中，城市空间迅猛扩张，各个城市竞相争夺发展空间和腹地，城市蔓延问题越来越多地受到批评。20世纪60~70年代，都市区已经不能像过去一样轻易利用吞并和合并其他市政的方法来获取都市发展空间，因此开始复兴区域主义，主要通过探索建立强有力的都市区政府，从区域职能着眼，设立新的区域性服务区和区域性税收区，以此来解决城市的无序扩张问题。复兴后的新区域主义更为强调区域城市和区域整体设计的思想，其中的代表人物是彼得·卡尔索普和威廉·富尔顿。比较常用的政策工具有区域性增长控制、交通和土地利用规划的协调、税收资源共享（Burchell and Munkherj，2003）。新区域主义与传统区域主义在解决城市空间扩张问题上的区别如表7-1所示。

表 7-1　传统区域主义与新区域主义

传统区域主义	新区域主义
20 世纪 20 年代	20 世纪 60~70 年代
格迪斯、霍华德、芒福德	卡尔索普、富尔顿
不看好大都市的发展前景，认为贫民窟和交通拥堵是大都市的首要问题；主张人口和产业从大城市分散	认识到中心城市繁荣的重要意义；主张旧城改造、内城复兴
将郊区绿色田野中自给自足的新城作为追求的理想	认为自给自足的新城是乌托邦，关注郊区土地见缝插针式和填充式开发，着眼于郊区空间结构调整，目标是可步行的镇中心、土地与空间混合使用的街区和公共空间
技术乐观派，否定旧的城市空间结构，期望汽车交通主导的世界	认为汽车是城市空间扩张及蔓延带来的社会经济和生态问题的罪魁祸首。提出要从旧的城市空间形态中挖掘合理内涵，以解决城市的扩张问题
依靠中心城市的分散化解决城市问题	强调区域的兴起、郊区的成熟和旧城街区的复兴，每一种现象都是相关联的

2. 城市增长管理

"增长管理"是自企业管理而来的概念，20 世纪 60 年代后期用于美国城市增长管理，主张控制增长，保护环境资源（李强等，2005）。关于"增长管理"的定义没有达成一致认识，以下几种定义有一定的代表性。广义的定义认为它是"泛指用于引导增长与发展的各种政策和法规，包括从积极鼓励增长到限制甚至阻止增长的所有政策和法规"；1975 年美国城市土地协会在《对增长的管理与控制》中的定义为"政府运用各种传统与演进的技术、工具、计划及活动，对地方的土地使用模式，包括发展的方式、区位、速度和性质等进行有目的的引导"（Turnbull，2004）；Chinitz（1990）的定义为"增长管理是积极的、能动的……旨在保持发展与保护之间、各种形式的开发与基础设施同步配套之间、增长所产生的公共服务需求与满足这些需求的财政供给之间，以及进步与公平之间的动态平衡"；Porter（1997）的定义为"解决因社区特征变化而导致的后果与问题的种种公共努力"，是"一种动态过程，在此过程中，政府预测社区的发展并设法平衡土地利用中的矛盾、协调地方与区域的利益，以适应社区的发展"（Weddell，2002）。可见，增长管理包括以下特征：一种引导私人开发过程的公共的、政府的行为；一种动态的过程，而不仅仅是编制规划和后续的行动计划；预测并适应发展而并不仅仅是限制发展；应能提供某种机会和程序来决定如何在相互冲突的发展目标之间取得适当的平衡；必须确保地方的发展目标，同时兼顾地方与区域之间的利益平衡（Kotkin，2005）。美国最先注意到城市空间扩张导致耕地锐减和对环境资源的破坏，也率先采取了增长管理行动并取得了一定的效果（张进，2002）。在不同的空间尺度上，美国城市增长管理均通过法律与政策措施来实现目标，称为增长管理的"工具"或"技术"。增长管理工具主要包括传统的综合规划、分区条例、土地分割管制和基础设施改造计划，各地方结合自身情况探索出许多单项工具，包括各种特殊类型的管理法规、计划、税收政策、行政手段、审查程序等（Benfield et al.，2001）。从城市增长管理目标来看，美国的做法可以分为调控城市增长空间边界、保护资源和生态环境、通过控制基础设施供给管理增长等（Cho et al.，2008）。

1）调控城市增长空间边界

主要使用城市增长边界、城市服务边界等工具。城市增长边界（urban growth boundary，UGB）的概念最早是由美国的塞勒姆市提出的，是城市总体规划中划定的鼓励城市开发和建设的界线，在此界线之外，不鼓励或者不允许进行城市开发和建设（表7-2）。具体来讲，UGB对城市增长空间的控制是通过划定允许城市发展的边界，划出允许开发地区供发展之用，各种新开发区之间用永久性绿带隔离，以公共交通将其连接（Benfield and Terris，2001）。同时，城市增长空间边界在必要的时候允许调整，即可以根据城市空间发展需求进行更新调整，前提是地方政府定期对城市空间扩张进行研究，以确定是否需要扩张及扩张的时机和范围。可见，UGB不是限制发展，其调控主要是进行区域性协调并提出解决措施，通过对发展的过程和地点进行管理，实现制止城市无计划延伸的同时满足城市发展的需要（Avin and Bayer，2003）。UGB管理旨在实现以下目标：一是城市人口增长要与上位规划一致；二是实现边界内土地的最高效利用；三是对分等级的基本农田按优先顺序进行保护；四是满足住房、就业机会和生活质量的需要（冯科等，2008a）。俄勒冈州波特兰市划定城市增长边界后要求城市开发必须在边界内进行，开发者超出边界将会受到相应的处罚（Knaap，1985；林广，2007）。

表 7-2 美国有代表性的"城市增长边界"概念

提出者	概念
美国的俄勒冈州塞勒姆市	城市土地和农村土地的分界线。规定UGB以内的土地可以开发为城市用地，UGB以外的则不可以
Richard Sybert	UGB是围绕城市划定一条限制其外部发展的线
D. Porter	城市增长边界将城市增长限制到某个特定的区域，并且阻止城市延伸到外围村庄
Williams Fulton	UGB是"城市地区周围抑制市区范围增长的一条边界线，边界以外土地，应保持在低得多的密度，不提供供水和排水服务，形成城市和农村明确的分界线"

资料来源：冯科等，2008b；Sybert，1991；Douglas，1997；Kolakowski et al.，2000

城市服务边界（urban service boundary，USB）是提供城市公共服务设施和基础设施的边界，在边界内政府提供资金建设基础设施，在边界外公共基金不支持建设城市公共服务设施和基础设施。效果好的方法是使城市增长边界与城市服务边界相一致（尹奇和吴次芳，2005）。设置城市服务边界可以通过如下步骤实现，首先科学预测城市和区域内的人口和就业，其次设置区域内的公共设施数量目标或密度标准下限，最后估计城市未来增长所需的居住用地和非居住用地量。城市服务边界管理可以实现促进城市紧凑发展、保护基本农田、确保城市建设用地的充分供给，同时能够有效、节约地进行城市基础设施建设和扩张。

2）保护资源和生态环境

利用 GIS 在地图上标出具有重要生态特征或建筑条件限制的区域，作为地方政府制定激励制度、土地管理条例和政府性购买计划的参考，实现对重要的生态区域进行保护性规划（Robinson et al.，2005）。保护重要的生态或环境区域有如下具体办法。一是政府直接购买土地，进而进行有效控制和保护，这种方法对土地等自然资源和环境质量的保护迅速且有效，缺点是耗资巨大。二是购买开发权，支付给重要生态环境地块的土地所有者市场价格与耕种价值（或其他自然资源价值）的差价。土地所有者仅能继续耕种，无权进行开发，从而达到保护目的。购买资金通过发行债券或税收筹集。三是转让开发权，将农用地、重要地块和敏感地块、开敞空间、历史文化地块的开发权转移到另一块土地上。要求接收地块必须能够承担转让的开发权。四是建筑集群分区，即要求房屋必须集中建设在地块的某个范围内，从而保证范围外的一些重要地块不被破坏。五是保护农用地的方法，耕种权法规定，只要不损害公共健康、安全，任何正常的耕种活动都受法律的保护；又如，进行农业分区管制，即进行较大地块的功能分区（每个地块大于 50 英亩[①]）；划分农用地排他使用分区（排除其他土地利用方式，只能用于农业使用）等土地利用管制方法（Downs and Costa，2005；吴冬青等，2007）。

3）通过控制基础设施供给管理增长

一是要求公共设施充足法规。具备规定数量的设施和服务，开发项目才能获得批准和通过。地方政府的基础设施建设若跟不上开发商开发建设的步伐，开发商必须自行建设或者融资建设符合规定数量的设施和服务后才能继续其开发建设。二是对绿地系统、开敞空间、步道系统等进行专项规划，通过实施规划为社区提供充足的公共基础设施和服务。三是收取开发影响费，即地方政府向新的开发项目收取的一次性费用，此费用必须用于为开发商提供所需道路、给水设施、排水设施、公园、学校、固体废弃物排放设施、雨水排放等基础设施，可以针对一项或一项以上的项目征收开发影响费用（Cohen，2002）。

---

① 　1 英亩≈4046.86 平方米。

3. 新城市主义

新城市主义（new urbanism，亦译新都市主义）源于 20 世纪 80 年代后期，最初是在 60 年代和 70 年代建筑和规划师倡导用紧凑发展模式来取代传统蔓延式发展模式的基础上逐步形成的社区规划设计思潮（Duany and Plater-Zyberk，2001）。新城市主义是对被忽视了近半个世纪的美国社区传统的复兴，是再造城市社区活力的设计理论和社会思潮，又被称为"新传统主义"（刘荣增，2008）。新城市主义是批判现代主义的产物，反对无序蔓延，倡导土地混合利用、紧凑发展模式，以及步行、公交友好的交通方式，力图使现代生活的各个部分重新形成一个整体，即居住、工作、商业和娱乐设施结合在一起成为一种紧凑的、适宜步行的、混合使用的新型社区（Duany and Plater-Zyberk，1998）。新城市主义作为美国 90 年代促进邻里和地区健康发展、提高生活质量的运动，在一定程度上影响了北美当今的城市建设（桂丹和毛其智，2000）。新城市主义反对无序蔓延，但并没有彻底否定边缘城市模式，而是提倡从传统的城市规划和设计思想中发掘灵感，与现代生活特征相结合，以具有地方特色、重视历史文化传统、居民具有强烈归属感和凝聚力的社区取代缺乏吸引力的郊区化模式（刘荣增和崔功豪，2000；刘荣增和朱传耿，2001）。新城市主义始终贯穿这样一种设计理念：城市发展或建设必须将公共领域的重要性置于私人利益之上。新城市主义在强调以人为本思想的同时，认可科技发展的重要性（Cathorpe and Fulton，2001）。新城市主义是相对于工业革命的城市主义而言的，是对战后美国城市状况的一种反思。新城市主义批判美国的汽车文化，认为汽车导致郊区无序扩张及城市生活质量下降，主张降低对汽车的依赖性和控制城市尺度，倡导回归步行和公共交通。新城市主义试图修正城市主义主导的城市生活方式，是一种正在城市中创造和复兴城镇社区的设计思想及方法（Duany and Plater-Zyberk，1998）。

新城市主义认为城镇发展存在由自然环境容量限定的边界，对城市发展提出紧凑模式，主张划定都市增长区，即提出增长应该出现的区域。以其倡导的新城和城市更新代替郊区蔓延，并主张将区域整体融合在一起（Register，1987）。应对中心城区无序蔓延，提出在大城市外围建设卫星城，同时确定中心城市边界和地区绿色空间边界。对城市增长边界内的土地要做好远期规划，公共交通要首先通达，以保证城市健康地发展。从生态学角度看，是承认城市发展赖以生存的生态系统所能承受的人类活动强度存在极限，即城市增长存在着生态极限（沈清基，2001）。

新城市主义的核心思想体现在 1996 年的《新城市主义宪章》中，主要是反对过度使用小汽车而造成的城镇扩张、社区隔离等现象，倡导集约化、高密度的社区开发。它包括从区域到城区、发展轴、住区，乃至街区、街道、建筑物，宏观到微观不同空间尺度的设计思想，显示新城市主义主张系统性地而不是从单一角度调控城市增长的理念（Atkinson-Palombo，2010）。它包括以下三个层次。一是在区域空间尺度上，强调将大都市区作为一个整体来规划，主张区域中的城市、城镇和村庄在规划中要明确地划出边界；主张优先在界内填充式开发城市和郊区现存空地；新开发应形成一定规模的城镇或社区，并提供可选择的多元化交通体系和价格能够承受的住房；区域内的各个城镇间要合理分配资源和收入，建立协调的关系，避免破坏性的竞争。二是在市区和住区空间尺度上，主张高密度开发，邻里紧凑发展；将居民的各种活动组织在 5 分钟步行距离范围内，包括到公交站点；邻里住房主张不同收入阶层、年龄、种族居民的混合；强调邻里活动设施和公共空间的步行可达性，要求穿插于邻里内部，不隔离设置；联系通道的组织要增强邻里结构。三是在街区和建筑空间尺度上，关注公共空间，如街巷和广场的安全及舒适，以便能够增进邻里交往。单体建筑设计要求尊重地方性，并与历史、生态、气候、地形等环境相协调，同时有可识别性（Congress of New Urbanism，1999）。

新城市主义以高度的工作热情积极参与到不同空间尺度的城市规划建设行动中，提倡回归到美国传统的城镇形态和塑造传统的城市空间（林中杰和时匡，2006）。其中，最为著名的两种模式是公交导向开发（transit-oriented development，TOD；或 pedestrian pocket，PP）和传统邻里开发（traditional neighborhood development，TND），与 TND 相比，TOD 更多关注城市的区域形态（Benfield et al.，2001）。TOD 更多地从区域宏观角度着眼，TND 更多地从社区中观层面考虑解决城市发展的问题，但它们之间是相通的。

TOD 有各种不同定义，比较有代表性的如下。TOD 是一个紧凑布局的、功能混合的社区，以一个公共交通站点为社区中心，通过合理的设计，鼓励人们较少地使用汽车，更多地乘坐公共交通。这样的一个公交社区以公交站点为中心向外延伸大约 400 米，相当于步行 5 分钟的距离，位于社区中心的是公交站点及环绕在其周围的公共设施和公众空间。公交站点充当与周围其他区域联系的枢纽，而公共设施则成为本区域的核心（Bernick and Cervero，1997）。加利福尼亚交通局的定义是：适中或更高密度的土地利用，将居住、就业、商业混合布置于一个大型的公交站点周围适于步行的范围内，鼓励步行交通，同时不排斥汽车交通。TOD 以有利于公共交通的使用为设计原则（California Department of Transportation，2001）。马里兰州交通局的定义是：相对较高的发展密度，包括居住、就业、商业及公共设施等功能混合于一个大型的公共汽车或轨道交通站点周围适于步行的范围内。偏重于步行和自行车交通的设计原则，同时允许汽车交通。上述定义有以下一些共同特征：紧凑布局、混合使用的用地形态；临近提供良好公共交通服务的设施；有利于提高公共交通使用率的土地开发；为步行及自行车交通提供良好的环境；公共设施及公共空间临近公交站点；公交站点成为本地区的枢纽。

新城市主义的代表人物卡尔索普提出 TOD 的规划原则如下。在区域规划的层面上组织紧凑的、有公共交通系统支撑的城镇模式；在公交站点周围适于步行的范围内布置商业、居住、就业岗位和公共设施；创造适于步行的道路网络，营造适合行人心理感受的街道空间，在各个目的地之间提供便捷、直接的联系通道；提供多种价格、密度的住宅类型；保护生态敏感区、滨水区，以及高质量的开敞空间；使公共空间成为人们活动的中心，并且为建筑所占据而不是停车场；鼓励在已有发展区域内的公共交通线路周边进行新建和改建（董宏伟和王磊，2008）。

TOD 着眼于区域规划的角度提出建立区域性的公共交通体系，引导城市和郊区沿大型公共交通路线进行集约式发展，在城区和郊区层面设计多元化交通体系以减少对私人汽车的依赖。TOD 的实施能给都市的发展带来秩序，它鼓励在现有开发用地上的填充和重新利用，反对沿着高速公路随意开发，强调社区发展与公交系统的关联。与大型公共交通系统的关系是 TOD 的主要方面，即在城市发展策略上应鼓励开发项目尽量利用现有的公交系统发展，并以公交的节点作为重点发展的聚散中心，地块的开发要考虑到其在公交系统中的区位来决定项目的发展策略。构成 TOD 的基本结构是"核心"，它通常由商业中心、主要市政设施和公交节点组成，并处于步行的范围内。TOD 要求创造适宜步行的环境和尺度，而不是依赖汽车交通。但新城市主义并不是简单地排斥汽车和其他现代需求，而是主张有效地安排汽车的使用，使它与步行、自行车及公共交通工具和谐共存（Moe and Wilkie，1997；Porter，1997）。

TOD 模式倡导在紧凑的土地上为多种层次的人群提供多样性的服务，可以适用于区域规划、城市化地区、新建地区、改建地区等多个层面上。通过在区域内发展多个网络化 TOD 社区，可以极大地提高整个区域内公共交通系统的使用效率。典型的 TOD 用地的功能结构包括公交站点、核心商业区、办公区、开敞空间、居住区、"次级区域"（secondary area）。TOD 应建设在已有的或规划的区域内的快速公共交通干线周围，保证至少 15 分钟一班的发车频率及专有的路权。远离区域快速公交线路的地区必须提供公交支线服务，到达区域快速公交站点的行驶时间不应超过 10 分钟。以公交站点为圆心，通常采用步行 5～15 分钟的距离、400～500 米至 600～800 米的半径作为"TOD"的空间范围。此外，对于改建区域 TOD 最少应当占地 4 公顷，对于新发展地区则应达到 16 公顷。TOD 内部的道路系统尽量采用格网形式，避免迂回曲折的道路线形，不鼓励采用汇集道路集中交通流的做法，转而采取短捷直接的联系道路的形式为各个功能区之间提供便捷的联系，为步行者和骑自行车者提供良好的环境，同时也为小汽车的使用者创造多种选择的路线（马强，2009）。

TND 模式由美国规划师安德烈·杜尔尼（Andres Duany）和伊丽莎白·普拉特姬布（Elizabeth Plater-zyberk）夫妇提出。TND 崇尚美国传统的城镇结构和形态，提倡密集开发、混合功能和多元化住宅形式，创造街道、广场及社区活动场所等公共空间，并追求步行可达性（Calthorpe and Fulton，2000）。TND 遵守以下原则：具有包括文化、商业或行政的邻里中心；在 5 分钟行程内到达工作或购物地点；街区追求小尺度的划分，街道呈网格状，达到提供交通路线的多种选择；设计巷道辅助街道，减小其尺度，设计带来开放性和步行性的人行道；设计容纳多种功能的建筑物，并限制其高度、退界，使街道保持统一性；将市政建筑或社区公共建筑安排在显著位置；保持多种住宅形态混合，增加不同收入的人群产生联系的机会；直接联系大型公共交通；营造社区氛围和公众的责任感（林中杰和时匡，2006）。

4. 精明增长

自 20 世纪 70 年代末起，美国城市化明显变成郊区化，城市中心区日益衰退而郊区日益蔓延（Ingram，2009）。面对城市中心区衰退，政府由于缺乏在区域层面的控制机制，结果无法在土地控制问题上起作用。公众也逐渐认识到城市无序蔓延带来的巨大社会问题和经济问题，必须在区域层面由州、区域、地方政府共同协作，才有可能预防、解决。于是，精明增长理念便应运而生（张庭伟，2003；Hall，2001）。

精明增长相对于新城市主义，是对城市增长更为全面的反思，涉及城市增长的社会、经济、环境、空间、规划、管理、法制、实施等多方面的行动计划，需要政府宏观调控和全民参与（蔡小波，2010）。精明增长有其提出的背景，总结如表 7-3 所示。

表 7-3　美国精明增长理念提出的背景

需求角度	引发的原因	导致的后果	寻找解决措施
经济需求	城市无序蔓延导致旧城公共基础设施弃置，郊区大量公共设施需要投资新建	地方政府财政支出庞大，难以为继，引发高征税	充分利用现存的城市基础设施，以最低基础设施成本创造最高土地开发收益，政府减少在基础设施新建上的投资，同时避免高征税
环境和空间需求	私人小汽车推广及高速公路网的形成使郊区化快速蔓延，并侵占城际的开敞空间；在个别地区，有限的土地空间难以支撑城市爆炸式蔓延	自然资源退化、开敞空间丧失，环境保护问题突出	限制郊区蔓延，已建成区见缝插针，新开发区地尽其用，保护开发空间和生态敏感地，使开发者、环保者、消费者和政府之间容易达成协调
社会交往需求	郊区大型购物中心逐渐成为郊区商业与文化娱乐中心，交往和娱乐空间与居住空间分离	人们习惯于周末开车购物，导致邻里交往活动减少，社区认同感越来越低	通过土地混合使用，恢复市区与郊区的活力和社区感，营造利于各阶层交往的健康生活方式与适合步行的宜居城市

需求角度	引发的原因	导致的后果	寻找解决措施
社会公平需求	由于对近郊低密度独立小平房模式的偏好，近郊单家居所成为"美国梦"	社会各阶层居住分离，低收入阶层的住房难以保障	通过高密度住房的建设缓解"可支付住房"的要求带给城乡政府的巨大政治压力

资料来源：蔡小波，2010

精明增长概念提出后被广泛接受，不同的机构和组织提出了各种概念。将代表性的概念总结如表 7-4 所示。

表 7-4   精明增长概念的不同表述

机构	概念
美国环境保护署	能为家庭提供洁净环境的健康社区；协调发展与环境保护之间的关系，在保护开敞空间和重要栖息地、土地再利用、保护供水和空气质量的同时，满足城市发展的需求；促进当地经济的发展和就业机会的增加，创造商机并改善当地的税收制度，提供居民服务及娱乐设施，并建立具有经济竞争力的社区；打造亲切的邻里，提供多种住房选择，让人们有机会选择最适合他们的住房，从而保持和提升现有街区的价值，并营造社区认同感；提供多种交通出行选择，让人们可自由选择步行、自行车、公共交通或自驾车出行
美国住房和城市发展部	增加住房的选择，改变传统的以独栋类型为主的模式，提供更多的住房类型，如集合住宅和多单元住宅；以土地综合利用的方式重建或改建社区，整合居住、商业和休闲娱乐功能，以降低对汽车交通日益严重的依赖；提升城区设计质量，包括基础设施、休闲娱乐和交通系统等的设计，能使城区发展更紧凑、更复合、更集约，以营造有吸引力的、有地方感的地区
美国农业部	发展重点在中心城区和老郊区，而不是新开发城市的边缘区；支持公共交通导向和步行友好的开发方案；鼓励土地的综合开发利用（如住房、零售、工业的混合）；保护农地、开敞空间及环境资源
美国规划协会	倡导有独特的社区感和场所感的规划设计；保护有价值的自然资源和文化资源；公平分配开发的成本和收益；通过财政补贴的方式来扩大交通、就业和住房选择；侧重于长远利益的区域可持续发展，而不是短期的、各自为政的发展；促进公共卫生和健康社区的发展
美国精明增长联盟	营造宜居的邻里，其应当是安全、方便、有吸引力且价格可被承受的；拥有更好的可达性、更少的交通量，因此强调土地综合利用、集约发展，并提供多种交通选择，以解决交通堵塞问题，减少环境污染，节约能源；促进城市、郊区和城镇的繁荣，提倡发展重点应在已有的建成区，以节省在交通、学校、图书馆和其他公共服务设施方面的投资，并保护有吸引力的建筑物、历史街区和文化名胜；收益共享，消除收入和种族造成的隔离，使所有居民成为繁荣的受惠者；降低开发成本和税收，充分利用现有的基础设施，减少对汽车的依赖，节省投资以用于其他项目；保留开敞空间
美国全国住房营建联盟	满足国民的住房需求，为经济活动、人口和住房需求的预期增长制订计划，并考虑人口统计和生活方式的变化；提供广泛的住房选择，制订住房增长计划，提供多种住房类型选择，以适应社区内不同需求和收入水平的人群的需求；制定全面的规划，识别和划分适合于住宅、商业、休闲、工业用途的土地，及重要的开敞空间；集资改善基础设施，鼓励地方社区采取稳妥和可靠的手段，来筹措和支付用于新建和扩建公共设施和基础设施的资金；土地利用应更加高效，支持更高密度的开发，并革新土地利用政策，以鼓励土地综合利用和步行友好的开发；振兴老郊区和内城的市场

续表

机构	概念
精明增长网	增加住房式样的选择；鼓励步行小区的发展，最大限度地减少对汽车的依赖；鼓励公众参与；创造有个性和富有吸引力的"场所感"；保障政府开发决定的公平、预知和效应；土地利用的兼容性；保留空地、农地、风景区和生态敏感地；增加交通出行选择，强调公共交通导向；加强利用在建成区内仍未开发的土地；鼓励高密度的建筑设计
美国全国住房建筑者协会	精明增长指通过达成政治上的一致意见并运用市场敏感和有创新的土地利用概念，来满足由一直增长的人口和繁荣的经济带来的住房基本需求
国际城市管理协会	投入时间、精力和资源来重建社区，并恢复中心城市和旧郊区的活力

资料来源：蔡小波，2010；关静，2013

精明增长最初是构想出来解决城市蔓延问题的，在解决城市蔓延问题方面有三种策略：一是实施对都市扩张的牵制政策，保护城市周边的乡村土地；二是鼓励填充式开发和城市更新，混合土地使用，以及创造有吸引力的公共场所；三是倡导发展公共交通，创造公共交通和步行友好的环境，减少对小汽车的依赖（李强和戴俭，2006）。随着精明增长的内涵不断丰富，其主要目标可分为四类：对一些超越地方范畴的问题进行区域性协调并提出解决措施；通过限制服务区范围提高能源、公用和市政设施的效率；保护大城市边缘区及其附近的开敞空间及其他资源；推动城市社区的经济增长、再开发、维持城市形态及生活质量等。

精明增长的 10 条原则包括：①混合式多功能的土地利用；②垂直的紧凑式建筑设计；③能在尺寸、样式上满足不同阶层的住房要求；④步行式社区；⑤创造富有个性和吸引力的居住场所感觉；⑥增加交通工具种类选择；⑦保护空地、农田、风景区和生态敏感区；⑧加强利用和发展现有社区；⑨做出可预测、公平和产生效益的发展决定；⑩鼓励公众参与。其原则的核心内容是：用足城市存量空间，减少盲目扩张；加强对现有社区的重建，重新开发废弃、污染的工业用地，以节约基础设施和公共服务成本；城市建设相对集中，采用密集组团，生活和就业单元尽量拉近距离，减少基础设施、房屋建设和使用成本。精明增长不是指不增长，而是划定了城市增长的边界范围。可见，精明增长理念支持增长，同时规避增长的负面影响。在根本意义上，精明增长就是"有规划的增长"，通过规划政策，限制城市化地区蔓延到区域的边缘，以保护开敞空间，但政策落实必须依靠整个区域的合作（Schiffman，1993）。

精明增长强调对城市外围应有所限制，注重现有城区的发展（唐相龙，2008）。精明增长主张将城市的发展融入区域整体生态体系的均衡和公平，提出"城市有边界的增长原则"，即城市对土地需求的增长应当受到所在区域整体生态系统的制约，尽量减少对农业和生态区域的侵入（Millera，2002）。在限制城市增长空间扩张的基础上，坚持紧凑发展，通过倡导公共交通导向开发将居住、商业及公共服务设施混合布置，设计多功能社区，重新利用城市内部废弃土地，从而实现减少用地的外延扩展。实践精明增长措施中效果良好的有四个方面：地方的管治；土地使用规划；土地使用法规；投资和激励政策（Gale，1992）。

从区域主义、城市增长管理到新城市主义，控制城市空间扩张策略逐步从区域制度安排、城市投资项目管理，深入到社区的规划设计层面。控制城市空间扩张的工具逐步实现了制度层面、城市建设项目投资管理层面及社区规划设计层面的融合。精明增长成为各种治理城市空间扩张理念的汇流。无论是区域主义、城市增长管理、新城市主义还是精明增长，都是对市场配置城市空间的一种干预。相对于过去的规划理论精明增长不仅能协调各种主体之间的利益，又具有实践性和可操作性。

三、国外城市增长的空间调控实践

美国城市增长的空间调控管理始于地方，纽约州的 Ramapo 镇、加利福尼亚州的 Petaluma 镇、科罗拉多州的 Boulder 市，以及佛罗里达州的 Boca Raton 市，是美国最早试行城市增长的空间调控新模式的几个社区，早期的增长管理对土地开发活动实行严格限制。但社区增长管理决定迫使增长及其影响转移到其他没有实行增长管理的社区，结果导致更为复杂的区域性甚至跨区域的政治和经济问题。这要求在更大的空间尺度上协调区域性问题和要求地方政府制定合理的增长策略。后来俄勒冈等一些州相继制定了增长管理法律，在全州范围内统一推行增长管理计划，以填补存在于州的环境管理法规、区域规划和分散的、互不协调的地方增长管理行为之间的脱节（Chinitz，1990）。但各地的增长管理计划更多是呈现出一种多样化，而"并不存在一个理想的增长管理模式"。

美国调控城市增长的空间发展实践中，主要涉及两个方面。一是确定城市增长边界，确保城市用地增长避开生态敏感区域和开敞空间等需要保护的区域，将增长引导在拟开发地区。具体包括绿带、城市增长边界、城市服务边界等。二是在现有城市化地区倡导密集、紧凑式发展，如通过增加公共基础设施条例，主要是通过填充式开发、提高公共服务设施的服务水平吸引人口（Schneekloth，2003）。当然，具体到每个城市多采纳各种措施的混合方案。

在设置城市增长的空间边界方面，围绕城市设置绿带是普遍的方法。20世纪 30 年代末伦敦就开始实施绿带政策，后陆续有欧洲的莫斯科、柏林，北美的渥太华和多伦多，以及亚洲的首尔、香港等城市采纳，其中首尔实行了最为严格的控制（倪文岩和刘智勇，2006）。70年代初，首尔大都市区划定了城市绿带，又称为限制发展区。目标是保障军事和国家安全、拆除首尔郊外棚户区、控制城市蔓延、减少首都圈快速的人口增长和工业的过度集中、限制首都圈的土地投机、保护农业用地和保障粮食安全，以及保护环境和自然资源。绿带法令禁止绿带内任何土地用途的改变。除了重建或改变现有建筑的结构，没有相关政府部门的批准，任何人不能在绿带上进行任何工程建设。但这仅阻止了绿带内的蔓延，没有控制绿带外的蔓延，导致土地价格上涨和可支付住房短缺，并造成了严重的社会不公。后进行改革，包括：一是绿带的边界将基于环境及其他因素重新划定；二是绿带内的土地将根据业主意愿由政府进行购买，或者由政府支付对土地开发权限制的补偿；三是绿带内一定大小的村庄将获得特别的开发许可，用于建构健康的社区（韩昊英等，2009）。

城市增长边界控制在美国最为著名的是俄勒冈州的城市增长界线。1973年俄勒冈州立法实施UGB，规定城市增长边界范围内应包含现已建设土地、闲置土地及足以满足20年规划期限内城市增长需求的未开发土地，地方政府必须对土地供应情况进行监督，并定期考查有无必要对现有增长界线进行调整。在实施的同时成立了土地保护和发展委员会（LCDC），提出UGB管理目标包括七个方面：①适应城市远期人口增长的要求，与土地的保护和发展目标一致；②满足住房、就业需要；③维持公共服务设施的有序供应；④最大限度地提高城市内部和边缘地区的土地利用效率；⑤解决一系列环境、能源、经济和社会带来的问题；⑥保护农业用地；⑦土地兼容（Kolakowski et al.，2000）。可见，UGB相对于绿带政策更具有弹性，可以在制止城市无计划蔓延的同时满足城市发展的需要，并可以使城市空间随着社会经济发展的需要进行扩展。此外，UGB不仅仅是设置一道屏障和界限，更重要的是要为城市未来的潜在发展提供合理的疏导。

波特兰认为在城市增长的空间扩张压力下，必须强化增长边界的控制作用，认为这是区别于其他美国城市增长模式的重要特征，必须加强公共交通的发展，使其在与小汽车的竞争中取得优势，将轻轨站点作为地区发展的增长极（Jun，2004）。为了严格控制城市的蔓延，提出以下主要策略：严格控制城市的扩散，强化增长管理措施，特别是严格控制增长边界；将城市用地需求集中在已有中心和公交走廊周围，对公交车站周围400米以内的商业设施给予用地上的优惠，或者向那些在公交车站附近购买住房的居民提供低息贷款和补贴（Jun，2006）；增大既有中心的居住密度，减少每户住宅的占地面积；必须将对绿色空间的保护从理论变为现实，投入1.35亿美元用于137.6平方千米的绿色空间的保护；迅速提高轻轨系统和常规公交系统的服务水平和能力（Stephenson，1999）。波特兰市的主要经验有 6 条：①划定城市化的界限以控制城市盲目蔓延；②引导新的开发项目围绕公交线路及公交车站布置；③致力于中心城的再开发，形成一个有吸引力的区域中心；④强调在已有的城市化地区进行填充式建设，而不是占用边缘地区的农田绿地来建造项目；⑤重视以步行为基础的社区建设，而不是以汽车为基础的城市蔓延；⑥选举一个区域政府，全面执行上述各项政策，管理开发项目，特别是尽力赢得公众的支持（张庭伟，2010）。

马里兰州曾通过公共设施条例引导城市增长的空间发展。1997 年通过精明增长法案，旨在引导新的开发进入指定的"优先资助区"，即对于在指定增长区及现有市区和工业区内的开发项目优先提供资金帮助，但要求在土地的预期用途、最低密度限制和给排水配套方面必须满足州制定的标准（Bollens，1992）。同时，不再向非优先地区的增长相关型项目提供资金，对乡村和无排污系统的社区内的项目的资助也受到限制，通过州政府资金的导向将开发引入适于增长的地区，而以不延伸排污系统或不改善交通条件的方式来限制乡村地区的发展。由于采取财政手段来激发各地方政府推行精明增长的积极性，该州无需设立跨区域或州一级的机构来协调各地的规划（Fonder，1999）。

此外，马里兰州还在农业、森林、自然资源和文化资源丰富的地区有目的地设置绿带，保护农村遗产，防止城市扩张的侵袭，这称为绿图计划。该计划主要是保护最为重要的、相互联系的，对当地的乡土植物、野生动物的长久生存，以及依赖于清洁的环境和丰富的自然资源的产业发展具有至关重要的作用的自然网络。

四、国外城市增长空间调控的经验与启示

城市的空间增长是不可避免的，关键是如何有效地管理这种增长（Nelson et al.，2002）。国外城市增长的空间调控是一种引导公共和私人开发过程的公共性的、政府的行为，是一种动态的过程，而不仅仅是编制规划和后续的行动计划。这种调控预测并合理引导城市的发展，而并不仅仅是限制城市的发展。它能够提供某种机会和程序来决定如何在相互冲突的发展目标之间取得适当的平衡；它必须确保地方的发展目标，同时兼顾地方与区域之间的利益平衡。因此，城市增长的空间调控的实质就是，城市政府通过一定的手段和措施，对城市增长的空间发展方向、发展总量、发展形态、发展速度、发展时序实施有效的组织、协调、引导和控制的一项公共活动。国外应对城市蔓延而形成的各种调控城市增长的规划运动，目的一致，但方法不同。区域主义和城市增长管理侧重区域

规划，新城市主义侧重城市设计，精明增长则从社会政策角度提出原则和主张（Kwartler，1998）。

　　首先是在发展理念上，要认识到城市空间增长的必然性，认识到对城市增长的空间调控不是限制空间发展，而是引导空间发展。城市增长空间管理可以说与可持续发展思想不谋而合。美国长期实行城市增长管理在遏制城市蔓延方面的效果显著，强有力地保护了土地和生态环境（张晓青，2006）。对于城市增长的空间发展方向选择，要求变革城市发展观念，必须在区域整体生态系统的背景下考虑城市空间扩展，实现城市空间发展与区域自然生态系统之间的协调共生。确定城市增长的空间发展方向，要通过确定不能开发的地块，而后在留下的空间做开发决定。将不能开发的地块划为限制发展区，主要涉及潜在地质灾害区、开敞空间、绿地、重要资源环境和生态敏感区，以及为保护乡村景观划定的地区。为保护乡村景观，可以建立由重要栖息地、水源保护地、森林、农田保护地、文化遗产保护及旅游休闲地、郊野游览地、自然生态用地和远期发展备用地等组成的综合保护网络（刘荣增等，2008）。当然，保护开放空间与引导城市空间发展要在区域层面进行考虑，通过制定法规和政策及区域协调实现管理（刘海龙，2005）。在城市增长的空间发展总量控制方面，通过划定城市增长管理边界来实现。通过划定城市增长边界、控制土地开发总量、阻止土地资源的流失，来实现城市增长的空间总量控制（Chinitz，1990）。规定开发必须在边界内进行，而边界外禁止开发建设。充分利用存量土地来抑制城市增长空间的扩张，将城市空间扩展以外延扩展为主的模式转向以内涵更新优化为主的模式。优先考虑将城市增长的空间扩张需求引导至已经开发建设的区域，禁止侵占非城市建设用地。同时，在城市增长边界内提倡紧凑、集约的发展，强调有序、有控制性的空间扩展。重视集约用地和节约用地，以最低的基础设施成本创造最高的土地开发收益。坚持开发地区土地的混合利用，支持商店、办公区、居住区、学校、娱乐空间及其他公共设施的区位与紧凑的邻里相互在步行距离之内，邻里设计应为易于活动与交流提供多种选择。其中，重要的一点是倡导缩小工作地与居住地的时空距离，追求居住和工作空间的近距离，减少常规往返交通。方法之一是地方政府和州政府共同提供现金补贴，鼓励职员搬到距工作地一定距离的范围内居住。对于城市增长的空间发展速度控制，通过加强公共基础设施条例的执行，政府可以在引导开发地区优先提供公共基础设施，促进城市空间发展，在限制开发地区不提供公共基础设施，延缓城市空间发展；也可以通过城市增长界线的扩界限制，实现对城市增长的空间发展速度的控制。对于城市增长的空间发展时序安排，除了上述通过提供公共基础设施调控外，设立增长管制区，实行分期分区发展政策，此外还通过年度建设计划审批和实行土地开发许可制度进行控制，实现城市空间发展的阶段性成长（吕斌和张忠国，2005）。

关于城市增长的空间发展模式，不采取道路扩张拉动的模式，而是将城市的空间扩展与大运量公共交通体系联系起来，倡导公交导向开发。在区域层面将城市住区规划在快速交通沿线，具体安排在公交站点附近，发展高效、便捷的公交系统和独立、安全的自行车系统，在城市住区之间实现便捷的公交联系。在居住社区层面，强调步行的可达性，进行便捷性规划。相应地，城市的用地模式坚持高密度、集约化、功能混合的原则，将依托于公共交通系统的"适宜居住"的社区作为城市的基本构成单元。

规划编制过程倡导民主决策和公众参与。新城市主义大会就是由达成共识的设计、开发、管理等不同领域的城市设计师、建筑师、规划师、环境论者、经济学家、景观建筑师、交通工程师、政府官员、社会学家、开发商和社区活动家等发起的。同时，新城市主义大会为讨论农田保护、城市重建、交通改善与社会公平等各种问题提供可能，关注从区域发展直到单体建筑的不同空间尺度的设计问题。新城市主义实践的特征之一就是在规划设计过程中提倡民主决策，提供居民和其他有关人士参与的渠道，聆听公众需求，注重规划设计全过程的公众参与，不断拓展公众参与规划的广度与深度，加强执行的社会基础。城市管理者和规划师通过公众展示、问卷调查等方式，关注市民的利益，聆听市民的要求，广泛吸纳市民参与到城市规划中来。从规划预编制到具体实施的全过程都引入政府与公众及相关利益团体的对话协商，并通过完善相关政策、机制，保障公众利益能够得到清晰的表达，实现各方利益的充分协调（丁文静，2006）。新城市主义要求在城市规划过程中提出各种用地方案，注重对不同的用地方案在规划立法过程中的比较、公开辩论，力求反映全体市民的共同愿望，反映城市社会、经济、环境的全面效益。

在城市增长空间调控的实践层面，国家、州和地方三个层级政府的大力扶持、相互配合是取得成效的关键，具体是通过一系列法律与政策措施的严格执行。不仅如此，还要注重政策的综合性，不仅要重视城市空间规划手段的运用，还要重视经济杠杆的作用，采取多种空间管理手段。在地方层面，注重政策的因地制宜。同时，实践的效果也引起对调控政策的争议。例如，对于城市增长界线，有人批评它造成城市土地供应的不足、房价上涨，加重了中低收入家庭的负担（Gordon and Richardson，1997）；又如，完善公共设施条例政策在加利福尼亚州的实践不仅没有减缓都市的增长，反而产生促进作用。再如，对于公共交通政策，波特兰推行公交优先和发展轻轨交通的时间很早，但其公共交通出行率也不过 15%，而且用于现有轨道交通的费用已占整个公共交通开支的 25%，但它只担负着不足全部出行量的 2%（Shaw and Utt，2000）。

第二节　国内城市增长的空间扩展与调控研究

一、国内城市增长的空间扩展与调控研究进展

中国快速城镇化进程中出现的城市空间不断扩张蔓延，进而导致尖锐的城市用地供需矛盾，在 20 世纪 80 年代中期引起城市地理学与城市规划学界的重视。城市空间扩展的理论研究方面，更加注重在城市空间扩展过程中深化空间扩展的动力机制与扩展模式研究，也开始总结形成一些有普遍意义的规律和模式，出现了一些有价值的成果。但是相关研究以借鉴和引用国外为主，研究成果基本上集中于归纳总结，而推理演绎研究相对欠缺；以为政府咨询、规划等服务的应用型研究为主，而理论型研究深入不够，原创的理论方法较少。在研究内容方面，主要集中于城市空间拓展形态与模式、拓展机制、空间拓展动态模拟、空间拓展环境效应等方面（孙平军等，2012a），最初以城市空间形态、模式、动力机制的研究为主；近年来，城市空间扩展模拟和调控越来越成为研究的热点，并取得了一批有价值的研究成果，但是城市空间扩展合理性的动态模拟体系尚不完善，研究结果缺乏可比性。关于城市空间扩展调控手段和策略缺乏深入研究，如何与中国社会制度和和经济建设现状相结合更是较少探讨，提出的调控对策和措施的前瞻性不足、可操作性不强。在应用研究方面，注重将科学研究与解决城市发展问题、指导城市规划建设实践密切结合，出现了一批有特色的个案研究，研究尺度也涉及全国、城市密集区、单个城市、城市边缘区等，对于认识城市空间扩展的复杂性与多样性具有重要的理论价值和实践意义。在中西部等欠发达地区关于城市（如山地城市、绿洲城市、河谷型城市）的空间扩展也出现了一些有见地的研究成果。但总体而言，研究对象以特大城市和经济发达地区的单个城市为主，对中西部城市及区域性的研究相对不足（闫梅和黄金川，2013）。

关于城市空间扩展模式研究，国内最早对城市空间扩展进行系统研究的学者武进提出四种主要模式：由内向外的同心圆式连续扩展、沿主要对外交通成放射状扩展、跳跃式组团扩展和低密度蔓延扩展。段进认为城市空间扩展是城市内部各种功能演替的结果，主要有同心圆扩张、星状扩张、带状生长与跳跃式生长四种演变方式。有些学者对北京、上海、合肥、广州、重庆等进行了实证研究（张荣天和张小林，2012）。

关于城市空间扩展的动力机制研究，学者们基本认为由自然条件、经济、产业演替、交通、政策等因素驱动。陈建华以长三角地区作为研究对象，得出中国二元化经济增长模式是城市空间扩张的内在驱动力，公共财政制度、户籍制度、社会保障和救助制度及土地制度改革滞后是城市空间扩张的制度性成因；何流等发现经济因素、政策因素、规划引导是南京城市空间扩展的主导力量；陈本清等指出经济发展、外商投资和地理环境是驱动厦门城市扩张的动力因素；李效顺等将我国的城市空间扩张模式与国外进行了区分，认为国外城市空间扩张过程大都烙着"市场"的印记，更多关注城市质量的提高和生态环境变化的不同，中国城市空间扩张大都体现"市长"意愿，更为关注城市功能的提升和粮食安全的影响，并将中国城市空间扩张区分为牺牲性和损耗性两类，就两种分类提出了不同的治理策略（王家庭和赵丽，2013）。此外，部分研究者针对特殊地形的城市（山地城市、港口城市）进行了研究；还有学者从城镇群组空间的角度，分析了长三角、珠三角等城市群体空间扩展的动力机制；最近还有学者从物联网发展等新的视角，探讨城市空间扩展的动力机制。

我国城市空间扩展的调控研究起步较晚。陈雯等介绍了精明增长概念的提出背景、主要内容及基本实践，系统阐述目前国内外广泛研究的"城市蔓延"和与之相对的"精明增长"，提出我国城市空间具有"城市蔓延"趋势，呼吁借鉴国外所采用的精明增长策略，为制定更为科学合理的城市规划进行理念更新（陈雯，2001；李王鸣和潘蓉，2006；李雪梅和张志斌，2008）。朱喜钢提出将"有机集中"作为南京市城市空间调整的基本思路。张波等基于经济学分析认为，在市场经济条件下，城市土地使用年租制度是实施城市空间增长管理的有效手段。陈爽等提出以城市规划的有效性代表用地布局的合理性，以地块闲置概率指示空间开发质量，定量评估城市增长管理效能。黄晓军等从城市增长模式、空间优化布局、房地产开发控制与引导、快速交通体系建设、耕地与生态系统保护五个方面提出了消减城市蔓延的调控路径。而国内对城市空间扩展调控的相关研究历史短，基本上处于对国外城市增长理念的学习阶段，研究也多以借鉴国外城市发展的理念策略、反思国内城市发展史和实证分析为主，而较少关注其在中国城市建设过程中融合运用的内在机理，也没有形成具有本土特点的城市空间管理理论（张荣天和张小林，2012）。

二、国内城市增长的空间扩展与调控实践

中国关于城市空间扩展的调控，主要体现在规划实践中。中国目前的禁建区、限建区和城市建设用地边界与美国的城市增长边界都是通过划定城市发展控

制线，依靠区划、开发许可证的控制和其他土地利用调控手段加以实施的，两者具有很大的相似性（雒占福，2009）。关于城市增长空间总量的控制国内采用过绿带政策，这里介绍北京的情况。北京的绿带建立最早也最久，称为绿化隔离地区或绿化隔离带，有三个特点。一是初衷不是作为限制边界而是待定地区。出于政治考虑，北京规划人口从 1957 年的 600 万人减少到 1958 年的 350 万人。对于规模减小，规划采取了预留发展用地进行应对。因此，采用较为灵活的绿地分隔的分散集团式布局。将北京划分为 26 个分散的集团，集团之间保留成片的好菜地、丰产田、果木、林木，并种植花草、开辟水面作为绿地。可见，北京市绿带是为满足城市规划短期调整要求的一个妥协的产物，而非从最初就经过深思熟虑而确立的政策。二是绿带不断调整演化。自 1958 年设立以来，第一道绿化隔离带的面积从最初的 314 平方千米减少到 1993 年的 240 平方千米。在建设使用方面，从禁止建设到允许建设体育和娱乐设施，发展高新技术产业和休闲产业，对建设类用地的排斥性越来越弱。三是绿带功能偏向建设而非控制。自 1958 年绿带政策制定以来，未出台任何有关绿化隔离地区保护和建设的法律法规。在城市规划中，绿化隔离地区也并未成为一个单独的用地类型。绿化隔离地区的用地仍然依靠城市规划的用地分类进行管理。自从 1994 年北京市政府确立了"以绿引资、引资开发、开发建绿、以绿养绿"方针之后，绿化隔离地区的政策就明显偏向于"建绿和养绿"，而非对土地用途的控制或是对开敞空间的保护，因此导致北京市绿带的实施效果并不理想（蒋芳等，2007b）。

第三节　国内城市增长的空间扩展现状与影响因素

目前，中国的大部分城市都处于尚未充分发展但亟待发展的状态。许多城市正经历着从城市中心区向外的墨渍式渗透、"摊大饼"式的扩张过程，随着中国城镇化进程快速推进，城市迅猛增长过程中空间扩张引发的矛盾已经逐步凸显出来。城镇化发展引发城镇建成区扩大，更多的非城市建设用地转化为城市建设用地。城镇规模的过度膨胀，特别是郊区化发展，可能引起复杂的社会问题和经济问题。

一、国内城市增长的空间扩展现状

贪大求快的心态推动城市空间扩张。这可以从最近一轮的城市规划看出来，无论是经济发达地区还是经济欠发达地区的城市在编制规划时，许多城市将目标定位在特大城市甚至国际大都市，追求高速度和东西南北多面扩张。但根据城市人均指标数据，中国城市目前土地使用效率低下、浪费严重。根据住房和城乡建设部中国城市规划设计研究院专家的调查分析，中国有 70％的城市人均用地指标为 90～110 平方米，22％的城市为 110～150 平方米（人均用地指标过高），仅有 8％的城市为 80～90 平方米（比较合理，但占的比例太小）。

为追求 GDP 增长，城市政府不断扩大城区面积。在 21 世纪的前十年中，中国地级以上的大中城市，建成区面积平均增长 82％～91％，但城市人口增长仅有 35％。从整体上分析中国城镇蔓延和空间扩张速度，土地城镇化快于人口城镇化的现象突出，许多学者认为出现了冒进式的土地失控。比如，不少地方擅自建设占地面积很大的高尔夫球场、度假村与旅游休闲区等。仅 1995～2006 年的 11 年间，全国每年流失的土地约为 1000 万亩。突出的是，各城市的各种开发区和大学城占用、浪费土地现象严重。2003 年全国 24 个省（自治区、直辖市）的初步调查结果显示，全国共有各级各类开发区达 30 多种，数量达 3837 家。其中，经国务院批准的只有 232 家，占 6％；省级批准的有 1019 家，占 26.6％；其他 2586 家都是省级以下的开发区，占 67.4％。2008 年全国开发区总面积已达 2.8 万平方千米。2001 年全国已建、在建和规划的新开发大学城共 50 多个。政府几乎都将新的大学城作为城市空间扩展战略、科技产业战略和教育文化产业的一个重要组成部分（王兴平和崔功豪，2003）。在唯 GDP 至上的城市发展思路指导下，在工业开发区、新城建设上相互攀比，有盲目竞争与发展现象存在。中国百万人口以上的城市不断盲目扩展。郊区城镇化无序发展。各种开发区、园区建设无度。改革开放以来，全国大大小小的各种工业开发区、高新技术园区大约有 4800 多个，规划建设面积超过 3.48 万平方千米，已经接近我国几百年内形成的全国 656 个城市建成区的总面积 3.78 万平方千米（姚士谋等，2012）。

房地产开发推动郊区无序蔓延。在我国城市总体规划缺乏权威性的背景下，特别是规划只针对城市规划区而忽视乡村地区的情况下，城市富裕阶层热衷于将花园别墅建在山水独具的远郊自然风景区，甚至快速路两侧的生态敏感区。而在近郊以低收入流动人口、农村人口、动迁户为主要对象的低档次、低价位的公寓小区也在迅速发展。

城市道路建设引导的空间扩展模式。汽车产业的快速发展对城市道路的需求增大，倡导公交的规划执行不力、效果不良，道路设施的供给量增加依然成为引导城市空间增长的首选策略。

如果用城市蔓延的各种表现，如郊区低密度开发、孤立单一地用地、蛙跳式扩展、郊区出现大型商业设施、汽车交通主导的用地模式、避开城市中心的改造而进行城市边缘地区的开发、就业岗位的分散、农业用地和开敞空间的消失等来检查中国当前城市空间扩展情况，发现这些现象在许多城市都已经出现，有些表现得还十分明显（马强和徐循初，2004）。

以郑州城市增长的空间扩展为例（表7-5），从最初的块状扩展到轴向发展、轴向填充、摊大饼式蔓延，再逐渐过渡到目前的跨越式发展（图7-1、图7-2）；其中主要发展方向经历了向北、向西、向东发展的过程，其经历了单中心、单核两中心、单核多中心组团式、多核多中心组团式的空间结构。

表 7-5　郑州市空间扩展演变

阶段	城镇人口/万人	结构特征	发展特点	空间形态
新中国成立以前	22.08	点状结构	整体空间格局仍保持传统中国封建社会都市的格局，城市处于明显的点状形成阶段，呈现出单一而紧凑的块状形态	
新中国成立初期（1949～1952年）	23.34	单中心结构	城市空间以火车站为中心，以解放路、二马路、南阳路等主要道路作为城市向外扩张的先导，沿铁路向南北方向延展	
"一五""二五"期间（1953～1964年）	69.23	单中心轴向结构	以京广铁路为界，以陇海铁路为轴，城市空间沿东西双向迅猛扩张	
"文化大革命"期间（1965～1977年）	78.56	单中心轴向结构	城市工业、居住区混杂，内部空间结构杂乱无序，城区发展缓慢	
改革开放以来经济快速增长阶段（1978～1999年）	216.29	单中心放射状结构	城市框架逐步拉大，用地沿原建成边缘向外扩展，"摊大饼"式发展态势初现；同时随着开发区建设的兴起，形成局部"飞地型"城市空间	
跨越式发展阶段（2000年至今）	425.36	双核放射状圈层结构	城市框架进一步拉大，实现空间跨越式发展，原有"一核多中心"的结构逐步向"双核多中心"的空间结构过渡	

资料来源：郑州市都市区空间发展战略规划

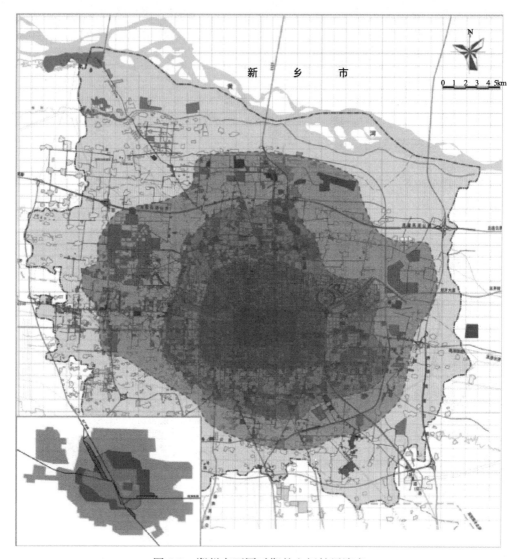

图 7-1　郑州市不同时期的空间扩展演变

资料来源：郑州市都市区空间发展战略规划

2000 年以来，随着郑州市城镇化进程的加快，城市建成区面积增长迅速（图 7-3），统计资料显示，郑州市建成区面积由 2000 年的 133.2 平方千米增加到 2010 年的 316.1 平方千米，10 年时间扩展了 182.9 平方千米，年均增长 18.3 平方千米，年均增长率为 6.37%。市区人口由 2000 年的 251.41 万人增加到 2010 年的 333.1 万人，增加了 81.69 万人，年均增加 8.2 万人，年均增长率为 2.03%。

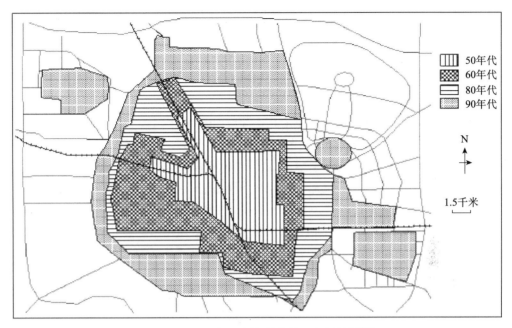

图 7-2 1949 年以来郑州市城区空间扩展图

资料来源：唐乐乐，2008

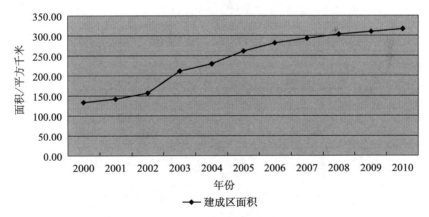

图 7-3 郑州市区建成区面积变化示意图

资料来源：2001～2011 年郑州统计年鉴

关于城市空间扩展速度，用城市用地扩展系数（k）衡量。其计算公式为：$k = R_1/R_2$。其中，R_1 为城市建成区面积增长率，R_2 为城市人口增长率。

城市用地扩展系数的大小可以反映出城市建成区的扩展情况。根据郑州市 2000 年和 2010 年建成区面积和城市人口的变化情况，计算出郑州市这十年来的城市用地扩展系数（表 7-6）。

表 7-6 2000～2010 年郑州市城市人口与建成区扩展变化统计表

2000 年		2010 年		人口年均增长速度/%	建成区年均扩展速度/%	城市用地扩展系数 k
建成区面积/平方千米	市区人口/万人	建成区面积/平方千米	市区人口/万人			
133.2	251.41	316.1	333.1	2.03	6.37	3.14

资料来源：2001～2011 年郑州统计年鉴

中国城市规划设计研究院对我国几十年来的城镇化的研究结果表明，中国城市用地扩展系数的合理值应为 1.12（萧笃宁，1997）。该值过大势必造成城市建设占地过多，土地使用粗放、效率低下；该值过小则说明城市建设用地紧张。根据表 7-6，2000 年以来十年内郑州市的城市用地扩展系数为 3.14，大于合理值 1.12，表明近十年来郑州市建设用地增长速度过快，土地利用效率低下。

从图 7-4 和表 7-7 中可以看到，从 1992 年开始，郑州市建设用地有了大幅度增加，到 2009 年增加到 492.33 平方千米，增加了 224.2 平方千米。而耕地一直在减少，到 2009 年减少到 354.39 平方千米，减少幅度为 245.15 平方千米（陈世强，2012）。

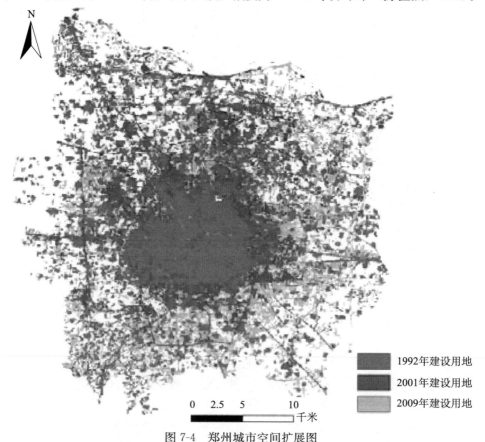

图例
1992年建设用地
2001年建设用地
2009年建设用地

0 2.5 5   10 千米

图 7-4 郑州城市空间扩展图

表7-7　**1992~2009年郑州市土地利用类型面积**（单位：平方千米）

年份	耕地	林地	建设用地	水域
1992	599.54	71.01	268.13	92.15
2001	489.21	93.12	347.68	100.80
2009	354.39	109.82	492.33	74.29

二、国内城市增长的空间扩展导致的问题

中国的城镇化正处在快速发展阶段，21世纪以来城镇化率年均提高1.2个百分点。快速城镇化带来的城市空间扩展引发了许多问题。

1. 城市空间快速增长侵占极其短缺的耕地资源

中国人口众多，人均耕地面积远远低于世界平均水平，特别是由于人口基数大，即使在较低的人口增长率下未来10年达到的人口总量峰值至少为16亿人，保障粮食安全现状的耕地资源已经在警戒线。但快速推进的城镇化进程使得城市空间增长对土地的需求不断加大，据统计，自20世纪90年代以来，我国城市建设用地以年增长率4%的速度扩展，远高于世界发达地区1.2%的平均值（李治，2008）。李效顺等指出，中国建设用地的增长极点已无限接近：2008年全国耕地资源仅剩1.22×10^8公顷，直逼1.20×10^8公顷红线（孙平军等，2012a）。土地资源的大量消耗将导致严重后果，正如2006年陆大道院士所指出的，近十年来极为严重的中国城镇化空间扩展失控趋势若不能有效遏制，将会成为中国整个现代化进程中的桎梏与障碍。

2. 城市空间迅猛扩张导致土地粗放利用、效率低下

城市空间在快速城镇化背景下过度扩张，但同时伴随的是城镇化地区土地利用效率低下，土地资源浪费严重。比如，学者对北京经济技术开发区工业用地的空间利用效率进行了专项调查，结果表明，在被调查的企业中，80%的企业的用地容积率符合既定规划，20%的企业的用地容积率明显低于规划要求，全部被调查企业的实际容积率主要介于0.6~0.8。调查北京某年出让的40余块工业用地，平均容积率仅为0.3，而同期出让的非工业用地，平均容积率则在2.0左右（侯景新和刘莹，2010）。地方政府在土地财政背景下，热衷土地城镇化而拒绝人口城镇化，如286个地级以上城市在1998~2008年人口城市化率提到10个百分点的情况下，建成区总面积从13 613平方千米增加到27 587平方千米，变化幅度远比同期非农业人口的增加幅度大（姚震宇，2011）。结果城市空间扩张滞后于人

口城镇化进程，客观上造成土地粗放利用。

3. 城市空间不断扩展造成基础设施建设压力巨大

城市空间不断扩大，新开发土地需要基础设施建设，旧城区由于过去建设生产性城市的发展方针基础设施欠账过多，而在地方政府的事权大于财权的税收体制下，基础设施建设任务更显艰巨。即使首都周围新开发的地区完成基本基础设施建设后，教育、医疗等公共服务依然难以满足。比如，北京八通线开通后，在地铁因素的刺激下，通州商品房新开工面积达 252.1 万平方米，达到北京全市增速的 6.8 倍，人口由七八万人迅速增加到几十万人。但是娱乐难、上学难、看病难的问题因为基础设施不完善却没有得到根本性的解决，居民的很多需求还是需要到中心城区解决，"卧城"现象还是顽固地存在。

4. 城市空间不断扩展，引发严重的交通拥堵

城市空间不断扩展，中心城区房价高涨，许多家庭不得不居住在新开发的城市化地区，而工作依然在中心城区，加重了原本已经拥堵的交通状况。比如，北京的高密度溢出式蔓延，不少家庭不得已选择了"郊区买房＋市区工作"的生活模式。每天上下班钟摆式交通流给城市道路和公交系统造成很大压力。再加上郊区的生活配套设施相对匮乏，郊区居民仍到市区满足其购物、看病、娱乐等需求，高峰时段，车行缓慢，地铁拥挤已成常态。难以承受公共交通的拥挤不堪，部分家庭选择自驾车出行，更进一步恶化了交通拥堵状况（侯景新和刘莹，2010）。

此外，城市空间扩张也造成传统文化与空间秩序的丧失、资源环境破坏、生态环境恶化、外延式增长突出而内部空间结构失衡、区域协调与可持续发展失衡等社会、环境、空间各方面的问题（诸大建和刘冬华，2006）。

这里以郑州为例分析城市空间扩展造成的交通拥堵和环境恶化问题。

郑州城市空间扩展产生的主要问题，首先是交通拥堵。伴随着郑州市城市经济实力的逐年提高，郑州市机动车保有量持续增长，其中私人小汽车的比重明显提高（图 7-5）。2000～2010 年，市区机动车保有量年均增长 14.1％，私人小汽车的发展速度更为惊人，年均增长约 30％。机动车增长率始终保持着较快的增长速度，其中私人汽车拥有量的迅猛增加是郑州市城市机动化快速发展的主要因素之一。

曲大义等在《城市向郊区发展对中心区交通影响研究》中认为，我国城市空间向郊区扩展对中心城区构成交通瓶颈或交通屏障，加重了中心城区的交通压力，造成进出中心城区困难，不能及时疏散人流，交通环境进一步恶化，交通效率低下（曲大义等，2001）。

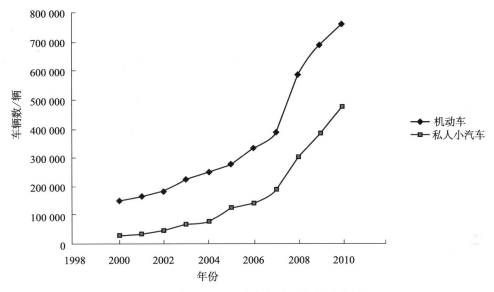

图 7-5　郑州市区机动车拥有量变化示意图
资料来源：郑州市市区城乡空间发展引导规划

近年来郑州市的城市交通状况持续恶化，特别是上下班高峰期交通拥堵严重，随处可见道路上汽车排长龙的现象。机动车数量的迅速增加，不仅造成居民出行时间加长、环境污染加剧、严重影响居民的身心健康，还使交通事故不断增多，在一定程度上对城市的公共安全构成威胁。

郑州市交通拥堵状况恶化，究其原因主要是近年来工业化和城市化进程加快、人口数量迅速增加、对交通法规的不重视及某些道路建设本身缺乏一定的前瞻性等众多原因导致的结果，再加上城市空间的扩展使城市居民对汽车的依赖性大大增强，机动车尤其是私家车数量急剧增加，使城市道路的运营负荷加重，进而导致郑州市城市交通状况的进一步恶化。

其次，城市空间扩展造成环境污染加重。随着各种生产生活污染的污染源、污染量增多，治污成本也逐渐提高。从 2000 年到 2010 年郑州市生活污水排放量增长了 2 倍，污水处理量也越来越大，增长趋势明显。工业废水、废气、烟尘控制排放情况时好时坏（表 7-8），更为严重的是出现了空气、水资源污染超标现象。造成城市大气污染的主要因素有灰尘、烟尘和尾气等。这些排入大气的污染物进行稀释扩散，一定程度上影响了周围地区。另外，在合成洗涤剂广泛使用的情况下，一旦出现管网漏水，生活污水和工业废水就会混在一起，进而对城市环境造成污染。

表 7-8 郑州市环境污染状况统计表

年份	2000	2001	2002	2003	2004	2005	2006	2007	2008	2009	2010
生活污水排放量/万吨	15 790	22 900	21 402	21 881	22 707	24 171	24 973	25 768	29 443	34 241	39 498
污水处理量/万吨	2 237	8 164	10 614	11 429	11 042	14 062	15 638	19 225	27 224	28 471	33 020
工业废水排放量/万吨	8 878	10 957	9 165	10 851	10 310	11 640	13 126	13 013	12 700	11 240	13 484
工业废气排放量/亿标立方米	1 103	1 526	1 587	1 877	20 637	2 425	2 573	2 782	2 569	2 581	3 165
工业烟尘排放量/万吨	9.1	8.9	8.1	8.6	9.4	13.9	11.8	9.2	6.7	5.1	4.5
污染治理项目完成投资/万元	19 305	5 844	17 620	11 472	42 493	50 060	69 131	34 521	52 173	25 702	10 547

资料来源：2001~2011 年郑州统计年鉴

郑州市的主要环境问题有大气污染、固体废弃物污染及涝灾等，每次出现大的降雨天气，郑州市就会出现道路被水淹的现象，严重影响市民出行。郑州市中心城区生产生活所产生的垃圾、污水、工业废气使城市环境污染边缘化问题日益显现，严重影响了城乡协调发展，机动车污染问题也很严峻。郑州市城市空间扩展的加剧，增强了城市居民对机动车的依赖性，机动车尤其是私家车数量的迅速增加，使大气污染及城市噪声污染呈现快速上升态势（贾海发，2012）。

三、国内城市增长的空间扩展的影响因素

1. 城市空间增长的背景因素

中国城市增长的空间扩展有其特定的背景因素。首先，快速推进的城镇化进程的背景。城镇化本身就是人口向城市集中的过程，在此过程中处于不同的阶段城镇化推进速度不同，目前中国正处于城镇化加速推进阶段，再加上巨大的人口基数，每年要转移到城镇的人口巨大。城镇化的表现形式有城镇规模增大和城镇数量增多两种，中国历史悠久，人口众多，形成的城镇数量众多，特别是改革开放以后城镇数量迅速增加，基本不存在在未开发的土地上新建城镇的增加城镇数量的城镇化形式。城镇化快速推进的重要表现为现有城镇规模的扩大，即城市空

间扩展。因此，中国目前城市空间扩展是快速推进的城镇化带来的必然结果。其次，因国际产业转移和国内产业转移的浪潮而产生的资本投资热潮，鼓励各城市建立各种各样的开发区。这也成为城市空间扩展的背景因素。最后，制度层面的设计以满足需求为导向。限制城市增长空间发展的理念并没有进入制度设计层面，制度设计基本是以满足经济发展需求为导向的。因此，在这些大背景的影响下，中国城市增长的空间扩展有其客观必然性（马强和徐循初，2004）。

2. 城市空间增长的制度因素

从制度层面看，城市增长的空间扩展是地方政府受到制度安排的刺激而产生"扩张冲动"的结果。首先，土地制度的影响。1988 年新修订的《中华人民共和国土地管理法》（简称《土地管理法》）规定："国有土地和集体所有的土地的使用权可以依法转让"，"国家依法实行国有土地有偿使用制度"，城市国有土地从无偿使用变为土地使用权市场化，农村集体土地使用权的市场准入受到限制，农村土地只有通过法定的征用程序，才能转化为城市用地。《土地管理法》对农地征用补偿进行了最高限价，地方政府有权制定富有"弹性"的征地补偿标准，等于赋予地方政府绝对权威的征地权力。即使征用补偿的最高限价也远远低于农业的真实地租，低廉的土地价格使开发商有利可图。征用补偿与拍卖出让价格的差价成为政府的财政收入，巨大的收益差异刺激了地方政府的"扩张冲动"。同时，由于 1994 年的分税制，地方事权与财权严重不对称，拘谨的地方财政可支配收入严重制约了地方政府的施政能力，进而影响了政绩，土地出让成为大多数地方政府选择的"生财"工具（或手段）。这种状况更加激励了政府出让土地的行为，极大地激发了市场活力，大量土地被征用用于开发建设，带动了城市的快速空间扩张。其次，住房制度改革。住房分配货币化使传统的福利分房制度对土地需求的约束逐渐消失，城市居民不能继续依赖于住房分配，必须通过购买商品房来改善住宅条件，这就使城市居民对土地的需求被释放出来。住房供应开始向市场机制倾斜，加之土地市场化，使房地产行业迎来了发展全盛期，成为全社会固定资产投资的主要推手。房地产商逐利的本性导致开发更多选择补偿较低的郊区而不是人口稠密的市中心区，房地产开发在郊区的活跃带动相关配套设施的开发，一定程度上促成城市空间的扩张。最后，官员政绩考核制度。政府绩效考核以GDP 增速、上缴地方财政税收额、城镇居民生活水平等为主要指标，在某种程度上扭曲了地方政府的价值观：为了提高 GDP 增速、增加地方财政税收而不惜恶性竞争、重复建设——产业结构雷同、基础设施重复建设，如机场的建设，招商引资中"筑巢引凤"，设立开发区、产业园区等，为引进资金竞相满足开发商的要求、压低地价，导致建设用地的无序、低效投入，客观上导致城市空间扩张（孙平军，2012a）。

以郑州经济总量增长与城市空间规模的关系分析为例（图7-6），可见，一定程度上经济的快速增长对郑州城市空间的快速扩展产生了促进作用。

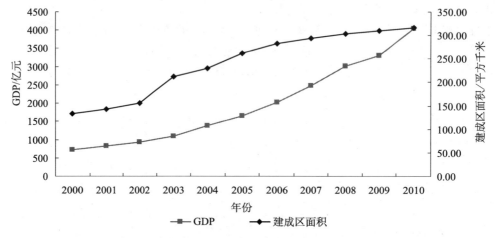

图 7-6　郑州市 GDP 总量和建成区面积变化示意图

资料来源：2001～2011 年郑州统计年鉴

首先，城市经济的发展本身就需要由空间作为支撑，通过郑州市 2000～2010 年城市建成区面积与 GDP 变化情况可以看出，城市建成区面积与 GDP 之间有明显的正向变动关系，说明郑州市城市空间扩展与经济发展存在密切的关系。其次，2000 年以来郑州市大力发展第二、三产业，而在三大产业中第二、三产业对建设用地的需求尤为突出，造成的后果是建设用地大量增加，导致城市空间扩展。最后，在郑州市尚处于粗放式经济发展背景下，其经济发展需占用更多的土地，造成郑州市城市空间向外围扩展迅速。

3. 城市空间增长的利益驱动因素

这里的利益驱动因素主要指城市空间扩张过程中各种开发区、大学城、综合配套改革试验区等。首先是开发区。中国设立开发区的最初目的是通过实行国家特定优惠政策以实现更有效地招商引资。但到后来，开发区已经变成地方政府突破土地利用总体规划和城市总体规划，利用优惠政策圈占大量土地从而换取土地财政收入的一种手段（诸大建和刘冬华，2006）。据统计，国务院批准设立的国家级经济技术开发区已达 131 家，国家级高新技术产业开发区共 885 家。除此之外，还有其他各种名目的国家级开发区，以及省级、市级等地方政府设立的各类开发区。开发区圈占了大量土地，城市急剧向外扩张，在很大程度上造成了城市的蔓延。而且，许多城市的开发区或产业区直接植入农村或郊区，不仅不能与周边区域形成分工与协作关系，而且直接威胁到周边居民区的正常居住及功能区的正常生产。在城市郊区，城区各个组成部分互不协调，构不成配套关系，混合使用的土地并不多见（龙瀛等，2009）。许多开发区或产业区并不具备城市的综合性服务功能，导致开发区与中心城区的交通量居高不下。其次是大学城。以2000年河北廊坊东方大学城"开城"为起点，大学城"圈地运动"很快蔓延至全国。起初，大学城的规划面积相对较小，后来大学城的规模如滚雪球般不断膨胀，乃至出现动辄规划面积在50平方千米以上的"巨型"大学城。这种占地面积大、低密度向郊区扩展的大学城的存在，无疑对城市空间扩张产生推动作用。最后是综合配套改革试验区。近年来，随着国家政治经济体制改革的深入，国务院批准了包括上海浦东新区综合配套改革试点、天津滨海新区综合配套改革试验区、重庆市全国统筹城乡综合配套改革试验区、成都市全国统筹城乡综合配套改革试验区、武汉城市圈全国资源节约型和环境友好型社会建设综合配套改革试验区等在内的10个国家级综合配套改革试验区。地方政府争先申请国家综合配套改革试验区的根本目的在于追逐包括土地使用政策优惠等在内的一系列政策优惠所产生的巨大利益。相对于开发区、大学城而言，改革试验区的范围更大，因此对城市空间扩张的产生起了重要的影响作用。

4. 城市空间增长的规划因素

城市规划和土地利用规划的不科学和失灵，也造成城市空间无序增长。中国的城市规划经常随着地方经济发展目标、领导换届而出现非连续性。由于规划意味着巨大的经济利益调整，规划的执行往往会受到各种外来因素的干扰（罗震东和张京祥，2008）。由于土地利用的分级审批投资项目的模式，地方政府对城市空间扩展具有决定力量。地方政府为吸引投资，通常以低价出让土地的方式进行竞争，这将导致城市空间无序扩张。国家通过规划进行控制，但规划不仅存在时滞问题，而且监督成本和决策成本都较高，规划的权威性不够、民主参与性不够，规划往往不科学，甚至仅仅代表地方政府的意志，结果不仅未能解决城市土地供给和需求不平衡的问题，反而导致城市空间扩张加快。

5. 城市空间增长的经济、人口、交通因素

进入21世纪以来，中国城市增长的空间扩展迅速，背后隐藏着多元化的内在动力机制。其中，城市经济发展水平提高、人口数量增长和道路交通条件改善等因素都发挥着重要作用。首先，经济发展是促成城市空间增长的主要因素，随着经济增长，城市居民对居住空间及居住舒适性的需求会增加，在远离城市中心的市郊选择住房成为一些人的选择。另外，经济增长对工业用地的需求也会增加，近些年来开发区的兴起和扩张是典型的表现形态（范进和赵定涛，2012）。其次，中国城市增长的空间扩展在很大程度上呈现出由城市人口数量增长所主导的一种粗放式空间扩展局面。人口增加后，许多低密度居住区或拆迁安置区占据了较为珍贵的城市近郊区空间，简单地在城市边缘地带呈方格状排列。这些居住模式过分消耗土地，客观上表现为城市空间扩张。最后，在城市人口规模增大和城市空间不断扩大的前提下，城市交通量大幅度增加。为缓解交通拥堵状况，城市投入大量资金进行轨道、高速公路和公路建设，造成城市交通基础设施建设大幅度增长，从而占据了大量的土地面积。同时，导致交通更加依赖小汽车，近些年来，中国私人汽车拥有量急剧上升，当前中国的私人汽车保有量已经超过7000万辆，超过日本成为全球第二大私人汽车保有国，城市空间扩张与人均私人汽车拥有量是呈正相关的，这将加剧城市空间扩张（杨东峰等，2008）。同时，新建的道路设施会诱发新的交通量，而交通需求总是倾向于超过交通供给。结果交通基础设施增加不仅会占用大量的土地面积，而且由于交通量增加造成了交通时间成本增加和环境污染等问题（陈建华，2009）。

城市空间扩展是在特定的地理环境和一定的社会经济发展阶段中，人类活动与自然因素相互作用的综合结果。城市空间扩展过程受到了不同时空尺度下的自然、人文、社会、经济、文化等多种因素的综合作用，是一个复杂的人地系统相互作用的动力学过程。在进行不同类型的城市空间扩展的影响因素的分析和探讨时，往往需要因地制宜地综合考虑其地理特征，采用某一种或几种的组合来有针对性地定性或定量分析。

以郑州为例分析城市交通对城市空间扩展的影响。2000年以来郑州市进行了大规模的道路新建和改扩建工程，全市道路面积和道路长度增加明显。由图7-7可以看出，2000～2010年，城市道路面积和道路长度增加迅速。据统计，2000年郑州市道路总面积和总长度分别为949万平方米和684千米，到2010年这两项指标分别达到3158万平方米和1338千米，分别为2000年道路总面积与总长度的3.33倍和1.96倍。

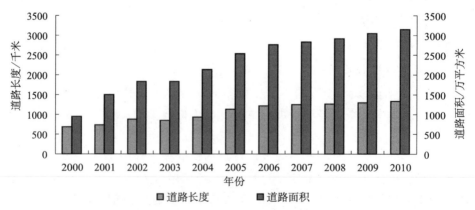

图7-7　郑州市道路长度和道路面积变化示意图

资料来源：2001～2011年郑州统计年鉴

2009 年，郑州市投资建成了 BRT，很大程度上方便了广大市民的出行。2 月 6 日，国家发改委向河南省发展和改革委员会下发《印发国家发展改革委关于审批郑州市城市快速轨道交通近期建设规划（2008—2015）的请示的通知》（发改基础［2009］369 号），指出《国家发展改革委关于审批郑州市城市快速轨道交通近期建设规划（2008—2015）的请示》经国务院批准。

根据《郑州市城市快速轨道交通近期建设规划（2008—2015)》，郑州市快速轨道交通网由 6 条线路组成，全长 202.53 千米，最终形成"三横两纵一环"的线网结构（图 7-8）。

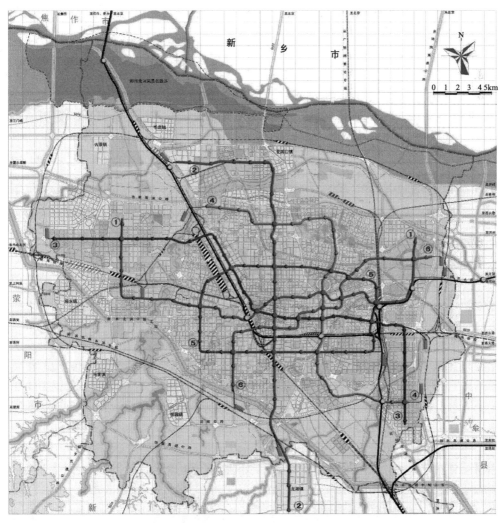

图 7-8　郑州市快速轨道交通网规划图

资料来源：2001~2011 年《郑州统计年鉴》

近期轨道交通建设项目由 1 号线一期工程和 2 号线一期工程组成，全长 45.39 千米。1 号线为东西方向的主干线，西起新建的河南工业大学，终点止于规划的河南大学国际学院，线路全长 41.4 千米，设站 30 座。2 号线为南北向线路，起点位于惠济区江山路附近的开元停车场，沿开元路向东到花园路折向南，沿花园路、紫荆山路布局，终点在向阳路南侧，全长 27.7 千米，目前这两条线正在加紧建设中。

综上所述，2000 年以来郑州市为了改善交通，方便居民出行，加大了城市交通方面的投资，道路数量不断增加，形成了比较复杂的路网系统，城市道路建设取得了快速发展。同时，郑州市机动车尤其是私家车数量增加明显，机动化速度加快，这在很大程度上对郑州市城市空间扩展产生了影响。一方面，城市道路建设刺激了道路沿线的土地开发，沿交通线两侧土地开发总量不断增加。另一方面，虽然道路建设在道路面积和长度数量上有显著增加，但以倡导城市公共交通为基础的道路及设施仍然缺乏，随着道路行驶条件的改善，私家车又逐步增多，新的道路又以很快的速度被占据。因此，道路建设对城市交通拥堵只能起到一个暂时的效果，而且随着交通机动化和道路的进一步建设，特别是私家车数量的进一步增加，使可达性全面提高，市民工作在市区、住在郊区的梦想实现，对城市空间扩展起到了一定的推动作用。

第四节　国内城市增长的空间扩展调控思路与对策

中国的城镇化率 2011 年达到 51.27%，国务院发展研究中心预计到 2030 年中国的城镇化率将达到 63.6%（国务院发展研究中心课题组，2010），即未来 20 年仍有较大的上升空间，城镇化必然带来城市空间扩张，因此防止城市蔓延对于城市空间增长的调控具有迫切性和重要的实践意义。调控城市空间增长不是限制发展，而是要让空间增长方式变得更加理性，科学决策如何增长、在哪里增长；不是反对增长，而是规划增长。城市空间扩展质量和速度并重，加强对已开发地区的更新与再开发，提高新开发地区的密度（Pozdena，2002）。转变城市空间发展理念，从外延扩张的粗放式向内涵式转变。

一、城市增长的空间扩展调控之执行理念

中国城市增长的空间扩展调控要认识到城市增长的必然性，也要认识到资源特别是土地资源的稀缺性、生态环境的脆弱性，在节约集约、科学合理地利用资源和保护生态环境的同时调控城市增长的空间扩展，因此，要坚持可持续发展理

念，吸取中国传统哲学中的"天人合一"思想。具体在城市增长的空间扩展中要坚持紧凑、多样、步行、生态的理念，紧凑、多样、步行、生态之间不是彼此孤立的，而是相互联系的，而且可以应用于城市增长的空间扩展方向、空间扩展模式、空间扩展总量、空间结构和布局、空间扩展时序等各个方面。

紧凑是指城市空间增长要采用紧凑发展的模式，这也是新城市主义和精明增长的核心理念之一。紧凑发展涉及城市空间扩展和内部空间优化两个方面。2011年中国城市化率为 51.27%，尚处于工业化、城镇化快速发展阶段。根据城市化诺瑟姆曲线，中国在未来的很长一段时间内仍将保持经济及城市人口的快速增长。中国在快速的工业化和城镇化发展背景下，其城市增长的空间扩展开始由工业用地外延扩张向住宅用地外延扩张发展。肯定需要适量地新增建设用地，但不能以当前的经济利益为唯一导向，哪里的土地开发成本低就占用哪里，走外延扩张的城市发展之路，而是应该综合考虑经济效益、社会效益和生态环境效益。要避免走美国城市蔓延的老路，避免因城市蔓延造成的交通拥堵、环境污染等一系列问题，中国需转变土地粗放利用的发展模式，整个城市形态要提高密度，坚持紧凑发展理念。同时，在城市内部空间结构调整中也要坚持优化土地利用结构，即在保证土地利用效率最大化的约束下解决供需平衡问题，注重集约用地和节约用地，实现各种用途的土地利用效益最大化。在空间发展时序上，坚持在充分利用现有建设用地的基础上才能允许空间扩展开发新的建设用地。具体可以根据经济、社会、环境等多方面的制约确定现有建设用地最低和最高土地利用强度，将达到最低土地利用强度作为供给新开发用地的前提。

多样指城市增长的空间扩展要采用土地混合利用的方式，这也是西方城市发展思想中促进社会和谐稳定的重要理念。美国郊区的蔓延发展直接导致了中心区的衰退。中国 20 世纪 90 年代后期也开始出现人口、工业等向郊区迁移，但中心城区依然繁荣，郊区功能单一，对中心城区的依赖没有减弱，带来了就业与居住的空间分离、交通拥堵和社会分异等问题。如何将郊区发展成功能相对独立的新城、发展为反磁力中心，减少各种问题，土地的混合利用提供了较好的解决办法。通过在城市增长的空间扩展过程中实施居住、购物、休闲娱乐、交通等多功能的土地混合开发，塑造具有地方感、个性化的公共空间载体，利用古建筑、古街道、河流等要素塑造地方身份。可以实现平衡居住与就业、居住与消费、居住与休闲等关系，培育认同感和归属感等社区品质。

步行指城市增长的空间扩展要尊重步行权利，具体通过发展公共交通和以步行为尺度的空间设计来实现。随着中国小汽车交通渐成主流，步行交通系统日益萎缩，而小汽车交通过度发展浪费时间和精力，并带来尾气和噪声的污染，曾给发达国家带来严重的城市和社会问题。中国城市增长的空间扩展必须要坚持步行理念，必须通过发展有机的公共快速交通系统和人性化的道路交通构架，预防对小汽车的过分依赖（丁文静，2006）。在区域层面上应该以公共交通站点为中心，以适宜的步行距离为半径，建设空间扩展的集聚点。由于历史原因，市中心仍是中国城市提供各种公共产品和服务的集中地；由于文化和观念的原因即使被迫居住在外围郊区和新城的居民依然要到也必须到市中心购物、娱乐，并享受各种城市公共服务，新城在较长一段时间内还不能取代中心城区的功能，如此交通可通达性就显得特别重要。鉴于国外发展小汽车交通的弊端和中国的国情，发展公共交通特别是快速轨道交通成为解决外围到中心城区"潮汐"式的交通流问题的可行方案。公共交通的可达性要高，同时在城郊交界处可以建设交通换乘停车场，收取较低的停车费，在市中心收取较高的停车费，引导居民乘公共交通出行。步行的实现还需要紧凑和多样理念的良好贯彻执行。具体要建设传统邻里设计模式的社区，并倡导用地功能混合，以使居民的大多数出行能在步行的距离内即可完成。同时，也要求公共交通的效率提高，方便居民出行。

生态是强调人与自然和谐统一的生态学思想。在区域层面，在城市空间扩展的同时要求保护城镇外围的农用地和生态用地，要坚持科学发展观，高度重视生态环境问题，将生态环境保护贯穿于规划、建设和管理之中，摒弃"先污染，后治理"的老路，实现城市与乡村、社会与经济、人与自然的协调发展。城市边缘的乡村发展模式，可以考虑建设生态型农村社区，完善其服务设施，吸引人口集聚。具体是要划出城市空间扩展范围的禁止建设区域，包括农田、森林、生态敏感区和自然风景区等各种需要保护的地块，建立城市生态基础设施，构建城市生态安全格局，然后在剩下的空间开发城市建设用地，实现城市发展与生态环境的和谐。在城市内部空间优化方面，与紧凑、多样和步行理念结合，紧凑的住区布局之间可以增加分隔的绿地，通过绿地分隔形成多样的混合功能区，同时有利于形成步行空间。发展公共交通倡导步行可以缓解城市交通拥堵，减少小汽车的使用，进而减轻城市环境污染，提高生态环境质量。

总之，紧凑、多样、步行、生态的理念是彼此紧密联系的，可以用于不同空间尺度的城市空间发展，并且需要同步执行才能收到理想的效果。

二、城市增长的空间扩展调控之制度设计

中国城市增长的空间扩展涉及多个行为主体，各个行为主体之间的博弈是空间扩展形成的深层原因，这主要涉及制度设计层面。城市空间扩展涉及地方政府与被征地农民之间的博弈行为；城市内部空间结构优化涉及各类开发商在城市的区位选择博弈行为。制度设计涉及中央政府、地方政府、开发商、中央部门之间的博弈。

城市空间扩展中地方政府的征地行为分析。《土地管理法》规定中国土地所

有权归国家和集体所有，城市土地国有，农村土地集体所有，城市空间扩展需要将农村集体土地转变为城市土地才能进行建设。但政府（国家或地方）可以根据需要从农村征用土地，但需要进行补偿。补偿的标准是一个区间而不是一个固定值，《土地管理法》规定土地补偿费和安置补助费的总和原则上不得超过土地被征用前3年平均年产值的30倍，单项的耕地补偿费在6～10倍浮动，安置补助费在4～15倍浮动。而地方政府在与农民讨价还价中显然占据强势地位，地方政府拥有权力和各种手段，而单户农民显得几乎没有谈判的砝码。结果对于地方政府压低征地补偿标准来获取"利益最大化"，单户农民只能被动地接受。农用地转变为建设用地前后经济收益差别极大，给政府带来的经济收益进一步激励地方政府的征地行为。

　　征地行为可以带来经济收益，但是也引来失地农民的激烈反抗，但政府却还是一味地热衷于征地，其中还有其他深层动因。其中，重要的就是官员升迁的绩效考核体制。中国地方政府官员的升迁基本取决于上级政府对官员的绩效考核结果，绩效考核最重要的3个指标是上交的财政税收额、GDP的增速及城镇居民的福利水平，而这3个指标水平的提升必须要有地方财政的支撑。如此地方政府官员必然热衷于大力发展经济以获取足够的财政税收，同时需要极力改善城镇居民的福利水平。但中国分税制改革后地方政府的事权大于财权导致大多数财政比较困难，而征用农用土地转变为建设用地可以获得巨大的经济收入，并对于促进GDP增长有比较显著的效应，从而刺激地方政府的征地行为。仅以征地为动机形成的是一种粗放、低效的增长模式，结果又导致城市空间扩展迅猛。

　　城市空间扩展迅速的另一个原因是城市之间的竞争。除了上述通过征地获得经济收益外，地方政府热衷于招商引资发展经济，但资本有往成本低、效益高的地区流动的逐利性。为了获得资金，各个城市的政府常以协议等形式出让土地用以降低成本，甚至免费提供土地以吸引资金，抑或"筑巢引凤"——将"生地"改造成"半生地"，即设立通常所说的"七平一通，或五平一通"开发区。在此过程中存在的盲目圈地、违规建设、占而不建的现象，进一步加剧了城市空间的无序扩展。

　　城市空间扩展还涉及开发商的区位选择，即在已有建成区开发还是在城市外围开发。城市发展理论表明，随着城市经济发展水平提高城市主导产业依次应该经历轻工业—重工业—服务业的基本路径。也就是说，在城市化水平提高的同时，城市产业结构及其空间结构也会不断优化升级，中国城市发展实践中称之为"腾笼换鸟""退二进三"。在此过程中占地多、产出效率低下的工业行为主体，都不得不在级差地租的作用下逐步搬迁至城市近郊区（或郊区），而单位面积产出效率高的商业、金融等行为主体选择落地于城市中心，在此过程中就会导致城市空间地域范围的不断扩展。但中国特殊国情下产生的国有企业特别是老工业基地国有企业，其布局多数是在审批制背景下形成的，且形成融企业与居住、基础设施、教育、医疗等于一体的单位制空间，普遍呈现出无土地集约高效利用、无城市有序扩展指导、占用面积大且低效的空间布局。面对市场经济改革国有企业纷纷倒闭（或濒临破产），但因其归属于中央部门地方政府无权也无力进行整合与调整，只有选择绕开国有企业所占用的范围进行空间扩展，结果城市无序扩展、土地资源低效投入。

中国长期建设生产性城市，生活方面欠缺特别是住房欠缺，这涉及房地产业的发展。房地产产业以产业上下游、前后向关联度广、经济增长贡献率高、市场前景好而深受地方政府的溺爱。同时，经济水平提高后，普通城市家庭也开始追求住房面积的扩大，再加上住房作为身份象征和投资工具都导致城市住房面积需求增加。住房面积需求增加刺激房地产开发商的开发行为，房地产开发商为了降低投入成本，纷纷把目光集中于城市边缘区，进而催发地方政府的征地、批地行为，从而导致城镇建设用地的增加，这也有力促进了城市空间的扩展（孙平军等，2012a）。

上述城市空间增长过程中各个主体的博弈结果，不仅导致建设用地的低效、粗放投入，土地资源浪费严重，还致使越来越多的农民的利益受损，改善这种状况需要完善现有制度设计。第一，要改革和完善地方政府绩效考评机制，弱化唯GDP论的考核指标，增加生态环境质量考核指标，规范地方政府的"经济理性人"行为属性。第二，企业、公众、政府各利益主体都应该参与城市空间增长的博弈，要正确选择和界定政府、企业与公众的角色，合理协调三者的利益关系。目前中国城市空间扩展主要是政府和企业在进行博弈，缺乏公众参与的影响。应该更多考虑公众参与的制度安排，合理协调三者的利益关系，实现政府、企业、公众三方相互博弈的均衡。第三，重点考虑城市空间扩展中农地征用制度，可以提高城镇建设用地投入的门槛，检测城市发展的密度（包括人口密度和产出密度），尽量杜绝地方政府"违规"操作的可能性。第四，不断深化市场经济体制改革，打破诸侯经济格局，实现全国统一大市场、设计制度保障区际要素的自由流动。第五，深化国有企业改革，发挥市场在土地资源配置中的决定性作用。

三、城市增长的空间扩展调控之参与机制

城市增长的空间扩展调控涉及各方主体利益，建立公众参与机制是城市空间扩展调控过程中必不可少的环节。城市空间扩展调控政策的出台应广泛听取各方意见，避免城市空间扩展调控政策在制定时成为某一利益集团的代言人。与此同时，在城市空间扩展调控实施过程中，各种社会团体、民间组织在监督其实施效果、纠正违反扩展调控要求的开发行为中有着不可替代的作用。因此，建立公众

参与机制是保障城市空间扩展调控得以落实的重要力量（皇甫玥等，2009b）。

城市空间扩展的参与主体在不同的空间尺度上的重要性不同。在宏观层面，2008 年《中华人民共和国城乡规划法》正式实施，并修编了第三轮的土地利用总体规划，探索了国家主体功能区划等。这些法规和规划将有助于改变当前城市空间扩展的方式，促进土地的集约化和紧凑开发。这一层面上城市空间扩展的相关利益主体包括政府、开发商、居民、规划师和民间组织等，其分别代表了公权力、市场力和监督力，这三种力量的制衡是科学调控城市空间扩展的保障。因此，需要积极推进多元主体的公众参与，权衡不同群体的利益得失，创新参与方式，以降低调控城市空间增长的社会风险成本（于伟等，2011）。对于具体调控政策的制定要与开发商、街区百姓、规划专家进行交流，政策方案要经过政府官员、开发商、街区百姓、规划专家等各方利益集团的讨论，使专家的建议、市民的要求和管理者的意见都得以充分表达，以使调控政策能获得广泛支持，达到最佳使用效果。在城市内部空间优化调控上，关注弱势群体，拓宽弱势群体如低收入者、流动人口、老年人等的生存空间（蔡辉和贺旭丹，2010）；鼓励公众参与，让社区和业主在决策过程中与政府及规划部门、私人企业进行合作，让社区居民成为社区可持续发展和保持高生活质量的主要发展动力，专家学者在关键时刻提供帮助，让人们在良好的生态环境中生产生活，实现资源、生态、经济和社会的永续发展（申晓英，2011）。

四、城市增长的空间扩展调控之区域规划

在区域规划层面，调控城市空间扩展主要体现在城市空间扩展方向、空间扩展模式和土地资源总量三个方面，同时这三个方面也是相互联系的，单单对一个方面进行调控很难取得预想的效果。比如，引导和控制城市空间发展方向，要通过划定城市空间扩展边界、控制城市规模、限制土地资源总量，才容易达到理想的效果。塑造城市空间扩展模式，也必须有调控城市空间扩展方向和土地资源总量的政策工具的配合。同样，限制土地资源总量，也需要引导好城市空间扩展方向和空间发展模式才能实现，否则，往往出现摊大饼式的蔓延或者限制界线外的"飞地"无序扩张。同时，根据城市空间发展速度进行调控，对于发展缓慢的考虑在城市中心增建和加建，对于发展快速的考虑建设卫星城或新城，以卫星城或新城代替郊区的蔓延（沈锐等，2005）。调控城市空间扩展方向，要结合传统城市规划中确定城市发展方向的方法与基于景观生态视角的反规划理念（俞孔坚等，2005）。以传统城市规划方法确定城市发展方向，一是要避开容易产生地质灾害地带的方向，如断层所在方向；二是要分析区域内城市间的经济联系强度和空间相互作用强度；三是要考虑产业和城市职能的互补；四是要考虑政府在区域

层面的发展战略。传统的城市规划常用基于经济分析的方法确定城市未来的发展方向，这是需要继承和考虑的，调控城市空间扩展方向不能完全抛弃之。在上述分析方法的基础上，要结合从景观生态视角出发提出的反规划理念。反规划理念就是在自然生态评价的基础上，对城市生态基础设施加以保护，在规划、完善非建设用地布局的基础上，再安排建设用地布局规划。反规划理念是相对于传统城市规划理论而言的，它们之间的关系类似于城市设计中的"图—底"关系。"反规划"不是不规划，也不是反对规划，而是一种景观规划途径，从本质上讲是一种通过优先进行不建设区域的控制，来进行城市空间规划的方法。反规划的工作方法就是先行规划和设计城市生态基础设施，再行安排城市建设用地，即先将城市生态基础设施保护、控制起来，使其不因城市的发展扩张而减少和损坏，从而使城市生态基础设施得以延续和发展。生态基础设施是指城市赖以生存的自然系统，是城市及其居民能持续获得自然服务的基础。这些生态服务包括提供新鲜空气、食物、体育、休闲娱乐、安全庇护及审美和教育等。生态基础设施不仅仅包括习惯上的城市绿地系统的概念，而是更广泛地包含一切能提供上述自然服务的城市绿地系统、林业及农业系统、自然保护地系统。生态基础设施是一种空间结构，必须先于城市建设用地的规划和设计而进行编制。规划和设计城市生态基础设施的过程，就是建立城市生态安全格局的过程，它是城市生态环境的安全保障。城市生态安全格局是指城市生态基础设施按照一定规律在空间上的有序排列。这些景观安全格局构成区域和城市的生态基础设施或潜在的生态基础设施。简言之，就是建设生态基础设施，保护开敞空间、自然风景区、重要农地、生态环境敏感区，从而划出了城市不应发展的方向和地块。因此，城市空间扩展的调控和引导应该结合传统城市规划方法和反规划理念。

城市空间扩展模式，按照经典的依据城市形态对城市空间结构的分类包括同心圆式、扇形模式、多核心模式，也有学者根据不同的发展阶段分析不同的发展模式，将其划分为点状城市、城市带、一般城市群、组团式都市区和组团式城市群五个阶段（张忠国，2006）。我们认为依据城市形态划分的城市空间扩展模式基本上针对点状城市阶段，但是随着城市区域化发展趋势及大都市区和城镇密集区的出现，大城市（大都市）空间扩展模式的调控更具有现实意义。对于点状城市阶段，同心圆式结构是比较理想的模式，但也最容易形成摊大饼式蔓延，因此需要确立并贯彻有限扩展的理念，注重城市的内涵式增长，克服和防止城市空间的低密度蔓延。随着城市快速发展要满足其空间扩展需要，就要适时引导各种要素向周边卫星城镇疏散，使大城市向多中心空间结构演变，各个中心之间要考虑通过绿带隔离，并建设大运量快速公共交通体系，为大城市的多中心结构的形成发展提供支撑。强化各个城市之间的联系，在区域层面发挥大城市的辐射功能，带动城市群发展，最终形成大中小城市和小城镇协调发展的多元化城镇格局（陈玉光，2011）。

　　城市空间扩展的土地资源总量调控，主要通过确定城市增长空间边界和强化城市内部土地集约节约利用来实现。主要空间规划工具是划定绿带、城市增长边界、城市服务边界和规划建设新城或卫星城。通过划定城市增长边界可以限制城市面积，阻止中心城区的无限蔓延。通过建设新城或卫星城来满足城市空间扩展的需求，同时减少城市规模过大带来的规模不经济和交通拥堵压力。在控制城市空间增长边界的同时要引导城市内部土地集约节约利用，主要通过推进城市"三旧"改造，盘整城市闲置和低效利用土地，提高土地集约节约利用水平。比如，制造业由城市中心搬迁至郊区甚至农村，在城中留下了一些污染或闲置的工商业设施，应对这些地带进行重新利用和再开发，进行填充式开发，加强城市集约用地（Farris，2001）。对于这两个方面，首先要考虑划定城市空间增长边界，将有边界的发展模式作为城市发展的基础；其次，考虑城市内部土地的高密度利用。关于划定城市空间增长边界，一是要统一思想。城市政府要认识到划定增长边界作为一种规划技术通过有效执行可以实现有序调控城市空间资源、控制其无序蔓延。同时，必须培养开发商、规划师、既得利益者等树立城市空间容量控制、协调发展的意识，认识到通过划定城市空间增长边界可以有效践行高效、有序的城市土地利用发展模式和可持续发展理念。二是使用科学划定城市空间增长边界的方法。这要求建立区域土地信息系统，建立一套反映真实地域景观的土地数据库和信息图，主要包括自然生态、经济社会、历史人文等资料，同时收集人口迁移、就业与土地利用数据，在这些基础数据的基础上，科学分析城市发展的波动性。在划定方法上，将传统方法与注重生态的方法相结合，在分析限建因素、保障生态优先的同时结合人口用地规模，并通过多部门合作与公众参与科学、合理地划定城市空间增长边界。同时，考虑将中心城区总体规划的规划区范围作为"刚性"空间增长边界，纳入总规划强制性范畴，强化其法定地位与权威性，确保其法定期限内的稳定性。将"适建区、限建区"作为"弹性"空间增长边界，根据年度建设时序有计划、有步骤地开发建设，实行滚动管理。明确城市空间增长边界可以修改，但城市政府的修改方案需要经过市人民代表大会审查同意，以保障 UGB 空间增长边界的法定地位、科学性与合理性。三是为城市空间增长边界的执行提供政策保障。由于城市空间增长边界没有具体的规划技术及法律依据，而城市空间增长边界内外的土地价值存在差异，这需要在城镇体系规划层面城市政府协调区域空间划分，有效调控开发强度。通过在土地开发上在城市空间增长边界内外实施差别化政策保障城市空间增长边界的灵活性与时效性。比如，通过调节城市空间增长边界内外税率，提高城市空间增长边界外部开发的成本，将城市扩展引向划定城市空间增长边界内，抑制城市空间增长边界外侧的土地开发。还可以通过购买和转移开发权，在一定时间内防止要保护的开敞空间与生态敏感地区被开发。转移开发权将城市开发从需要保护的地区引至适宜建设的地区，或是将高强度开发转移至承载力大的适宜开发地区，从而在空间上实现对城市用地的调控。四是强化对城市空间增长边界执行的监督。划定城市空间增长边界后，倡导发展内部土地而外部严格控制，地方政府从提高 GDP 出发将期望的边界范围尽量拓展，弱化城市空间增长边界的作用。因此，需要建立差别化监管考核机制和考核标准，并纳入地方政府政绩考核，考察外部发展用地的控制效果和内部发展用地的密度提高情况，重点考察区域或城市整体空间发展质量或生态可持续能力的变化（吴箐和钟式玉，2011）。关于城市空间增长边界内部土地的集约利用，要倡导综合性的城市功能组织原则，建立步行尺度下的综合街区，再用发达的公共交通系统把各个区段组织起来。对于每一个街区要实现其功能多样化和完善化，建设街区中心，把人们在日常生活中的居住、工作、商业、文化教育、公共活动等的设施有机组织在一个步行可达的范围内，使居民通过步行便可完成日常所需处理的各种事物，这样既方便生活又能减少交通消耗，既节约用地又能保护环境。对于各个街区之间的连接，通过发展公共交通，建立高效、快捷、舒适、方便的公共交通体系，组织街区之间的交通，减少由私人汽车带来的交通压力（张晓青，2006）。

五、城市增长的空间扩展调控之城市设计

中国地域广阔，各地自然地理、风俗民情各具特色，各地城市在街区建设上风格不同，有着深厚的文化底蕴和地域特色。在各个城市内部，由于聚集因素的差异，各个街区也是各具特色，在优化城市空间结构，建设紧凑型住区时，尊重历史与自然，强调住区设计与自然、人文、历史环境的和谐性，强调建筑风格应与周边环境相协调，保持当地的文化传统和人文特色（蔡辉和贺旭丹，2010）。重视街区内核的挖掘，通过城市设计保持街区特色的延续，使街区居民产生归属感与认同感。

要坚持紧凑发展的理念，借鉴交通导向设计的手法，采取多样化的交通方式，重点关注公共交通，调整城市空间结构，紧凑发展。同时，要考虑当前私人汽车交通迅猛发展的现实。充分利用交通网络节点的聚集功能，在站点设计街区中心，使各个街区形成组团状、串珠式、多核心形态。同时，针对信息经济、知识经济时代居家工作的形式，建设完善的信息网络基础设施，提高信息的可达性，引导生活与工作整合的居家办公（SOHO）模式的发展，尽量实现职住区位一致（于伟等，2011）。公交导向设计必须结合住区的紧凑多样设计，针对中国许多城市资源浪费、用地紧张的现状，需要适当提高容积率和紧凑度，从而提高土地利用效率。这将实现基础设施和公用设施的有效利用，而且有利于建立各阶层混合居住的多样性街区。提高街区的综合性要求尽可能多地提供就业岗位，并

使人们在步行的范围内进行日常活动，从而增强街区的活力与魅力，从而吸引人们外出步行参与社会生活。在街区的大小，街道、人行道的宽度，建筑的体量等空间尺度方面，采用人性化尺度。通过在街区上设置街头长椅、街头家具设计、商店、街头园艺等设计手法，方便使用，创造有利于人们交流的步行环境，增强街区空间的品质，增强社区活力，促成居民归属感和安全感的形成。在住区设计中提供多样化的住房选择。规划建设不同户型的住房，倡导混合居住。具体可以通过调控、管理与引导房地产开发，严格控制低档房地产开发，通过统一规划、总量控制、合理布局、综合配套，提高开发水平，建设不同档次、满足不同收入阶层的居住社区。同时，注重社区的配套设施建设。要重视城市公共空间建设，在社区间、社区内安排适度、合理的绿地、公园等场所，供人们休闲、娱乐和交流，凝聚社区文化，体现城市活力。

实现城市空间增长紧凑发展，需要对城市空间增长实行有效的强度调控，提高城市用地集约度。当前中国调控城市空间增长的规划手段中，控制性详细规划（简称控规）全覆盖实质上已有了强度控制的意味。不过这种控规调控基本上停留在"就地块论地块"的层面，不能实现从更高的层面进行更合理的控制。科学的思路是建立单独的一套城市空间增长强度调控体系，通过对建筑密度、容积率、绿地率等指标的控制，在与总量控制相结合的基础上，对城市空间增长的强度进行调控（皇甫玥等，2009a）。

六、城市增长的空间扩展调控之开发时序

城市空间扩展的开发时序控制可以通过调整增长边界、设立增长管制区。关于调整城市空间增长边界的思路，是将近期发展的地块划定在空间增长边界以内，将远期发展的地块划定在城市空间增长边界以外，同时制定严格的空间增长边界调整程序。这可以通过城市空间增长边界的调整实现较长时间尺度上的地块先后开发时序，适用于战略层面的先后顺序。在更小的时间尺度，即近期发展的时序上，调整的对策是制订年度开发限制计划，即对城市空间增长边界内部的土地进行年度开发限制，如设定每年开发的土地量或比率，这样可以控制城市空间增长的速度。

关于设立增长管制区。具体可以将优先发展区设立在旧城区或存量土地富裕的地区，而对于建设需要占用城市边缘大量耕地的地区设立延缓发展区或限制发展区，从而保证土地的合理开发和实现对耕地的保护，并促进地方经济的发展；对于生态敏感地区要设立严禁开发区域，以保证人类赖以生存的生态环境的平衡。同时，在制定各级土地利用总体规划对土地进行分期分区发展管制时，要将土地利用规划和城市规划有机结合起来，制定明确、详细和具有可操作性的明文规定，并建议立法。这主要是从确保生态环境质量的角度设置开发时序，达到建

设生态文明和实现可持续发展的目标。

　　基于可持续发展理念，城市增长空间扩展调控过程中，速度控制显得尤为重要。追求城市空间发展速度，扩大城市规模，是中国城市增长的普遍现象，速度调控是城市空间增长过程中最欠缺的调控，结果导致一些快速城市化地区正面临无地可用的尴尬境地。因此，调控城市空间增长要关注速度调控，通过完善对开发时序的监控，建立一套增长管理速度控制指标，引导城市空间增长逐渐走向健康、有序（皇甫玥，2009b）。

　　以郑州为例分析城市空间增长的规划调控。一是遵循紧凑、混合发展理念。通过对郑州市城市空间结构的演变和各阶段的扩展规律进行分析可以看出，延续至今的以二七为核心的单中心圈层式扩展方式已经给郑州市的发展带来巨大压力。随着郑东新区的崛起，在受到自然条件的制约和新的增长因素的诱导下，城市空间发展应改变长期沿用的均衡扩展模式而转向非均衡扩展模式，促使城市重心向东偏移，为郑东新区成为城市新中心创造条件。未来城市建设重点应当放在城市新区的发展上，对老城区进行功能的更新，从根本上缓解老城区的压力，为城市的发展提供更加广阔的发展空间。郑州市应明确采用轴向扩展方式（图7-9）。一方面，在外环路以内的可用地内进行有选择的填充，严格控制生态廊道和基础设施廊道；另一方面，在环路以外以东西、南北方向为轴线进行扩展，东进、南拓、西联、北优，轴向控制楔形生态绿地，对其他方向上的蔓延进行有效控制。从长远的发展来看，向东扩展完善后，应向南扩展，加强与龙湖镇的联系，在空间上与航空港区形成相互影响的整体。以郑东新区为依托，通过重心的偏移，形成可以与二七商贸圈共同承担城市核心功能的城市新核心，发挥其辐射作用，疏解二七中心的压力和部分功能；通过主要交通干线、基础设施廊道、城市水系和绿化空间的分隔，形成能级不同、功能有机复合、空间相对独立的城市组团，每个组团包含若干功能片区；根据地形地貌、发展基础、重要设施分布，划分多个功能片区，安排产业空间和居住空间，互相联系，协同发展。结合郑州都市区空间发展规划，采用轴向拓展、紧凑组团、四脉相连、网络覆盖的发展模式，构建开放的空间格局。依托陇海、京广两大城市发展轴和西南向城市跳跃式发展带，形成多方向的区域联动格局。城市空间遵循组团式发展理念，组团内部推行集约式复合开发方式，提倡高密度、立体化和综合性开发，居住、工作、休憩、交通等功能空间有机复合，土地混合使用，形成功能多元的用地方式，实现土地集约利用与城市的高效率运行。通过TOD模式在主城区与各功能区之间建立大容量轨道交通联系；交通和服务网络全面覆盖，实现城乡一体"共荣"，全域协同发展，严格保护组团隔离绿带，阻止城镇建设用地无序扩张。二是强化郊区房地产开发与引导。房地产开发作为郑州市空间扩展的驱动因素之一，必须要对其进行有力的控制和引导。首先，要适当调控郊区居住区的规模，使之融入到城市有序、渐进的发展过程中，成为真正的城市型住宅区。其次，要严格限制郊区低密度高档别墅区的开发规模与空间布局，在城市规划中必须确立高档居住区的开发只是城市住宅建设的一个亮点而并非重点的思想，对高档居住区规划进行区域环境生态评价，严格避免高档居住区"逼近"和蚕食景区。同时，加强城乡结合部的土地利用总体规划，避免建设乱占耕地，保护郊区农民的利益。三是加强城镇空间管制力度。综合郑州市的环境敏感区特性，在郑州市域范围内划定禁建区、限建区和适建区，并加强管理。禁建区包括水源保护区、自然保护区的核心区、基本农田保护区、地质灾害防治区、水土保持区、矿产资源开发生态恢复区、大型基础设施通道控制带等。禁建区内禁止安排建设项目，以避免对生态环境、基础设施、历史文化遗产、城市安全等造成重大影响。限建区包括地表水源二级保护区、地下水源防护区、风景名胜区的控制区、森林公园的控制区、自然保护区的控制区、农业用地区等。其管制规则为：该区域内原则上不应安排建设项目，确有必要时，必须控制项目的性质、规模和开发强度，严格管理程序，以减轻对生态环境和历史文化遗产保护、基础设施协调、城市安全保障的影响。适建区包括城镇建设区及独立工矿等其他适宜建设的区域，其中城镇建设区包括郑州中心城、次中心城市、重点镇、一般镇等各级城镇的规划建设用地。该区域为城镇人口与非农产业区域，空间利用以城镇建设、工业布局为主导。

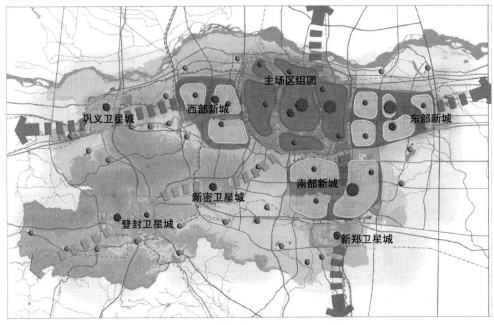

图 7-9　郑州市空间结构规划图

资料来源：郑州市空间发展战略规划

第八章 城市增长管理过程中行为主体间的博弈与协同

在城市环境中，人际间的交往最为复杂。作为一种环境，城市更多地掌握在我们的手中。城市是人类的杰出创造，是人类活动的产物。尽管自然景观大多数是人化的自然，受到人类活动的影响，从植被和降雨到气候和地表类型，城市景观是典型的一人的景观。除了大的地形特征如高山和河流，城市是人类的创造，人类的活动影响了城市的方方面面。

——〔美〕阿诺德·柏林特
《环境美学》

城镇化、城市的进一步发展、扩张，对我国经济、社会而言不仅是一个巨大的机遇，同时也有很大的风险。当前，我国城镇化、城市发展最大的风险是矛盾的内化，即城市化的发展没有真正解决城乡二元结构和城乡差别的矛盾，而是转化为城市体系内部更加复杂、更加深刻、更加棘手的社会矛盾（韩康，2013）。迫切需要通过城市增长过程的管理寻求化解矛盾、解决冲突，实现多元主体间协同发展的机制。

第一节　城市增长管理过程中的利益矛盾及冲突

城市增长管理过程中的利益矛盾及冲突具体包括：城市人群贫富分化加大加剧的矛盾；城市户籍市民和大量非城市户籍就业人群之间的利益矛盾；土地城镇化与人口城镇化的矛盾；政府管理差别和社会公平公正的矛盾；大城市人口过度拥挤和超越资源环境承载能力的矛盾等。

一、收入分配差距扩大产生的利益矛盾

1. 城市居民收入差距扩大引发的矛盾

城市居民收入差距不断扩大，基尼系数逐年上升，1978年为0.16，1995年为0.28，2010年已接近基尼系数国际预警线0.5。随着城市居民收入差距的扩大，家庭财产数量也呈现出分布不均的态势，国家统计局城调总队课题组对全国

8 个省市 3997 户居民家庭的调查结果显示，最高收入 10% 的富裕家庭的财产总额占全部居民财产的 45%，而最低收入 10% 的家庭的财产总额仅占全部居民财产的 1.4%。

2. 不同地区城镇居民收入差距扩大引发的矛盾

不同地区城镇居民收入差距也不断扩大，据统计，1980 年东部地区城镇居民人均可支配收入分别相当于中部、西部地区的 1.19 倍和 1.21 倍，1990 年上升到 1.36 倍和 1.27 倍，2008 年则进一步上升到 1.53 倍和 1.39 倍。此外，即使是在同一区域，受到房产价值的影响，大小城市之间的居民家庭的财产差异也很明显，大中城市居民户均财产总量接近小城市的 2.0 倍。

近年来，随着城市化进程的快速推进，经济、政治和文化等因素加速变动，我国城市社会除国家与社会管理者、私营企业主和专业技术人员外，还有城市无业或失业者、失去基本生活保障的被征地农民、贫困农民工及残障人员等，由于对社会资源占有的不同，其利益分享也呈现出明显的差异性，这些都会加剧利益矛盾和冲突的发生。

二、农民工市民化进程中的利益矛盾

1. 城市资本逻辑与农民工利益的矛盾

2011 年我国 6.9 亿城镇人口中，包含了在城镇务工超过半年以上的约 2.5 亿农民工，2012 年全国农民工数量增加为 2.62 亿人，2013 年全国农民工数量达 2.69 亿人，占城镇人口的 1/3。这些在城市工作的农民工，只有 1.7% 落户城镇，其余仍持农业户籍，没有城镇居民的身份，一方面，自身无法平等享有城镇居民的住房、社保、就业、子女教育等权利；另一方面，导致户籍人口城镇化低于常住人口城镇化近 20 个百分点。截止到 2012 年，农民工参加城镇职工养老、工伤、医疗、失业、生育五项基本社会保险的比率仅为 14.3%、24.0%、16.9%、8.4% 和 6.1%。现象是空间和身份的隔离，实质是土地扩张收益与农民工市民化支出这一 "城市资本逻辑"。据测算，城市接纳一位农民工，完成其市民化的总成本是 9.82 万元（李婕 等，2012），政府需要承担市政基础设施、公共服务设施、城镇建设维护和管理，以及新市民的住房、义务教育、医疗卫生等均等化公共服务成本。相反，城市政府作为城镇建设用地的所有者、供给者、垄断者，"经营城市" "经营土地" 能够实现可控资源升值、财政收入增加、GDP 政绩和城市感官形象提升。由此，必定 "意味着——当然这是谁也不会明白说出来的——不要吸引太多其他城市不欢迎的移民"（皮埃尔·雅克等，2010），城市 "要地不要人" 的资本逻辑导致农民工 "回不去，留不下"（郭志勇和顾乃华，2012）。

这些在城市工作和生活的农民工，受到城市文明的熏陶，具有城市生活方式和参政意识与能力，但现有的制度设置却使他们无法在城市行使民主权利，既没有通畅的表达自身意愿的政治渠道，更没有参与制定与自己利益相关的政策的权利，引发不满情绪和利益矛盾。

2. 农民工与雇佣方之间的劳资矛盾

农民工与雇佣方之间的劳资纠纷长期存在，用人单位为获取更大利润，往往无视《劳动法》的规定，劳动用工合同签约率和履约率都很低，农民工的合法权益屡遭侵害，如被随意延长劳动时间、借故克扣拖欠工资、任意解雇，以及拒绝支付工伤和职业病引起的医疗费用和相关赔付等。这些引发农民工与用人单位之间的利益冲突，小到心理抵触、轻微的口角，大到罢工、集体上访、违法犯罪等。

3. 进城农民工与城市居民的群体矛盾

城市经济、社会资源相对稀缺，城市居民与进城农民工在某种意义上是在进行竞争性分享，城市居民指责农民工带来就业危机、治安混乱和环境卫生恶化等社会问题，从而歧视农民工，加上价值观念、生活习惯等方面的差异，双方在心理和行为上存在摩擦和冲突，导致农民工与其他社会群体之间的矛盾和冲突加剧。

三、快速城市化与低就业增长之间的利益矛盾

1996~2003 年是国内城市化快速扩张，大量占用农民耕地的高潮时期，耕地面积从 19.51 亿亩急剧减少到 18.51 亿亩，7 年减少了 1 亿亩耕地，平均每年减少 1429 万亩，7 年耕地面积下降水平为 5.125%，成为改革开放以来耕地面积下降最快的时期，但这段时间农业部门的就业比例却始终保持在 49%~50% 的水平，变动差率为 1~0.9，几乎可以忽略不计（韩康，2006）。城市化占用了大量农村土地，代价仅仅是不成比例地接受少量城市户籍市民，继续留在农村就业的人群比例仍然相对较高，出现了"极不对称"，即城市化占用耕地的增长和农村就业转移增长的比例极不对称（韩康，2013）。

改革开放以来，我国城市化快速发展，年均增长达到 1.2%，但由于就业弹性系数下降等原因，城镇登记失业率却在总体上呈现出上升趋势。城市化的迅速发展没有带来与之相适应的高就业增长，日益扩张的就业群体与相对有限的就业容量之间形成矛盾。在严峻的就业形势下，社会各群体为了争夺有限的就业岗位激烈竞争。进城农民工成为城市产业大军中的一支重要力量，无疑会对城市劳动力产生挑战；城市劳动力，尤其是城市下岗失业人群也会逐步调整就业预期，就业选择更趋理性和实际，开始从事以往农民工为市民日常生活所提供的分散服

务，诸如社区家政、生活护理等，而且他们拥有进城农民没有的再就业扶持政策和社会关系等优势，这将在很大范围内挤压农民工的就业空间。过度激烈的就业竞争，很容易引发社会群体之间及群体内部的利益矛盾。

四、土地冲突引发的利益矛盾

土地作为制约城市发展的稀缺资源，牵涉巨大的经济利益，利益成为冲突的起点。城市化快速推进过程所引发的土地冲突具有群体性、复杂性和多层次性。据统计，2004～2009 年，每年发生的征地冲突约占农村群体性突发事件的 65%（丁建嵘，2011）。尤其是近年来征地引发的冲突事件更是呈激增之势，土地冲突已成为影响我国经济发展和社会稳定的重要问题。

1. 土地冲突类型划分

土地冲突类型在土地利用目标上分为：①各利益相关方的经济利益冲突。土地资源作为可以获取经济利益的资本，政府、开发商、农民等不同利益集团追求的经济利益不同，形成冲突。②社会效益与经济效益的冲突。城市扩张过程中失地农民获得一定经济补偿的同时希望就业、社保、子女入学等社会问题与开发商追求经济利益之间的矛盾。③生态效益与经济效益的冲突。在特定的发展水平下，土地利用的经济效益和生态效益难以同时实现，实现经济效益的同时往往环境问题突出。

土地冲突类型按照冲突的利益相关者划分，主要表现为政府、村委会、农民、企业四种力量在经济驱动力作用下的冲突：①政府与农民之间的冲突，源于征地过程中分配权益的不公平。②村委会与农民之间的冲突源于村集体组织的领导成员与民争利、寻租。③农民与农民之间的冲突，源于土地增值及土地流转纠纷。④企业与农民等其他利益相关者之间的冲突等（表 8-1）。

表 8-1　土地冲突类型划分

划分标准	冲突类型	诱发原因	发展趋势
以土地利用目标为标准	各利益相关方的经济利益冲突	违法占地	经济利益最大化是重要目标，将持续占据土地冲突的较大比重，但所占比例会相对降低
		征地纠纷	
		权属纠纷	
	社会效益与经济效益的冲突	失地农民的就业	失业农民是一个庞大的群体，近年此类型的冲突将逐步增多
		失地农民的社会保障	
	生态效益与经济效益的冲突	土地供应总量失控	随着对生态文明的关注，此类冲突的比重将逐步提高
		土地利用方式粗放	
		水土污染	
以冲突的利益相关者为标准	政府与农民之间的冲突	对征地补偿额不满意	随着法律法规与相关制度的健全，此类冲突的比例会缩小
		征地补偿不到位	
		征用土地面积过大	

划分标准	冲突类型	诱发原因	发展趋势
以冲突的利益相关者为标准	村委会与农民之间的冲突	征地过程中与民争利	此类冲突仍会占较大比重
		土地调整不规范	
		承包合同不规范	
		寻租	
	农民与农民之间的冲突	农地所有权流转（政府征地）	此类冲突还将长期存在，但比重在逐步降低
		农地使用权流转	
	企业与农民等其他利益相关者之间的冲突	企业联合城市政府侵犯农民的利益、村委会侵犯农民的利益等	企业、政府等是重要参与方，此类冲突未来仍将存在并会增加

2. 土地冲突的外在表现形式

（1）强征。地方政府由于社会公共利益改变农村集体所有土地的性质，补偿被征地农民的损失，从长期综合收益看，双方有共赢的合作基础。而在现实中短期效益下，"土地财政"受益大于"征地补偿"成本，从而使地方政府具有强烈的征地冲动。

在与被征地农民的博弈过程中，地方政府是征收政策的执行者，是征收人，又是征收政策的制定者，主导利益分配。地位优势使一些地方政府凭借惯性管理逻辑，在没有与被征地农民达成协议的情况下，产生野蛮执行、征地程序不透明、补偿不到位等违法强征行为。在强征行为下，被征地农民的维权程度直接决定冲突的产生、规模及性质。

（2）抗征。与地方政府进行征地博弈时，只要补偿收益大于或等于失地成本，被征地农民所采取的策略就是接受；相反，当土地征用的补偿收益小于失地成本时，被征地农民会采取各种维权方式保障自身利益。对单个被征地农民而言，当补偿收益无法弥补失地成本时，要么忍让，要么成为"钉子户"。在博弈过程中，被征地农民通常作为一个集体来维护自己的利益。集体补偿收益与失地成本失衡，其利益诉求又未得到政府重视，则采取越级上访、静坐示威、拒征等形式的维权及利益诉求方式。如果遭遇政府暴力强制解决、双方互不退让的局面，被征地农民则易采取暴力抗征、自虐、袭击政府部门等极端对抗行为，引发激烈的流血事件，形成博弈"双失"结局（表8-2）。

表8-2　地方政府与被征地农民的征地博弈策略分析

被征地农民/地方政府	合法	强征
接受	（合作/共赢）	（妥协/受损）
抗征	（妥协/受损）	（冲突/受损）

（3）行贿与阻挠开工。在征地博弈中，开发商借助地方政府的力量获得土地开发权谋取利益，为了低成本获得土地授权书，开发商倾向于用非正常手段谋求

与政府部门或个人狭隘的共同利益。两者利益相关或一致使其在土地征用中成为"局中人",参与被征地农民的博弈。当被征地农民的预期补偿收益小于失地成本时,利益诉求无法在体制内得到体现和满足,在开发商不按征地公告更改征地用途和规划等现实因素催化下,以阻挠开工、聚众抗议等方式进行对抗性维权,要求政府出面干预补偿、清查"腐败"就成为被征地农民的博弈行为与目标(表 8-3)。

表 8-3 开发商与地方政府、被征地农民的博弈策略分析

开发商	地方政府		被征地农民	
	合法	寻租	接受	阻挠开工
正常	(合作/共赢)	(妥协/受损)	(合作/共赢)	(妥协/受损)
非正常	(行贿/受损)	(交易/双损)	(妥协/受损)	(冲突/双损)

(4)牺牲与上访滋事。首先,农村集体经济组织是被征地农民利益的"代理人",受行政权力的压力和经济利益的刺激,在征地补偿标准、补偿数额、实际征地面积等具体内容的利益博弈中,代理人面对无制度监管和信息不对称的情况,大多会选择牺牲"委托人"——被征地农民利益的行为。其次,在被征地农民与农村集体经济组织的征地博弈中,一旦出现征地不按照民主程序、征地补偿款分配不公平、挪用征地款等违法操作,甚至出现私自处置集体资产、侵吞土地增值收益等腐败行为,被征地农民在得知自身利益被侵害时,要么选择沉默,要么选择上访滋事等形式维权抗争(表 8-4)。

表 8-4 农村集体经济组织与地方政府、被征地农民的博弈策略分析

农村集体经济组织	地方政府		被征地农民	
	执行征地	放弃	沉默	上访滋事
合法操作	(接受/共赢)	(妥协/受损)	(合作/共赢)	(妥协/受损)
违规操作	(牺牲/受损)	(双损)	(妥协/受损)	(冲突/双损)

五、城市增长管理过程中要素间的矛盾与冲突

1. 土地城镇化与人口城镇化的矛盾

土地城镇化快于人口城镇化,且随着城镇化步伐的加快,两者的不匹配程度加剧(陆大道,2007)。1981~2010 年的 30 年间全国建成区面积由 7438 平方千米增加到 40 058 平方千米,年均增速为 6.3%,同期城镇人口年增长速度仅为 3.11%,土地城镇化增速为人口城镇化的 2 倍(田莉,2013)。1991~2010 年的 20 年间,我国城市建成区面积扩大了 2.12 倍,而城市人口仅增长 0.89 倍,土地扩张是人口增长规模的 2.38 倍(牛文元,2012)。2006~2010 年的 5 年间城市建设用地由 36 595.8 平方千米增加到 42 187.5 平方千米,增长了 15.2%,而同期

城市人口增长了 6.26%，建设用地的扩张速率进一步上升到人口增长速率的 2.44 倍，经测算我国土地-人口城镇化属于中度失调等级（尹宏玲和徐腾，2013）。区域层面，东部地区的土地城镇化与人口城镇化的协调匹配度最佳，人口、土地的离差系数为 0.11；中、西部地区建设用地增长率远高于人口增长率，分别属于中度失调和高度失调，离差系数分别为 0.59、0.60；东北地区城市人口减少的同时城市建设用地持续增长，人口与土地城镇化极度失调，离差系数高达 1.07。省域层面，除广东、新疆、西藏、青海少数省份外[①]，绝大部分出现人口城镇化与土地城镇化脱节。城市层面，根据对全国 644 个城市的研究[②]，75% 以上城市的土地-人口城镇化属于不协调发展状况，且 60% 的城市土地城镇化与人口城镇化高度失调（李明月，2012）。如果考虑在城镇连续居住 6 个月以上即为城镇人口的宽统计口径及城镇化人口质量问题，实际人口城镇化与土地城镇化脱节将更加严重。

2. 土地粗放利用与人口承载、经济产值的矛盾

城市单位土地面积的人口承载、经济产值与发达国家城市相比明显偏低，即使是东部地区土地集约利用程度较高的上海，其辖区地均 GDP 仅是纽约辖区的 1/44，其中心城区地均 GDP 也只有纽约辖区的 1/2。2007 年北京的地均 GDP 为 0.072 亿美元/千米^2，而同年纽约为 11.48 亿美元/千米^2；2005 年东京为 4.02 亿美元/千米^2，伦敦为 2.83 亿美元/千米^2，新加坡为 1.75 亿美元/千米^2，中国香港为 1.72 亿美元/千米^2，经济产值不仅与纽约、东京、伦敦等国际大都市差距甚远，就是与新加坡和中国香港也差距悬殊（田莉等，2010）。在土地利用存量指标上，中经网数据表明，我国城市人均建设用地已达 120～130 平方米。住房和城乡建设部中国城市设计研究院的调查显示，我国仅有 8% 的城市人均建设用地比较合理，为 80～90 平方米，70% 的城市人均用地指标为 90～110 平方米，22% 的城市为 110～150 平方米（姚士谋等，2013）。尽管数据有差距，但无疑都表明我国城市人均用地指标远高于国家规定的上限，比发达国家人均城市用地 82.4 平方米和发展中国家 83.3 平方米的标准高出 50%～60%。小城镇土地利用状况更加严重，北方地区内蒙古、陕西、甘肃、河北、河南、山东等地区的大部分小城镇人均用地超过 160～170 平方米，南方地区相当部分的小城镇人均用地超过 130～145 平方米，而根据国外节约用地经验，我国紧凑型小城镇人均合理用地指标应为：北方省区 120～135 平方米，南方省区 100～110 平方米（姚士谋等，2013）。在基础设施方面，目前我国高速公路四

---

① 广东土地城镇化与人口城镇化基本同步，新疆、青海、西藏城镇化进程缓慢，尚未正式进入或刚刚进入快速城镇化阶段。

② 2010 年我国城市数量 656 个，2006～2010 年部分城市因行政区划调整，数据缺失或无效。

车道每千米占地 80～110 亩，还不包括宽阔闲置的绿化带，而日本、荷兰、西班牙等国家高速公路每千米占地 60～70 亩。粗放的城市扩张大大降低了城市的容积率，与国外城市高达 2.0 的容积率相比，我国 2005 年仅为 0.33（蒋省三等，2007）。在增量指标上，城市征地大幅增长，1997～2000 年，我国城镇建设年均征地 456 平方千米，2001～2010 年年均征地 1609.7 平方千米（中国经济增长前沿课题组，2011）。

第二节　城市增长管理过程中多元主体的行为目标与博弈机理

一、相关理论基础

1. 行为主体博弈理论

博弈论又称对策论，冯·诺依曼和摩根斯坦恩于 1994 年合著的《博弈论和经济行为》奠定了其理论基础，之后在纳什、泽尔腾、海萨尼的贡献下更趋成熟。博弈的基本要素包括参与人、行动、支付和信息。参与人是决策的主体，每个参与人的目标都是通过行为选择实现自身效用最大化。城市扩张和城镇化过程中，可以用博弈论分析政府、农户等各个主体在做出不同选择时所采取的不同策略，以及由此产生的不同结果及利益分配格局。

2. 利益相关者理论

利益相关者理论于 20 世纪 60 年代由以斯蒂格利茨为代表的新经济发展理论学派提出，之后，80 年代弗里曼明确提出了利益相关者管理理论，对任何一个公司而言，股东、政府、供应商、消费者等均是利益相关者，企业的管理者为了平衡各个利益相关者的利益要求而进行管理活动。在研究城市扩张和城镇化进程时，同样需要利用利益相关者理论，分析中央政府、地方政府、村集体、农民、市民、开发商等的行为，从而更好地解决冲突，实现多方利益的提升。

3. 新公共服务理论

新公共服务理论由登哈特夫妇提出，不同于新公共管理理论，新公共管理理论提出有限政府和政府官员的经济人假设及企业家政府理论，而新公共服务理论强调政府的职能是服务，而非掌舵和管理，建立在公共利益、行政人员全心全意为公民服务的基础之上。因此，新公共服务具有七项理念：①服务于公民；②追求公共利益；③重视公民权胜过重视企业家精神；④思考具有战略性，行动具有民主性；⑤承认责任并不简单；⑥服务而非掌舵；⑦重视人而不仅仅是重视生产率。在城市扩张和城镇化过程中，政府不仅仅是利益的主宰者，也不该以自身利益最大化为目标，更主要的是致力于公共利益，本着为公众服务的目标探索如何使各方收益达到均衡，实现从管理型政府向服务型政府的转变。

4. 行为经济学理论

行为经济学作为一门边缘性学科，产生于 20 世纪 70 年代，来自认知心理学、实验经济学和制度经济学。行为经济学作为一门经济学，其诞生离不开传统经济学，从某种意义上讲源于对传统经济学的"背叛"。新古典经济学的硬核是理性经济人假定，人的偏好和禀赋是外生的。行为经济学假设当事人具有有限理性，可能追求利他行为和非理性行为，偏好和禀赋是外生的，偏好在一定的条件下产生，在与环境变化互动中演化，因此偏好具有不确定性与可逆转性，同时当事人围绕偏好演化开始学习过程，行为主体具有有限意志力，人的主观价值和认知对行为决策发挥着重要作用。城镇化进程、城市扩张中的多元主体由于信息的不完全，应该是有限理性的，农户、政府等遵循特定的社会规范，也不可能做到无限利己，这更加符合行为经济学的理论假设。

5. 新制度经济学理论

新制度经济学派是在 20 世纪 70 年代凯恩斯经济学对经济现象丧失解释力之后兴起的。一般认为，新制度经济学是由 1937 年科斯的论文《企业的性质》所开创的。其产生源于现实经济问题、经济发展的需要，它放宽了新古典经济学的系列假设，增强了现实和理论的解释力。新制度经济学关于人的行为的三个假定如下。第一，人类的行为动机是双重的，一方面追求财富最大化，另一方面又追求非财富最大化。个人追求非财富最大化的动力来自爱、团结和其他利他主义思想，在家庭、小部族和朋友之类的小群体中起作用；受到胁迫和威胁；预期为别人做事可以产生对自己有利的副效应；心理上得到满足或至少良心不受责备。第二，由于环境复杂、参与者众多、信息不完全等不确定性因素，人对环境的认识能力是有限的，只能做到有限理性。第三，人的机会主义倾向，即人具有随机应变、投机取巧、为自己谋求更大利益的行为倾向。新制度经济学在理论构建上主要包括交易费用理论、产权理论、企业理论和制度变迁理论。城镇化过程中的多元主体，一方面满足新制度经济学对人的三大假定，另外，多元主体的行为是特定制度下的，制度创新、制度变迁对主体及矛盾化解有重要作用。

二、行为主体的特征及假设

基于以上理论，我们认为人的行为动机是双重的，一方面追求财富最大化，另一方面追求非财富最大化。理性的个人追求自身利益，在自利中实现利他与集体利益，然而追求自身利益的过程依赖于特定的社会制度结构，这种制度结构限制人类行为，并将它们导入特定渠道的正式和非正式的规则（包括法律、制度及各种社会规范）及其实施效果。因此，城市扩张及城镇化过程中的主体是经济人、社会人、契约人的复杂体，其行为决策中对自身利益的关心不容置疑，又有非理性和道义取向，还受文化传统、主观规范、群体选择、认知能力、环境等多种因素的影响，是特定环境与组织中的行为经济人，具有有限理性、有限利己、有限意志力等特征。

1. 有限理性特征

西方主流经济学的理性经济人假设需要满足以下三个条件：具有解读认知对象的完备能力；偏好具有稳定性和完备性；不确定条件下根据期望效用进行决策。然而，城镇化过程中的主体处在复杂的经济社会系统中，所面临的环境具有复杂性和不确定性，受到有限计算、分析能力、认知能力的约束，无法获得最优选择（西蒙，2007）；不同主体获得的信息不完全，存在启发式偏差；主体偏好并不稳定和完备，整个决策过程中会出现偏好改变，甚至逆转；不确定条件下难以用期望效用理论准确计算，较多地遵照行为经济学上的前景理论来评价与决策；此外，机会主义倾向加剧了有限理性，信息的不完整或歪曲透露造成信息的误导、歪曲、掩盖、搅乱或混淆的蓄意行为，造成信息不对称，使经济组织问题更加复杂。因此，多元主体只能做到有限理性。

2. 有限利己特征

与西方经济学中利己人性追求自身利益的假设不同，有限利己承认利己是主体特征的一个方面，但认为主体的行为决策中还有互惠、利他的成分，具有多重性，从而产生多重行为目标。城镇化过程中农户较多地关注家庭成员的利益及看法，同时会参考亲戚、邻里的建议，追求公平、公正，体现出亲缘性利他、互惠性利他、社会群体性行为特征。政府作为服务和管理部门，其利己也是一定范围和界限内的。开发商在多种监督下，也需要履行社会责任。

3. 有限意志力

完全理性假设下的个人或组织具有完全的自控能力，其行为能够严格地朝向最优化决策进行。然而，城市扩张中的行为冲突表明主体间并不存在无限意志力，而是存在自我失控、情绪化行为、冲动行为，甚至在失控情绪下产生极端行为。见诸媒体的城中村改造、宅基地腾退导致的暴力冲突、自焚事件正是有限意志力的表现和结果。

三、政府、开发商、农户等利益相关主体的行为目标

城市扩张与城镇化是一个复杂的系统工程，其利益相关主体有多个方面，主要分为：中央政府、地方政府、农民、市民、土地开发商、村集体等。

1. 政府行为对城市化的作用机理

政府行为主要指政府的宏观调控行为和相关制度、政策安排。作为城市发展战略的制定者、规划者、城市绩效的考核者和制度方针的提供者，政府可以通过强制性政策、指导性政策和颁布法规等方式来设计、引导和规范城市化，能够及时纠正市场机制的偏差，维系城市健康、有序、可持续发展（孙雪等，2013）。政府通过制度和政策两个维度来推动城市化进程（图8-1），通过创新改革不合理的户籍制度、土地制度和财税制度，规范和设计城市化的环境和方向，通过制定实施产业政策、开放政策，以及转移支付等诱导和刺激城市化的发展和加速。通过制定有针对性的制度和政策调控区域发展、调控城市化区域差异。政府注重效率优先时会刺激条件优越的地区快速发展，但会导致区域差异持续扩大；政府注重公平优先时会拉动落后地区对发达地区的追赶，促进区域间平衡发展，但会浪费部分地区的优势条件，抑制其城市化进程。

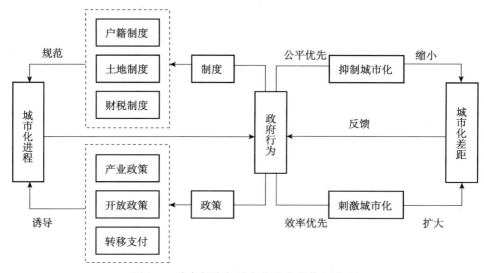

图 8-1　政府行为与城市化演化的作用机理

2. 中央政府的行为和目标

中央政府作为负责制定城市发展战略，人口、土地、财政政策，以及相关法律的主体，必然要从全局出发，统筹全局，合理进行经济利益分配，同时关注其所引发的社会效益、生态环境效益。因此，中央政府的目标也是多重的，包括：保护耕地，保障粮食安全，实现区域及不同级别城市的协调发展，增加城市市民、农民的权益，促进经济增长，维护社会稳定，完善和创新人口转移、土地征用制度，解决当前土地城镇化快于人口城镇化，土地粗放利用下人口承载力、经济产值低，空间融合和人的身份隔离等矛盾。但是，中央政府在城市扩张、城镇化的过程中的作用是间接的，不是直接管理，而是引导、监督、管理地方政府。

3. 地方政府的行为和目标

地方政府是城市的直接管理者，在城镇化过程中扮演着重要的角色，处于主导地位，在制定城市发展规划与土地规划、明确土地出让用途等方面，地方政府享有决策权和支配权。其目标往往是本地局部利益，更多地考虑经济效益和中央对地方的政绩考核指标。当地方政府的行为目标与中央政府的目标矛盾时，就可能出现上有政策、下有对策的情况。在中央鞭长莫及、监督无力，同时地方部门及社会组织无法有效约束的情况下，在土地财政的驱动下会出现地方政府权力的滥用，低价征地，高价出让，与开发商勾结，寻租，片面追求 GDP 和城市感官，忽视土地集约利用、农民利益等问题。

4. 开发商的行为目标

所指的开发商既包括房地产开发商，也包括其他工商企业，其目标是实现自身经济利益最大化。有了开发商的推动作用，土地就有了升值空间，劳动力就有了更多的就业机会，城市扩张就有了动力。开发商不直接与农户谈判，更多是在市场机制下与政府谈判，充当隐性主体和城市扩张的幕后推动者。开发商追求自身利益的过程与政府出让土地、发展当地经济、增加财政收入和就业机会等目标具有一致性，他们很容易达成共识，形成同盟。

5. 村集体的行为及目标

对城市扩张而言，村集体主要指城中村村集体和城市郊区的村集体。城市扩张必然面临农村土地所有权从集体所有向国家所有的转变。村集体在政府征收土地的过程中有一定的决策权，行使决策权的是村民委员会，其也是一个复杂的主体，既为农民个体服务，也有自己的利益诉求，是征地的直接组织者，同时负责征地完成后失地农民的安置、补偿金的发放，不可避免地成为利益主体。

6. 农户（农民）的行为

城市扩张中的农民是经济人、社会人和契约人的复合体，一方面追求自身的利益和效用最大化；另一方面也是村集体中的一员，遵循着群体规范，具有社会性特征，表现为追求公平公正、利他、互惠、从众、示范、攀比等多种行为。在城市扩张和城镇化过程中农民属于弱势群体，处于被动地位，在自己的权益受到损害，或者政府无法保障其最低利益时，无法找到合理、合法的诉求方式，更容易在有限意志力下采取一些过激行为。

四、政府、开发商、农户等利益相关主体的博弈机理

我国城镇化进程既是城镇人口的增加、城市地域范围的扩大，也是计划经济向市场经济转变下产业结构、空间结构优化升级的表征，更是制度创新、制度安排下行为主体"利益博弈"的反馈机制。城市地域范围扩大涉及地方政府从农民手上征地的博弈行为；结构优化调整涉及开发商在"级差地租理论"的作用下，涉足不同产业，进行区位选择的博弈行为；而制度创新、制度安排主要涉及当前政府绩效考核体制及分税制下中央政府（上级政府）与地方政府之间的博弈，涉及"产权区域"视角下区际地方政府间招商引资的博弈，涉及地方财政可支配收入最大化下地方政府与开发商之间的博弈，涉及"条块管理体制"下地方政府的创新行为与中央部门之间的博弈等。

1. 地方政府与农民的征地博弈

依据《土地管理法》，城市市区的土地归国家所有，农村和城市郊区的土地，除由法律规定属于国家所有的之外，归农民集体所有，同时《宪法》条文明确规定，当国家（或地方）有公共事务建设需要时，地方政府有权依法"有偿"从农民手中征用农用地。地方政府与农民的博弈行为在征地补偿的过程中展开。地方政府、农民分别作为独立的利益机构与个体，在经济理性驱动下以实现各自"利益最大化"为目标进行讨价还价。但是地方政府可以凭借法律赋予的征地权力，制定非常富有"弹性"的征地补偿标准。《土地管理法》规定土地补偿费和安置补助费的总和，原则上不得超过土地被征用前3年平均年产值的30倍，单项的耕地补偿费在6～10倍浮动，安置补助费在4～15倍浮动。这些弹性化的规定滋养了地方政府的"寻租行为"，使其可以通过压低征地补偿标准来获取"利益最大化"，而农民只能被动地接受；征地前后农用地与建设用地存在明显的效率差异，单位面积建设用地给地方政府带来的收益远高于农用地，收益差异助长了地方政府的征地行为。正是地方政府天然合法的征地权力和用地类型的效率差异刺激了地方政府的征地欲望，导致一方面建设用地低效、粗放扩张下土地资源的严重浪费，另一方面农民利益受损。

2. 开发商的区位选择博弈

城市发展理论表明，在城镇化进程的初期、中期阶段，工业是其主导推动力，在城镇化后期则第三产业为主要推动力，随城市的发展大体经历轻工业—重工业—服务业的基本路径。这意味着，城市产业结构及空间结构随着城市化进程的推进不断优化升级，即通常所说的"腾笼换鸟""退二进三"。城市扩张、土地利用方面形成犹如级差地租理论所描述的商用地—居住用地—工业用地—农用地

的圈层结构。这一过程中存在开发商之间的区位选择博弈。占地多、产出效率相对低下的工业行为主体，不得不在级差地租、环境约束的作用下逐步搬迁至城市近郊区（或郊区），而单位面积产出效率高的金融、商业、信息咨询等现代服务业行为主体则落地于城市中心，城市空间地域范围也随之不断扩展。此外，开发商在区位选择中也与地方政府及农民博弈，房地产业最具典型性和代表性，自1990 年《城镇国有土地使用权出让和转让暂行条例》出台以来，房地产业以产业前后向关联度强、带动作用强、经济增长贡献率高、市场前景好等特点深受地方政府溺爱。为了降低投入成本，房地产开发商纷纷把目光集中于城市边缘区，通过地方政府的征地行为来获取廉价的土地使用权，这种房地产开发商的区位选择的博弈行为也是导致城市地域范围扩展的主要力量之一。

3. 当前绩效考核体制与分税制下中央政府（上级政府）与地方政府的博弈

我国地方政府官员的升迁基本取决于中央政府（或上级政府）依据绩效考核指标的评判，其中 GDP 的增速、财政税收额、城镇居民的福利水平等是最为主要的考核指标，而这些考核指标的提升离不开地方政府财政的支撑，地方财政的自给率很大程度上决定了地方政府的施政能力，因此，地方政府行为的"最大效用函数"是政府绩效和地方可支配收入最大化。同时，地方政府为了迎接中央政府（或上级政府）的考核，则需要大力发展经济，获取足够的财政税收，极力改善城镇居民的福利水平。但自 1994 年分税制改革，中央和地方实行"分灶吃饭"开始，地方政府的财权和事权不对称，陷于严重的财政困境。身处困境中，土地对于促进 GDP 增长效应显著，"以地生财"的动机使得地方政府通过低成本的征地行为来获取"所谓"的经济高速增长，这当然是一种粗放、低效的增长模式，导致城市地域范围的扩大。而提高城镇居民福利水平的途径有二：一是加大财政投入；二是减少城镇居民数量。相对紧缺的地方财政堵死了第一条路径，途径二成了必然选择，即抑制城镇人口数量的增加，也就是抑制人口城市化进程。于是，就出现了城市地域范围的迅速扩大，而城市人口，尤其是户籍城镇人口变化较慢或相对保持不变，从而导致土地城镇化与人口城镇化的矛盾，即城市空间扩张的不协调。

4. 产权区域视角下的区际政府博弈

我国特有的"行政区经济""诸侯经济"说明产权区域非常明确，各级地方政府纷纷以"理性经济人"的身份参与到区际利益的博弈中，追求绩效与可支配收入的最大化，从"效用函数"角度可以理解区际政府之间的博弈。为了发展经济，地方政府需要招商引资，而资本具有逐利性的天然特征，总是向成本低、效益高的地区流动，为了吸纳资金，在地方财政约束下，各级地方政府采用协议等形式出让土地，降低成本，筑巢引凤——将"生地"改造成"夹生地"，即设立通常所说的"七平一通"或"五平一通"开发区。而开发区的地域空间扩张主要集中在城市外围，在促进城市空间结构重组的同时，成为城市空间扩张的主要动力，在此过程中存在的盲目圈地、违规建设、占而不建的现象，进一步加剧了城市空间的无序蔓延与扩张。此外，地方政府还通过产业结构中的重复建设、地方保护主义等恶性竞争手段来吸引资本，保护本地企业不受市场冲击，阻止人流、物流、信息流、资金流、技术流等各种要素的正常流动。这一过程同样以土地政策税收的优惠为基础。因此，区际地方政府之间的博弈同样也是城市空间无序扩张的主要原因之一。

5. 城市公众需求博弈

随着城市经济、社会的发展，人们的生活水平普遍提高，人们的生活需求也在发生较快的变化，中产及富裕阶层趋于追求田园式的乡村生活，极力摆脱城市中心道路拥挤、环境污染、犯罪率高的弊病，甚至出现"逆城市化"过程，工薪阶层也追求住房面积的扩大。此外，随着"家庭组团细胞单元"趋小化，基本以2～3人为一个小家庭，以及城市价值观念的日趋扭曲——拥有房产不仅是家庭的精神寄托，更是身份的象征，拥有房产是一种增值投资，都导致了城市住房面积需求的增加。住房面积需求的增加诱发房地产开发商的"谋利"行为，进而催发地方政府的征地、批地行为，导致城镇建设用地的增加、城市地域空间的扩展。因此，城市公众需求博弈也导致城市空间的无序扩展（孙平军等，2012a）。

第三节　多元主体博弈的利益分配格局及其成因

土地是城市扩张中最为稀缺的资源，土地用途的变更将产生巨大的经济利益，也是城市扩张中最为重要的利益冲突。因此，主要分析土地要素的利益分配格局及其成因。

一、各主体间的利益分配状况——以城市扩张征地为例

征地实现土地农转非的过程中，各主体的收益分配是不公平的，其中农民收益最少，政府和开发商占比最大。全国总体情况的调查显示，土地征收过程中初步收益分配比例是：假设征地的成本价为100，那么60%～70%为各级政府所得，25%～30%为村级集体所得，农民只得到5%～10%，土地被征后的增值收益基本上归地方政府和开发商所有，农民基本没有参与利益分配（栾谨崇，2008）。政府层面，市级政府获得土地总收益的56.33%，中央和省级政府分别获得1.55%和1.21%（诸培新和曲福田，2006）。部分地方土地农转非收益占地

方政府财政收入的 25%～50%，少数城市达 80%，个别城市土地农转非收益甚至超过地方财政收入的 2 倍（吴次芳和谭永忠，2002）。调查数据显示，88.8% 的农民认为自己在农转非过程中利益严重受损，有 70% 的农民认为地方干部得益最多或得益较多，有 84.8% 的农民认为土地开发商得益最多或得益比较多（罗满妹，2009）。

不同地域学者的研究也得出了相似的结论。河北某地区的土地农转非收益分配结构为：开发商所得土地收益占 44.51%，市级以上政府所得占 41.1%，农民及农民集体所得仅占 14.39%（梁爽，2009）。江苏省某区土地农转非收益分配比例结构为：区政府占 34.80%，镇政府占 34.51%，中央政府占 17.21%，市政府占 6.31%，省政府占 0.90%，村集体占 6.90%，农民所得收益仅占 3%（童建军，2003）。数据表明，大部分城市扩张中的征地行为，都是地方政府和开发商分享主要收益，农民不仅失去了赖以生存的土地，从中得到的补偿也很少。这种本末倒置、不合理的"倒金字塔"式的分配模式严重损害了农民的利益，必然引发利益和行为的冲突。

二、利益分配不平衡的成因——制度缺陷

1. 农村集体土地所有制的缺陷

农村集体土地的所有权主体不明晰。《土地管理法》第十条规定："农民集体所有的土地依法属于村农民集体所有的，由村集体经济组织或村民委员会来经营和管理；已分别属于村内两个以上农村集体经济组织的农民集体所有的，由村内各该农村集体经济组织或者村民小组经营和管理；而已属于乡（镇）农民集体所有的，由乡（镇）农村集体经济组织经营、管理。"按照规定，农村集体土地的所有权由农村集体经济组织管理，然而在现实情况下，大多数农村集体经济组织已随着经济、社会的发展而名存实亡，乡镇政府、村委会、村长、村支书实际上成为农村集体土地的所有者，具有掌控土地的权力，可能以土地所有者的名义去侵犯农民的土地合法权益，以致出现分配不公平的现象。而农民则是弱势群体，所有权主体的不明晰导致农民没有权力去争取自己的所得收益。

2. 土地征用制度的缺陷

当前的土地征用制度存在着诸多缺陷，诸如土地征用范围大、征地的程序存在不合理性，以及征地补偿标准太低等。现在的征地补偿标准仅包括土地补偿费、劳动力安置补偿费及地上附着物和青苗补助费等，并且规定了每公顷征收土地补偿费的上限，征地补偿仅仅是对土地经营作物及劳动力的补偿，没有按照市场价格考虑土地的增值收益。农民失去了土地保障，得到的仅是数额很小的补偿

金，没有养老保险、失业保险、医疗保险及对子女教育的保障等，失去土地以后面临谋不到合适的职业，没有社会保障，走向贫困的境地。此外，土地被征用后，缺乏对被征用土地的用途、收益的监管，导致被征用土地用途的改变，利用率低，甚至违法者利用无人监管的缝隙获得土地的非法增值收益。由此，制度缺陷是收益不公平的根本原因，收益不公平又导致利益和行为的冲突。

三、利益分配不平衡的成因——行为失范

1. 开发商的投机行为及不公平竞争手段

1）欺上瞒下，虚报土地用途

有些开发商为了获得土地开发权，在征地过程中虚报土地用途，以基础设施或者公共用途先获得土地开发权，之后私下变更用途，用于低投入、高收益的违法开发，获得高额利润，这是在征地之后缺乏跟踪、监督、反馈的结果。有的开发商在获得土地的开发权后，资金运行出现问题，出现"烂尾工程"，造成土地资源的严重浪费。

2）开发商采用不正当手段贿赂政府官员，获得土地的开发权

在征地过程中，必然产生利益的重新分配，开发商对于寻租等前期投入的成本，必然会尽可能地在后期通过压低征地补偿费用、各种安置费，以及抬高房价来降低土地开发的成本，这必然再度损害农民的正当利益，或者通过抬高房价将成本转嫁给购买者、使用者。村集体也有可能会被开发商收买，参与其中，挤压农民的利益。

3）开发商之间的结盟与勾结

随着法律、规章、制度的日趋完善，越来越多的开发商需要通过正当的竞标程序获得土地，依靠自身实力和综合条件来获得土地开发权。在这种情况下，开发商之间容易形成利益联盟，在竞标时私下沟通、弄虚作假，将单个开发商与利益共同体绑定在一起，后果严重。

2. 农民认知偏差，谈判能力差

1）农民对征地具有认知偏差

很多农民认为国家征地、农用土地转为非农用地是由国家和政府决定的，只能照办。很少有农民能够行使自己的知情权、参与权，在充分了解土地用途、目的及补偿费用的基础上，及时申诉对补偿款不认同、有争议的内容。一方面，农民不够了解征地的程序、具体补偿款及补偿内容，以及补偿款以何种方式发放；另一方面，即使有的农民了解，仍没有积极地参与到征地补偿方案及利益分配方案的讨论中，对补偿有争议时也只是街头抱怨，没有依法积极地进行申诉，不清

楚利益分配结构，还有农民甚至得到一定数额的补偿款就已心满意足。

2）农民的谈判能力弱，维权意识薄弱，途径不当

由于自身知识、能力、经验等的约束，被征地农民对利益分配不满时，无法理智地做到很好地与地方政府或村集体进行谈判，更多是在街头巷尾进行议论，私下指责、抱怨，或者是与政府发生行为冲突。只有个别农民懂得维权，但维权也没有找到合理的途径，很多是聚集在政府门口，在开发时进行抵制，或者恐吓、辱骂政府官员，没有通过正当的法律渠道来解决问题。

3. 地方政府的行为失范

1）地方政府越位、缺位

首先，地方政府的管理职能出现偏差。在征地中，地方政府扮演着利益主体的角色，既有公共利益也有私利，干预了理应由市场调节的事情，而没有做好协调管理工作平衡各方的收益。其次，地方政府的宣传普及知识不到位。地方政府应该担负起向农民宣传征地的各种政策、征地的程序及征地的补偿方式等责任，让征地过程更透明、公开、公平，使农民充分了解城市扩张、城镇化的必要性，明确土地用途。最后，地方政府在征地完成后，没有充分调查土地的收益分配满意度。对很多反映分配不公的情况置之不理，对农民上访、冲突事件的处理也不尽如人意，没有尽到政府应尽的职能，进一步加深了农民和政府之间的矛盾。

2）政治上的急功近利行为

地方领导和政府部门把城市化、经济发展等作为政治硬任务，任务的完成与个人的地位、名誉、收入、晋升、出国等直接挂钩。政府行为人眼中的"政治责任和利益"实际上是获得上层授权部门和领导的认可，认为只有这种认可才是可靠和有效的，因此，为满足政治需求可以不尊重科学与实际，不顾及甚至欺骗舆论和公众，甚至不惜直接损害公众的利益。对于这种非理性行为产生的损失和失误其可以不必承担直接的政治和经济责任，而是让更高层的政治机构去负责，或者留给继承者、公众去承担。由此，地方政府以极小的成本和风险获得了最大的政治经济权益。由此可见，政府行为人的急功近利是我国目前缺乏有效权力约束机制的产物。政府行为人的政治偏好和急功近利行为将会随体制和制度继续存在。

3）经济至上主义行为

政府行为人奉行经济至上主义，谋取经济利益最大化。在现行土地制度缺陷下，土地资源及与其相联系的衍生投资品成为地方政府寻租的首选，地方政府通过修编城市规划或审批开发项目获得土地经营权、公共工程、基础设施投资，谋取经济利益。其不当的行为做法有：①低价征收农民和企业所使用的土地后通过国土资源局以土地经营方式进行批租或商业性拍卖，获得较高的级差地租，提高

政府的财政收入；②以城市基础建设的名义组建政府的基础设施投资开发公司，通过开发公司直接向社会和金融机构融资贷款；③政府与开发公司、房地产公司暗箱操纵、相互利用或勾结，共同分享城市化带来的土地增值高额利润。

第四节　城市增长管理过程中主体间的协同机制及行为调适

一、城市增长管理过程中的制度创新与制度协同

城市扩张过程中利益分配不均、行为主体间冲突的深层次原因是制度缺陷，急需进行制度创新与改革，让相互关联、相互配套、完善的制度发挥其激励、约束、协同作用。

1. 人—地—财挂钩的制度创新

围绕城镇化进程、城市扩张进行"人—地挂钩"和"人—财挂钩"的制度创新，2008 年人—地挂钩的思路在国家层面出台。2010 年国务院在《全国主体功能区规划》中明确提出，探索实行城乡之间、地区之间人—地挂钩的土地政策。2011 年，马凯在《实施主体功能区战略 科学开发我们的家园》一文中再次强调探索完善城乡之间、地区之间人—地挂钩的政策。2011 年 9 月《国务院关于支持河南省加快建设中原经济区的指导意见》将河南省作为人—地挂钩政策的试点。2012 年 6 月"国土资源部河南省人民政府共同推进土地管理制度改革促进中原经济区建设合作协议"进一步明确河南省探索开展人—地挂钩政策试点。2012 年 11 月国务院正式批复中原经济区规划，也明确要求河南稳妥推进人—地挂钩工作。

在制度创新内涵上，人—地挂钩立足于城乡统筹，通过农村土地综合整治促进城乡土地集约利用，将县域、市域、省域的人口发展规划、土地利用总体规划、城乡建设规划、区域经济社会发展规划与土地整治规划相结合，同步推进在人口、土地、经济社会城镇化过程中实现城镇建设用地扩大规模与吸纳农村人口进入城市定居规模相挂钩、城市化地区建设用地扩大规模与吸纳外来人口进入城市定居规模相挂钩、农村建设用地节约指标与有偿使用相挂钩、土地收益与农民利益相挂钩。其制度创新性在于，人—地挂钩考虑了人、地双重性，实现了单纯的用地指标管理向城镇化规模管理的转变，农村腾退的建设用地指标突破了县域、项目区内使用的局限，可以跨区域、省域使用，克服了城乡建设用地增减挂钩忽视人口城镇化与土地城镇化同步，以及将外部性滞留在农村的弊端。

在宏微观定位上，人—地挂钩关注微观、中观、宏观不同层次。微观层面的人—地挂钩指进入城市转化为市民的个体或农户需及时腾退转出地的建设用地指

标；中观层面的人—地挂钩指村庄整治、居民点建设中土地指标的腾退及人口流动；宏观层面的人—地挂钩指城乡一体化推进过程中管理模式和制度的创新。在要素流动上，人—地挂钩实现了人口要素与土地要素的一致与协调，人口迁移到哪里，其相应占用的建设用地指标就转移到哪里，同时相应减少人口迁出地地区的建设用地指标。在主体的权益保障上，人—地挂钩制度的对象是转移农民（农户）、跨区域流动的市民，其中跨区域流动市民的权益可以在市场机制调节下发挥作用，而转移农民权益的保障，则需要将土地收益与农民利益相挂钩，将土地指标转移的级差收益用于在城乡间均衡配置公共资源、公共服务。具体明确宅基地、耕地腾退过程中的现金补偿标准或城镇住房置换标准，同时注重解决转移农民的就业、社会保障、子女教育等问题。

人—财挂钩于 2013 年由十八届三中全会《决定》提出："建立财政转移支付同农业转移人口市民化挂钩机制。"人—财挂钩是保障、支撑人—地挂钩制度顺利实施的关键。人—地挂钩制度与人—财挂钩制度耦合，一方面不同区位的土地跨区域交易后的级差收益及额外获得的用地指标可变价为提供公共服务；另一方面通过设立农民市民化专项转移支付基金，根据各地区、各级城市完成农民市民化的数量，确定转移支付的金额，保障人—地挂钩的实现。

2. 配套制度的保障

1）社会保障制度的护航

与发达国家相比，我国城镇化过程起点低、速度快、规模大，更应该防止社会动荡，而维持社会稳定的关键之一是完善的社会保障体系。城乡居民间均等化、公平、可获得、全覆盖、可持续的社会保障体系是城乡一体化、人—地挂钩顺利推进的前提，能够解除当前农村转移人口对未来生活、工作不确定性的顾虑，促进"地随人走"等制度的顺利运行，同时也能够促进地区之间人—地挂钩的推进。

2）土地确权基础上的法制保障

明确的国家、集体、农户的土地产权界限和关系是人—地挂钩践行的前提。应将宅基地、农村集体建设用地使用权确认到农户和使用者，将农村集体土地所有权确认到农民集体和经济组织，使确权登记工作覆盖所有建设用地、农用地和未利用地，完成土地确权登记发证工作，形成匹配人—地挂钩制度的"主体明晰、权利准确、权能丰富、运转顺畅"的集体土地产权制度和土地管理体系。

3）非正式制度的作用及保障

人—地挂钩制度的运行是遵循市场化规律前提下的行政配置方式。地方政府是制度创新的主体，为避免行政命令推动下存在的潜在危机，应充分发挥非正式制度的作用。城乡之间的人—地挂钩应坚持"政府主导、农民自愿"的原则。充分发挥信息性、动员性政策的作用，信息性政策采用感性劝服、理性解析、相互认同等方式，通过信息性政策向公众传达土地整理、城乡一体化等的必要性和紧迫性，明确政策意图。通过家庭、社区等志愿组织的动员性政策建立转移农民和政府间的对话机制。组织农民中文化程度偏高、政策理解力好的先行示范者成立非正式互动组，通过日常的交流和沟通潜移默化地产生示范效应，引起追随效应。

二、城市增长管理过程中的角色应然与主体行为调适

城市扩张过程中的角色应然如表 8-5 所示。

表 8-5 城市扩张过程中的角色应然

角色	应然角色
政府	城市化政策的制定者和规划者 各方利益的维护者和协调者 市场的监管者 矛盾、冲突、纠纷的仲裁者 正常社会秩序的保障者与公众参与的促进者
开发商	城市建设的开发者 经济利益最大化的追求者 行为规范下的社会责任者
大众媒体	城市化政策的宣传者和表达者 征地拆迁、制度创新信息的传播者 政府与民众互动的媒介者 征地拆迁政策执行的监督者
非政府组织	政府、农民、市民之间的中介者 矛盾的沟通者和调解者
专家学者	城市化、城市规划理论的研究者 制度创新、政府决策的思想库

1. 政府角色预期

1）城市化政策的制定者和规划者

一方面，应该正确行使人民所赋予的权力，以正确的政绩观为指导，制定完善、相对合理公平的征地政策，进行土地制度、户籍制度的创新，完善社会保障等配套制度。在制定这些政策的过程中广泛了解、听取民意，力争能够体现大多数人的利益。另一方面，政府还应该对城市发展作合理规划。没有合理的规划，朝令夕改势必造成无序和资源浪费。政府作为资源的权威掌握者和信息最大化的拥有者，由其来负责、统筹制定城市规划，必然是成本最低而效率最高的。

2）各方利益的维护者和协调者

政府是公共利益的代表者，而利益相关者各方则以自己的私有利益与政府相颉颃。当政府为了维护公共利益的需要而要求以私权维护和服从公共利益时，就

必须按照人民利益原则对私权所有人给予相应的补偿。将自身变成公立性质的利益中性政府，避免对征地、城市扩张各环节的垄断。实现征地过程中利益分配的透明化，建立合理的收益分配机制，有效进行自我约束和监督。同时，政府应该维护相对弱势者的利益，把农民的利益放在首位，若开发商的利益分配不符合地方政府和农民的要求，可以寻找替代的开发商。

3）市场的监管者

市场不能自发地使所有规则都保证结果的公正性，政府应该是市场的监管者，严格执行相关法律政策，把握好自己手中的公共权力，防止那些征地拆迁政策过程中的非法牟利行为，保证资源和利益在整个社会中的相对公平分配。

4）冲突、矛盾、纠纷的仲裁者

政府应该是冲突、矛盾、纠纷的仲裁者，站在社会冲突各方立场上，以高于各方的姿态合理调节他们之间的利益冲突与矛盾。也就是说，政府天然应该是以各方利益的局外者的身份参与到利益博弈格局中来的。采取有效措施将问题解决在萌芽和初级阶段，防止矛盾的不断扩大和冲突的不断升级。

5）正常社会秩序的保障者与公众参与的促进者

积极主动地引导人们的参与活动，为人们的政治参与活动和政策制定贯彻行为创造出各种便利条件，从而保证人民的意见和要求能够有一个合法有效的渠道，并及时反映到政策制定者这里，从而使政策制定的民主化、科学化水平不断提升，使阳光执政的力度不断加大。改变当前政府作为强势群体代言人、谋取利润的经济人、土地管理者和所有者双重身份的三大错位。

2. 开发商角色及其行为规范

1）城市建设的开发者

土地开发商的基本职能是对土地资源进行最合乎经济效率的开发利用。通过相关运筹、论证和分析，规划建设质量硬的产品，提供建筑配套设施和服务，扮演优秀建设者、新观念的指引者和新生活的创造者等多重身份。避免政府直接经营管理城市的低效率和政府职能部门之间不协调、推诿或扯皮的现象。

2）经济利益最大化的追求者

作为市场经济中活跃的基本主体，开发商作为利益追求者，其追求资本增值的本性为社会经济活跃发展提供基本动力源泉。当然，由于其趋利性质，在制度、规则所不及的情况下，会产生为了自身利益而超越权限侵害他人合法权益的可能性。

3）行为规范下的社会责任者

首先，提高开发商的素质，加强开发商的行为自律。加强社会责任感的影响和教育，改变当前开发商只追求自身利益，不惜一切增加利润，损害农民利益的常态性观念和行为，加强其自身的自律。其次，加强对开发商的监督，引导开发商间的良性竞争；开发商的行为除受政府监督外，还应受社会各界的监督，形成农民、村集体、社会媒体、政府的多元监督体系，倡导良性竞争，营造公平的竞争环境。最后，要明确规定开发商应承担的责任。除承担土地征用补偿费用外，开发商还应担负更多的责任，诸如安居房的建设、失地农民的就业、子女教育等问题，以责任约束开发商的行为。

3. 农户的认知水平及行为调适

首先，要提高农民对城镇化进程、土地制度、征地程序的认知程度。农民对征地程序的认知能力差导致其对征地及补偿半知半解，利益无法得到保障。农民对城镇化进程、政府行为的认知偏差又导致其心理、行为抵制城市扩张及政府征地。农民应认识到自身的弱势，通过各种渠道充分了解土地农转非、农民市民化的政策、程序、注意事项，更好地维护自己的应得利益。其次，要提高农民的组织化程度。利益受损时农民个体的力量有限，但有共同利益的农民形成组织后，组织则可以与政府进行谈判，与开发商进行沟通、博弈，提高谈判能力和成功率。同时，还要建立农民自己的维权组织，农民自愿加入维权组织，内部规范管理，还要邀请有专业法律背景的人员加入，以专业的知识帮助农民出谋划策，进行维权，在与地方政府、开发商博弈过程中争取农民的应得利益。

4. 大众媒体的行为及作用

大众媒体除包括传统的广播、电视、报纸等传播方式外，还包括现代网络传播体系。现代社会中，大众媒体发挥着越来越重要的作用，被一些人称为除立法、行政、司法外的第四种权力，新闻记者也因为其权利的特殊性而被称为"无冕之王"。大众传媒是政治知识的传播者。通过经常性的、有意识的传播，诱发和指导人们的政治兴趣，提高人们的政治判断能力，是政治社会化的重要途径。通过媒介传播，实现政府与民众在相当程度上的互动，发挥沟通上下、民情上达的功能。一方面，政府通过媒体的报道了解民意，知道老百姓对政府政策的不满和要求，及时改善自己的政策体系，提升自己的服务质量。另一方面，群众通过媒体的作用合理表达自己的愿望，并在一定意义上通过媒体的力量向政府相关职能部门施加压力，迫使其在制定和执行政策时能够三思而后行。同时，大众媒体发挥监督政府行政行为和政治过程的作用，减少了各方之间的信息不对称，发挥社会监督作用，促进政府更加清明、亲民。

5. 非政府组织的角色

当下，我国的非政府组织（NGO）主要是指那些具有非政治性而又与政府关系较为密切、以推进某个群体的共同利益为直接目的的自愿性社团组织。城市化过程中的非政府组织可以把分散于民间的各种要求和意见集中起来，统一向政府相关部门或开发商等进行集中表达，建立合理的利益表达机制。非政府组织可以有效地将利益指向不同、想法行为殊异的人们有秩序地组织起来，并且代表他们同政府及时沟通，从而较快和较圆满地取得双方的让步和谅解，取得双方都能认可的行动方案。

6. 专家学者

在某一领域长期进行钻研和研究的专家学者，自然是这个领域最有知识的权威人物，对相关问题的把握、预测能够辅助政府做出更加科学、合理的决策。因此，在城市化、城市规划政策的出台和论证过程中，应该广泛听取专家的意见，邀请他们进行深入、细致的论证，促进城市化平稳、快速、顺利进行。

第九章 城市科学发展评价

由于城市太复杂了，所以你可以设计房子，但永远设计不了城市，而且也不应该去设计城市。城市是巨大的自然现象，超过了我们改变事物的能力，也超过了我们所能了解的关于应该如何去改变城市的知识。

——〔美〕凯文·林奇

国家发展战略的整体构想，既从经济增长、社会进步和环境安全的功利性目标出发，也从哲学观念更新和人类文明进步的理性化目标出发，几乎是全方位地涵盖了"自然、经济、社会"复杂系统的运行规则和"人口、资源、环境、发展"四位一体的辩证关系，并将此类规则与关系在不同时段或不同区域的差异表达，包含在整个时代演化的共性趋势之中。在科学发展观指导下的国家战略，必然具有十分坚实的理论基础和丰富的哲学内涵。面对实现其战略目标（或战略目标组）所规定的内容，各个国家或地区，都要根据自己的国情和具体条件，去规定实施战略目标的方案和规划，从而组成一个完善的战略体系，在理论上和实证上去寻求国家战略实施过程中的"满意解"。从科学发展观的本质出发，其体系具有三个最为明显的特征：第一，它必须能衡量一个国家或地区的"发展度"，发展度强调了生产力提高和社会进步的动力特征，即判别一个国家或地区是否在真正地发展、是否在健康地发展、是否在理性地发展，以及是不是在保证生活质量和生存空间的前提下不断地发展。第二，它能够衡量一个国家或地区的"协调度"，协调度强调了内在的效率和质量的概念，即强调合理地优化、调控财富的来源、财富的积聚、财富的分配及在财富满足全人类需求中的行为，即能否维持环境与发展之间的平衡、能否维持效率与公平之间的平衡、能否维持市场作用与政府调控之间的平衡、能否维持当代与后代之间在利益分配上的平衡。第三，它能够衡量一个国家或地区的"持续度"，即判断一个国家或地区在发展进程中的长期合理性。持续度更加注重从"时间维"上去把握发展度和协调度。建立的科学发展观的理论体系所表明的三大特征，即数量维（发展）、质量维（协调）、时间维（持续），从根本上表征了对发展的完满追求。科学发展观体现了新时期中国发展的客观要求，也得到了国际社会的广泛认同。2012 年年末中国城镇化率超过 50％达到 52.27％，中国开始进入城市主导的现代社会，城市成为中国实践科学发展观的主体。本章借鉴已有研究成果，一是对中国中小城市的科学发展评价进行介绍，二是对河南省的地级城市的科学发展进行分析。其中，关于中小城市科学发展的评价主要介绍中国中小城市科学发展评价体系研究课题组的《2012年度中国中小城市科学发展评价指标体系研究报告》中的主要内容。对河南省地级城市科学发展的研究，立足于河南省省情，以 18 个地市为研究对象，参照《中国城市统计年鉴 2008》提出的科学发展评价体系，对河南省各地市的科学发展指数进行比较分析。

第一节　中国中小城市科学发展评价研究

一、中小城市对象界定及其重要意义

我国中小城市数量众多，在城镇体系和现代化建设中居于重要的战略地位。截至 2011 年年底，中小城市及其直接影响和辐射的区域，行政区面积达 927 万平方千米，占国土面积的 96.57%；总人口达 10.16 亿人，占全国总人口的 75.4%。2011 年，中小城市及其直接影响和辐射的区域，经济总量达 26.51 万亿元，占全国经济总量的 56.22%；地方财政收入达 22 609.50 亿元，占全国地方财政收入的 43.12%。中小城市的科学发展水平，关系到城乡一体化进程，关系到全面建设小康社会的全局战略。要把科学发展观落到实处，只有理念和宣传远远不够，必须通过建立一套体现科学发展观要求的、具有可操作性的综合评价体系来涵盖和反映科学发展观的内涵和要求，以便中小城市在实践中有所遵循。

中小城市包括中等城市和小城市，依据上述标准，实际上就是市区常住人口在 100 万人以下的城市。需要注意的是，此处所指的中小城市，不仅包括常住人口在 100 万人以下的建制市市区，也包括未成为建制市的县及县级以上行政区划的中心城镇。

截至 2011 年年底，中国有建制市 657 个，其中地级以上的 284 个，县级建制市 369 个。在 284 个地级以上城市中，162 个城市属于中小城市，占比 56%。369 个县级建制市中，除了极个别发达城市的市区人口接近或略超过百万之外，多数建制市市区人口在数万至数十万之间。由于县级建制市市区人口缺乏统一、权威的统计数据，为便于分析和研究问题，可以将全部县级建制市归属为中小城市。

此外，全国有 48 个地级行政区划、1627 个县级行政区划（含县、自治县、旗、特区、林区）并非建制市，但这些地区、县的中心城镇，也已聚集了相当规模的人口，在基础设施、公共服务等方面与建制市的市区较为接近，中心城镇的居民享受着城市化的生活方式。因此，这些中心城镇，也可以归属于中小城市。

中小城市是推动国民经济发展的有生力量。在现代经济体系中，大城市、特大城市和超大城市凭借强大的行政控制能力、立体化的交通枢纽地位和更为完善的基础设施等环境条件，发挥着中枢调控作用。但是，中小城市的作用也举足轻重。中小城市往往作为配套基地和服务基地发挥作用，一个大城市，需要数个甚至数十个中小城市为之服务。近年来，众多中小城市抓住超大城市产业转移的机遇，因地制宜地加快发展，许多中小城市的发展速度已经超过全国平均水平，还涌现出了昆山市、双流县、邹平县、长沙县、海城市、肇东市、慈溪市、宁国市、迁安市等一批明星城市。

中小城市是城市与乡村联系的重要环节，是城乡统筹发展的战略支点。中小城市的发展水平和辐射带动能力，直接决定和制约着乡村的发展能力和发展速度。中小城市发展得好，工业反哺农业、城市反哺乡村的方针才能得到贯彻，各项支农、惠农政策才能落到实处。一个发达的中小城市，能提供更多的就业增收机会，周边地区还可以通过原料供应、配套服务等方式分享其发展红利，它往往能带动一大片农村区域的发展。从这个意义上说，要统筹城乡发展，就必须重视中小城市的发展，并在增强中小城市实力的基础上，通过交通、通信等基础设施建设和社会保障、医疗等公共服务均等化，提高城乡融合程度，推动一体化发展。

中小城市是展示城市文明、防范现代城市病、建设和谐城市的最佳实践区。城市是现代物质文明和精神文明的重要载体，城市文明往往是一个国家或地区发展水平的表征。充足而又多样化的物质世界、便捷舒适的生活、多元文化的交融汇合，构成了一幅绚丽多彩的城市画卷。但大城市、特大城市的存在和膨胀，却不断挑战着城市规划者和建设者智慧的极限，基础设施的供给往往滞后于城市人口的快速增长，往往容易引发一系列矛盾，出现环境污染、交通拥堵、治安恶化等一系列问题。与此相对应，中小城市可以为居民提供相对较为丰富的物质供给和较为完善的基础设施，中小城市的居民也可以感受便捷舒适、丰富多彩的物质和文化生活。同时，由于城市规模相对较小，中小城市发展过程中的社会问题和环境问题往往相对简单，用现代城市规划和城市管理的技术、方法可以较为从容地应对。从这个意义上说，中小城市是建设现代化和谐城市的最佳实践区。

中小城市是城市化的主要战场。改革开放 30 多年来，中国城市化进程明显加速，几乎是世界城市化同期进程速度的 2 倍，但是，与世界发达国家相比，中国的城市化程度总体上仍然比较落后。2000～2011 年，我国城镇化率由 36.2%提高至 51.3%。其中，中小城市及其直接影响和辐射的区域的城市化率远低于全国平均水平，仅为 33.9%。曾经中国社会科学院城市发展与环境研究所的有关专家预测，"十二五"期间，我国将进入城镇化与城市发展双重转型阶段，预计城镇化率年均提高 0.8～1 个百分点，到 2015 年达到 55%，到 2030 年将达到

65％左右。但由于户籍、社会保障、就业、入学等一系列现实制约的存在，城市化质量较低，城市化的进一步加速发展受到严重制约。与大城市相比，中小城市的人口压力相对较小，在户籍制度改革、公共服务提供等方面可以做到游刃有余。未来 20 年内，中小城市将成为提升城市化质量、推动城市化加速进行的主要战场。

二、中小城市数据搜集范围及评价体系构建

本书的评价对象界定为中小城市，同时考虑到中国特殊的经济政治体制和行政区划，为方便数据搜集将评价对象的范围作如下调整：一是考虑到现行中国统计体系基本上是以行政区划为基本统计单元，缺乏真正意义上的城市统计，所以在研究过程中，将评价对象在中小城市的基础上扩展至以该城市为核心的行政区域；二是考虑行政级别对城市发展产生重要影响，不同级别的城市、行政区划不具可比性，本书的评价对象剔除了地级以上城市及未成为建制市的地级行政区划；三是考虑到部分县级行政区划，尽管已经调整为市辖区，但由于远离中心城区，在经济社会发展中仍然相对独立，所以本书将远离中心城市的市辖区也纳入评价范围，对市辖区的综合实力进行评价。关于如何判断哪些市辖区远离市中心，本书采取的甄别方法为：市辖区内含有乡镇时，视为相对独立发展的市辖区。同时，本书在对市辖区进行评价时，剔除了北京、上海、天津、重庆四大直辖市的市辖区。综上所述，本书的评价对象界定为：县级市、县及空间相对独立的市辖区。样本来源：本书以国家统计局公布的县（市）500 强和各省发展态势较好的部分县（市）作为发放基本情况调查问卷的范围，以回收问卷的县（市）作为评价样本。数据来源：2012 年各省（自治区、直辖市）统计年鉴；2011 年各县（市、区）统计资料、统计公报；各县（市、区）统计部门提供的其他数据。

依据科学发展观的要求，本书构建了中小城市科学发展指数。中小城市的科学发展指数，就是反映中小城市贯彻和落实科学发展观水平的总体指数。它包括单个城市的科学发展指数和中小城市的总体科学发展指数两个方面。城市科学发展水平，包括在经济、社会、民生、环境、基础设施、科技、文教等各个领域的综合发展状况和发展能力。本书力图从科学发展观的内涵出发，依据"全面、协调、可持续"的要求，重新审视中小城市的发展状态。经济发展水平和发展能力是决定城市发展水平的首要因素，但随着经济实力的增强，社会、环境等其他因素的权重上升，也应当在城市发展水平评价中占有越来越重要的地位。一个城市的发展水平如何，不但要看它的总量规模有多大，更重要的是，要看人民群众是否分享了经济发展的成果，要看人民群众的生活水平和精神状态在多大程度上得

到了改善和提高，以及为此支付了哪些成本。以人为本，对城市政府而言，就是以绝大多数人的近期现实利益和长远根本利益为出发点和落脚点。评价一届政府的"政绩"，不仅体现在 GDP 的总量有多大、增速有多快，更体现在经济、社会、环境各方面能否协调发展，人民群众是否能得到实惠，人民群众是否"满意"。

本书构建的评价指标体系立足于践行科学发展观，从经济发展、社会进步、环境友好和政府效率四个方面进行评价（表 9-1）。第一，经济发展指标。科学发展观仍然强调以经济建设为中心，经济发展是其他各项事业的物质基础。本部分包含经济发展水平指数和经济发展质量指数。经济发展水平指数主要反映地方经济发展水平和发展速度的快慢，用人均 GDP、人均 GDP 增速、人均财政预算收入三个指标来衡量。经济发展质量指数主要反映经济发展所付出的代价大小，用万元 GDP 能耗、万元 GDP 水耗、亿元 GDP 生产安全事故死亡人数三个指标来衡量。第二，社会进步指标。科学发展观要求在推动经济加快发展的同时，更加注重社会发展。本部分包含人文发展指数和居民生活水平指数。人文发展指数是衡量社会进步的长期指针，居民生活水平指数则是当前社会发展状态的反映。人文发展指数主要反映人们的生活质量及人口素质状况，用婴儿死亡率、人均预期寿命、劳动人口平均受教育年限、每百万人口拥有公共文化体育设施面积四个指标来衡量。居民生活水平指数从就业水平、收入水平、支出结构三个方面来衡量。"就业乃民生之本"，可以用城镇登记失业率、城镇常住人口就业率两个指标来衡量。收入水平包括绝对水平和相对水平，可以用城镇居民人均可支配收入、农村居民人均纯收入、农村居民人均纯收入与城镇居民人均可支配收入之比、居民人均收入指数与居民人均 GDP 指数之比等指标来衡量。支出结构，反映人们的消费能力和消费水平，用恩格尔系数来衡量。第三，环境友好指标。科学发展观要求在经济发展和社会进步的同时，关注发展所付出的环境代价。本部分包含环境质量指数和环境驱动指数。环境质量指数反映环境质量的好坏，可以用森林覆盖率、城镇人均公共绿地面积、城市环境空气质量优良率、建成区环境噪声达标区覆盖率、集中式饮用水源水质达标率、水环境功能区水质达标率等指标来衡量。环境驱动指数反映环境质量变化的驱动因素，可以用生活污水排放达标率、生活垃圾无害化处理率、工业"三废"排放达标率、环保投入占 GDP 比重等指标来衡量。第四，政府效率指标。在关注城市发展状态的同时，本书认为，还应当对政府效率进行考察。城市运行效率及公众对城市运行效率的满意度，不但关系到城市形象和城市竞争力，也关系到城市的长远发展。本部分包含政府行为规范化指数和行政审批效率指数。政府行为规范化指数反映政府行为的规范化程度，可以用非税收收入占财政收入的比重等指标来衡量；行政审批效率指数衡量政府的办事效率，可以用审批事项的数量、审批性备案事项在全部备案事项中所占比重等指标来衡量。

表 9-1　中小城市科学发展评价指标体系

一级指标	二级指标
经济发展指标	经济发展水平指数
	经济发展质量指数
社会进步指标	人文发展指数
	居民生活水平指数
环境友好指标	环境质量指数
	环境驱动指数
政府效率指标	政府行为规范化指数
	行政审批效率指数

三、中小城市科学发展评价方法和结果

在评价中小城市科学发展的过程中，至少面临以下几方面的问题。一是指标体系的建立和数据获取的困难。科学发展水平的评价涉及客观性指标和主观性指标。客观性指标面临的问题是，市（县）级统计指标体系设置滞后、连续性较差，可用指标和数据与满足理论研究需要有很大差距；主观性指标面临的问题则是调查难度大、评判标准不一、可比性差。二是不存在社会公认的"大小""高低"的评价标准。即使在指标体系建立后，科学发展的评价仍然是困难的。这主要是因为，人们很难就"大小""高低"的标准达成一致。三是外生变量的影响程度难以把握。中小城市的节约程度、投资潜力、科学发展水平的评价与国别潜力、实力评价的一个重大区别就在于，由于宏观因素对城市的影响，以及城市之间、城市和区域之间的高度融合和交互影响，部分在国别评价中颇为重要的指标在城市评价中会成为外生变量（城市自身不可控因素），如体制因素、政策性因素等。为解决上述问题，本书采取了以下方法。一是用客观指标表征和引导主观评价。本书力图利用客观数据，通过数量化的方法得出结论。二是在比较中得出结论。本书的所有指标都采用相对数值和平均数值进行衡量，所有结论都在对比的基础上得出。"大小""高低"的主观标准虽然不易达成共识，但在同类城市的对比分析中总有"高""矮"之分。这一方法不但解决了"大小""高低"标准难以主观判定问题，也将外生变量的影响"熨平"了不少。考虑到指标体系涉及的具体指标较多，本书采取德尔菲法赋予权重。建立中小城市科学发展指数，如下。

单个城市的科学发展指数计算公式为：$S_i = \sum \lambda_i \lambda_{ij} q_{ij}$

中小城市总体科学发展指数为：$S = \dfrac{\sum_{si}}{n}$

式中，S 为中小城市总体科学发展指数（简称中小城市科学发展指数），S_i 为单个城市的科学发展指数，λ_i、λ_{ij} 分别为因子和指标的权重，q_{ij} 为该城市单项指标上的实际得分。

从分区域情况看，东部地区仍然表现最好。东部地区的中小城市科学发展指数达到了 74.8，领先于东北地区、中部地区和西部地区（分别为 64.3、66.9、63.2）。值得注意的是，中部地区的科学发展水平指数提高最快（提高了 1.8 个百分点），东部地区的科学发展水平指数提高较慢（仅提高了 0.9 个百分点）。在综合实力百强县（市）［科学发展百强县（市）］（表 9-2）中，东部地区占据了 59 席，中部、西部和东北分别占 16 席、13 席和 12 席。一方面，江苏和浙江两省在这份名单中的表现最为抢眼，江苏省在百强中占据 20 席，浙江省占据 13 席。这表明，江苏和浙江在县域经济发展方面走在了全国前列。另一方面，中小城市综合实力百强县（市）［科学发展百强县（市）］分布较广，江苏、浙江、广东、山东、安徽、河南、广西、四川、新疆、内蒙古等 20 个省（自治区、直辖市）均有县（市）入选。江苏省昆山市连续八年稳居中国中小城市综合实力百强县（科学发展百强县）第一名。湖南省长沙县、四川省双流县、辽宁省海城市继续稳居中部地区第一名、西部地区第一名和东北地区第一名。

表 9-2　2012 年度中国中小城市科学发展百强县（市）

排序	城市	排序	城市	排序	城市	排序	城市	排序	城市
1	江苏昆山市	21	浙江诸暨市	41	黑龙江肇东市	61	新疆库尔勒市	81	浙江平阳县
2	江苏江阴市	22	河北迁安市	42	山东招远市	62	内蒙古托尔托县	82	安徽当涂县
3	江苏张家港市	23	福建石狮市	43	黑龙江绥芬河市	63	辽宁开原市	83	山东茌平县
4	江苏常熟市	24	浙江乐青市	44	浙江德清县	64	江苏大丰市	84	新疆库车县
5	江苏吴江市	25	浙江富阳市	45	山东新泰市	65	河南荥阳市	85	江西广丰县
6	浙江绍兴市	26	江苏福中市	46	浙江长兴县	66	吉林前郭县	86	内蒙古霍林格勒市
7	江苏太仓市	27	江苏丹阳市	47	辽宁庄河市	67	江苏邳州市	87	陕西吴起县
8	浙江慈溪市	28	浙江瑞安市	48	河南义马市	68	辽宁东港市	88	山西襄垣县
9	江苏宜兴市	29	山东寿光市	49	山东肥城市	69	江苏兴化市	89	安徽肥东县
10	福建晋江市	30	浙江海宁市	50	江苏如皋县	70	吉林延安市	90	江苏赣榆县
11	浙江义乌市	31	浙江玉环县	51	河南新郑市	71	山东蓬莱市	91	云南安宁县
12	浙江余姚市	32	山东滕州市	52	辽宁大石桥市	72	山西高平市	92	山东昌邑市
13	湖南长沙县	33	山东章丘市	53	河北任丘市	73	广东高要市	93	山东桓台县
14	辽宁海城市	34	福建福清市	54	四川郫县	74	江苏高邮市	94	江苏沛县
15	山东龙口市	35	江苏海安市	55	黑龙江双城市	75	山西府谷县	95	山东青州市
16	四川双流县	36	山东莱西市	56	福建龙海市	76	福建安溪县	96	山西灵石县
17	内蒙古准格尔旗	37	福建南安市	57	山西孝义市	77	江西南昌市	97	广西平果县
18	山东荣成市	38	福建惠安县	58	河南禹州市	78	安徽宁国市	98	湖南醴陵市
19	广东增城市	39	辽宁瓦房店市	59	江苏姜堰市	79	江苏仪征市	99	宁夏灵武市
20	山东邹平县	40	山东莱州市	60	黑龙江安达市	80	安徽肥西县	100	青海格尔木市

第二节　河南城市科学发展评价实证研究

一、城市评价体系理论研究

1. 城市竞争力弓弦模型

我国研究城市竞争力的著名学者倪鹏飞在其弓弦模型中认为，城市竞争力主要是指城市在竞争发展过程中与其他城市相比所具有的多快好省地创造财富和价值收益的能力。从不同维度选取综合市场占有率、综合长期经济增长率、综合地均 GDP、综合居民人均收入水平四个关键性指标作为衡量城市竞争力的标准。同时，城市竞争力的复杂子系统以其表现方式的不同可概括为硬竞争力系统和软竞争力系统两类。

城市竞争力（UC）＝F（硬竞争力、软竞争力）；硬竞争力（HC）＝人才竞争力＋资本竞争力＋科技竞争力＋环境竞争力＋区位竞争力＋基础设施竞争力＋结构竞争力；软竞争力（SC）＝文化竞争力＋制度竞争力＋政府管理竞争力＋企业管理竞争力＋开放竞争力。

城市竞争力系统各要素之间、系统各要素与整个系统之间不仅相互作用，还存在正向反馈的倍增效应或负向反馈的饱和效应。硬要素可比作弓，软要素比作弦，城市产业比作箭，它们相互作用，形成城市竞争力，这些分力虽然作用不等，但缺一不可，它们的数量、质量状况及组合直接影响城市竞争力状况，影响城市价值收益的形成。

2. 城市竞争力科学发展模型

城市竞争力科学发展模型是将科学发展从概念和理论逐步推向实践过程的有效手段。科学发展的目标是多元的，有经济、社会、生态和人口目标，有增长与结构优化目标，有公平与效率目标，还有协调与可持续性的目标。

城市竞争力科学发展模型作为新时期考察城市竞争力的标准模型，更注重环境保护、可持续发展，几乎是全方位地涵盖了"自然、经济、社会"复杂系统的运行规则和"人口、资源、环境、发展"四位一体的辩证关系，并将此类规则与关系包括在发展之中。科学发展模型衡量了一个国家或地区的"发展度"，发展度强调了生产力提高和社会进步的动力特征，即判断一个国家或地区是不是真正地发展、是不是健康地发展、是不是理性地发展，以及是否在保证生活质量和生存空间的前提下不断地发展；衡量一个国家或地区的"协调度"，协调度强调了内在的效率和质量的概念，即强调合理地优化、调控财富的来源、财富的积聚、财富的分配及在财富满足全人类需求中的行为；衡量一个国家或地区的"持续度"，即判断一个国家或地区在发展进程中的长期合理性，持续度更加注重从"时间维"上去把握发展度和协调度。

二、城市科学发展评价指标体系

1. 指标体系选取原则

1）全面性与重点性相结合

城市科学发展是一个涉及社会、经济、政治、文化等多个方面的系统，是一个动态的整体过程。对于城市科学发展评价不仅要考察其综合发展水平，还要从科学发展观和构建和谐社会的角度考察其发展的全面性和可持续性。

全面性原则要求指标体系应该从不同的角度反映评价系统的主要特征和状况，城市科学评价体系应涵盖经济、民主、社会、科教、文化、人民生活等各主要领域。同时，注重突出重点性，譬如，为了体现科学发展观中的发展是第一要义，凸显经济发展、能力建设，并注重全面协调可持续性。

2）可操作性与科学性相结合

可操作性原则要求考虑数据的可获得性，即确定的指标应能在统计资料中查到或者通过有关资料间接计算得到，并且这些指标可以量化，便于分析、计算和预测。科学性原则要求指标选取建立在科学的系统理论基础之上，以理论为指导，以研究目标为导向，结合研究对象的特点设计指标体系。对于全部所选指标要通过一系列检验，以保证指标设置和计算方法的正确性，使指标体系更加科学合理。同时，科学性要求指标应该建立在科学的基础上，客观真实地反映目标与指标之间的相互关系，力求信息尽量少地重复和遗漏。尽可能使用现有统计体系下的统计资料，对概念明确、代表性强、可靠度高、可获得性大的指标将优先选择。由于受政策和一些其他经济活动的影响，有些指标的统计口径在不同城市之间不统一或时有变化，因此，选取近几年内统计部门稳定使用的一些指标。同时，为便于比较尽量选用相对指标。本书数据的主要来源为《河南统计年鉴2009》《河南统计年鉴2008》，城市数据以市域（含县）为主。

3）权威性与实践性相结合

本书严格按照《中国城市统计年鉴2008》提出的"我国城市科学发展评价体系研究"中的指标体系来进行相关核算，不带有任何个人观点，并且相关权重也依照该体系进行严格对应。但是指标体系中存在一些与统计年鉴中不对应的指标和定性指标，我们酌情对此相关指标进行了适度的调整和替代。

2. 指标体系构建

借鉴国内外研究经验，依据《中国城市统计年鉴2008》提出的"我国城市科学发展评价体系研究"中的指标体系及科学发展评价体系所必须满足的目标要求，修正性地构建了反映经济、社会、人口、资源、环境协调、可持续发展和趋势的指标体系。共分为以下四个层次。

第一层次（目标层）：科学发展指数。

第二层次（准则层）：在第一层次下垂直分为发展水平指数、协调度指数、可持续指数。

第三层次（领域层）：在第二层次下按平行式再分类。发展水平指数分为经济发展、社会进步、环境优化三个领域；协调度指数分为经济与社会、经济与环境、经济与资源、社会与环境、社会与资源，以及区域差距和群体差距七个方面；可持续指数分为资源支撑力、科技支撑力、经济支撑力和基础设施支撑力四个方面。

第四层次（指标层）：本层次由能够直接被测量的具体指标组成。每个领域的具体指标按照前述基本原则，采用综合法选取，共49个指标。

在经济发展领域，选取反映经济规模的指标"GDP总量"；选取反映经济结构的指标"第二产业增加值占GDP比重"和"第三产业增加值占GDP比重"；选取反映发展速度的指标"GDP增速"；选取反映经济效益的指标"人均GDP"、"地均GDP"和"规模以上工业企业利税总额"；选取反映经济外向度的指标"人均实际利用外资额"和"进出口总额占GDP比重"。

在社会进步领域，选取反映人口及素质的指标"人口密度"、"人口自然增长率"和"每万人拥有普通高校学生数"；选取反映生活质量的指标"人均可支配收入"、"城镇居民家庭恩格尔系数"和"人均居住面积"；选取反映社会保障和社会稳定的指标"每万人拥有病床数"、"人均图书册数"、"基本医疗保险参保比例"、"基本养老保险参保比例"、"失业率"、"每十万人火灾事故发生数"和"火灾事故损失折款"。

在环境优化领域，选取的指标有："城市市区人均公园绿地面积""建成区绿地覆盖率""污水处理率""生活垃圾清运量"。

协调度采用不同领域之间核心指标的发展速度比率来表述。经济与社会的协调度用"人均GDP增长/人均可支配收入增长"比值和"人均GDP增长/人口自然增长"比值来反映。经济与环境的协调度用"GDP增长/废水排放量增长"比值反映。经济与资源的协调度用"GDP增长/用水量增长"比值反映。社会与环境的协调度用"人均可支配收入增长/污水处理率增长"比值反映。社会与资源协调度用"人均可支配收入增长/用水量增长"比值反映。区域协调度用"城乡经济发展之比"比值反映。群体协调度用"城市居民收入基尼系数"反映。

在资源支撑力领域，选取的指标有"单位GDP能耗"、"单位GDP电耗"、"年均用水增长率"和"燃气普及率"。

在科技支撑力领域，选取的指标有"从事科技活动人员的比例"、"申请专利数量"和"科技支出占财政支出的比重"。

在经济支撑力领域，选取指标有"人均财政收入"和"人均固定资产投资"。

在基础设施支撑力领域，选取指标有"人均城市道路面积"、"人均货运量"、"每万人用于公共汽车数量"、"每万人电话用户数"、"每万人互联网用户数"和"排水管道密度"。

3. 指标体系评价方法

本书采取比较法来评价城市科学发展进程，在无明确的量化目标情况下，以发展价值理念为尺度，将不同城市的发展情况进行比较，评估优劣性，计算综合发展指数，来评价城市总体发展情况。

在城市发展过程中，各指标要素的相互作用不同，进行城市科学发展比较评价时要区别对待，用权重表示各指标的不同重要性。本书采用层次分析法原理，构造判断矩阵，计算指标权重。每个指标的重要性主要取决于该指标的综合性、敏感性、独立性和可信度。

对每层中各指标因素的相对重要性给出判断，这些判断通过数值表示并写成判断矩阵。对于判断矩阵按行采用几何平均法计算权重，然后对该权重进行归一处理，作为每一个指标的权重。在每个领域和子领域，各指标的权数分配采取简单平均法，如表9-3所示。

表9-3　城市科学发展评价体系

一级指标	二级指标	三级指标	四级指标	权重
科学发展指数	发展水平指数	经济发展	GDP 总量	0.041
			第二产业增加值占 GDP 比重	0.020
			第三产业增加值占 GDP 比重	0.020
			GDP 增速	0.041
			人均 GDP	0.026
			地均 GDP	0.026
			规模以上工业企业利税总额	0.026
			人均实际利用外资额	0.019
			进出口总额占 GDP 比重	0.019
		社会进步	人口密度	0.019
			人口自然增长率	0.019
			每万人拥有普通高校学生数	0.022
			人均可支配收入	0.036
			城镇居民家庭恩格尔系数	0.036
			人均居住面积	0.024
			每万人拥有病床数	0.012
			人均图书册数	0.012
			基本医疗保险参保比例	0.012
			基本养老保险参保比例	0.012

续表

一级指标	二级指标	三级指标	四级指标	权重
科学发展指数	发展水平指数	社会进步	失业率	0.012
			每十万人火灾事故发生数	0.012
			火灾事故损失折款	0.012
		环境优化	城市市区人均公园绿地面积	0.030
			建成区绿地覆盖率	0.030
			污水处理率	0.030
			生活垃圾清运量	0.030
	协调度指数	经济与社会	人均GDP增长/人均可支配收入增长	0.030
			人均GDP增长/人口自然增长	0.030
		经济与环境	GDP增长/废水排放量增长	0.030
		经济与资源	GDP增长/用水量增长	0.030
		社会与环境	人均可支配收入增长/污水处理率增长	0.020
		社会与资源	人均可支配收入增长/用水量增长	0.020
		区域协调度	城乡经济发展之比	0.020
		群体协调度	城市居民收入基尼系数	0.020
	可持续性指数	资源支撑力	单位GDP能耗	0.010
			单位GDP电耗	0.010
			年均用水增长率	0.010
			燃气普及率	0.010
		科技支撑力	从事科技活动人员比例	0.013
			申请专利数量	0.013
			科技支出占财政支出的比重	0.014
		经济支撑力	人均财政收入	0.04
			人均固定资产投资	0.04
		基础设施支撑力	人均城市道路面积	0.007
			人均货运量	0.007
			每万人乘坐公共汽车数量	0.006
			每万人电话用户数	0.007
			每万人互联网用户数	0.006
			排水管道密度	0.007

4. 指标体系数据处理

1）指标口径及价值取向确定

在上述构造的城市科学发展评价体系中共设定了 49 个指标，为了保证评价结果的客观公正性，所有指标口径概念均与国家统计局制定的基本统计制度一致。按照评价的指导思想和评价原则要求，将所有指标分为三类：一是正指标，这类指标的数值与评价结果呈正比，即指标数据越大，评价结果越好，如 GDP 总量、人均 GDP、人均可支配收入等；二是逆指标，这类指标的数值与评价结果呈反比，即指标数据越大，评价结果越差，如恩格尔系数、单位 GDP 能耗等；三是适度指标，这类指标的数据太大或太小可能都不好，只有与目标值接近，其评价结果才越好，如城乡经济发展之比等。

2）指标价值取向调整和无量纲化处理

对逆指标的正向化处理方法为：$\beta_i = \max(\alpha_i) - \alpha_i$。比如，各市城镇居民恩格尔系数为 34.8%、35.7%、35.2%、34.4%、32.3%、32.8%、33.8%、32.8%、35.1%、31.4%、33.7%、32.4%、34.3%、37.2%、41.8%、37.6%、34.8%、26.9%，进行逆指标正向化处理，用最大值 41.8%依次减去各地市的指标数值。

对适度指标的处理方法如下。首先计算其与目标值的距离：$\gamma_i = |M - \alpha_i|$，然后再进行正向化处理：$\beta_i = \max(\gamma_i) - \gamma_i$。例如，城乡经济发展之比的目标值为 2.8，用 2.8 减去各地市的指标值后取绝对值，再用最大值依次减去各项数值。

所有正指标无须处理：$\beta_i = \alpha_i$。

对所有经过标准化处理的指标再进行标准化处理：$f_i = (\beta_i - \bar{\beta})/\sigma$。由于 β_i 有大于和小于 $\bar{\beta}$ 的指标数值，所以用此种方法进行无量纲化处理 f_i 会出现正负两种类型的标准化数值。

式中，i 为城市序列号，α_i、β_i 分别为 i 城市某一指标的原始数值、进行价值取向后的正向化指标值，f_i 为标准化后的指标值，M 为目标值，$\bar{\beta}$ 为正向化后的指标均值，σ 为正向化后的指标标准差。

3）缺失数据弥补

本书数据严格遵照《河南统计年鉴 2009》与《河南统计年鉴 2008》选取，与中国城市统计年鉴的某些指标体系有偏差，在尽量遵照原来指标体系的前提下做出某些改动。例如，将原指标体系中的"工业企业百元资金提供利税"变更为"规模以上工业企业利税总额"等。对于某些指标体系无法查阅变更的，如各市城市居民收入基尼系数，则统一沿用中国社会科学院 2006 年的数据 0.496 等。对于由于种种原因个别城市缺失某些评价指标数据，将采用历史数据乘以发展速度予以估计，或者用其他近似口径的统计数据来估算。

5. 指标体系计算

城市科学发展指数是个相对数，就是每个城市在所有评价指标上相对于总体平均水平的差异程度的加权平均。这个抽象概念一般所取范围为（-5，5），0 表示平均水平，正值表示高于平均水平的程度，负值表示小于平均水平的程度。分值越大，表明科学发展进程越好。每个城市的科学发展指数不仅取决于该城市的自身发展程度，同时还依赖于其他城市的相对发展情况。即使一个城市的发展绝对量是增长的，如果速度低于其他城市，它在科学发展比较中仍然可能处于比较落后的位置。科学发展指数反映了一个城市在某特定城市群关于科学发展进程的相对快慢程度。

科学发展总指数 $E = (\sum f_j w_j)/(\sum w_j)$，其中，$E$ 表示城市科学发展总指数值，j 表示评价指标的序号，f_j 表示第 j 指标的标准正向值，w_j 表示第 j 指标的权重。

对于河南省 18 个地市数据进行科学发展总指数计算，见表 9-4。

表 9-4　河南省 18 个地市科学发展总指数

城市	科学发展总指数
郑州	1.15
开封	−0.29
洛阳	0.34
平顶山	0.12
安阳	0.16
鹤壁	0.07
新乡	0.16
焦作	0.19
濮阳	−0.30
许昌	−0.20
漯河	−0.01
三门峡	0.31
南阳	−0.18
商丘	−0.48
信阳	−0.39
周口	−0.44
驻马店	−0.35
济源	0.49

三、河南省科学发展指数结果综合分析

1. 全省城市科学发展指数不平衡

由河南省 18 个地市的科学发展指数可以看出，全省城市科学发展呈现出较大的不平衡性，大致可以分为三大类型。科学发展最高的为郑州（1.15），位于第一层次；位于第二层次的分别为济源（0.49）、洛阳（0.34）、三门峡（0.31）、焦作（0.19）、新乡（0.16）、安阳（0.16）、平顶山（0.12）、鹤壁（0.07）；其余地市位于第三层次，漯河（−0.01）、南阳（−0.18）、许昌（−0.20）、开封（−0.29）、濮阳（−0.30）、驻马店（−0.35）、信阳（−0.39）、周口（−0.44）、商丘（−0.48）。中原城市群诸城市整体表现突出，黄淮四市差距比较明显（图 9-1）。

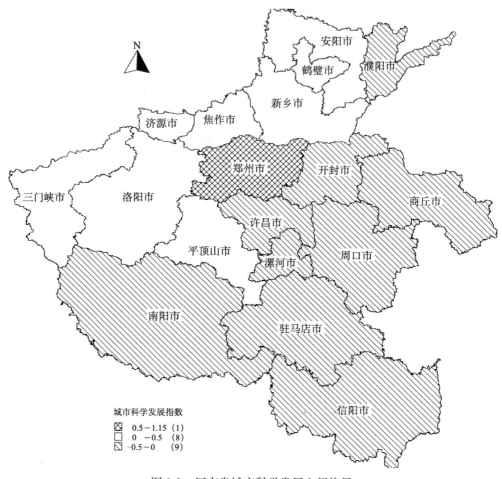

图 9-1　河南省城市科学发展空间格局

2. 中原城市群龙头地位提升明显

对于河南省 18 个地市的科学发展水平来说,郑州市科学发展指数最高,达到 1.15。郑州作为河南省的省会城市,全省政治、经济和文化中心,近年来在经济生产方面形成了汽车、煤电铝、装备制造、食品、纺织服装、电子信息六大优势产业,拥有宇通、日产、三全、思念等一批大型企业集团,销售收入超亿元企业 759 家,超百亿元企业 6 家,2008 年 GDP 为 3003.99 亿元,超出第二名洛阳(1919.64)1000 多亿元;在环境保护方面,作为国家绿化模范城市,污水处理率达到 95.8%;在科技支撑方面,申请专利数量为 2112 件,远远超过全省其他地市。但是郑州的经济增长还主要靠第二产业拉动(55.24%),第三产业增加值占 GDP 的比重仅为 41.6%,郑州仍处于重工业化阶段。从社会体系来说,城镇家庭食品支出占家庭总支出的 34.8％，居民的生活虽然已然从单纯的物质食品中脱离，但是食品支出比例仍然相对较大。郑州市每万人拥有高校学生数 860 名，虽然较其他地市领先，但是相对于北京、上海等科技型城市来说，仍然有很大差距，高校少、人才培养能力不足，需要引进大量人才。

3. 科学审视发展指数

科学发展指数也仅是从某几个方面综合反映了一个城市的发展情况，一个城市即使绝对量增长，但是相对于其他城市发展速度较弱的话，也可能处于靠后的位置。这并不是一个靠总量指标进行评价的指标体系，而是综合考虑了人均、地均、发展速度等一系列因素。同样，仅仅根据这个指标体系并不能确定某个城市发展的好坏，只能说从综合方面来说该城市发展较为优秀。以洛阳市为例，其综合发展指数位于第二位，但其 GDP 不仅比郑州低 1000 多亿元，人均和地均差别更大，如 2008 年郑州市地均 GDP 4034.367 元/千米^2，而洛阳则只有 1262.921 元/千米^2；某些指标的人均数值更是相对比较落后，如洛阳市燃气普及率仅为 35.6％，而其他地市有的为 80％～90％。这些都降低了洛阳的科学发展综合指数。

科学发展评价指标体系强调一种"健康状态"下的经济增长，既不同于限制财富积累的"零增长"，也反对不顾一切条件提倡过分增长，要求各地市在相应的发展阶段内，以"财富"扩大的方式和经济规模增长的度量，去满足人们在自控、自律等理性约束下的需求。各地市除了要在结构上不断合理与优化外，新增财富在资源消耗和能源消耗上要越来越低，如 2008 年平顶山市单位 GDP 能耗为 2.01 吨标准煤/万元，郑州市单位 GDP 能耗为 1.19 吨标准煤/万元；新增财富在对生态环境的干预强度上要越来越小，如 2008 年郑州市 GDP 增长/用水量增长达到 1210 元/吨；在知识的含量上和非物质化方面应越来越高；在总体效益的获取上应越来越好。

第十章 城市增长管理信息系统

城市必须不再像墨迹、油渍那样蔓延，一旦发展，他们要像花儿那样呈星状开放，在金色的光芒间交替着绿叶。

——格迪斯
《进化中的城市——城市规划与城市研究导论》

随着城市化进程的快速发展，城市扩张危机问题日益严重，如城市人口增长迅速，导致"城市病"的大量出现；城市土地利用不合理，土地利用率低下；城市规划不合理，内部结构功能混乱；农业用地、生态用地被占用，生态安全问题突出等。

城市增长管理信息系统主要包括城市土地管理信息系统、城市交通管理信息系统、城市管网管理信息系统、城市绿地管理信息系统、城市环境管理信息系统、城市房产管理信息系统、城市产业管理信息系统和城市人口管理信息系统八大部分，每个部分又由若干子系统组成，具体技术框架结构如图 10-1 所示。

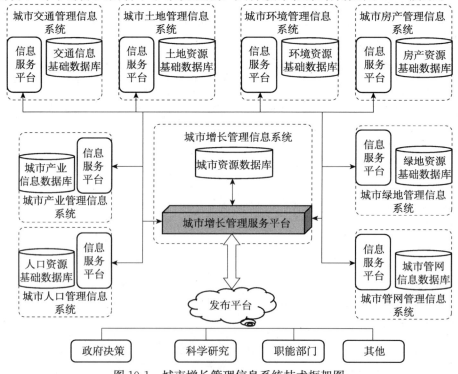

图 10-1　城市增长管理信息系统技术框架图

第一节　城市土地管理信息系统

一、增长管理在城市土地管理中的作用

（1）当前城市土地管理中所要解决的主要问题正是增长管理的作用范畴，城市增长管理在土地管理中的引入与应用是非常必要的。

（2）将城市增长管理应用于土地管理中是切实可行的。目前，城市增长管理的一些理念已经开始在土地规划管理中使用，相关的规划法规也开始关注城市增长管理，有些法规在编制过程中也开始考虑增长管理的要求，但是目前对于增长管理在土地管理系统中的应用研究还有所欠缺。比如，规划实践中已应用空间管制理念划定保护分区和发展管制区等，但需要对分区标准、量化控制指标种类等作进一步细化研究。将增长管理应用到土地管理中是必不可少的。

二、城市土地管理信息系统的体系结构和功能

城市土地管理信息系统是城市增长管理信息系统的一个组成部分，它主要实现的是地籍管理和用地管理，其中地籍管理是基础，用地管理是主线。其主要实现的功能是地籍的变更登记和用地管理审批等。城市土地管理信息系统主要是应用 GIS 等集成技术建立一种集土地管理特性、土地操作业务于一身并与行政办公系统紧密结合的土地管理办公自动化系统，通过该系统的信息服务平台与城市增长管理服务平台相连接，通过发布平台为相关部门提供土地资源利用、土地开发规划、土地管理体系建立等决策依据，最终实现土地管理的数字化、自动化与网络化。

1. 系统体系结构

城市土地管理信息系统是建立在统一的数据资源基础之上的，按照系统在土地资源领域所要实现的服务，可以将系统体系结构分成四个层次，如图 10-2 所示，分别为：数据层、技术层、服务层和门户层。

1）数据层

该层次主要采用大型关系数据库系统来实现对所有系统数据的管理。系统数据库在逻辑上分成两部分：空间数据库和属性数据库。空间数据库主要存储地理空间数据，从而实现一些行政区域数据的无缝拼接，属性数据库主要存储属性和管理数据。两个数据库之间通过地理定位编码进行关联，从而完成空间数据与属性数据的联合查找等功能。

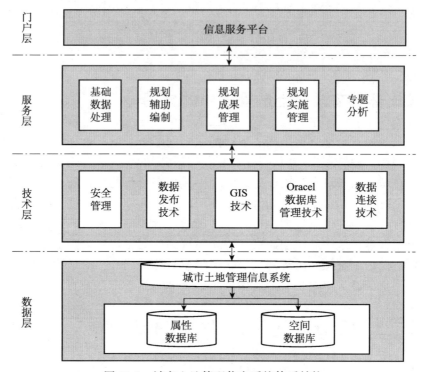

图 10-2　城市土地管理信息系统体系结构

2）技术层

在数据层的基础上，以支撑系统的建立和运行为目标，按照在线网络和离线服务两种不同模式的要求，建立必需的技术支撑功能，包括安全管理、数据发布技术、GIS 技术、Oracel 数据库管理技术和数据连接技术。

3）服务层

根据城市土地管理信息系统所要提供的服务，主要按在线提供的服务来划分服务层，将其分为基础数据处理、规划辅助编制、规划成果管理、规划实施管理和专题分析等。一方面，各模块在功能上相互独立；另一方面，各模块又通过界面集成、数据共享、功能调用而紧密相连。

4）门户层

门户层主要是指城市土地管理信息系统提供的一站式门户技术，通过信息服务平台与城市增长管理信息系统中的城市增长管理服务平台相连接，从而实现一站式服务。

2. 系统功能模块

根据城市土地管理信息系统中对土地管理业务的要求，本系统共分为 5 个子系统，基本上包括了土地管理的主要业务操作流程，同时提供专门的综合维护子系统，对系统配置管理及大量数据进行分层维护和更新。

1）地籍管理子系统

该子系统的内容主要包含地籍管理过程中涉及的表格的管理、编辑、查询等，涵盖初始土地登记、变更土地登记、历史查询等功能。该子系统又包括图形管理、统计分析、信息查询、数据输出、日常维护等功能模块。

2）土地利用管理子系统

土地利用管理子系统主要面向市县国土资源管理部门的土地规划管理业务，以土地利用现状数据和土地利用规划数据为基础数据，以国土资源部相关的技术规程和政策要求为依据，以GIS为基础平台，以计算机网络为传输载体，使用可视化技术，实现对土地利用规划成果的管理、更新和应用，并利用信息系统实现国土资源局的规划业务办公自动化，提高土地管理的效率和质量，充分利用GIS技术和计算机技术来减轻土地管理的劳动强度，实现土地资源管理的信息化、规范化和高效化。

该子系统包含两个业务模块：土地利用规划管理和土地利用现状管理。其结构和系统功能实现如图10-3所示。

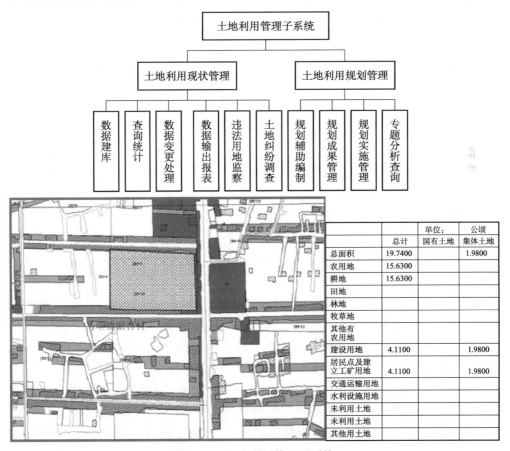

图10-3　土地利用管理子系统

3）土地利用动态监管子系统

该子系统主要包括三个部分：数据在线分析展示、执法监管业务管理和移动执法。其中，数据在线分析展示主要负责将国土资源基础数据库中的数据发布并进行一系列的在线查询、分析和数据挖掘。执法监管业务管理主要负责管理整个执法监管业务，提供执法监管业务的监控、汇总和分析。而移动执法主要协助土地巡查员实地完成各种违法用地的监管工作。

4）建设用地子系统

建设用地子系统是在办公自动化的前提下，集成 GIS、网络通信及数据库管理系统等技术，以建设用地数据库、土地利用现状数据库、土地利用规划数据库等为基础，以建设用地审批业务为核心，主要实现建设用地审批的智能化、自动化与网络化。

5）综合维护子系统

综合维护子系统是针对土地管理系统建立的系统维护子系统，主要完成日常数据的维护工作，包括数据建库、数据上传下载、数据备份等功能。

第二节　城市交通管理信息系统

城市的快速发展，使"城市病"这个名词变得流行起来，人们把各种在城市快速发展中出现的综合性问题，统一归纳为"城市病"。城市交通问题就是"城市病"的一种，也是世界各国在城市快速发展中最令人头痛的"城市病"之一。

一、城市交通管理信息系统概述

城市交通信息管理，包括车管业务，违章、事故信息管理，交通装备、勤务管理，报文、办公自动化管理等。

GIS 是集计算机科学、测绘学、地理学、空间科学、统计学、管理学等为一体的新兴科学，它是将地理环境的各种要素，包括它们的空间位置形状及分布特征和与之有关的社会、经济等专题信息，以及这些信息之间的联系等进行获取、组织、存储、检索、分析，并在管理、规划与决策中应用。

因此，城市交通管理信息系统是在 GIS 技术的支持下，通过建立交通基础信息库和预测模型库，以科学宏观管理为主线，以城市交通网的地理位置为坐标，以解决城市交通问题为重点，进而实现城市交通管理的数字化和智能化。

二、城市交通管理信息系统的主要内容

城市交通管理信息系统针对交通管理部门内部、政府决策部门和不同公众群体，采用不同的数据发布技术，如图 10-4 所示。

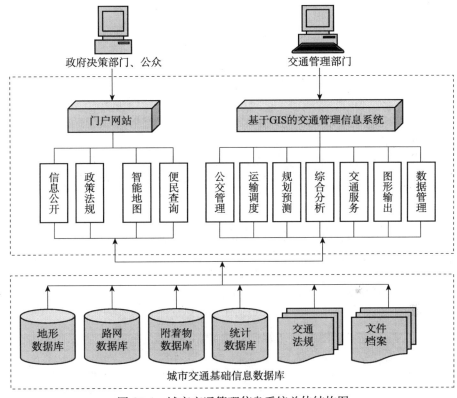

图 10-4　城市交通管理信息系统总体结构图

城市交通基础信息数据库包括大量的各种各样的交通基础数据信息，这些信息包括图形信息（如地形图、已有规划图、航摄照片、各种道路设计图等）、统计信息（如人口信息、资源信息、就业信息等）、道路及地面附着物（如房屋、各种管线、特殊地物等），以及文本信息（如政府文件、规划文件等）等。利用 GIS 建立城市交通中的地形、路网、附着物、统计信息、交通法规、文件档案六大基础数据库，可以将各种信息载体连接起来，大大提高工作效率。

三、城市交通管理信息系统的主要功能

针对城市交通管理中出现的问题，我们可以运用 GIS 建立专题交通管理信息

系统，为政府决策部门和交通管理部门提供服务。

1. 公交管理

城市公交管理是城市交通管理中的一项重要内容，城市公交管理的主要内容包括公交线路规划与管理、公交站点查询、公交覆盖率计算、公交专题图制作等。

1）公交覆盖率计算

利用 GIS 软件的图形化工具，可以快捷、有效地完成多边形面积计算及求和工作，快速实现所选择对象的求和与求交计算，从而得出公交覆盖率。

2）出行预测

在交通规划中可以通过对居民出行需求量的调查和分析，掌握居民的步行、自行车和公交车的出行需求量，可以进行居民未来出行需求及其空间分布情况的预测分析，从而为政府决策部门掌握居民出行的变化态势提供帮助。

3）公交查询

公交查询主要包括地点查询、最优路径查询和公交线路查询。

2. 交通服务

城市交通管理信息系统主要是为交通管理部门服务，在实际生活中，交通实时数据情况对于城市交通的管理尤为重要。城市交通管理信息系统可以查询各种道路交通信息，如道路路口、主要建筑物、公共基础设施、公交线路和站点等，同时还可以显示任意路段、特定点的交通拥挤状况，以及交通事故影响等信息。系统还能够修改道路的一些信息，可以进行道路信息标注，从而保持道路实时数据的更新（图 10-5）。

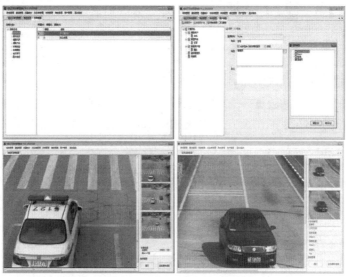

图 10-5　城市交通实时监控界面

图 10-5（续）

3. 综合分析

　　系统可以对不同图层的数据进行叠加显示和分析，将各个图层按照点、线、面等矢量数据的格式进行组织，可以实现图形的放大、缩小、编辑、查询和漫游等功能。同时，利用 GIS 中的缓冲区分析、图层叠加分析、最优路径分析等功能，对城市交通进行交通流量分析与预测、交通事故分析与预测、警力调度等，实现对城市交通情况的综合分析（图 10-6）。

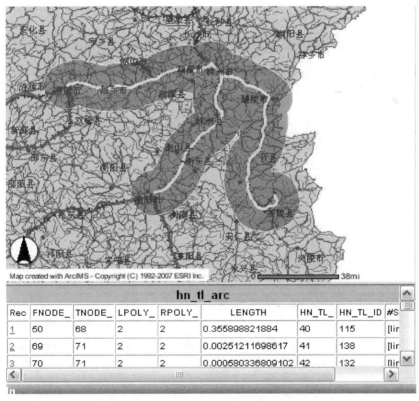

图 10-6　缓冲区分析

4. 图形输出

城市交通管理信息系统可以提供各式各样的专题统计图，通过系统分析将交通数据制作成柱状图、饼状图、散点图、线图等，形象直观地反映城市交通要素随时间的变化规律，为城市交通预测、政府决策管理等提供科学的依据。

第三节　城市管网管理信息系统

地下管线是城市基础设施的重要组成部分，它是城市的血脉，承担者着传递城市信息和输送相关能量的工作，是城市能够快速发展、赖以生存的基础，我们可以称之为"城市的生命线"。在科技高度发展的今天，城市规划管理逐渐从过去的人海战术、手工操作进入到城市规划管理信息系统的研究、探索、建设和发展阶段。因此，建立城市地下管网管理信息系统是十分必要的，它可以供这些管线所服务的对象城市规划部门、城市建设主管部门、城市勘测单位、城市建设档案馆等方便使用（马民涛等，2005）。

一、城市增长管理中对城市管网的要求

城市的快速发展，使得对城市基础设施的要求越来越高。地下管线是城市基础设施的一部分，也是城市测绘的一部分。由于一些原因，城市的地下管线资料并没有集中在测绘部门，而是分散在各类管线的管理部门，这就造成了数据查询的困难。同时，由于管线管理部门并不是测绘专业部门，它们只注重自己关心和管理的管线部分，而不注意精度，从而使制作的管线图往往不规范、数据的共享性差，致使一旦城市管线的某些部分出现问题，不能及时发现并维修，给人们的生活带来了不便。

二、系统总体框架

1. 总体框架

整个城市管网管理信息系统主要包括供水管网、排水管网、燃气管网、电力管网、电信管网和供热管网等，针对这些管网主要实现底图库管理、输入编辑、查询统计、数据分析和输出转换等功能，具体框架结构如图10-7所示。

2. 系统的数据组织

针对城市管网中常用的数据类型，我们可以总结为电子地图数据、元数据及管线数据。

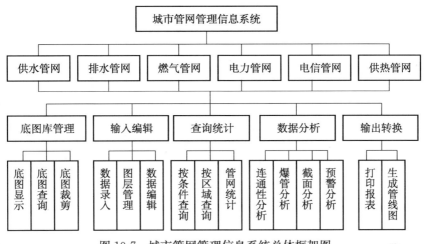

图 10-7　城市管网管理信息系统总体框架图

三、城市管网管理信息系统的功能

城市管网管理信息系统针对城市快速发展中城市管网的要求，主要实现底图库管理、输入编辑、查询统计、数据分析和输出转换等功能。

1. 底图库管理

从城市管网的数据结构中可以看出，地图数据（包括地形图和管线图）占有很大一部分，对于这些图形资料，我们称之为底图。系统统一进行底图管理，通过底图库实现对底图的显示、裁剪和查询。

2. 输入编辑

底图数据输入到系统后，通过输入编辑能迅速直观地构造整个管网网络，并建立与网络元素相关的属性数据库。同时，一些外业采集的数据录入系统后，与管点管线属性表对比，经过合理校验后可以直接导入到数据库中。对于入库的数据，主要进行图层管理和数据编辑。

3. 查询统计

通过查询工具的查询方法（按管线查询、按区域查询、按设备种类查询、按条件查询、模糊查询）可快速对目前的管网信息进行全面了解和详细分析，从而能指导管理人员进行高效而正确的查询和分析。

4. 数据分析

城市管网管理信息系统的数据分析功能很强大，能够针对城市管网中出现的问题，第一时间发现问题。数据分析功能主要包括连通性分析、爆管分析、截面分析和预警分析。

第四节　城市绿地管理信息系统

在城市快速发展过程中，对城市生态的建设越来越重视，"生态城市""低碳城市"成为越来越多的城市追求的目标。21世纪世界各个国家、各个城市都将趋近于同一个目标，即城市绿地系统将使城市物流、能流、信息流变得更为通畅和自由，它与城市各组成部分之间的关系将变得更加紧密，城市绿地系统的生态化水平将越来越高。

一、3S 技术在城市绿化管理中的应用

依靠先进的空间信息技术对城市园林绿地进行数字化管理，对于城市绿地的合理规划与管理具有重要意义。GIS、遥感（RS）和全球定位系统（GPS）技术是目前广泛应用的空间信息技术，RS、GPS的发展为城市园林绿地的系统研究提供了良好的信息源，GIS的发展则为绿地系统管理与分析提供了技术平台。

通过 RS、GPS 技术，可以获取卫星影像数据，并通过专业软件对数据实现几何纠正，得到正确的空间坐标信息。通过影像可以提取出相应的绿地信息，利用 GIS 软件可以对空间数据进行分析统计，并制作相关的专题影像图。绿地信息的提取、解译在 GIS 软件中编辑完成，绿地信息提取后，经过数据处理，如计算统计面积、感兴趣区域缓冲区半径覆盖统计等，可以得到绿地信息的一些相关数据（图 10-8）。

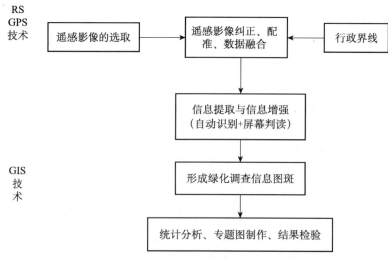

图 10-8　3S 技术在城市绿地管理信息系统中的应用

二、城市绿地管理信息系统的功能设计

城市绿地管理信息系统在城市绿地的规划、管理与综合利用中可以把整个城市作为一个有机整体进行综合分析，主要包括三个方面：①将 GIS 技术引入到绿地管理信息系统中，增强管理的科学性和合理性；②建立绿地管理数据库，实现信息资源共享，提高科学管理的水平；③通过系统中的查询、检索等功能，及时、高效地为科研和行政管理提供可靠的科学依据，使各项管理工作更加科学化、规范化和标准化（申艳光和张胜，2005）。

城市绿地管理信息系统主要由 6 个功能模块构成，它们是：数据输入模块、数据操纵模块、统计分析模块、专题图模块、数据输出模块、系统管理模块（图 10-9）。

图 10-9　城市绿地管理信息系统功能模块图

1. 系统管理模块

系统管理模块主要对该系统的使用人员进行管理，该模块将使用人员分为会员用户和一般用户两大类，并为这两类用户提供了不同的使用权限，通过对用户使用级别的限定来增强管理系统的安全性。

2. 数据输入模块

数据输入模块主要包括数据文件（空间数据、属性数据）的导入和对现有数据的修改等。

（1）空间数据的输入。通过人机交互式矢量化采集模式可以将原始的纸质数据、遥感数据转换成 GIS 能够识别的矢量数据格式，通过数据导入直接转化成 GIS 能够编辑的数据格式。

（2）属性数据的输入。通过外业调查的所需属性数据用数据库管理软件（比

如 Access 软件）来管理，包括绿地的名称、所在地、所属类型、面积（长度）、植物类型、数量等相关数据。

（3）地图数据与属性数据的关联。

3. 数据操纵模块

该功能提供了 GIS 所具备的基本数据操纵功能。通过该模块可以实现对空间数据的浏览、平移、查询等命令。地图数据的存储采用"逐渐深入"的原则，将各层数据进行很好的排序，将一些直观的、易于用户理解的数据放在最上层最先显示，这样用户一登录系统首先看到的是全局性的数据，随着用户不断放大操作，数据资源随着比例尺的不断放大也不断详细起来，一些属性信息也不断显现。同时，为了方便使用，系统还增加了鹰眼功能，通过该功能用户可以随时利用鹰眼了解到自己在全图中所处的位置（图 10-10）。

（a）数据放大前

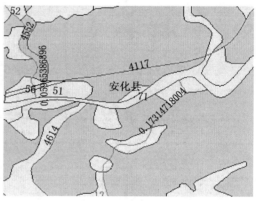
（b）数据放大后

图 10-10　数据操纵模块

4. 统计分析模块

该模块用来统计用户所需要的绿地数据，包括行政区总体状况统计和单位对比统计等。

5. 专题图模块

专题地图是将数据直观、具体表现和分析的一种强有力的方式。用户通过使用专题地图将数据图形化，使数据以更加直观的形式在地图上显现出来。当使用专题渲染在地图上显示数据时，可以清楚地看出在数据记录中难以发现的规律和趋势，为用户的决策支持提供分析依据。在城市绿地管理信息系统中可以使用专题图模块来建立使用者感兴趣的专题图，从而直观地反映绿地信息状况。

6. 数据输出模块

数据输出模块主要用来输出和打印用户需要的专题图、空间数据和属性数据等信息，可以输出指定地物类型的专题分析图。

第五节　城市环境管理信息系统

一、城市环境管理信息系统的定义

城市环境管理从城市环境资源的调查、评价，到城市环境规划、环境资源及生态环境保护等，涉及自然地理地貌、土地利用、交通、经济、社会、生态等多个层面的信息，信息量、数据量巨大，从而给环境管理人员管理和利用数据带来了许多困难。如何合理利用和分析这些数据，从而为城市环境管理人员提供科学、有效的决策成为我们关注的关键问题。

二、城市环境管理信息系统的构成

城市环境管理信息系统的构成如图 10-11 所示。

三、城市环境管理信息系统的主要功能

1. 环境信息管理与查询

科学、合理地管理环境信息是进行城市环境管理和开发的必要条件，通过 GIS 软件开发的城市环境管理信息系统，可以在环境信息数据库中实现对环境信息的编辑、查询、分析、显示、更新，比如，利用空间的拓扑关系可以查询与显示城市主要污染物的地理起始位置，评估其对周边环境产生的影响，为环境决策提供支持。同时，利用 GIS 软件的三维模拟技术，可以在三维图中实现对城市环境状况的漫游，环境管理部门可以通过该系统了解环境规划与现状情况，实时掌握环境开发进度和实际情况。

2. 环境专题制图

在 GIS 中，图形数据库（如行政区划图、道路交通图、用地现状图、河网分布图、污染源分布图等）是分层存储的，它不仅可以为用户输出全要素图，还可以根据用户需要选择分层或叠加输出各种专题图。比如，可以将城市噪声污染源分布图、道路交通图和地形图叠加，从而提供一幅详细的城市噪声污染分布图；对城市同一地区的多个不同的环境影响因素及其特性进行特征叠加，从而建立专题地图。该地图不仅显示（包括放大、缩小、漫游、查询等）原有地理位置的数据地图，还能分析出该区域环境、质量等诸因素的变化趋势和变化条件。

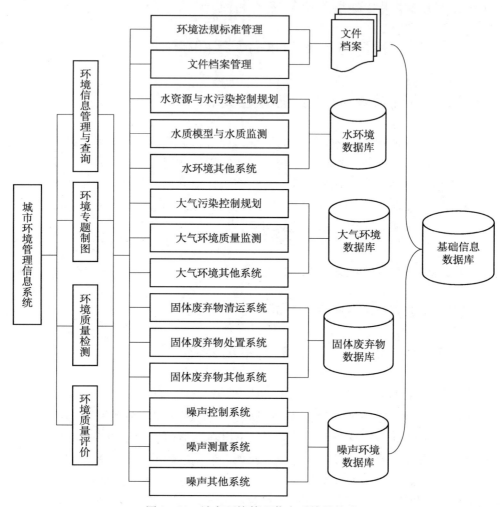

图 10-11　城市环境管理信息系统的构成

3. 环境质量监测

　　系统能够提供直观方便的监测站点管理功能，如以电子地图显示站点位置及相对关系、以站点平面布置图显示设备位置、以站点列表显示站点一览等，并能对站点的基本信息（如地理位置、站点名称、管理人员等）进行维护。同时，系统能够提供完备而方便的通信管理功能，当平台和站点之间的通信方式需要更改、切换，或者通信发生故障时，能够以尽可能快的速度进行调整或者恢复到正常状态，将损失降到最低限度。

　　同时，系统能够将实时监控的数据展现出来，以便于政府决策部门和相关部门使用（图 10-12）。

图 10-12　实时监测数据显示界面

4. 环境质量评价

环境质量评价功能，主要是对污染源和环境质量进行现状评价，指出环境污染的程度、主要污染物质和污染时段等，同时通过对污染物扩散的预测分析污染物发展的趋势及对环境的影响状况等。

本系统按国家环境保护标准划分的大气污染等级，在数字地图上划分大气污染等级区域，通过采集的数据，动态地以专题图的形式显示各区域的各类污染指标（蒋大和，1996）。对于各种空气污染源可建立污染预测模型，在给定污染浓度、风力、风向等参数的情况下，按不同等级的污染指标在数字地图上显示其所覆盖的区域，进一步给出受不同等级污染的单位和居民建筑（图 10-13）。

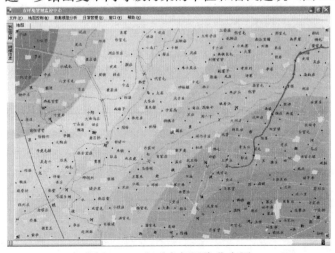

图 10-13　实时大气污染分布图

第六节 城市房产管理信息系统

房产信息管理作为房产行政管理部门的主要工作,传统的作业方式和管理手段已经不能满足房产管理的需要,如何科学、高效地做好房产管理工作,是城市发展过程中需要考虑的问题。我们必须借助先进的技术手段,通过建立房产管理信息系统,实现房产管理的科学化、规范化和自动化。

一、房产管理信息系统的总体结构

城市房产管理部门的主要任务是对房产产权、产籍进行管理,其业务主要包括产权管理、商品房预售等,在其业务办理过程中涉及海量的空间数据和属性数据,同时在业务的流转过程中,还要实现空间数据和属性数据的一体化管理。

1. 系统的平台结构

整个系统采用平台化的设计思想,主要包括三个平台层次的设计:功能平台、业务平台和基础平台。通过对三个平台的统一管理,能够实现各个功能模块、业务系统的高效协作;同时三个平台又相对独立,这样各个业务系统的自身特点又能得到保留,有良好的可扩展性,以应对未来的功能需求(图10-14)。

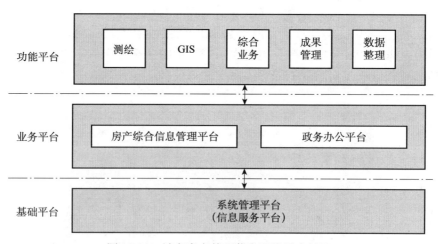

图10-14 城市房产管理信息系统平台结构

(1)第一个层次:基础平台。

(2)第二个层次:业务平台。

(3)第三个层次:功能平台。该平台主要针对房产管理中的具体事务实现功能,按照功能可以分为测绘业务系统、综合业务系统、GIS业务系统、成果管理系统和基础数据整理系统。

2. 系统的数据结构

城市房产管理信息系统的数据种类较多、范围较广。系统的数据可以分为两种基本类型，一类是空间数据，另一类为属性数据。房产地理数据主要是由房产测绘系统提供的 CAD 数据，包括平面资料、分层分户资料及它们各自的属性数据，主要有平面分幅图、分层分户图等（蒋海琴等，2003；郭贵海，2004；黄佩蓓等，2002）。

二、城市房产管理信息系统的功能平台

1. 房产测绘业务子系统

进行房产测绘是建立房产地理信息系统的前提，它主要由基础测绘、项目测绘组成。

房产测绘业务子系统由基础测绘系统、项目测绘系统、房产测绘管理系统三部分组成。它主要包括：各类房屋的野外数据采集、基本图形处理、房产测绘面积计算、分层分户图及各类面积表格的输出等功能。

2. 房产综合业务子系统

房产综合业务系统主要由市场管理系统、权属交易登记系统、收费管理系统、新建商品房预销售系统等子系统组成。市场管理系统的主要职能部门是市场中心，主要提供对开发企业信息、开发项目信息、商品房预售合同的签订情况等的管理，主要包括开发企业的维护和审核、预销售合同模版审核、签约金管理和经纪机构管理四个主要功能。权属交易登记系统的主要职能部门是产权与市场管理中心，提供对房产产权、抵押、限制、许可证等权属登记的管理。收费管理系统主要实现计费、收费、费用统计管理等功能。新建商品房预销售系统的实现主要依靠开发企业的销售人员，开发企业的销售人员通过在网上和买主进行网上签约，将楼盘的预销售情况开放给广大市民供其查看选购，避免暗箱操作，从而实现商品房预销售的公开、公平、公正（图10-15）。

3. 房产 GIS 业务子系统

房产 GIS 业务子系统提供基础的房产地理数据管理功能，同时提供房产地理数据查询、分析和统计功能。主要功能包括：房产基础地形数据的更新、管理、维护；房产专题数据的更新、管理、维护；房产基础图形数据、专题数据的下载、上传等；房产专题数据、房产基础图形数据的浏览；房产图形与属性交互查询，以及各种专题信息的房产制图等。

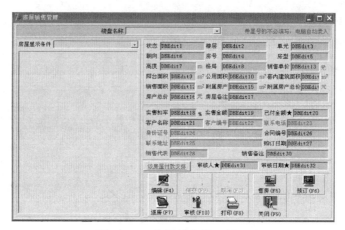

图 10-15   房屋销售管理界面

4. 成果管理子系统

　　成果管理子系统是房产管理信息系统的重要组成部分，是该系统面向测绘管理系统的接口，其主要任务是负责图形和部分属性的维护和变更。该子系统主要实现：测量项目的事务管理，控制测量项目的进展情况登记；完成测量项目数据的提取、登记、审核、图形数据更新、项目归档整个过程。

第七节　城市人口管理信息系统

　　人口信息是国家的基础信息之一，我国是一个人口众多的国家，如何科学有效地管理和利用统计数据是一项十分重要的工作。

一、人口管理信息系统的意义

　　城市人口管理信息系统是实现人口信息管理与统计、人口空间分布特征分析、资源管理和城市规划及社会资源优化配置的信息系统。人口空间统计管理系统是为管理服务的，其主要目的是在现有的人口信息管理体系的基础上，利用计算机和GIS技术，实现对人口信息的采集、存储、管理、综合分析。人口管理信息系统的建立，对于人口信息的有效管理、资源优化配置、统一规划有着十分重要的意义。

二、城市人口管理信息系统的总体设计

　　由于人口数据格式多样、结构不统一，所以应该针对人口数据的特点建立专门的数据库结构。

1. 数据库组成

城市人口管理信息系统的基础数据可以分为两个层面：人口数据及空间数据。具体数据库组成详见图 10-16。

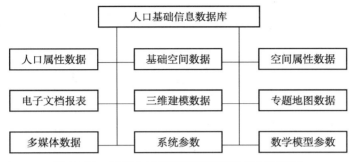

图 10-16　城市人口管理信息系统的数据库组成

2. 功能结构

根据人口管理信息系统的需求分析，系统主要实现的功能有人口信息查询、人口预测、人口信息分析、地图符号化和信息更新与维护等。

1）人口信息查询

系统提供的人口信息查询功能，主要包括空间数据库中的信息查询和人口数据库中的信息查询两种方式。空间数据库中的信息查询主要是指地图属性查询，即查询空间数据库中保存的属性和各个图层属性表中的信息。人口数据库中的信息查询主要是在人口数据库中完成的，主要包括按时间查询、按地名查询和定位查询（图 10-17、图 10-18）。

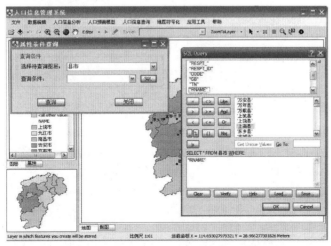

图 10-17　地图属性查询

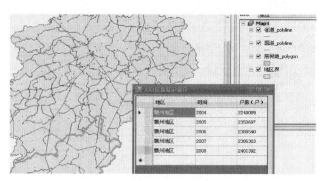

图 10-18　人口信息查询中的定位查询

2）人口预测

人口预测对区域发展战略的研究有重要的指导意义，特别是在市场预测、城市规划、环境保护、资源利用规划等方面有重要的参考价值。利用 GIS 中的预测模型，可以对未来人口的发展方向、发展速度进行预测，从而为计划生育部门、政府决策部门提供决策支持。

3）人口信息分析

系统通过统计分析等功能将人口数据的变化规律进行量化，准确地展示了人口区域分布差异的现状和内在规律，并预测人口指标的发展趋势和目标。系统提供的统计分析功能主要包括人口重心迁移分析、人口集中指数分析、相关分析、空间自相关分析等（图 10-19）。

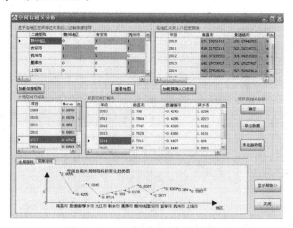

图 10-19　空间自相关分析界面

4）人口专题制图

人口专题制图是系统的主要功能模块之一，制作地图不仅仅是绘图过程，更是将人口数据在空间上再次展现的过程。经过制作专题地图，我们可以发现一些数据规律，这是进行数据再次挖掘的一个非常重要的方式。根据用户的选择，可以制作专题图，如用户可以选择所需的人口字段，将数据动态地添加到图层上，然后选择专题图的类型，制作并输出专题图（图 10-20）。

图 10-20 人口信息专题图界面

第八节 智慧城市建设

城市增长管理信息系统的建立已经初步满足城市数字化管理的要求，各类信息平台的开发和运行为集成更高级别的实时信息资源采集、处理、监测、调度、发布等流程奠定了基础，这必将带来城市公共资源在大范围共享，积极推动城市物流、人流、信息流、资金流的高效运行，在提升城市运行效率和公共服务水平的同时，进一步推动城市的发展转型和升级。

智慧城市的提出，是新一轮信息技术变革和知识经济发展的产物，是工业化、城市化、智能化与信息化的高度融合，实现了城市的互联互通、充分整合和协同运作。

智慧城市展现给我们的是一个政府运营管理更加高效、城市产业发展更加高端、市民生活品质更加优良的发展蓝图。并且，通过智慧城市的建设，我们可以进一步挖掘、整合和重新配置城市的资源，努力实现信息化、智慧化与经济化的深度融合。

一、智慧城市的总体构架和原动力

智慧城市的建设可以分为公共管理层、社会生产层、社会生活层、城市设施层和资源环境层五个层次，主要包括智慧政务建设、智慧产业建设、智慧民生建设、智慧基础设施建设和智慧环境建设，旨在提升人们的生计发展能力和生存载体品质。其具体框架结构如图 10-21 所示。

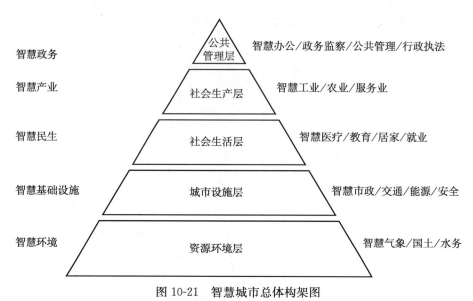

智慧政务   公共管理层   智慧办公/政务监察/公共管理/行政执法

智慧产业   社会生产层   智慧工业/农业/服务业

智慧民生   社会生活层   智慧医疗/教育/居家/就业

智慧基础设施   城市设施层   智慧市政/交通/能源/安全

智慧环境   资源环境层   智慧气象/国土/水务

图 10-21 智慧城市总体构架图

从 2012 年开始，国家正式发布国家智慧城市试点，目前国家智慧城市试点总数已达 193 个。

工业和信息化部（简称工信部）、住建部、科学技术部（简称科技部）、国家发改委、国土资源部、中国科学院、中国工程院这五部两院主导了智慧城市建设的大布局，越来越多的城市正在加入智慧城市的建设当中，受益者跨越政府、运营商、解决方案提供商、内容与业务提供商、终端用户（图 10-22），其背后的原动力在于城镇化率的不断攀升要求：政府决策更智慧，民生服务更满意。这是驱动智慧城市建设的双引擎（图 10-23）。

工信部 住建部 科技部 国家发改委 国土资源部 中国科学院 中国工程院
终端用户 市民 企事业单位 政府机构
内容与业务提供商 各种行业 各种平台 各种业务
解决方案提供商 智慧城市规划（IBM） 云计算中心（H.I.C） 存储与网络安全（HW）
运营商 网络基础建设（电信、移动、联通） 网络接入提供商（非垄断企业）
政府 市政府 信息主管单位 中央政府层面

图 10-22 我国智慧城市建设布局

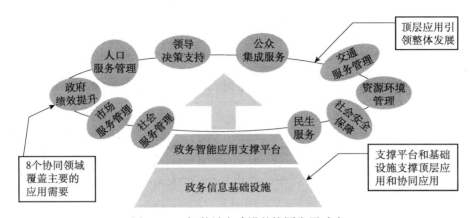

图 10-23　智慧城市建设的协同发展动力

二、智慧城市建设的总体规划

智慧城市建设的总体规划应该建立在科学的调研方法之上，具体的规划过程详见图 10-24。

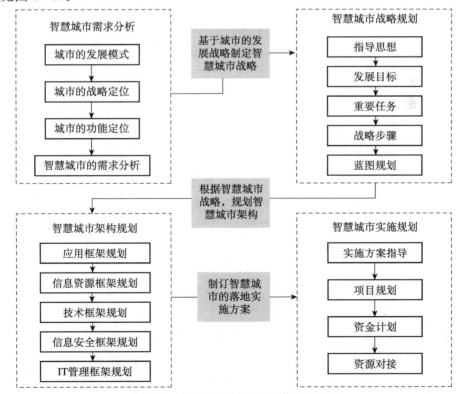

图 10-24　智慧城市建设的总体规划过程

依托多种科学的定性和定量调研及分析方法		
政府相关部门调研	重点企业进行调研	重点区县（含部门）进行调研
①了解总体情况和特点； ②各单位或行业信息化建设现状； ③各单位信息化建设规划目标； ④目前遇到的难点； ⑤智慧建设支撑需求； ⑥相关行业应用最新技术和趋势； ……	①重点企业信息化建设现状； ②重点企业信息化建设规划目标； ③目前遇到的难点； ④智慧城市建设支撑需求； ……	①重点区县总体情况和特点； ②重点区县信息化建设现状； ③重点区县信息化建设规划目标； ④目前遇到的难点； 　智慧城市建设支撑需求； ……

提出有针对性、操作性强、有前瞻性的智慧城市建设规划

图 10-24（续）

在智慧城市建设规划实施过程中，要注意智慧城市建设的顶层设计，实际上底层设计也不容忽视。把握好顶层设计与底层设计的关系才是根本（图 10-25）。

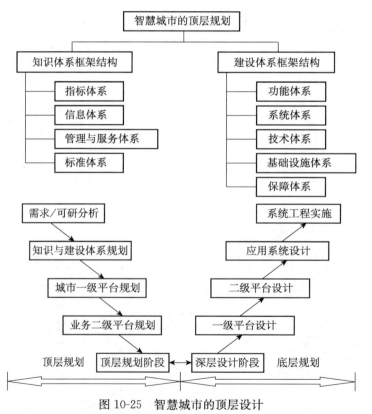

图 10-25　智慧城市的顶层设计

三、智慧城市实施规划

要做好智慧城市建设的实施规划，首先，要明确调研流程，摸清需求；其次，要分清不同层面的实施规划要做什么；最后，智慧城市要借助于信息化手段，因此所谓的实施规划，根本上就是做好信息化规划（图10-26）。

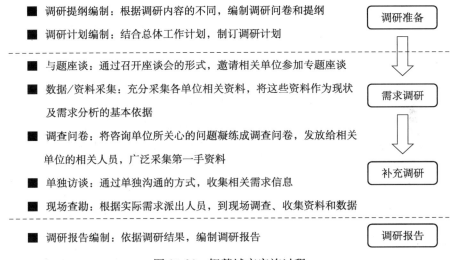

- 调研提纲编制：根据调研内容的不同，编制调研问卷和提纲 　　调研准备
- 调研计划编制：结合总体工作计划，制订调研计划

- 与题座谈：通过召开座谈会的形式，邀请相关单位参加专题座谈
- 数据/资料采集：充分采集各单位相关资料，将这些资料作为现状　　需求调研
  及需求分析的基本依据
- 调查问卷：将咨询单位所关心的问题凝练成调查问卷，发放给相关
  单位的相关人员，广泛采集第一手资料　　补充调研
- 单独访谈：通过单独沟通的方式，收集相关需求信息
- 现场查勘：根据实际需求派出人员，到现场调查、收集资料和数据

- 调研报告编制：依据调研结果，编制调研报告　　调研报告

图 10-26　智慧城市实施过程

一句话，智慧城市建设的全过程就是利用新一代信息和通信技术促进智慧产业的形成和发展，并在智慧城市建设中付诸实用，大幅提升政府决策和公众服务的水平。

四、智慧城市综合管理平台设计

城市增长管理信息系统的发展，必然会与智慧城市的建设紧密结合。

智慧城市综合管理平台包括政府决策系统和公众服务呼叫中心。智慧城市综合管理平台是一个信息整合平台及协同服务平台。该系统通过云计算、大数据等关键技术支持，将城市运行中的方方面面与智慧城市指挥决策系统（图10-32）进行连接，最终通过一个 LED 演示系统展现在大家面前，将会为人们的生产、生活带来质的飞跃。

通过智慧城市综合管理平台的建设，城市管理者能够科学了解城市，并以高效率的跨部门智能协同提升城市管理和服务水平，从而不断向"智慧化"城市运营管理的目标迈进。

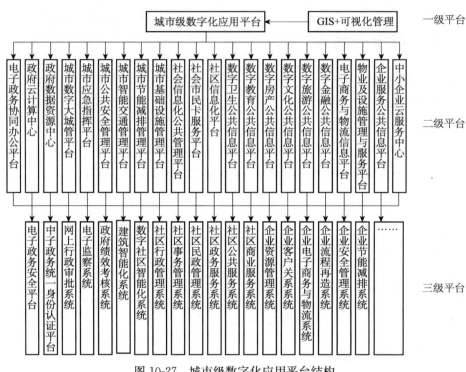

图 10-27　城市级数字化应用平台结构

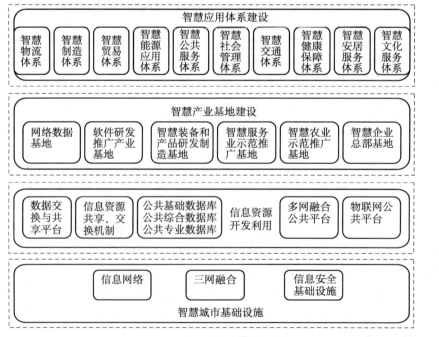

图 10-28　智慧城市体系结构

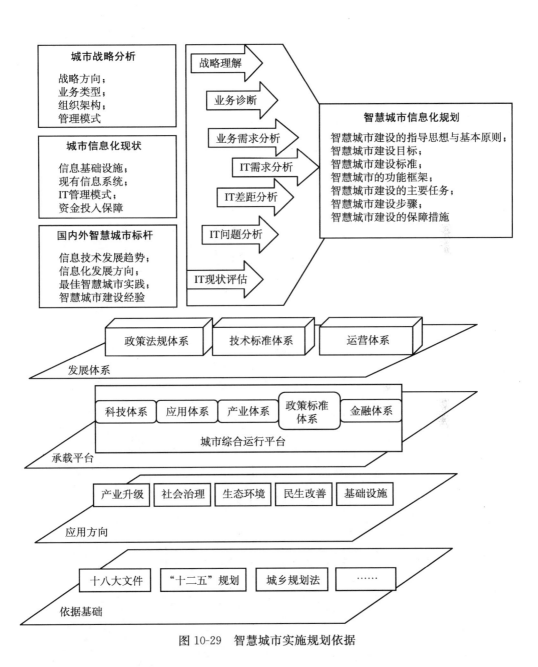

图 10-29 智慧城市实施规划依据

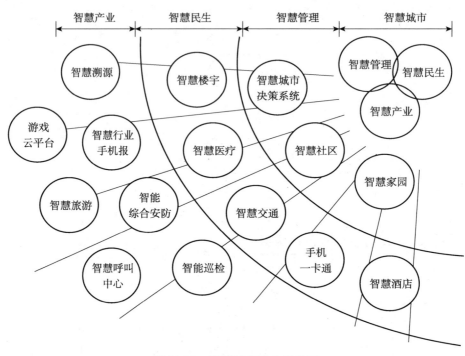

图 10-30 智慧城市的功能分析

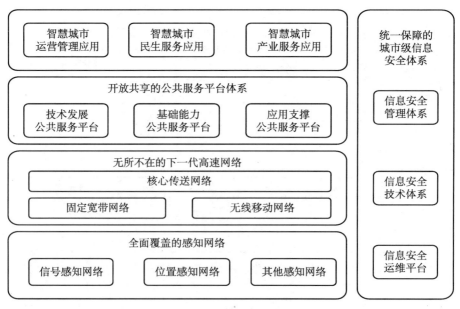

图 10-31 智慧城市总体框架

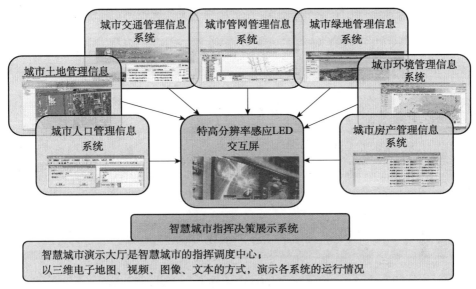

图 10-32 智慧城市决策展示系统

　　智慧城市建设与城市增长管理信息系统相结合，可帮助城市管理者整合和利用城市信息技术和资源，建立城市信息资源数据中心，并在此基础上建立城市信息资源交换共享体系。这将有助于全面提高政府的执政能力，提升职能部门的执行力和服务效率，提高治理能力水平，提高量化考核的科学性。通过智慧城市建设，可逐步实现城市政府各部门间、政府与企业、公众之间的信息共享和良性互动，协调、和谐人与环境的关系，增强城市的运营管理能力，完善、提升城市的服务能力，提高城市的管理水平，增强城市的综合竞争力。

第十一章 结　语

钱学森先生在 1997 年 1 月香山会议的书面报告中指出："关于开放的复杂的巨系统，由于其开放性和复杂性……我们必须用宏观观察，只求解决一定时期的发展变化的方法；所以任何一次解答都不可能是一劳永逸的，它只能管一定时期，过一段时间宏观背景变了，巨系统成员本身也会有变化，具体的计算参量及其相互关系都会有变化。因此，对开放的复杂的巨系统只能做比较短期的预测计算，过一定时期要根据新的宏观观察，对方法做新的调整。"[①] 这段话给我们两点启示：一是对于开放的复杂巨系统，由于其开放性和复杂性，必须从宏观视野来审视；二是对开放的复杂巨系统的任何一次解答都是暂时性的。本书也算是对城市增长管理这一复杂巨系统的一次尝试性、暂时性的解答。

课题组经过两年多的努力，虽然对我国城市增长管理的有关问题进行了系统的梳理和探讨，但我们也深深地感到此成果仍然存在许多不足和尚待进一步探讨的问题。

第一节　主要结论

一、阐述了加快经济发展方式转变与城市增长管理的互动关系

本书从中国转变经济发展方式的要求和中国城镇化快速发展的现实出发，探讨旨在实现可持续发展目标的中国城市增长管理问题。基于国内外城市增长管理的研究现状，界定加快经济发展方式转变和城市增长管理的内涵，分析加快经济发展方式转变和城市增长管理的内在联系，探讨了当前中国城市增长管理的主要问题，提出了基于加快经济发展方式转变的城市增长管理的策略。

二、诠释了城市-区域协同共生增长的机理

本书从城市-区域增长的城乡关系理论切入，回顾了城乡不平衡发展论，包

---

① 吴良镛，吴唯佳. 沪宁地区城市化进程中人居环境建设的献议//江苏省科学技术协会等. 城市化进程与城市可持续发展. 南京：东南大学出版社，1997.

括城市偏向论与乡村偏向论、城乡平衡发展理论即城乡协调发展论,并对现阶段我国城乡统筹研究进行述评,进而分析了城市-区域增长的系统理论,包括系统理论的基本原理和基于系统理论的城市-区域系统的研究;分析了城市-区域增长的空间形态理论,包括大都市带理论和"灰色区域"理论;分析了城市-区域增长的时空格局理论,包括聚集与扩散理论和时空格局理论;最后分析了城市-区域增长的共生理论。

三、梳理了国外城市增长管理的经验和措施

本书以统筹城乡发展的空间规划为主线对美、英法、日韩等先行发达国家的城乡空间统筹规划发展情况进行梳理,总结国外先行发达国家的理论和实践经验,指出其对中国城乡空间统筹规划的借鉴意义。具体包括美国遏制都市空间无序扩展的精明增长、紧凑增长等理论,以及开发权和增长边界管理等措施,英法等对乡村耕地、环境、生态、田园景观进行保护的做法,日韩促进农村经济发展的完备法律政策体系和引导村民自主建设乡村的实践经验,指出它们为中国快速城镇化地区的大城市扩展、生态敏感区的新农村建设和贫困地区的乡村经济发展从城乡空间统筹规划角度提供的有益启示。

四、剖析了城市增长管理中的资源环境约束及其解约束

本书基于中国城市化进程,分析了城市增长过程中出现的各种问题,梳理了相关理论对城市增长中资源环境要素的分析与定位,实证研究了土地资源、水资源、能源资源、生态环境容量等对城市增长的约束。分析论证了资源环境约束城市增长的内涵、相关理论支撑、约束效应、约束因素、资源环境约束下城市增长的路径和模式。提出资源环境约束的原因源于事物在数量上的"不足"和"过剩"两种状态,将资源环境对城市增长的约束分为两种。基于城市增长管理、精明增长理念,尝试构建"低成本、集约型"城市增长评价指标体系,并通过提高资源利用效率、改善城市生态环境质量,以期破解城市增长中的资源环境约束。

五、探讨了城市增长过程中的产城融合与主导产业选择

本书从城市新区建设过程中的产城融合切入,探讨了城市新区类型与产城融合概念,分析了城市新区产城融合存在的主要问题,提出了城市新区实现产城融合的对策与建议。分析了城市主导产业的遴选问题,介绍了城市主导产业遴选的偏离-份额分析法模型,对河南省城市主导产业的选择进行实证研究,评价了河

南省城市主导产业发展的状况，提出了发展河南省城市主导产业的对策建议。

六、分析了城市增长过程中的交通拥堵的成因与治理措施

本书在回顾国内外城市交通管理研究的基础上，梳理了城市交通拥堵治理的相关理论，具体包括城市交通可持续发展理论、城市空间发展理论、城市交通拥堵疏导决策理论、综合交通与赛博空间理论。总结了国内外治理城市交通拥堵的三种模式：增加供给模式、需求管理模式和制度完善模式。分析了世界上主要国家或典型城市成功应对交通拥堵的对策，具体包括日本东京科学合理地修路建站、荷兰的 ABC 政策、新加坡的区域许可制度、美国实施的"保证回家"计划、中国香港良好的公共交通系统。最后通过对郑州市进行实证研究，从城市宏观职能布局、道路规划与管理及市民出行三个层面分析了城市交通拥堵的成因，并提出了城市交通拥堵治理的对策。

七、揭示了城市增长过程中的空间扩展与调控的举措

本书首先回顾国外城市增长的空间调控理论与实践，从城市增长的空间调控源起——城市蔓延切入，回顾了城市增长的空间调控理论研究，分析了国外城市增长的空间调控实践，总结了国外城市增长空间调控的经验与启示。梳理了国内城市增长的空间扩展与调控研究进展和实践，从城市增长的空间扩展调控的执行理念、制度设计、参与机制、区域规划、城市设计、开发时序等八个方面提出对策建议。

八、挖掘了城市增长管理过程中行为主体间的博弈与协同的根源

城镇化过程中城市增长的管理涉及城市内部复杂、深刻、棘手的社会矛盾，迫切需要寻求化解矛盾、解决冲突，实现多元主体间协同发展的机制。从分析城市增长过程中各行为主体间的矛盾切入，基于主体博弈理论、利益相关者理论等，分析了地方政府与农民的征地博弈、开发商的区位选择博弈、中央政府（上级政府）与地方政府的博弈、产权区域视角下的区际政府博弈和城市公众需求博弈机理。最后，提出了城市增长管理过程中的制度创新与制度协同，进行人—地—财挂钩的制度创新，以及社会保障制度、土地确权基础上的法律制度、非正式制度的协同与配套。提出了城市增长管理过程中政府、开发商、农户、媒体、非政府组织等角色应然与行为调适措施。

九、构建了城市科学发展评估的评价机制

本书在介绍中国中小城市科学发展评价研究的基础上,重点对河南省的城市科学发展进行评价研究。介绍了城市竞争力弓弦模型、城市竞争力科学发展模型,遵循全面性与重点性相结合、可操作性与科学性相结合、权威性与实践性相结合的原则,结合已有研究构建评价指标体系。采取比较法来评价城市科学发展进程,将不同城市的发展情况进行比较,评估优劣性,计算综合发展指数,以此来评价城市总体发展情况。依据河南省城市科学发展指数评价结果的综合分析,指出河南省城市科学发展不平衡,中原城市群龙头地位提升明显,最后根据经验判断对实证发展指数进行了辩证分析。

十、构建了城市增长管理信息系统架构

本书以城市经济、社会与环境可持续发展的城市增长管理为目标,以提高城市综合管理的服务能力和城市合理增长管理的决策能力为目的,采用 GIS、遥感、图像处理等数字城市的核心技术,面向土地、交通、规划、环保等核心城市管理部门建立图形图像可视化管理应用系统,以期通过统一的服务平台,为相关管理部门和领导掌控城市发展态势提供及时、准确、全面的信息服务和决策支持。主要包括城市土地管理信息系统、城市交通管理信息系统、城市管网管理信息系统、城市绿地管理信息系统、城市环境管理信息系统、城市房产管理信息系统和城市人口管理信息系统七大部分,每个部分又由若干子系统组成。最后,从城市管理的视角探讨了智慧城市建设管理的构想。

第二节 对 策 建 议

一、高度重视城市化水平与质量的同步提升

吸取拉丁美洲国家高水平、低质量的城镇化的教训,拉丁美洲国家长期奉行经济自由主义,对如何处理好政府和市场的关系缺乏深刻认识和有力举措。一方面,城镇化缺乏统筹规划,大量人口无序涌入城市,中心城市畸形发展,区域发展很不平衡。另一方面,对城镇化中的社会问题不够重视,贫富差距巨大,城市贫困和城市犯罪问题严重,社会矛盾不断激化。我国城镇化过程中已经存在与拉丁美洲国家近似的端倪,应高度重视快速工业化、城镇化过程中的经济社会问题

应对乏力的问题，及时解决城市病。

二、围绕加快经济发展方式转变，积极转变城市发展观念和发展方式

伴随经济发展方式的转变，推进城市相应行政管理体制和发展方式的改革和转变。政府在城市规划和建设过程中应转换角色，真正地把树立以人为本和可持续发展的思想和理念贯穿始终。城市政府要从追求短期 GDP 最大化的粗放扩张，转变为致力于使城市经济繁荣和人民生活舒适，致力于建设资源节约型、环境友好型社会，为公众提供更多更好的公共产品和服务的集约型、精细型增长，最终达到持续不断地提升我国城市的舒适度、宜居度和竞争力。

三、我国城市要大力倡导紧凑型和精明增长发展模式

建设紧凑型城市是加快经济发展方式转变和实现城市科学发展的有效途径，其内涵不仅仅限于提高城市密度，单纯强调发展紧凑型的城市形态，而是如何在紧凑之中实现城市功能的完善。要实现这一目标，不仅要从城市土地利用、城市空间布局、城市交通、城市住房、城市绿化、城市公共安全等方面对原有城市发展模式进行调整，还需要观念转变、制度建设、机制构建等一系列保障措施相互配合。

四、城市发展和管理要注重科技创新、规划、管理等多措并举

伴随着发展方式转变的城市增长管理是一项复杂的系统工程，不仅要求城市政府管理者、市民、企业等思想认识到位，还要求科技创新作支撑，规划与管理等手段作保障。

五、努力做好城市"空中"和"地下"空间经济学文章

随着土地资源的日趋紧张和紧凑型城市发展模式的确立，要解决城市发展过程中的空间紧张、交通拥挤、排水不畅等问题，都需要对城市的地上、地下空间进行合理规划、对开发问题进行重新审视。建立立体城市是我们的目标，只有将地上、地下空间一体化规划才能真正实现城市的立体化。

第三节　存在的不足

一、研究的系统性和深入性有待进一步加强

城市作为一个涉及自然、社会、经济、政治、文化、人口、空间等诸多方面、相互交织作用的异常复杂的巨系统，对其进行全面、系统的研究，揭示其运行和发展的本质还需多学科的努力。本书仅从当前的城市病入手进行剖析，难免有点"头痛医头，脚痛医脚"之嫌，很多方面涉及的复杂关系和运行机制还有待进一步深入研究和完善。

二、研究的地域性有待进一步拓展

虽然课题组对东部和西部省份进行了一些调研，但鉴于资料收集的难度及观察收集的时间限制，一些项目组的主要数据收集还是集中于郑州以及河南的部分城市。因此，全面、系统地把握全国主要城市最新资料和第一手资料问题上，还存在着明显的欠缺。

三、研究内容的融合性有待进一步加强

加快经济发展方式转变和城市增长管理是本书的两条主线，二者之间既存在千丝万缕的联系，又有一定的独立性，在二者关系的侧重处理上相互融合、交叉的程度尚需进一步加强。

第四节　尚待进一步讨论的问题

一、城市发展的预测难度大

凡事预则立，不预则废。当前我国正处在一个快速城市化的关键时期，地方政府有着强烈的发展冲动和欲望，对于一些城市问题地方政府甚至规划专家也是预测不准的，譬如，城市私家车的拥有量、城市房地产价格的居高不下等，所以一味地把城市问题推给政府或城市规划不合理是不科学的，这也是城市增长管理课题最棘手的问题，如何加强对我国城市发展走向的科学预判尚需进一步研究。

二、城镇化水平与质量的协调问题

我国已经经历了一个快速城镇化时期，今后城镇化依然是我国社会经济发展的主旋律，城镇化的水平容易判定，但对区域城镇化的质量的判定还存在着一定的争议，尤其是对于地方政府如何将其作为硬性约束指标加强考核，真正地落到实处，也有待进一步加强研究。

参 考 文 献

埃比尼泽·霍华德.2000.明日的田园城市.金经元译.北京：商务印书馆.

岸根卓郎.1985.迈向 21 世纪的国土规划：城乡融合系统设计.高文琛译.北京：科学出版社.

蔡安宁,刘洋,梁进社,等.2012.郑州城市空间结构演变与重构研究.城市发展研究,19 (6)：54-60.

蔡辉,贺旭丹.2010.新城市主义产生的背景与借鉴.城市问题,(2)：8-12.

蔡小波.2010."精明增长"及其对我国城市规划管理的启示.热带地理,(1)：84-89.

曹小曙,杨帆,阎小培.2000.广州城市交通与土地利用研究.经济地理,(3)：74-77.

陈波翀,郝寿义.2005.自然资源对中国城市化水平的影响研究.自然资源学报,20 (3)：395-399.

陈建华.2009.蔓延与极化：中国国际化城市空间发展趋向批判.学术月刊,(4)：11-18.

陈柳钦.2008.城市群：城市化健康发展的主体形态.经济前沿,(8)：16-21.

陈世强.2012.郑州市城市空间扩展研究.河南大学硕士学位论文.

陈述彭.1999.城市化与城市地理信息系统.北京：科学出版社.

陈为邦.2011.加快转变经济发展方式和城市发展.现代城市,(4)：3-7.

陈雯.2001.美国的"精明增长"发展计划.现代城市研究,(5)：19-22.

陈锡文.2012.我国城镇化进程中的"三农"问题.国家行政学院学报,(6)：4-11.

陈肖飞,艾少伟.2012.大城市中心城区交通拥堵收费可行性研究——以郑州市为例.河南科学,30 (7)：985-990.

陈学武.2002.可持续发展的城市交通系统模式研究.东南大学博士学位论文.

陈玉光.2011.大城市空间扩展理想方式研究.江淮论坛,(6)：23-28.

陈志龙.2010.城市地上地下空间一体化规划的思考,江苏城市规划,(1)：18-20.

城乡一体化课题组.1991.上海城乡一体化研究综合报告.城市经济与区域经济,(3)：66-70.

程绪柯.2000.关于建设城市园林绿地系统的若干问题.长江建设,(4)：25-26.

仇保兴.2007a.城市文化复兴与规划变革.城市规划,(8)：1-9.

仇保兴.2007b.追求繁荣与舒适——中国典型城市规划、建设与管理的策略.北京：中国建筑工业出版社.

崔功豪.1992.中国城镇发展研究.北京：中国建筑工业出版社.

崔云.2007.中国经济增长中土地资源的"尾效"分析.经济理论与经济管理,(11)：32-37.

戴式祖.1988.城乡一体化是经济社会发展的大趋势.城市问题,(4)：27-29.

邓毛颖,谢理.2000.城市土地开发中引进交通影响分析的探讨.地域研究与开发,(2)：47-50.

丁建嵘.2011.底层立场.上海：上海三联书店.

丁文静.2006.新城市主义的人本理念及其在中国的应用.城市问题，(3)：89-93.

董宏伟，王磊.2008.美国新城市主义指导下的公交导向发展——批判与反思.国际城市规划，
　　(2)：67-72.

董黎明.2000.土地利用——一个永恒不断的话题.国外城市规划，(1)：34-36.

Doyle D G.2002.美国的密集化和中产阶级化发展——"精明增长"纲领与旧城倡议者的结
　　合.陈贞译.国外城市规划，(3)：2-9.

段龙龙，张健鑫，李杰.2012.从田园城市到精明增长——西方新城市主义思潮演化及批判.
　　世界地理研究，(2)：72-79.

范进，赵定涛.2012.中国城市为何会"蔓延式"发展——地级市的实证分析.中国科技论坛，
　　(11)：134-140.

方创琳，鲍超，乔标.2008.城市化过程与生态环境效应.北京：科学出版社.

费孝通.1999.从小城镇到开发区.南京：江苏人民出版社：2-41.

冯科，吴次芳，韦仕川，等.2008a.管理城市空间扩展：UGB及其对中国的启示.中国土地
　　科学，(5)：77-80.

冯科，吴次芳，韦仕川，等.2008b.城市增长边界的理论探讨与应用.经济地理，(3)：
　　425-429.

傅里叶.1997.傅里叶选集（1卷）.北京：商务印书馆.

宫远山.2004.城市总体规划和城市交通规划的"一体化"编制研究.长安大学硕士学位
　　论文.

龚健雅.2001.地理信息系统基础.北京：科学出版社.

顾朝林，甄峰，张京祥.2000.集聚与扩散——城市空间结构新论.南京：东南大学出版社.

关静.2013.关于精明增长的研究述评.财经问题研究，(2)：26-31.

桂丹，毛其智.2000.美国新城市主义思潮的发展及其对中国城市设计的借鉴.世界建筑，
　　(10)：26-30.

郭贵海.2004.房产测量及房产信息系统的实现.武汉大学硕士学位论文.

郭亮.2010.城市规划交通学.南京：东南大学出版社.

郭翔宇，颜华.2007.统筹城乡发展——理论、机制、对策.北京：中国农业出版社.

郭湘闽.2009.美国都市增长管理的政策实践及其启示.规划师，(8)：20-25.

郭志勇，顾乃华.2010.土地财政、虚高城市化与土地粗放利用.产经评论，(6)：129-136.

国家统计局.2006—2011.2006—2011中国统计年鉴.北京：中国统计出版社.

国家统计局城市社会经济调查司.2009.中国城市统计年鉴2008.北京：中国统计出版社.

国务院发展研究中心课题组.2010.中国城镇化：前景、战略与政策.中国发展出版社：117.

韩昊英，冯科，吴次芳.2009.容纳式城市发展政策：国际视野和经验.浙江大学学报：人文
　　社会科学版，39（2）：162-171.

韩皓，哈斯，杨东援.2001.国内外大城市交通发展战略及政策研究.内蒙古工业大学学报：
　　社会科学版，10（1）：38-42.

韩康.2006.农村就业转移增长的困境.国家行政学院学报，(3)：24-27.

韩康.2013.中国城镇化发展的最大风险:城乡矛盾内化.国家行政学院学报,(3):4-8.

何志静.2008.贵阳西出口交通拥堵问题分析与对策.长沙理工大学硕士学位论文.

河南省18个省辖市统计局.2006—2011.河南省18个省辖市2006—2011统计年鉴.北京:中国统计出版社.

河南省统计局.2006—2011.2006—2011河南统计年鉴.北京:中国统计出版社.

河南省统计局.2008.河南统计年鉴2008.北京:中国统计出版社.

河南省统计局.2009.河南统计年鉴2009.北京:中国统计出版社.

赫伯特·西蒙.2007.管理行为.詹正茂译.北京:机械工业出版社.

侯景新,刘莹.2010.美国"精明增长"战略对北京郊区新城建设的启示.生态经济,(5):162-167.

胡必亮.1998.中国经济问题评析.太原:山西经济出版社.

胡浩,温长生.2004.城市空间扩展与房地产业开发关系研究——以南宁市为例.西北大学学报:自然科学版,(6):731-734.

胡宏,彼得·德里森,特吉奥·斯皮德.2013.荷兰的绿色规划:空间规划与环境规划的整合.国际城市规划,28(3):18-28.

胡序威,周一星,顾朝林,等.2000.中国沿海城镇密集地区空间聚集与扩散研究.北京:科学出版社.

皇甫玥,张京祥,陆枭麟.2009a.增长管理概念的发展及在中国的运用——兼论当前中国增长管理体系构成//城市规划和科学发展——2009中国城市规划年会论文集.天津:天津科学技术出版社:154-161.

皇甫玥,张京祥,陆枭麟.2009b.当前中国城市空间增长管理体系及其重构建议.规划师,25(8):5-10.

黄金川,方创琳.2003.城市化与生态环境交互耦合机制与规律性分析.地理研究,22(2):212-220.

黄佩蓓,童小华,彭明华.2002.上海市卢湾区土地房产地理信息系统的建立.测绘通报,(3):42-44.

黄泰岩.2007.转变经济发展方式的内涵与实现机制.求是,(18):6-8.

黄悬悬.2008.西部地区统筹城乡发展的模式与运行机制研究.重庆大学硕士学位论文.

贾海发.2012.2000年以来郑州市城市空间扩展研究.郑州大学硕士学位论文.

蒋大和.1996.建立动态管理工作环境,促进城市大气污染控制//林挥,冯通,孙以义,等.城市地理信息系统研究与实践.上海:上海科学技术出版社:192-202.

蒋芳,刘盛和,袁弘.2007a.城市增长管理的政策工具及其效果评价.城市规划学刊,2007,(1):33-38.

蒋芳,刘盛和,袁弘.2007b.北京城市蔓延的测度与分析.地理学报,62(6):649-658.

蒋海琴,张书亮,张宏.2003.南京市"数字房产"GIS共享平台建设框架.南京师范大学学报:自然科学版,26(2):94-99.

蒋省三,刘守英,李青.2007.土地制度改革与国民经济成长.管理世界,(9):1-9.

金东海,秦文利.2004.论城市化发展的自然资源基础.人文地理,19(4):65-67.

金晓云，冯科．2008．城市理性增长研究综述．城市问题，（2）：84-89．

雷鸣，杨昌明，王丹丹．2007．我国经济增长中能源尾效约束计量分析．能源技术与管理，
　　（5）：101-104．

李淳．2011．土地农转非中各行为主体的利益关系研究．上海师范大学硕士学位论文．

李峰，李心颖，钱耀军．2010．中国区域工业可持续发展研究．北京：化学工业出版社．

李国柱．2007．中国经济增长与环境协调发展的计量分析．辽宁大学博士学位论文．

李海．2007．城市交通规划与土地利用关系的研究．重庆大学硕士学位论文．

李海金．2006．以城带乡：乡镇行政体制改革的城市化走向——以武汉市双柳"乡改街"为
　　例．华中师范大学学报：人文社会科学版，（5）：25-20．

李婕，胡滨．2012．中国当代人口城市化、空间城市化与社会风险．人文地理，（5）：6-12．

李静．2009．石家庄市数字房产信息管理系统设计和实现．地理空间信息：6-12．

李明月，胡竹枝．2012．广东省人口城市化与土地城市化速率比对．城市问题，（4）：33-36．

李强，戴俭．2006．西方城市蔓延治理路径演变分析．城市发展研究，（4）：74-77．

李强，刘安国，朱华晟．2005．西方城市蔓延研究综述．外国经济与管理，（10）：49-56．

李少星，颜培霞．2007．自然资源禀赋与城市化水平关系的多尺度考察．中国人口·资源与环
　　境，17（6）：44-49．

李王鸣，潘蓉．2006．精明增长对浙江省城镇空间发展的启示．经济地理，26（2）：230-232．

李晓斌．2012．河南省制造业升级的约束条件与实施路径．技术与创新管理，（5）：67-70．

李晓斌．2012．基于偏离-份额分析的河南主导产业选择研究．河南工业大学学报：社会科学
　　版，（3）：54-57．

李晓江．1997．中国城市交通的发展呼吁理论与观念的更新．城市规划，（6）：44-48．

李秀芳．2006．路内停车对道路交通影响的研究．北京交通大学硕士学位论文．

李雪梅，张志斌．2008．基于"精明增长"的城市空间扩展——以兰州市为例．干旱区资源与
　　环境，22（11）：108-113．

李雪铭，张婧丽．2007．淡水资源稀缺性城市供需水量与城市化关系分析．干旱区资源与环境，
　　21（7）：97-100．

李泳．1998．城市交通系统与土地利用结构关系研究．热带地理，（4）：307-310．

李治，李国平．2008．中国城市空间扩展影响因素的实证研究．同济大学学报：社会科学版，
　　（6）：30-35．

梁爽．2009．土地非农化过程中的收益分配及其合理性评价．中国土地科学，（1）：6．

林飞．2006．我国大城市交通拥挤对策及关键技术研究．长安大学硕士学位论文．

林广．2007．新城市主义与美国城市规划．美国研究，（4）：23-37．

林中杰，时匡．2006．新城市主义运动的城市设计方法论．建筑学报，（1）：6-9．

刘登清，张阿玲．1999．城市土地使用与可持续发展的城市交通．中国人口·资源与环境，
　　（4）：38-41．

刘冬华，诸大建．2009．面对土地低消耗的城市精明增长研究．同济大学学报：社会科学版，
　　（4）：38-43．

刘海龙．2005．从无序蔓延到精明增长——美国"城市增长边界"概念述评．城市问题，（3）：

67-72.

刘嘉汉 . 2011. 统筹城乡背景下的新型城市化发展研究 . 西南财经大学博士学位论文 .

刘骏, 蒲蔚然 . 2003. 对新编《城市绿地分类标准》(CJJ/T85—2002) 的几点意见 . 中国园林, 2 (2): 70-71.

刘琳 . 2010. 北京朝阳区城乡一体化发展问题研究 . 中国农业科学院硕士学位论文 .

刘宁 . 2005. 土地资源约束条件下的中国城市化 . 经济体制改革, (6): 94-97.

刘荣增, 崔功豪 . 2000. 社区规划中工具理性与价值理性的背离与统一 . 城市规划, 24 (4): 38-40.

刘荣增, 耿明斋, 覃成林 . 2009. 第八章 城乡统筹与中原城市群整合//秦耀辰 . 中原城市群科学发展研究 . 北京: 科学出版社, 323-344.

刘荣增, 王淑华 . 2008. 美国大都市边缘区土地开发增长边界管理研究 . 城市, (10): 3-7.

刘荣增, 王淑华 . 2013. 城市新区的产城融合 . 城市问题, (6): 34-38.

刘荣增, 朱传耿 . 2001. 20 世纪后期美国城市空间发展演变的理性思考 . 南都学坛: 哲学社会科学版, (5): 69-72.

刘荣增 . 2006. 共生理论及其在我国区域协调发展中的运用 . 工业技术经济, (3): 19-21.

刘荣增 . 2007. 把城镇密集区率先建成城乡统筹示范区的构想 . 城市发展研究, (7): 100-104.

刘荣增 . 2008a. 城乡统筹理论的演进与展望 . 郑州大学学报: 哲学社会科学版, (7) 63-67.

刘荣增 . 2008b. 城镇密集区率先建成城乡统筹示范区的几点思考 . 城市, (2): 23-27.

刘荣增 . 2008c. 后郊区时代美国都市区空间马赛克结构的形成与管治 . 城市发展研究, 15 (2): 68-74.

刘荣增 . 2008d. 实施城乡统筹战略亟待解决的几个问题 . 领导科学, (7): 20-21.

刘荣增 . 2012. 加快经济发展方式转变与城市增长管理协动研究 . 城市发展研究, 19 (2): 77-82.

刘荣增 . 2013. 中国城市化: 问题、反思与转型 . 郑州大学学报: 哲学社会科学版, (5): 36-42.

刘盛和 . 2002. 城市土地利用扩展的空间模式与动力机制 . 地理科学进展, 21 (1): 43-50.

刘砚华, 曹勤, 高小晋 . 2005. 我国城市声环境质量状况与分析 . 中国环境监测, 21 (3): 71-72.

刘耀彬, 李仁东, 宋学峰 . 2005b. 城市化与城市生态环境关系研究综述与评价 . 中国人口·资源与环境, 15 (3): 55-60.

刘耀彬, 李仁东, 张守忠 . 2005a. 城市化与生态环境协调标准及其评价模型研究 . 中国软科学, (5): 140-147.

刘耀彬 . 2007. 城市化与资源环境相互关系的理论与实证研究 . 北京: 中国财政经济出版社 .

刘耀彬 . 2011. 资源环境约束下的适宜城市化进程测度理论与实证研究 . 北京: 社会科学文献出版社 .

刘易斯·芒福德 . 1989. 城市发展史: 起源、演变和前景 . 倪文彦, 宋俊岭译 . 北京: 中国建筑工业出版社 .

刘永奇, 刘明宪, 金美江 . 2011. 2011 河南经济形势分析与预测 . 北京: 社会科学文献出版社.

龙瀛，韩昊英，毛其智.2009. 利用约束性 CA 制定城市增长边界. 地理学报，64（8）：999-1008.

陆大道.2007. 关于遏制冒进式城镇化和空间失控的建议. 中国科学院院士咨询报告.

陆化普，尹亚峰.1995. 大城市交通拥挤对策技术展望. 城市规划，（4）：23-26.

陆化普.1998. 21 世纪中国城市交通面临的问题与对策. 中国土木工程学会第八届年会论文集.

陆建.2012. 城市交通系统可持续发展规划理论与方法. 东南大学博士学位论文.

陆锡明.2004. 综合交通规划. 上海：同济大学出版社.

吕斌，张忠国.2005. 美国城市增长管理政策研究及其借鉴. 城市规划，（3）：44-48.

栾谨崇.2008. 简论"农地转非"后的土地利益分配关系. 青岛农业大学学报（社会科学版）（6）：30-31.

罗吉，王代敬.2005. 关于城乡联系理论的综述与启示. 开发研究，（1）：29-31.

罗理章，张一.2012. 中国的城市化进程与城市中国. 城市问题，（9）：9-11.

罗满妹.2009. 城镇征地中多元主体的利益分配关系及其调整研究. 湖南师范大学硕士学位论文：34-35.

罗震东，张京祥.2008. 规划理念转变与非城市建设用地规划的探索. 人文地理，23（3）：22-27.

雒海潮，刘荣增.2013. 城乡空间统筹规划的问题及对策. 武汉理工大学学报：社会科学版，27（3）：1-5.

雒海潮，刘荣增.2013. 城乡空间统筹规划理论与实践探索. 区域经济评论，（3）：119-124.

雒海潮，刘荣增.2014. 国外城乡空间统筹规划的经验与启示. 世界地理研究，23（2）：53-59.

雒海潮.2012. 城市近郊城镇化进程中新农村规划问题及对策. 中国经贸导刊，（2）：39-40.

雒占福.2009. 基于精明增长的城市空间扩展研究——以兰州市为例. 西北师范大学博士学位论文.

马宝娟.2012. 农村城市化进程中的利益矛盾及其化解策略. 沈阳农业大学学报：社会科学版，（4）：397-399.

马民涛，任杰，陈克龙，等.2005. 城市地下管网管理信息系统中管线三维显示的实现. 测绘工程，14（4）：8-10.

马强，徐循初.2004. "精明增长"策略与我国的城市空间扩展. 城市规划汇刊，（3）：16-22.

马强.2009. 近年来北美关于"TOD"的研究进展. 国际城市规划，（增刊）：227-232.

Matthew McKinney, Will Harmon. 2003. 美国西部土地使用规划和增长管理. 孟宇译. 国外城市规划，（4）：4-6.

毛蒋兴，阎小培.2002. 我国城市交通系统与土地利用互动关系研究述评. 城市规划汇刊，（4）：34-37.

苗东升.2000. 系统科学精要. 北京：中国人民大学出版社.

倪鹏飞.2001. 中国城市竞争力理论研究与实证分析. 北京：中国经济出版社.

倪鹏飞.2009.中国城市竞争力报告.北京：社会科学文献出版社.

倪文岩，刘智勇.2006.英国绿环政策及其启示.城市规划，30（2）：64-67.

牛千，周延刚.2014.基于ArcGIS Server的绿地管理系统的设计.中国园林，26（4）：51-53.

牛瑞.2011.世界各地区如何解决交通拥堵问题.世界轨道交通，（2）.63-64.

牛文元.2012.中国新型城市化报告.北京：科学出版社.

欧文.1997.欧文选集（1卷）.柯象峰，何光来，秦果显译.北京：商务印书馆.

皮埃尔·雅克等.2010.看地球2010——城市：改变发展的轨迹.潘革平译.北京：社会科学
    文献出版社.

钱学森等.1988.论系统工程.长沙：湖南科学技术出版社.

乔标，方创琳，李铭.2005.干旱区城市化与生态环境交互胁迫过程研究进展及展望.地理科
    学进展，24（6）：32-41.

曲大义，王炜，王殿海，等.2001.城市向郊区发展对中心区交通影响研究.城市规划，
    25（4）：37-39.

曲大义，王炜，王殿海.1999.城市土地利用与交通规划系统分析.城市规划汇刊，（6）：
    44-45.

全永燊，刘小明，等.2002.路在何方：纵谈城市交通.北京：中国城市出版社.

阮桂海，蔡建琼，朱志海.2003.统计分析应用教程—SPSS，LISREL&SAS实例精选.北京：
    清华大学出版社.

Seers D. 1994. The congruence of marxism and other neo-classical doctrines//阎小培，林初升，
    许学强，等.地理·区域·城市：永无止境的探索.广州：广东高等教育出版社.

申晓英.2011.美国理性增长发展演变及启示.改革与战略，（10）：175-176.

申艳光，张胜.2005.关于城市绿地管理系统的总体设计.河北林业科技，（4）：198.

沈清基.2001.新城市主义的生态思想及其分析.城市规划，（11）：33-38.

沈锐，李同升，赵伟.2005.后现代的新城市主义与中国城市规划.城市问题，（4）：20-24.

圣西门.2004.圣西门选集（1—3卷）.董果良，赵鸣远译.北京：商务印书馆.

石琼，吴群琪.2004.拥挤收费为主导缓解城市交通拥挤可行性研究.长安大学学报：社会科
    学版，6（3）：39-42.

石忆邵，何书金.1997.城乡一体化探论.城市规划，（5）：36-38.

宋启林.2000.我国城市交通运输系统规划建设与城市土地规划利用.中国土地科学，1-3.

孙磊，周杰文，刘耀彬.2009.城市化加速推进中的农村土地冲突类型划分.中国国土资源经
    济，（7）：39-41.

孙平军，修春亮，林俊钦，等.2012b.长春市空间扩展非协调性及其行为主体博弈机理研究.
    现代城市研究，（8）：59-64.

孙平军，修春亮，王绮，等.2012a.中国城市空间扩展的非协调性研究.地理科学进展，
    31（8）：1032-1041.

孙雪，郝兆印，王成新，等.2013.基于政府经济行为视角的中国城市化水平时空演化研究.
    世界地理研究，22（3）：67-73.

孙羽.2010.城市科学发展评价及应用研究.大连理工大学硕士学位论文.

唐恢一.2001.城市学.哈尔滨：哈尔滨工业大学出版社.

唐乐乐.2008.郑州市城市边缘区空间形态及其发展研究.河南大学硕士学位论文.

唐丽敏.2009.当前我国城市化进程中征地拆迁矛盾研究.吉林大学博士学位论文.

唐相龙.2008.新城市主义及精明增长之解读.城市问题,(1):87-90.

田莉,姚凯,王伟,等.2010.世界著名大都市规划建设与发展比较研究.北京：中国建筑工业出版社.

田莉.2013.处于十字路口的中国土地城镇化.城市规划,37(5):23-28.

童建军.2003.我国土地收益分配机制研究——以农地非农化为例.南京农业大学硕士学位论文:64.

童江华,徐建刚,曹晓辉,等.基于SSM的主导产业选择基准——以南京市为例.经济地理,27(5):733-736.

王朝晖.2000."精明累进"的概念及其讨论.国外城市规划,(3):33-35.

王凤武.2007.优先发展城市公共交通 建设和谐城镇交通体系.城市交通,5(6):7-13.

王宏伟等.2007.城市增长的空间动力学研究.北京：中国城市出版社.

王华,陈烈.2006.西方城乡发展理论研究进展.经济地理,(3):464-468.

王家庭,赵丽.2013.快速城市化时期我国城市蔓延的动力.财经科学,(5):67-76.

王家庭.2010.基于低碳经济视角的我国城市发展模式研究.江西社会科学(3):85-89.

王景新,李长江,曹莱庆,等.2005.明日中国：走向城乡一体化.北京：中国经济出版社.

王珏磊.2013.常州"鬼城"：造城运动导致新城区楼盘集中入住率极低,二、三线城市地产经济再引质疑.时代周报,1(31):8.

王青.2008.以大型公共设施为导向的城市新区开发模式探讨.现代城市研究,(11):47-52.

王伟光.2009.科学发展观概论.北京：人民出版社.

王兴平,崔功豪.2003.中国城市开发区的空间规模和效益分析.城市规划,(9):6-12.

王旭,罗思东.2010.美国新城市化时期的地方政府——区域统筹与地方自治的博弈.厦门：厦门大学出版社:1-2.

王洋.2011.城市化进程中利益矛盾及对策研究.东北师范大学硕士学位论文.

王一鸣.2010.我国中长期经济趋势与加快转变经济发展方式.宏观经济研究,(12):3-14.

王一鸣.2011.加快转变经济发展方式关系现代化建设全局.经济研究,(10):16-19.

王有捐,林为斌.2011.经济发展方式转变与绿色增长.经济研究参考,(1):3-12.

王有为,赵波平.2002.关于当斯定律与城市交通需求管理的几点思考//中国城市交通规划学术委员会.新世纪的城市与交通发展.北京：中国建筑工业出版社.

王战营.2013.城市增长管理信息系统在城市管理中的应用.财政研究,(5).

王振亮.2000.城乡空间融合论.上海：复旦大学出版社.

魏贵祥,王有捐.2008.城市科学发展评价指标体系的建立.中国统计,(9):28-32.

吴楚材,陈雯,顾人和,等.1997.中国城乡二元结构及其协调对策.城市规划,(5):38-40.

吴次芳,谭永忠.2002.制度缺陷与耕地保护.中国农村经济,(7):69-70.

吴冬青,冯长春,党宁.2007.美国城市增长管理的方法与启示.城市问题,(5):86-91.

吴季松.2005.新循环经济学.北京：清华大学出版社.

吴良镛等 . 1999. 发达地区城市化进程中建筑环境的保护与发展 . 北京：中国建筑工业出版社 .

吴林海，刘荣增 . 2002. 从"边缘城市主义"到"新城市主义"：价值理性的回归与启示析 . 科学技术与辩证法，(6)：64-70.

吴箐，钟式玉 . 2011. 城市增长边界研究进展及其中国化探析 . 热带地理，(4)：409-415.

吴人韦 . 1996. 城市绿地的分类 . 中国园林，15 (66)：59-61.

吴玉麟等 . 1996. 组群式城市地域农业人口转化机制研究 . 济南：山东人民出版社 .

夏安桃，许学强，薛德升 . 2003. 中国城乡协调发展研究综述 . 人文地理，(5)：56-60.

夏保林 . 2010. 郑汴区域城市空间扩展及调控研究 . 河南大学博士学位论文 .

相震 . 2006. 城市环境复合承载力研究 . 南京理工大学博士学位论文 .

萧笃宁 . 1997. 城市化进程与土地资源的可持续利用 . 云南地理环境研究，9 (1)：32-39.

潇张 . 2012. 基于低碳经济视角的我国城市发展模式研究 . http://blog.sina.com.

肖锐 . 2011. 中部六省省会城市竞争力动态演进分析 . 郑州大学硕士学位论文 .

谢书玲，王铮，薛俊波 . 2005. 中国经济发展中水土资源的"增长尾效"分析 . 管理世界，(7)：22-24.

邢海峰 . 2004. 新城有机生长规划论 . 北京：新华出版社 .

徐兵，王晗 . 2005. 基于 GIS 的城市数字交通管理信息系统设计开发 . 计算机与数字工程，12 (12)：16-18.

徐东云，张雷，兰荣娟 . 2009. 城市空间扩展理论综述 . 生产力研究，(6)：168-170.

徐东云 . 2007. 城市交通拥堵治理模式理论的新进展 . 综合运输，(5)：5-8, 24-28.

徐东云 . 2009. 城市交通拥堵与城市空间扩展的关系研究 . 北京交通大学博士学位论文 .

徐静珍，王富强 . 2004. 统筹城乡发展目标及其评价指标体系的建立原则 . 经济论坛，(15)：91-92.

徐觉哉 . 2005. 欧洲空想社会主义的"和谐社会"观，毛泽东邓小平理论研究，(8)：83-85.

徐慰慈 . 1998. 城市交通规划论 . 上海：同济大学出版社 .

徐永健，阎小培 . 1999. 西方国家城市交通系统与土地利用关系研究 . 城市规划，(11)：54-57.

徐勇 . 1992. 非均衡的中国政治：城市与乡村比较 . 北京：中国广播电视出版社 .

许继清 . 2007. 郑州城市空间结构的演变与特征 . 华中建筑，(9)：131-133.

许学强，周一星，宁越敏 . 1996. 城市地理学 . 北京：高等教育出版社：27-28.

薛俊波，王铮，朱建武 . 2004. 中国经济增长的"尾效"分析 . 财经研究，30 (9)：5-14.

闫梅，黄金川 . 2013. 国内外城市空间扩展研究评析 . 地理科学进展，32 (7)：1039-1050.

阎小培，林初升，许学强 . 1994. 地理·区域·城市：永无止境的探索 . 广州：广东高等教育出版社 .

杨波 . 2006. 城市化进程中的利益矛盾与解决路径 . 城市问题，(9)：8-11.

杨东峰，王静文，殷成志 . 2008. 我国大城市空间增长基本动力的实证研究——经济发展、人口增长与道路交通 . 中国人口·资源与环境，18 (5)：74-78.

杨建华，高建华，陈淑兰 . 2009. 轨道交通对郑州市空间形态的引导作用 . 河南大学学报：自然科学版，39（2）：173-167．

杨杰．2006．交通拥堵问题的城市规划审视及对策探讨//规划 50 年——2006 中国城市规划年会论文集：城市道路与交通．北京：中国建筑工业出版社：311-315．

杨京英，郑泽香，任晓燕．2006．2006 年长江和珠江三角洲经济发展比较研究．中国统计信息网 ．http：//www．ccpit．org/contents/channel-70/2006/123/17787/content-1778．htm［2006-11-20］．

杨培峰．1999．城乡一体化系统初探．城市规划汇刊，（2）：51-54．

杨小凯，张永生．2003．新兴古典经济学与超边际分析．北京：社会科学文献出版社．

杨星，林日丽，布慧敏．2006．城市化发展与土地资源匮乏：矛盾与解析．经济问题探索，（5）：47-50．

杨杨，吴次方，罗罡辉，等．2007．中国水土资源对经济的"增长阻尼"研究．经济地理，27（4）：530-532．

杨杨．2008．土地资源对中国经济的"增长阻尼"研究．浙江大学博士学位论文．

杨玉珍．2010．宅基地腾退中农户行为决策的理论解析与实证研究．农业技术经济，（4）．

杨玉珍．2013．城市增长管理理念下的资源环境约束与缓解路径．河南师范大学学报：哲学社会科学版，（3）：51-54．

杨玉珍．2014．城乡一体化下人地挂钩的制度创新及运行模式．经济地理，（7）．

姚士谋，陆大道，陈振光，等．2012．顺应我国国情条件的城镇化问题的严峻思考．经济地理，（5）：1-6．

姚士谋，薛凤旋，燕月．2013．应当推进健康城镇化新战略．决策与信息，（5）：33-34．

姚震宇．2011．空间城市化机制和人口城市化目标——对中国当代城市化发展的一项研究．人口研究，35（5）：26-35．

尹国均．2010．城市大跃进．武汉：华中科技大学出版社．

尹宏玲，徐腾．2013．我国城市人口城镇化与土地城镇化失调特征及差异研究．城市规划学刊，（2）：10-15．

尹奇，吴次芳．2005．理性增长——美国城市增长的新理念．中国矿业大学学报：社会科学版，（3）：73-76．

于伟，宋金平，张萌．2011．新郊区主义与美国郊区的密集化发展．城市问题，（9）：80-84．

于文波，刘晓霞，王竹．2004．美国城市蔓延之后的规划运动及其启示．人文地理，（4）：55-58．

余晓明，张叶飞，王绚，等．2010．以科学发展观为指导构建新疆城市化进程评价体系——兼谈城市、县（市）社会经济基本情况统计改革．新疆财经，（2）：56-61．

俞孔坚，李迪华，韩西丽．2005．论"反规划"．城市规划，29（9）：64-69．

袁纯清．1998．共生理论——兼论小型经济．北京：经济科学出版社．

岳利萍．2007．自然资源约束程度与经济增长的机制研究．西北大学博士学位论文．

张昊锋．2010．郑州市商业中心空间布局及优化研究．河南大学硕士学位论文．

张红宇．2005．阶段性变化与我国城乡统筹的战略选择．农业经济问题，（10）：1-4．

张进．2002．美国的城市增长管理．规划研究，（2）：37-40．

张京祥，刘荣增 . 2001. 美国大都市区的发展及管理 . 国外城市规划，（5）：6-9.

张京祥，罗震东，胡毅 . 2013. 荷兰的绿色与可持续城乡规划 . 国际城市规划，28（3）：1-3.

张京祥 . 2000. 城镇群体空间组合 . 南京：东南大学出版社 .

张娟娟 . 2008. 城市交通拥堵的成因及治理问题研究 . 长安大学硕士学位论文 .

张军以，苏维词 . 2010. 基于偏离-份额分析方法的主导产业选择研究——以重庆市为例 . 重庆师范大学学报：自然科学版，27（2）：40-45.

张岚，荣建，陈来荣，等 . 2006. 北京城市道路拥挤收费可行性分析 . 交通运输系统工程与信息，（2）：124-128.

张立生 . 1995. 天津市城乡一体化协调发展的研究 . 城市研究，（3）：32-33.

张泉，黄富民，曹国华，等 . 城市停车设施规划 . 北京：中国建筑工业出版社 .

张日新 . 2010. 惠州市环境管理信息系统的设计与实现 . 云南大学硕士学位论文 .

张荣天，张小林 . 2012. 国内外城市空间扩展的研究进展及其述评 . 中国科技论坛，（8）：151-155.

张锐，谷建全，完世伟 . 2011. 河南蓝皮书：河南经济发展报告（2011）. 北京：社会科学文献出版社 .

张尚武 . 1999. 区域整体协调发展理念及规划协调机制探索 . 城市规划，（11）：47-50.

张庭伟 . 2003. 构筑 21 世纪的城市规划法规 . 城市规划，（3）：49-52.

张庭伟 . 2010. 1950—2050 年美国城市变化的因素分析及借鉴（下）. 城市规划，（9）：35-41.

张晓青 . 2006. 西方城市蔓延和理性增长研究综述 . 城市发展研究，13（2）：34-38.

张英杰 . 2011. 城市增长管理理论对大连城市化的启示 . 经济论坛，（5）：78-80.

张蕴萍 . 2009. 转变经济发展方式的理论探索与现实对策 . 山东社会科学，（11）：119-121.

张振龙，于淼 . 2010. 国外城市限制政策的模式及其对城市发展的影响 . 现代城市研究，25（1）：61-68.

张忠国 . 2006. 城市增长管理的空间策略 . 南京：东南大学出版社 .

赵崔莉，刘新卫 . 2011. 基于城镇化视角的中国农村土地制度改革 . 中国人口·资源与环境，21（1）：121-126.

赵艳芳 . 2010. 城市交通拥堵成因分析及治理——以郑州市为例 . 郑州大学硕士学位论文 .

郑长江，王婷 . 2008. 城市交通拥挤收费的双面性分析 . 陕西理工学院学报：自然科学版，（4）：90-94.

郑州新区管理委员会，阿特金斯顾问（深圳）有限公司上海分公司 . 2010. 郑州新区产业发展战略规划 .

中国经济增长前沿课题组 . 2011. 城市化、财政扩张与经济增长 . 经济研究，（11）：4-20.

中国科学院可持续发展战略研究组 . 2005. 2005 中国可持续发展报告 . 北京：科学出版社 .

中华人民共和国建设部 . 1995. 城市道路交通规划设计规范（GB 50220—95）[S]. 北京：中国标准出版社 .

钟蔚 . 2013. 城市化进程中征地利益博弈的冲突行为分析与公共治理思路 . 现代经济探讨，（4）：28-31.

周伟林，严冀 . 2004. 城市经济学 . 上海：复旦大学出版社 .

周兴华.2013. 我国城市增长管理问题研究. 郑州大学硕士学位论文.

周一星.1997. 城市地理学. 北京：商务印书馆.

朱庆芳.1989. 城乡差别与农村社会问题. 社会学研究，（2）：26-33.

诸大建，刘冬华.2006. 管理城市增长：精明增长理论及对中国的启示. 同济大学学报，（4）：22-27.

诸大建，刘冬华.2006. 管理城市增长：精明增长理论及对中国的启示. 同济大学学报：社会科学版，（4）：22-28.

诸大建.1999. 上海大都市可持续发展的若干问题. 城市规划汇刊，（4）：43-48.

诸培新，曲福田.2006. 农地非农化配置中的土地收益分配研究. 南京农业大学学报：社会科学版，（3）：3-5.

庄悦群.2005. 美国城市增长管理实践及其对广州城市建设的启示. 探求，（2）：62-67.

邹兵.2000. "新城市主义"与美国社区设计的新动向. 国外城市规划，（2）：36-38.

邹德慈.2011. 路网、交通与城市规划. 城市交通，9（1）：1-14.

Adell G. 1999. Theories and models of the peri-urban interface：A changing conceptual landscape. Strategic Environmental Planning and Management for the Peri-urban Interface Research Project. http：//www. ucl. as. uk/dpu/pui［2010-7-1］.

Ahmadjian V. 1986. Symbiosis：An Introduction to Biological Association. University Press of New England：1-10.

APA. 2005. Metropolitan growth patterns' impact on intra—regional spatial differentiation and inner—ring suburban decline：Insights for smart growth. A Dissertation of Georgia of Technology.

Atkinson- Palombo C. 2010. New housing construction in Phoenix：Evidence of new suburbanism. Cities，（27）：77-86.

Avin U，Bayer M. 2003. Right-sizing urban growth boundaries. Planning，69（2）：22-27.

Bae C C，Jun M. 2003. Counterfactual planning：What if there had been not greenbelt in Seoul? Journal of Planning Education and Research，22（4）：374-383.

Barry C W. 2006. Town and Country Planning in the UK. 14th Edition）. Oxon：Rutledge.

Benfield F K，Terris J，Vorsanger N. 2001. Solving Sprawl：Models of Smart Growth in Communities Across America. New York：Island Press：137- 138.

Bengston D N，Youn Y. Urban containment policies and the protection of natural areas：The case of seouls green belt. http：// www. ecology and society. org / vol11/ iss1/ art3/.［2010-11-9］

Bernick M，Cervero R. 1997. Transit Villages for the 21th Century. New York：McGraw-Hill.

Black D，Henderson J V. 1999. A theory of urban growth. Journal of Political Economy，107（2）:252-284.

Bollens S A. 1992. State Growth management：Intergovernmental frameworks and policy objectives. Journal of American Planning Association，58（4）：454-466.

Bontje M. 2003. A 'planner's paradise' lost?：Past，present and future of Dutch national urbanization policy. European Urban and Regional Studies, 10 (2): 135-151.

Burchell R W, Sahan Mukherj i. 2003. Conventional development versus managed growth: The costs of sprawl. Research and Practice, (9): 1534-1540.

California Department of Transportation. 2011. The California Asset Management Strategy:" Build and Implementing the Foundation.

Calthorpe P, Fulton W. 2000. The Regional City: Planning for the End of Sprawl. Washington: Island Press.

Calthorpe P. 1993. The Next American Metropolis: Ecology, Community, and the American Dream. New York: Princeton Architectural Press.

Carlson T, Dierwechter Y. 2007. Effects of urban growth boundaries on residential development in Pierce country, Washington. The Professional Geographer, 59 (2): 209-220.

Cathorpe, Fulton. 2001. Charter of the new urbanism. Time-Saver Standard for Urban Design, 3: 10-18.

Chinitz B. 1990. Growth management: Good for the town, bad for the nation. Journal of American Planning Association, 56 (1): 3-9.

Cho S H, Poudyal N, Lambert D M. 2008. Estimating spatially varying effects of urban growth boundaries on land development and land value. Land Use Policy, 25 (3): 320-329.

CoG Series. 1975. Management & Control of Growth Urban Land Institute.

Cohen J R. 2002. Mary land's 'Smart Growth': Using Incentives to Combat Sprawl In Urban Sprawl Causes, Consequences and Policy Response. Washington: Urban Institute Press.

Community Design Architecture. Model Transit-Oriented District Overlay Zoning Ordinance. Oakland: Report prepared for valley connection.

Congress of New Urbanism. 1999. Charter of the New Urbanism. New York: Cgraw-Hill.

Couclelis H. 1996. The Death of Distance. Environment and Planning B: Planning and Design, 23: 387−389.

Cunningham A. 1998. City of summerside official plan.

Daniels T. 1999. When City and Country Collide: Managing Growth In the Metropolitan Fringe. Washing: Island Press.

de Roo G. 2000. Environmental conflicts in compact cities: Complexity, decision making, and policy approaches. Environment and Planning B: Planning and Design, 27 (1): 151-162.

Dennis A R. 1983. Dynamics of Growth of Secondary Cities in Developing Countries. Geographical Review, 73 (1): 42−57.

Dixit A, Stiglitz J E. 1977. Monopolistic competition and optimum product diversity. American Economic Review, 67 (3): 252-284.

Doan P L. 1995. Urban primacy and spatial development policy in African development plans. Third World Planning Review, 17 (3) .

Douglas A E. 1994. Symbiotic Interactions. Oxford University Press: 1-11.

Douglas P R. 1997. Managing Growth in America's Communities. Washington: Island Press.

Douglass M. 1998. A regional network strategy for reciprocal rural-urban linkages. Third World Planning Review, 20 (1) .

Downs A, Costa F. 2005. Smart growth/comment: An ambitious movement and its prospects for success. Journal of the American Planning Association 2005,71 (4): 367-378.

Downs A. 1988. How America's cities are growing: The big picture. Brookins Review, 16 (4): 8-12.

Duany A, Plater-Zyberk E. 2001. The Lexicon of the New Urbanism. Miami: DPZ&Co.

Farris J T. 2001. The barriers to using urban infill development to achieve smart growth. Housing Policy Debate, (12): 1-30.

Fonder E. 1999. Better Not Bigger: How to Take Control of Urban Growth and Improve Your Community. Vancouver: New Society Publishers.

Friedmann J, Douglass M. 1975. Agropolitan Development: Towards a New Strategy for Regional Planning in Asia. Los Angeles: University ofCalifornia.

Friedmann J. 1966. Regional Development Policy: A Case Study of Venezuela. Cambridge: The MIT Press.

Gale D E. 1992. Eight state-sponsored growth management programs: A comparative analysis. Journal of American Planning Association, 58 (4): 425-439.

Garreau J. 1991. Edge City: Life on the New Frontier. New York: Doubledy.

Geller A L. 2003. Smart growth: A prescription for livable cities. American Journal of Public Health, 93 (9): 1411.

Ginsburg N. 1991. Extended metropolitan region in Asia: A new spatial Paradigm//Ginsburg N, Koppel B, McGee T G. The Extended Metropolis: Settlement Transition in Asia. Honolulu: University of Hawaii Press: 21-23.

Gordon P, Richardson H W. 1997. Are compact cities a desirable planning goal? . Journal of American Planning Association, 63 (1): 95-105.

Hall P. 2001. How smart is smart growth? Town and Country Planning.

Hasse J A. 2004. Geospatial approach to measuring new development tracts for characteristics of sprawl. Landscape Journal, (23): 52-67.

Ingram G K. 2009. Smart Growth Policies: An Evaluation of Programs and Outcomes. the Lincoln Institute of Land Policy: 6-7, 9.

Jorgenson D W. 1961. The development of a dual economy. The Economic Journal, 171 (2): 309-341.

Jun M J. 2004. The effects of Portland's urban growth boundary on urban development patterns and commuting. Urban Studies, 41 (7): 1333-1348.

Jun M J. 2006. The effects of Portland's urban growth boundary on housing prices. Journal of the American Planning Association, 72 (2): 239-243.

Katz P. 1994. The New Urbanism: Toward an Architecture of Community. New York: McGraw-Hill, Inc.

Knaap G J. 1985. The price effects of an urban growth boundary in metropolitan Portland, Oregon. Land Economics, 61 (1): 26-35.

Kolakowski K, Patricial F, Machemer R, et al. 2000. Urban Growth Boundaries: A Policy Brief for the Michigan Legislature. Michigan State University Applied Public Policy Research Grant.

Kotkin J. 2005. The New Suburbanism: A Realist's Guide to the American Future. The Planning Center: 1-33.

Krugman P. 1991. Increasing returns and economic geography. Journal of Political Economy, 99 (3): 483-499.

Kurokawa K. 1997. Each One A Hero: The Philosophy of Symbiosis. Tokyo: Kodansha International.

Kwartler M. 1998. Regulating the good you can't think of. Urban Design International, 3 (1): 13-21.

Lefevre C. 1998. Metropolitan government and governance in western countries: A critical review. International Journal of Urban & Regional Research, 22 (1): 7-9.

Lewis W A. 1954. Economic development with unlimited supplies of labor. Manchester School of Economic and Social Studies, 22 (2): 139-191.

Lipton M. 1977. Why Poor People Stay Poor: Urban Bias in World Development. London: Temple Smith.

Lucas R J. 1988. On the mechanics of economic development. Journal of Monetary Economics, (22): 3-42.

Marco A, Yokohari M. 2006. Temporal changes and local variations in the functions of London's green belt. Landscape and Urban Planning, (75): 125-142.

Marco A. 2007. From a blanket to a patchwork: The practicalities of reforming the London green belt. Journal of Environmental Planning and Management, (50): 579-594.

Margulis L, Festered R. 1991. Symbiosis as a Source of Evolutionary Innovation. Massachusetts MIT Press: 262-271.

McGee T G. 1987. Urbanisasi or kotadesasi? The emergence of new regions of economic interaction inAsia. Honolulu: EWCEAPI.

McGee. 1989. New regions of emerging rural-urban mix in Asia: Implications for national and regional policy. Paper presented at the seminar on "emerging urban-regional linkages: challenge for industrialization, employment and regional development", Bangkok.

McGee. 1992. Metro fitting the emerging mega-urban regions of ASEAN: An overview. Paper presented at an international conference on "managing mega-urban regions in ASEAN countries: policy challenges and responses", AIT, Bangkok.

Millera J S, Lester A H. 2002. The "smart growth" debate: Best practices for urban transportation planning. Journal of Socio Economic Planning Sciences, 36 (1): 1-24.

Moe, R, Wilkie C. 1997. Changing Places: Rebuilding Community in the Age of Sprawl. New

York: Henry Holt and Company.

Nelson A C, Pendall R, Dawkins C J, et al. 2002. The Link between Growth Management and Housing Affordability: The Academic Evidence. Washington: A discussion paper for the The Brooking Institution Center on Urban and Metropolitan Policy: 5.

Norris P E. 2002. An overview of growth management tools and programs from across the US. http: //www. farmfoundation. org/news/articlefiles/85-Norris overview paper. pdf.

Porter D R. 1997. Managing Growth in America's Communities. Washington: Island Press.

Pozdena R J. 2002. Smart Growth and Its Effection Housing Markets: The New Segregation. The National Center for Public Policy Research.

Ranis G, Fei J C. 1961. A theory of economic development. American Economic Review, 51 (4): 533-565.

Register R. 1987. Eco-city Berkeley: Building Cities for a Healthier Future. CA Berkely: North Atlantic Books.

Rietveld P, Wagtendonk A J. 2004. The location of new residential areas and the preservation of open space: Experiences in the Netherlands. Environment and Planning A, 36 (11): 2047-2063.

Robinson L, Newell J P, Marzluff J M. 2005. Twenty five years of sprawl in the Seattle region-growth. Landscape and Urban Planning, 71 (1): 51-72.

Rondinelli D A. 1983. Secondary Cities in Developing Countries: Policies for Diffusing Urbanization. Beverly Hills: Sage Publications.

Runhaar H, Driessen P P J, Soer L. 2009. Sustainable urban development and the challenge of policy integration: An assessment of planning tools for integrating spatial and environmental planning in the netherlands. Environment and Planning B: Planning and Design, 36: 417-431.

Ruth M D, Appasamy P P. 2001. Urbanization and intersectional competition for water. Urbanization and Water, (1): 27-51.

Schiffman I. 1993. Review of growth management: The planning challenge of the 1990's. Journal of American Planning Association, 59 (4): 500-501.

Schneekloth L H. 2003. Urban green in frastructure. Time-Saver Standard for Urban Design, (7): 1-4.

Shaw J S, Utt R D. 2000. A Guide to Smart Growth: Shattering Myths, Providing Solutions. Washington: The Heritage Foundation.

Stein J M. 1993. Growth Management: The Planning Challenge of the 1990s. Newbury Park: Sage Publication: 3.

Stephens G R, Nelson W. 2000. Metropolitan Government and Governance: Theoretical Perspective, Empirical Analysis, and the Future. New York and Oxford: Oxford University Press: 44.

Stephenson R B. 1999. A vision of green: Lewis Mumford's legacy in Portland, organ. Journal of American Planning Association, 65 (3): 259-269.

Sybert R. 1991. Urban Growth Boundaries. Governor's Office of Planning and Research (California) and Governor's Interagency Council on Growth Management.

Todaro M P. 1969. A model for labor migration and urban unemployment in less developed countries. American Economic Review, 59 (1): 138-148.

Turnbull G K. 2004. Urban growth control: Transitional dynamics of development fees and growth boundaries. Journal of Urban Economics, 55 (2): 215-237.

Unwin T. 1989. Urban rural interaction in developing countries: A theoretical perspective//Potter U. The Geography of Urban-rural Interaction in Developing Countries: Essays for Alan B. Mountjoy. London: Routledge.

USA Today. 2001. USA Today's sprawl index.

Weber M, Driessen P P J. 2010. Environmental policy integration: The role of policy windows in the integration of noise and spatial planning. Environment and Planning C: Planning and Design, 28: 1120-1134.

Weddell P. 2002. Urbansim: modeling urban development for land Use, transportation, and environment planning. Journal of American Planning Association, 68 (3): 297-313.

后 记

国家社会科学基金项目（编号：11BJL001）"加快经济发展方式转变与城市增长管理协动机理"课题结项和成果出版之时，恰逢2015年12月20日至21日中央城市工作会议在北京举行。时隔37年，中国再次召开中央城市工作会议，在"建设"与"管理"两端着力，转变城市发展方式，完善城市治理体系，提高城市治理能力，解决城市病等突出问题。笔者深为自己四年前申报并从事研究这一课题而感到欣慰。

1949年新民主主义革命即将胜利，中国共产党面临着管理城市的重任，当年3月在西柏坡举行的中共七届二中全会指出，党的工作重心由农村转移到城市，必须要用极大的努力学会管理城市和建设城市。20世纪60年代初，为加强对城市的集中统一管理和解决当时城市经济生活的突出矛盾，1962年9月和1963年10月，中共中央、国务院先后召开全国第一次和第二次城市工作会议。1978年3月，国务院在北京召开第三次全国城市工作会议，制定了关于加强城市建设工作的意见。之后，就没有召开过中央城市工作会议。改革开放以来，我国经历了世界历史上规模最大、速度最快的城镇化进程，城市发展波澜壮阔，取得了举世瞩目的成就。2015年11月9日，中央全面深化改革领导小组第十八次会议审议通过了《关于深入推进城市执法体制改革 改进城市管理工作的指导意见》。2015年12月14日，中共中央政治局会议研究部署了城市工作，会议提出要认识、尊重、顺应城市发展规律，端正城市发展指导思想；推进农民工市民化，加快提高户籍人口城镇化率；增强城市宜居性；改革完善城市规划；提高城市管理水准；坚持把"三农"工作作为全党工作重中之重，同时要更加重视做好城市工作。2015年12月20日，时隔37年后，中央城市工作会议在北京召开。会议指出，城市工作是一个系统工程。做好城市工作，要顺应城市工作新形势、改革发展新要求、人民群众新期待，坚持以人民为中心的发展思想，坚持人民城市为人民。这是我们做好城市工作的出发点和落脚点。同时，要坚持集约发展，框定总量、限定容量、盘活存量、做优增量、提高质量，立足国情，尊重自然、顺应自然、保护自然，改善城市生态环境，在统筹上下工夫，在重点上求突破，着力提高城市发展持续性、宜居性。明确要尊重城市发展规律；要统筹空间、规模、产业三大结构，提高城市工作全局性；要统筹规划、建设、管理三大环节，提高城市工作的系统性；要统筹改革、科技、文化三大动力，提高城市发展持续性；要统筹生产、生活、生态三大布局，提高城市发展的宜居性；要统筹政府、社会、市民三大主体，提高各方推动城市发展的积极性。

研究立足或超前于现实，政策服务于现实，承担国家课题之后，课题组深感责任重大，使命光荣，围绕这一重大课题，笔者四年间先后赴北京、上海、广东、浙江、江苏、江西、河北、山西、陕西、甘肃、海南、新疆、河南等地40多个城市进行调研和资料搜集，既感受到了北京、上海等大都市为解决交通拥堵问题而建设的多层高架宛若盘龙之壮观，也体验到了海南、新疆等边陲城市蓝天白云、空气清新的舒适，进一步加深了城市如何才能使人类更美好的认识；与此同时，课题组查阅了大量国内外参考文献，了解了国外一些城市地下基础设施宛若宫殿、城市建筑寿命百年以上的厚重，也亲眼目睹了我国一些城市暴雨成海、部分建筑短命的不堪与无奈，也感受到一些城市空间扩展的无序、城市功能的割裂。城市增长管理是一个复杂的系统工程，课题组虽然尽了很大努力，但深感一个课题的研究力量毕竟有限，许多问题的探究还是浅尝辄止。中央城市工作会议的召开为中国城市未来科学合理的发展明确了方向，让我们进一步看到了破解"城市病"，建设"宜居宜业"城市的希望。

课题顺利完成并出版，除了课题组同志们辛苦的付出之外，还得到了中国社会科学院博士生导师、中国区域学会秘书长陈耀研究员、我的博士生导师南京大学崔功豪教授、南开大学城市与区域经济研究所所长、博士生导师江曼琦教授、中国科学院地理与资源研究所博士生导师方创琳研究员、河南大学黄河文明研究中心主任、博士生导师苗长虹教授、河南省政府发展研究中心主任谷建全研究员等的指导和帮助；在课题完成与结项过程中，还得到了河南省社科规划办胡茂连副主任、黄向阳科长、河南科技学院科技处李保丽副处长、新乡医学院社科部郭勇主任、科研处人文社科办焦石文主任等的大力支持和帮助，课题还参阅了国内外众多学者的论著和成果，在此一并表示诚挚的谢意。

本书能够得以顺利出版，还要感谢新乡医学院人文社会科学发展基金的资助，科学出版社的牛玲编辑、乔艳茹编辑和其他许多工作人员的精心策划与辛勤付出。

刘荣增

2015 年 8 月 16 日